本书为国家社会科学基金青年项目

"海关监管视角下的我国自由贸易区政府管理体制研究"

（项目号：14CZZ026）结项成果

中国自由贸易试验区政府管理中的跨部门协同机制研究

王菲易 ◎ 著

天津出版传媒集团

天津人民出版社

图书在版编目(CIP)数据

中国自由贸易试验区政府管理中的跨部门协同机制研
究 / 王菲易著. -- 天津 ： 天津人民出版社, 2024. 9.
ISBN 978-7-201-20721-6

Ⅰ. F752.8

中国国家版本馆CIP数据核字第2024Q0C381号

中国自由贸易试验区政府管理中的跨部门协同机制研究

ZHONGGUO ZIYOU MAOYI SHIYANQU ZHENGFU GUANLI
ZHONG DE KUABUMEN XIETONG JIZHI YANJIU

出　　版　天津人民出版社
出 版 人　刘锦泉
地　　址　天津市和平区西康路35号康岳大厦
邮政编码　300051
邮购电话　(022)23332469
电子信箱　reader@tjrmcbs.com

责任编辑　王　玎
特约编辑　曹忠鑫
装帧设计　汤　磊

印　　刷　天津新华印务有限公司
经　　销　新华书店
开　　本　710毫米×1000毫米　1/16
印　　张　21
插　　页　2
字　　数　320千字
版次印次　2024年9月第1版　2024年9月第1次印刷
定　　价　96.00元

序

　　建设自贸试验区是党中央在新时代推进改革开放的一项重要战略举措。中国自贸试验区建设从上海起步、不断发展。2013年9月29日,上海自贸试验区正式挂牌落地。2015年4月20日,广东、天津、福建自贸试验区建设总体方案公布。2016年8月31日,新增辽宁、浙江、河南、湖北、重庆、四川、陕西等7个自贸试验区。2018年10月16日,国务院批复同意设立海南自贸试验区。2019年8月2日,国务院批复设立山东、江苏、广西、河北、云南和黑龙江等6个自贸试验区。2020年9月,国务院印发北京、湖南、安徽自由贸易试验区总体方案和浙江自贸试验区扩展区域方案。2023年10月21日,国务院印发《中国(新疆)自由贸易试验区总体方案》。截至2024年8月,中国陆续批准了22个自贸试验区,包括70个自贸试验区片区,形成了覆盖东部沿海、中部内陆和西部沿边的全方位、多层次的自贸试验区发展格局。

　　自贸试验区不同于中国现有的各类海关特殊监管区域,也不能简单套用国际上对自由区使用的"境内关外"的概念。自贸试验区重在"试验",试验是自贸试验区的根本使命。从本质上看,自贸试验区是自由贸易协定的试验区。准确把握自贸试验区的试验内涵,明确自贸试验区的战略意义和功能定位,是进一步推进自贸试验区深化改革和扩大开放的逻辑起点。党的二十大报告提出"加快建设海南自由贸易港,实施自由贸易试验区提升战略,扩大面向全球的高标准自由贸易区网络",为中国加快形成陆海内外联动、东西双向互济的开放格局,推动贸易和投资自由化,构建面向全球的高标准自由贸易区网络提供了更加广阔的试验田。

　　随着自贸试验区在中国的快速发展与迅速推进,其管理与运行所面临的问题日益突出,呈现出多元化、复杂化和跨界化的特点。一方面,这些问题的解决常常跨越了政府各个部门的边界,自贸试验区政府管理对象日趋复杂,跨越单个政策领域,而且这种现象在实行分段监管或分环节监管的政策领域更加明显;另一方面,政府管理的主体趋向多元,跨越不同的行政区划、行政层级、政府部门边界,以及公共领域和私人领域之间的边界。

自贸试验区的各类试验措施都是为了创新一套高水平对外开放的制度,探索现代政府治理的体系和模式,寻求全面深化改革的新路径,这就要求自贸试验区的制度创新和政策创新不能停留在部分政府部门和部分管理环节上的制度创新与政策创新层面,而是必须进行系统的、全方位的制度创新和政策创新。因此,跨部门协同是自贸试验区政府管理体制机制改革的题中之义。如何加快政府职能转变、强化跨部门协同、创新优化政府管理模式,是中国自贸试验区建设面临的现实挑战之一,需要进行系统的理论研究和实践探索。

中国自贸试验区的政府管理呈现出跨界性的特点,表现为在地理空间维度上跨越行政区域边界、在横向结构维度上跨越行政部门边界、在纵向结构维度上跨越行政层级边界及在公共治理维度上跨越政府、市场和社会组织边界。这种跨界性不断地提出对政府部门创新管理模式的需求;自贸试验区的政府管理亟须培育和优化跨部门协同机制。本书的基本假设是:自贸试验区政府管理的多重跨界性导致了参与自贸试验区政府管理主体的多元化,政府系统内部纵向和横向的职责分工导致自贸试验区相关管理职责的分散化,自贸试验区管理的整体性要求分散化的管理主体之间进行跨部门协同,这种跨部门协同旨在减少因自贸试验区管理边界模糊和职责交叉重叠而带来的管理成本。

自贸试验区的政府管理涉及体制、机制和技术等多个层面,是一项极其复杂的系统工程。本研究从中国自贸试验区的战略意义与功能定位入手,以中国22个自贸试验区为研究对象,运用文献研究与实地访谈相结合、目标分解与文本分析相结合、案例分析与比较分析相结合的方法,从结构性机制、程序性机制和技术性机制三个层面,对自贸试验区跨部门协同机制进行归纳、描述和分析,以期为自贸试验区政府管理体制机制创新提供一个新的理论视角和分析框架,并为跨部门协同机制的优化与完善提供现实的、具有操作性的对策建议。

党的二十大报告强调,要"转变政府职能,优化政府职责体系和组织结构,推进机构、职能、权限、程序、责任法定化,提高行政效率和公信力"。设计科学的自贸试验区政府管理体制机制,明确界定每个政府部门的职能边界,避免部门职能的重复设置,是解决自贸试验区政府管理机构重叠、职能冲突、跨部门政策不协调等问题的首要选择。跨部门协同机制的有效构建、规范运作和创新发展,是推动中国自贸试验区持续发展的组织架构依托和规则程序保障。跨部门协同强调的是不同部门之间通过协作互补的方式实现自贸试验区的常态发展和有序运行。因此,要突破自贸试验区政府管理的跨界性难题,必须探索建立多层次、网络化、无缝隙的跨部门协同机制。

本研究的主要结论是:在上海自贸试验区政府管理体制机制建设中,结构性机制通过纵向协同、横向协同和内外协同等形式,有效解决了跨部门政策冲突,实现了跨部门政策协同;程序性机制通过业务整合、流程再造实现了跨部门政务协同和跨部门公共服务供给;技术性机制以信息技术为载体,依托信息共享平台,实现了跨部门信息共享和跨部门业务流程再造。就跨部门协同机制的实际运行看,中国自贸试验区跨部门协同机制主要以结构性协同机制为主,程序性协同机制和技术性协同机制为辅,程序性协同机制和技术性协同机制的建构主要是为了推进结构性协同机制的实现和完善。

自贸试验区跨部门协同机制是以业务协同和信息共享为主要特征,以组织结构、规则程序、信息资源和管理执法等要素的整合为内容,以信息技术为支撑。跨部门协同机制的构建不仅加强了部门之间的沟通与协作,使得行政系统的组织结构和管理资源得到了整合,还打破了部门界限,使得相互独立、各自为政的部门转化为业务流程上相互串联的各个节点,实现了跨部门政策协同、网络化的跨部门政务协同与无缝隙的跨部门公共服务供给。

目　录

关系的"网络化治理",强调公私合作的"公私伙伴关系"（public-private partner-ship），强调政府部门间合作的"跨部门协同"（cross-sector collaboration），[①]强调整体性政府的"协同政府"（joined-up government），强调共同目标和共享文化的"横向治理"（horizontal governance）[②]，强调跨越行政区划进行合作的"跨域治理"（across-boundary governance），以及强调通过协作管理实现公共管理目的的"协同型公共管理"（collaborative public management）[③]等。戈德史密斯等人甚至把网络化治理称为"公共部门的新形态"。

（一）从"碎片化"到整体性政府建设实践

20世纪90年代以来，全球经济快速发展，日益复杂化、多样化的社会问题对政府部门的公共管理能力提出了更高要求，引起了政府部门对跨部门协同的关注。传统的多层管理模式，复杂的机构设置，使各个部门难以迅速准确达成政策目标，"合作政府"理念兴起，核心目的是打破政府部门之间的孤立隔绝，对原本独立的部门进行整合，使各部门基于共同目标开展合作。[④]巴达赫、弗雷尔等学者认为合作是公共管理永恒的主题，合作对21世纪公共管理的影响不亚于新公共管理运动。[⑤]由于"合作政府"考虑的只是合作的机构、内容及合作时机，忽略了合作方式、产生问题及应对机制，容易在具体合作中产生各部门权责不清的功能碎片化和机制碎片化现象。政府不同部门职能重叠、政策规定相互冲突，跨部门协同难题日趋凸显。

针对政府追求效率所带来的"碎片化"等一系列问题，在对新公共管理运动进行反思之后，希克斯等人提出了"整体性治理"（holistic governance）、"整体

---

① John Bryson, Barbara Crosby and Melissa Stone, "The Design and Implementation of Cross-Sector Collaborations: Propositions from the Literature", *Public Administration Review*, Vol. 66, 2006, pp. 44–55.

② 作为一种超越竞争的伙伴关系，横向治理在实践中更重视竞争和伙伴关系以外的共同利益和个人肯定，强调部门需要合作共识以消除冗余和服务差距。参见孙迎春：《发达国家整体政府跨部门协同机制研究》，国家行政学院出版社2014年版，第6页。

③ Rosemary Leary, Lisa Bingham and Catherine Gerard, "Introduction to the Symposium on Collaborative Public Management", *Public Administration Review*, Vol. 66, 2006, pp. 6–9.

④ 张康之：《论社会治理中的协作与合作》，《社会科学研究》2008年第1期。

⑤ [美]尤金·巴达赫：《跨部门合作：管理"巧匠"的理论与实践》，周志忍、张弦译，北京大学出版社2011年版，第1页。

性政府"(holistic government)理论。其主要内涵是合作的"跨界性",主张在不消除专业分工、组织边界的条件下,通过长期有效的制度化协作,促使各个公共管理主体,包括上下级政府之间、同级政府之间、公私部门之间通过多种协同行动发挥政府的整体效能。整体性政府改革摆脱了新公共管理以特定功能建立组织的特点,转而寻求建立一种基于"单一窗口"的整合型服务机制。"整体性政府"强调在不改变部门职能边界、尊重部门职能边界存在的前提下,通过搭建跨部门机制,实现公共部门的纵向、横向跨部门协作,化解政府组织结构"碎片化"问题,提升政府跨组织协作能力,[①]应对部门间的复杂协作议题,为公众供给更加顺畅的无缝隙公共服务。

(二)整体性治理与跨部门协同研究的兴起

对政府来讲,协调是一个基本的但日渐重要的问题。[②]"构建政府部门间协作关系的努力几乎与行政分工的努力一样久远。"[③]诚如克里斯托夫·波利特等人所言:"协同政府看上去很新鲜,事实上,它只是政治学、公共管理领域最古老概念的最新体现:决策与行政的协调。"[④]在多元复杂的现代社会,明确政府部门职能边界变得日益困难,因此,发展部门间协同机制才是解决问题的关键。[⑤]实际上,为完成组织目标而进行跨部门协同是政府管理中的一个永恒话题,也是公共管理改革所追求的重要目标之一。西方国家从20世纪90年代中后期开始了一场寻求公共部门合作机制的改革运动,随着各种类型的整体性政府建设实践的开展,跨部门协同概念应运而生,并在短期内迅速发展,成为公共管理界研究的热点议题。在后新公共管理改革中,跨部门协同一直是各国政府管理的热点,也是各国政府建立并完善政府管理体制与运行机制的关注重点。传统公共行政和新公共管理的功能性组织在现代公共服务供给中产生了短视、运行成本高、缺乏协调与合作等问题。为此,在新公共管理运动之

---

① 张楠迪扬、张子墨、丰雷:《职能重组与业务流程再造视角下的政府部门协作》,《公共管理学报》2022年第2期。

② [美]盖伊·彼得斯:《政府未来的治理模式》,中国人民大学出版社2001年版,第141页。

③ 张翔:《中国政府部门间协调机制研究》,南开大学博士学位论文,2013年,第39页。

④ 赖先进:《论政府跨部门协同治理》,北京大学出版社2015年版,第25页。

⑤ 周志忍:《"大部制":难以承受之重》,《中国报道》2008年第3期。

后,公共部门改革的重点开始从结构性分权、机构裁撤和设立单一的职能机构转向建构整体性政府。整体性政府改革的本意在于既发挥市场机制的资源配置作用以提高效率,又倡导通过协调、整合的方式以实现公平,最终目的是在信息时代打造一个更加侧重结果导向、顾客导向、合作有效的新型政府。①

碎片化是由各个主体协调不畅而导致的结果,且具有多种问题来源,是一个非常复杂的问题,需在完善设计的整体性治理中确定缘由。②整体性政府改革摆脱了新公共管理以特定功能建立组织的管理理念,转而以结果和目标进行组织结构设计和管理制度创新。③整体性治理是以公民需求为治理导向,以信息技术为治理手段,以协调、整合、责任为治理机制的政府治理图式。④在公共管理实践中,以互联网+、大数据、云计算等智能技术为支撑的跨部门协同治理实践越来越多,智慧技术+跨部门协同日益成为整体性治理的主要模式。⑤英国政府1999年的《政府现代化白皮书》、美国政府2002年的《总统管理议程》,都对跨部门协同提出了要求。跨部门协同研究逐渐成为政府改革的热门实践和国际公共管理研究的前沿领域。⑥政府机构间的合作、协同和整合,可以称为"协同的""全面的"或"整合的";在组织结构和表现形式上多以伙伴关系、协同政府、整体性政府出现。凯特尔认为跨部门网络是当代政府改革的重要趋势。⑦整体性治理的过程充分体现了政策协同的理念,强调政府部门间政策目标的连续一致、政策执行手段的相互强化,关于整体性治理的改革甚至被称为"政策一致性"改革。

---

① 汪伟全:《空气污染的跨域合作治理研究——以北京地区为例》,《公共管理学报》2014年第1期。

② Perri 6, Diana Leat, Kimberly Seltzer and Gerry Stoker, *Towards Holistic Governance: the New Reform Agenda*, New York: Palgrave, 2002, p. 2.

③ 黄宏主编:《中国(上海)自由贸易试验区与社会组织创新研究》,华东理工大学出版社2015年版,第18页。

④ 蔡娜、姚乐野:《"整体政府"治理理念下灾害信息资源协同共享途径研究》,《理论与改革》2015年第2期。

⑤ 应验:《政府数据开放共享与共享社会建设:海南的举措和探索》,《电子政务》2019年第6期。

⑥ 孙迎春:《国外政府跨部门协同机制及其对中国的启示》,《行政管理改革》2013年第10期。

⑦ [美]唐纳德·凯特尔:《权力共享:公共治理与私人市场》,孙迎春译,北京大学出版社2009年版,第15页。

近年来,国内学者也开始关注对跨部门协同在公共管理不同领域的实践情况的研究,如电子政务[①]、食品安全、反恐[②]、危机管理[③]、能源管理、口岸管理[④]、环境管理[⑤]、流域管理[⑥]等。从国外实践看,面对日益复杂和快速变化的社会环境,建立并完善跨部门协同机制已成为政府现代化的核心任务。[⑦]现代社会是一个多元社会,多元复杂社会的治理需要动员各种治理资源和主体,需要在政府体系内形成一个由不同层级的政府间、同级政府不同部门间以及不同政策领域间的跨部门协同机制所构成的跨部门协同网络。波利特认为,跨部门协同可以产生如下收益:不同政策之间的相互破坏可以减少;稀缺资源可以得到更充分的应用;将具体政策领域的不同利益相关者聚集在一起可以创造出一种协同效应;可以为公民提供无缝衔接而不是碎片化的服务等。[⑧]

二、中国自贸试验区政府管理的跨界性与跨部门协同问题

中国自贸试验区的政府管理呈现出典型的跨界性,表现为在地理空间维度上跨越行政区域边界、在横向结构维度上跨越行政部门边界、在纵向结构维度上跨越行政层级边界及在公共治理维度上跨越政府、市场和社会组织边界的特点。由于自贸试验区政府管理的跨界性,各类跨部门协同问题不断出现(参见表1.1)。已有研究表明,越是复杂、严重的公共问题,越是无法由单一部

① 邓理、王中原:《嵌入式协同:"互联网+政务服务"改革中的跨部门协同及其困境》,《公共管理学报》2020年第4期;樊博:《跨部门政府信息资源共享的推进体制、机制和方法》,《上海交通大学学报(哲学社会科学版)》2008年第2期。

② 吴丰:《中美反恐情报跨部门协同比较研究》,《情报杂志》2017年第10期。

③ 郑寰、燕继荣:《基层综合应急救援体系建设中的跨部门协同——以云南省文山州消防改革为例》,《中国行政管理》2011年第5期。

④ 目前各国的口岸管理正呈现"一体化口岸管理(Integrated Border Management)"的发展趋势,主要指口岸执法机构为维护口岸安全,同时满足合法的人、物通关的便利化要求而采取的一种管理改革,遵循"海关管物、移民局管人"的原则,需要在口岸通过跨部门协同方式实现。

⑤ 操小娟、李佳维:《环境治理跨部门协同的演进——基于政策文献量化的分析》,《社会主义研究》2019年第3期。

⑥ 任敏:《"河长制":一个中国政府流域治理跨部门协同的样本研究》,《北京行政学院学报》2015年第3期。

⑦ 孙迎春:《国外政府跨部门合作机制的探索与研究》,《中国行政管理》2010年第7期。

⑧ Christopher Pollitt, "Joined-up Government: A Survey", *Political Studies Review*, Vol.1, 2003, pp.34-49.

门解决,更需要不同社会主体或部门的通力合作、资源共享与职能互补。[①]

表1.1　自贸试验区跨部门协同问题及其责任主体

维度	自贸试验区的跨部门协同问题	责任主体
地理空间	跨越行政区划边界的矛盾和问题	地方政府
横向结构	跨越政府不同部门间的矛盾和问题	政府职能部门
纵向结构	跨越不同层级政府间的矛盾和问题	中央政府、地方政府
公共治理	跨越政府、市场和社会间的矛盾和问题	公共部门、企业与社会组织

(一)地理空间维度:跨越行政区域的地理边界

在地理空间维度上,自贸试验区跨越了各个行政区域的地理边界。中国地方政府是在基于地理区域的特定行政区划范围内行使管理职权的,对政治、经济、文化和社会等公共事务实行分层和分区域管理;因此,地方政府的权力边界和职能边界需要依据行政区划来界定。但是中国自贸试验区在地理空间上往往是覆盖几个行政区划的,使得自贸试验区政策议题的涵盖范围往往不是以个别行政范围就能加以清晰划分,即便是在上海自贸试验区内,由于洋山保税港区跨越上海市、浙江省这两个不同的行政区划,也会遭遇单个地方政府难以仅仅通过单方面行动实现自贸试验区治理的困境。在全球化及地方化治理环境的发展趋势下,许多国家政府开始思考如何将国内资源做跨区域的整合与配置以提升国家竞争力。跨域治理的概念即超越不同范围的行政区域,建立协调、合作的治理体制,以解决区内地方资源与建设不易协调的问题。[②]

中国绝大多数自贸试验区在地理空间上是覆盖几个行政区划的,自贸试验区政府管理事务不是单一行政区划所能解决,需要多个辖区政府的共同努力和联合行动。同是广东自贸试验区的南沙、前海和横琴片区分别隶属于3个不同城市。广州、深圳、珠海3个城市的政策创新路径不同,因为深圳和珠海作为经济特区,与中央政府的联系渠道比广州畅通,许多创新政策可以直接与中

---

① Michael McGuire and Chris Silvia,"The Effect of Problem Severity, Managerial and Organizational Capacity, and Agency Structure on Intergovernmental Collaboration: Evidence from Local Emergency Management", *Public Administration Review*, Vol. 70, No. 2, 2010, pp. 279–288.

② 李长晏:《后五都区域发展与跨域治理合作组织设计之逻辑与策略》,载赵永茂、朱光磊、江大树、徐斯勤主编:《府际关系:新兴研究议题与治理策略》,社会科学文献出版社2012年版,第233页。

央政府进行沟通,政策沟通成本较低,政策推行较顺;[①]然而,广州市的政策创新措施则需要通过广东省政府,才能与中央政府进行政策沟通。但是,省和市的想法、利益并非完全一致,广州市的政策创新措施有可能在省政府层面被调整或是修正,政策协同成本较高。因此,与深圳前海片区相比,广州南沙片区还面临着跨区划协同的问题。

(二)横向结构维度:跨越行政部门的职能边界

在横向结构维度上,自贸试验区政府管理跨越了行政部门的职能边界。在单一制的政府管理体制下,中央政府与地方政府之间构成上下级科层关系。由于中央政府的管理权力与管理责任分解到国务院各部委,各部委承担了对全国性的政治、社会、经济、文化等公共事务进行管理的责任。由于各部委的职责范围是基于行业属性来制定自贸试验区相关领域的具体政策,因此跨领域的政策议题往往需要在相关部门间进行跨部门政策协同。在自贸试验区建设中,许多重大改革措施都是由多部门联合完成的。企业准入"单一窗口"、国际贸易"单一窗口"、信息共享和综合执法制度等都是跨部门协同推进制度创新的典型案例。

自贸试验区政府管理在很多领域中还存在一些职能部门之间职能交叉、权责不清、责任不清的情况。以金融监管为例,自贸试验区的许多金融监管创新措施的实施都需要多部门协同推进才能落地,比如《关于金融支持中国(上海)自由贸易试验区建设的意见》,虽然该文件由中国人民银行发布,但要推动文件中最重要的第三部分"探索投融资汇兑便利",还需要证监会、国家金融监管总局、国家外汇管理局、国家发展改革委等部门的共同参与。

(三)纵向结构维度:跨越行政层级的边界

在纵向结构维度上,自贸试验区政府管理跨越行政层级的边界,涉及不同层级的政府。一方面,传统的政府管理以科层制为组织载体,表现出对组织权威和信息纵向传递的高度依赖。科层制管理模式缺乏灵活性和即时性,不能完全满足自贸试验区政府管理的现实需求。以广东自贸试验区为例,南沙片

---

① 陆剑宝:《中国自由贸易试验区制度创新体系理论与实践》,中山大学出版社2018年版,第33页。

区在行政管理上隶属于广州市,但具体业务审批事项又由广东自贸试验区管理,导致制度改革创新链条过长,自贸试验区管委会权限与开发区管委会权限相当。自贸试验区的管理模式依然沿用开发区管理模式,自贸试验区的考核体系沿用开发区考核体系,拉动国内生产总值增长和招商引资仍然是其首要任务。[①]

另一方面,随着信息技术的发展,公共管理部门及其组织方式发生变迁,朝着组织结构扁平化与网络化、权力结构分散化和管理主体虚拟化的方向发展。尤其是互联网时代的到来,信息的获取和传递可以随时随地进行,自贸试验区的政府管理对不同层级政府间的信息实时共享需求日益强烈。

(四)公共治理维度:跨越政府、市场和社会组织之间的边界

在公共治理维度上,从参与自贸试验区管理的主体看,自贸试验区政府管理跨越政府、市场和社会组织之间的边界。2015年4月公布的《进一步深化中国(上海)自由贸易试验区改革开放方案》(以下简称《深化方案》)提出:"健全社会力量参与市场监督制度。通过扶持引导、购买服务、制定标准等制度安排,支持行业协会和专业服务机构参与市场监督。探索引入第三方专业机构参与企业信息审查等事项,建立社会组织与企业、行业之间的服务对接机制。"[②]基于自贸试验区政策的特殊性,政府必须重新审视政社关系,充分调动社会组织参与自贸试验区建设的积极性,鼓励社会组织更好地承接政府相应职能的转移,实现自贸试验区内政府与行业协会、商会等社会组织的有效对接。

三、中国自贸试验区构建跨部门协同机制的必要性

(一)全面深化改革与党和国家机构改革的必然要求

一般而言,自贸试验区政府管理中涌现的跨部门协同问题往往都是结构不良问题(ill-structured problems),即事关重大公共利益却又无法在单个部门内解决的突出问题。党的十七大报告提出了"加快行政管理体制改革,建设服

---

① 王旭阳、肖金成、张燕燕:《我国自贸试验区发展态势、制约因素与未来展望》,《改革》2020年第3期。

②《国务院关于印发进一步深化中国(上海)自由贸易试验区改革开放方案的通知》,中国政府网,http://www.gov.cn/zhengce/content/2015-04/20/content_9631.htm。

务型政府"的工作目标,强调"规范垂直管理部门和地方政府的关系""健全部门间协调配合机制"①。党的十八大报告更进一步强调"全面深化改革的系统性、整体性和协同性"。党的十九届四中全会强调"健全部门协调配合机制,防止政出多门、政策效应相互抵消"。党的二十大报告强调,要"转变政府职能,优化政府职责体系和组织结构,推进机构、职能、权限、程序、责任法定化,提高行政效率和公信力"。这为中国自贸试验区政府管理尤其是应对跨部门协同失灵现象指明了具体的改革方向。

第一,推进国家治理体系和治理能力现代化对跨部门协同的需求。随着知识分配的专业化和部门间依赖的日益加剧,跨界复杂公共问题的解决日益离不开多元主体间的协同治理,这也是推进国家治理体系和治理能力现代化的应有之义。基于自贸试验区公共事务日益复杂的现实,中央与地方各层级,政府部门、私营部门与第三部门,亟须通过跨部门协同推动系统性、整体性、协同性、前瞻性的国家治理体系改革。②现代国家治理体系是一个有机、协调、动态和整体的制度运行系统,③跨部门协同机制是这一系统的重要组成部分。在复杂的网络社会背景下,通过相关制度设计以增强政府协同供给公共服务的能力是提升政府治理能力的主要途径。④

第二,全面深化改革对跨部门协同的需求。全面深化改革应考虑改革的整体性、关联性、耦合性和战略性,注重协调改革的广度、力度、速度和梯度,充分发挥党总揽全局、协调各方的作用,发挥经济体制改革的牵引作用,在重要领域和关键环节取得突破。⑤党的十九大以来,市场监管领域改革采取的主要策略是通过机构重组直接实现跨部门协同,教育领域主要采用建立议事协调

① 胡锦涛:《高举中国特色社会主义伟大旗帜 为夺取全面建设小康社会新胜利而奋斗——在中国共产党第十七次全国代表大会上的报告》,人民出版社2007年版,第26~32页。

② 薛澜、张帆、武沐瑶:《国家治理体系与治理能力研究:回顾与前瞻》,《公共管理学报》2015年第3期;燕继荣:《现代国家治理与制度建设》,《中国行政管理》2014年第5期;徐勇、吕楠:《热话题与冷思考——关于国家治理体系和治理能力现代化的对话》,《当代世界与社会主义》2014年第1期。

③ 俞可平:《推进国家治理体系和治理能力现代化》,《前线》2014年第1期。

④ 陈奇星、胡德平:《特大城市政府公共服务制度供给能力提升的路径探析》,《北京行政学院学报》2010年第4期。

⑤ 王立新:《论全面深化改革的协同推进》,《南京社会科学》2017年第7期。

机构、完善运行机制的方式间接实现跨部门协同。①2020年11月,习近平在全面推动长江经济带发展座谈会上提到,生态环境系统保护修复"要加强协同联动,强化山水林田湖草等各种生态要素的协同治理,推动上中下游地区的互动协作,增强各项举措的关联性和耦合性"。全面深化改革的持续推进需要在政府治理的各个领域构建各种不同类型的跨部门协同机制。

第三,党和国家机构改革对跨部门协同的需求。党的十九届四中全会指出"健全部门协调配合机制,防止政出多门、政策效应相互抵消",这是完善国家行政体制,构建职责明确、依法行政的政府治理体系的重要环节。尽管经过多轮机构改革,中国现行的行政组织结构和管理体制仍然存在不尽科学的地方,如综合协调部门发挥作用有限,部门之间职能交叉与割裂和管理真空问题仍然存在,部门和层次之间的人、财、事权划分不清等。经济合作与发展组织(OECD,简称"经合组织")指出,中国政府机构设置存在严重的整合问题,紧密相关的政府部门之间缺乏协作、职能交叉的部门之间缺乏协同、决策责任分散等。②重大行政改革必须认真思考改变政府部门间的工作关系,同时又不对各自的组织认同产生实质影响。③党的十九届三中全会通过的《中共中央关于深化党和国家机构改革的决定》提出,要加强相关部门的配合联动,使权责更加协同,监督监管更加有力。

第四,大部制改革对跨部门协同提出了需求,跨部门协同有利于实现大部制合并后的部门有机整合。大部制的核心在于在职能转变及职能关系清晰的情形下实现政府组织结构的优化重组,"职能整合"和"机构重组"是大部制的关键要义。④2008年党的十七大明确把行政体制的改革目标定位为建设服务型政府、用大部制改革思路整合政府。党的十八大报告再次明确要"稳步推进大部门制改革,健全部门职责体系"。大部制旨在通过整合相同或相近职能部

---

① 骈茂林:《教育改革中的跨部门协调:一个分析框架及其应用》,《华东师范大学学报(教育科学版)》2019年第6期。

② 经济合作与发展组织:《中国治理》,清华大学出版社2007年版,第10页。

③ [美]尤金·巴达赫:《跨部门合作:管理"巧匠"的理论与实践》,周志忍、张弦译,北京大学出版社2011年版,第12页。

④ 黄文平主编:《大部门制改革理论与实践问题研究》,中国人民大学出版社2014年版,第9页。

门,将政府外部的协同问题"内部化",从而解决职能交叉、政出多门、多头管理的行政体制问题。然而,以部门的重新组合、部门体量增大为特征的简单物理变化并不会自动解决部门之间不协调的问题,原本部门外的不协同也可能在大部制框架下转化为部门内协同问题。①跨部门协同既然在部门之间运行,必然受到部门设置的影响和制约。因此,完善部门间协调机制、健全内部协调机制、明确部门领导间的分工与合作关系至关重要。②然而,大部制并未从根本上解决部门协同的难题,这也说明大部制并非解决跨部门协同问题的主要途径。

第五,中国自贸试验区改革创新对跨部门协同的需求。党的十九大报告提出,推动形成全面开放新格局,对自贸试验区建设提出了更高要求,要求赋予自贸试验区更大改革自主权,探索建设自由贸易港。党的二十大报告提出"实施自由贸易试验区提升战略"。自贸试验区建设的核心是制度创新和政策创新,自贸试验区政府管理体制机制创新对加快中国政府职能转变、创新政府治理模式、探索对外开放新路径具有重要的现实意义。2022年国务院印发的《关于加强数字政府建设的指导意见》提出"构建协同高效的政府数字化履职能力体系","统筹推进各行业各领域政务应用系统集约建设、互联互通、协同联动,创新行政管理和服务范式,全面提升政府履职效能"。③可以认为,以数字技术发展为驱动力的数字化建设,成为推动自贸试验区政府治理改革、提升跨部门协同水平的重要途径。④

政府部门通过什么形式和措施构建整体性政府,解决跨界性问题,已成为学界和公共管理界的现实议题。探讨中国自贸试验区跨部门协同机制,是推进全面深化改革、党和国家机构改革、深化自贸试验区改革、提升政府的整体绩效和能力的重要方略。跨部门协同所涉及的核心主体是政府自身,关键是

---

① 蒋敏娟:《中国政府跨部门协同机制研究》,北京大学出版社2016年版,第3～4页。

② 倪星、付景涛:《大部门体制:英法经验与中国视角》,《天津行政学院学报》2008年第1期。

③《国务院关于加强数字政府建设的指导意见》,中国政府网,http://www.gov.cn/zhengce/content/2022-06/23/content_5697299.htm。

④ 江文路、张小劲:《以数字政府突围科层制政府——比较视野下的数字政府建设与演化图景》,《经济社会体制比较》2021年第6期。

如何让政府顺应自贸试验区发展的现实需求,加快推动政府职能转变,构建纵横交错的政策网络体系和跨部门协同机制,通过管理体制设计、运行机制创新与政策安排,在政策网络与治理架构内提高政府部门、社会组织、市场等多元主体之间的协同能力,实现自贸试验区的整体性治理。

(二)优化中国自贸试验区政府管理的迫切需要

跨部门协同要解决的问题往往是跨越部门边界、地理边界或行政边界的复杂问题,而这类跨部门协同问题往往呈现出超越单个部门的管理权限、职能边界或跨越地域范围的特点,解决这类跨部门协同问题需要积极动员各种治理资源和治理主体,不仅要在政府体系内形成上下级政府间、同级政府的不同部门间有效协作的跨部门协同机制,而且需要在政府部门与企业、社会组织间构建跨越公共领域和私人领域边界的跨部门协同机制。

面对日益复杂和快速变化的社会环境,建立并完善跨部门协同机制已成为当代政府改革的核心任务之一。①随着上海自贸试验区的扩容,在中央政府层面与自贸试验区事务相关的跨部门协同机制逐步发展,在地方政府层面,上海市也出台了相应的统筹协调机制。天津、广东和福建自贸试验区的跨界性(包括跨行政区划、跨行政层级)更明显,也面临着各种纵向、横向协同困境。中国自贸试验区构建跨部门协同机制的必要性主要体现在:

第一,从建设目标看,国务院推出的《中国(上海)自由贸易试验区总体方案》(以下简称《总体方案》)在主要任务和措施中提出:"把扩大开放与体制改革相结合、把培育功能与政策创新相结合,形成与国际投资、贸易通行规则相衔接的基本制度框架。"可见,自贸试验区建设离不开政府管理体制机制的创新,尤其是政府职能的转变。涉及自贸试验区政府管理的相关问题,以往大都寄希望于领导协调和各政府部门之间的相互协作。然而,如何保证各部门不是各自为政、政出多门、相互争权或者推诿,而是相互协助、相互衔接、有效协调,这就对建立起一套有效的跨部门协同机制提出了现实需求。

自贸试验区建设涉及海关、金融、国税、外汇管理等领域的政策创新,这些

---

① 孙迎春:《国外政府跨部门合作机制的探索与研究》,《中国行政管理》2010年第7期。

领域的政策创新涉及中央事权的配置问题。因此,诸多涉及中央事权领域的政策创新困境,一部分需要依靠来自全国人大常委会的授权决定,但更多涉及中央事权的部署则依赖于国务院及其职能部门。在《总体方案》中,国务院要求各有关部门"积极做好协调配合、指导评估等工作,共同推进相关体制机制和政策创新"。在上海自贸试验区设立后,26个国家部委与上海市有关机构对接,落实包括贸易监管制度在内的各项创新政策的操作细则。①正如时任上海市委书记韩正所言:"自贸试验区的每一项制度创新、每一项制度突破、每一项工作中瓶颈和问题的解决,都是在国家各有关部门和主管部门帮助指导下实现的。"②其他自贸试验区的发展也遵循了类似的政策实施路径,相关国家部委在与省级政府进行反复沟通后制定配套政策和实施细则。

根据《总体方案》要求,上海自贸试验区政府职能转变的重要内容之一就是"改革创新政府管理方式"。对上海自贸试验区的管理从运用行政手段为主转变为运用经济手段和法律手段为主;由各个部门各自为政转变为不同部门的协同管理,包括"建立集中统一的市场监管综合执法体系","建立一口受理、综合审批和高效运作的服务模式"。③上海自贸试验区提出的综合执法体系,不仅涉及政府和市场的关系、政府和社会的关系,还需要诸多部门间的协同,包括垂直的纵向部门和平行的横向部门,以及技术上的支撑。综合执法体系的建设,直接关系到事前监管能否顺利向事中、事后监管转变。上海自贸试验区政府管理体制机制的创新蕴含着对跨部门协同的现实需求。2017年3月30日,国务院印发《全面深化中国(上海)自由贸易试验区改革开放方案》(以下简称《开放方案》),明确提出"在市场监管、经济发展、社会管理和公共服务、改革和法制、环保和城建五个职能模块,按照精简高效原则形成跨部门的协同机制"④。

---

① 《上海副市长称26个部委正加紧制定自贸区操作细则》,《上海证券报》2013年11月8日。

② 《探索政府与市场关系这一根本改革——韩正就上海市自贸区运行一周年接受〈人民日报〉等媒体集体采访》,《解放日报》2014年9月20日。

③ 周汉民、王其明、任新建主编:《上海自贸试验区解读》,复旦大学出版社2014年版,第127~128页。

④ 《全面深化中国(上海)自由贸易试验区改革开放方案》,中国政府网,http://www.gov.cn/gongbao/content/2017/content_5186975.htm。

第二,从管理体制看,上海自贸试验区是由中央政府、地方政府以及自贸试验区共同管理的三层级管理体制。为推进政策落实,这三层管理体制之间需要设有相互沟通的跨层级协同机制。"一线放开"需要国务院各部委之间的协同,而"二线管住"主要是由上海来做,需要上海市政府各个主管经济类事务的部门间的协同以及上海市政府与其他地方政府间的协同。更为重要的是,上海自贸试验区担负着落实国家战略的使用,虽然具体是由上海负责实施,落地在浦东新区,因此,也需要依赖中央政府、上海市政府和浦东新区政府之间跨层级的纵向协同。

2015年4月27日,上海自贸试验区扩展区域挂牌,根据"有力推进、减少震动、强化统筹、有效衔接"的原则,其管理体制也作出相应调整,浦东新区层面,自贸试验区管委会与浦东新区政府合署办公;管委会内设三个职能局,分别为综合协调局、政策研究局和对外联络局,承担自贸试验区改革推进、政策协调、制度创新研究、统计评估等职能。在片区层面,设置5个区域管理局和1个职能部门(参见图1.1)。扩区之前,上海自贸试验区管委会主要承担协调和执行的功能,而改革政策的设计和规划,更多由商务部和发展改革委等职能部门负责。扩区之后,自贸试验区管委会与浦东新区政府合署办公,承担统一管理自贸试验区各功能区域以及推进浦东新区落实自贸试验区改革试点任务的主体责任,使得改革政策的设计、协调和执行融为一体,改革的部门协同性增强有助于创新政策的落地。

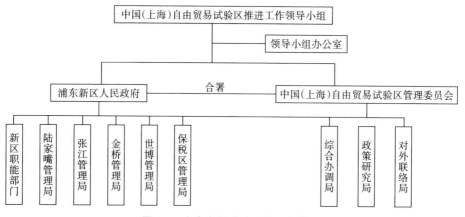

图1.1　上海自贸试验区管理架构图

第三,从政策制定层面看,自贸试验区的政策创新需要构建跨部门协同机制,以协调跨政府部门、跨行政区划、跨行政层级、跨公私部门的议题。部门之间缺少协调与配合一直是我们政府管理制度上的一个老问题。[①]由于政府部门间协同不够,政策目标间有时存在冲突,相同的政策目标重复使用资源造成浪费。中央部委、上海市政府各职能部门积极支持自贸试验区建设,推出了大量的创新政策,但是这些政策之间缺乏整合,或者仅实现了表面联通,与企业的实际需求还有差距。问卷调查显示,43.9%的受访企业认为"制度创新出自多个部门,制度间协调性差"[②]。而且,政策制度创新往往仅见于单个环节,难以真正实现系统创新与流程再造,政策协同效应未能显现。很多制度创新往往来自单个或数个政府部门,与市场缺乏充分衔接,比如,对外收付汇一项就依赖于政府部门、商业银行和企业等多个机构的协同创新,单看推出外汇政策作用并不明显。[③]当前,中国基层政策创新已经进入"牵一发而动全身"的阶段,基层政府凭借一己之力开展政策创新的现象已相当少见,基层业务部门开展政策创新需要若干同级部门,甚至是上级政府部门的支持或协同,通过设立综合协调部门,牵头与业务部门共同开展政策创新。[④]

制度创新多集中于程序性与技术性环节,深层次的体制机制创新有待突破。尽管自贸试验区在制度创新领域取得一定成效,但离国际高标准的投资贸易规则以及自贸试验区深化产业发展所需要的制度还存在一定差距。由于自贸区试验协调成本过高及试错风险大,造成制度创新意愿不强、动力不足,政策性、体制性的重要创新数量较少,制度创新拘泥于碎片化、非关键领域的微调,如备案事项的多证合一等。没有涉及证照分离改革等难度大、意义大的关键性制度创新,比如商事制度改革将事前审批制度改为登记备案制度,但事后企业在投资经营具体项目上仍需逐项审批,而且不同片区监管部门之间

---

① 周汉华:《政府监管与行政法》,北京大学出版社2007年版,第3页。

② 肖林:《国家试验——中国(上海)自由贸易试验区制度设计》,格致出版社2015年版,第230页。

③ 黄建忠、陈子雷、蒙英华等编著《中国自由贸易试验区研究蓝皮书2015年》,机械工业出版社2015年版,第15页。

④ 苗丰涛、叶勇:《建构与对话:由下而上的政策传导机制分析——以国际贸易"单一窗口"为例》,《中国行政管理》2021年第2期。

缺乏协调、执行标准不一致,导致一些优惠政策难以实际落地。[①]在外商投资、资本项目兑换、海关、税收优惠等领域,自贸试验区制度创新不仅涉及地方政府事权,还涉及中央政府及垂直管理部门事权。[②]不同层级政府事权重叠、多头管理导致自贸区放权衔接不畅,制度创新错位、弱位问题突出。

第四,从政策执行层面看,自贸试验区创新政策缺乏兼容性和整体性,存在决策碎片化、政策的执行缺乏延续性的问题。海关、海事、边检、工商、税务、外汇、交通等部门在多头管理、分头监管时,由于没有全国人大及其常委会通过的法律统一规范、定性定位,部门间可能出现政策不协调甚至政策冲突的情况,使得自贸试验区改革创新的碎片化现象突出,导致创新效果在实际运用中难以体现。

2014年9月,上海自贸试验区推进工作领导小组办公室和自贸试验区管委会委托国务院发展研究中心等5家第三方评估机构对上海自贸试验区运行一年的情况进行评估。各家的评估报告中都提及上海自贸试验区存在"协同不够,各项改革措施由不同部门实施,单一部门的创新无法实现协同效应"的问题,对此提出的建议大都指向加快构建跨部门协同机制。[③]2018年4月至6月,中央改革办督察组对自贸试验区建设开展专项督察,指出自贸试验区建设中存在"六多六少"问题,即有关部门和地方考虑局部多、考虑全局少;地方先行先试诉求多、国家部委事权下放少;研究贸易和投资便利化多、针对贸易和投资自由化创新少,缺乏具有国际竞争力的制度创新;针对货物贸易开放探索多、围绕投资和服务的创新少;碎片化创新案例多、协同创新系统集成少;相互复制借鉴多、原始创新举措少等。这也表明自贸试验区在转变政府职能的过程中存在着碎片化问题,没有形成一个综合的监管制度,使得各部门改革缺乏协同性,难以实现自贸试验区改革创新的整体效应。跨部门协同具有短期性

---

① 陈春玲、全毅:《福建自由贸易试验区转型升级与高质量发展研究》,《亚太经济》2021年第6期。

② 焦连志、艾德洲:《自由贸易区央地混合事权冲突的化解机制研究》,《经济体制改革》2020年第3期。

③《自贸区第三方评估报告出炉》,《21世纪经济报道》2014年11月15日。

和非固定化的特征。[①]从时间上看，跨部门协同机制的建立、运作和撤销是随机的，缺乏长期合作机制。各个管理部门的协同在空间维度上主要体现为特定项目的合作，并不具备全面的协同关系，也没有长期的制度设计。

（三）推进中国自贸试验区协同发展的重要抓手

2013年9月29日，上海自贸试验区正式挂牌落地。2015年4月20日，广东、天津、福建自贸试验区建设总体方案正式公布。2016年8月31日，党中央、国务院决定在辽宁省、浙江省、河南省、湖北省、重庆市、四川省、陕西省新设立7个自贸试验区。2018年，海南自贸试验区成立。2019年，国务院批复设立山东、江苏、广西、河北、云南和黑龙江等6个自贸试验区。2020年9月，国务院印发北京、湖南、安徽自由贸易试验区总体方案和浙江自贸试验区扩展区域方案。2023年10月21日，国务院印发《中国（新疆）自由贸易试验区总体方案》。至此，中国形成了"1+3+7+1+6+3+1"的自贸试验区战略布局。《中共中央关于制定国民经济和社会发展第十四个五年规划和二〇三五年远景目标的建议》提出，完善自由贸易试验区布局，赋予其更大改革自主权，稳步推进海南自由贸易港建设，建设对外开放新高地。[②]

自贸试验区建立过程中，由于涵盖范围广泛，一个自贸试验区都是由几个片区组成，如上海自贸试验区由2013年建立的4个片区发展到现在的7个片区，涵盖范围广，但是各个片区之间的交流不密切，每个片区都有各自的功能定位，单个片区很少关注试验区整体的区域协调发展。[③]然而，自贸试验区并非孤立的片区，它不仅与当地旧有的经济片区存在交叠，同时还与其他自贸试验区存在借鉴与关联。[④]

① 姚亚鹏：《部门协同管理统筹机制探究——以城市管理中的跨部门协同为例》，《领导科学》2019年6月（下）。

② 《中共中央关于制定国民经济和社会发展第十四个五年规划和二〇三五年远景目标的建议》，中国政府网，http://www.gov.cn/zhengce/2020-11/03/content_5556991.htm。

③ 胡剑波、任香：《自由贸易港：我国自由贸易试验区深化发展的方向》，《国际经济合作》2019年第3期。

④ 魏瑾瑞、张雯馨：《自由贸易试验区的差异化路径选择——以辽宁自由贸易试验区为例》，《地理科学》2019年第9期。

一是推动各个自贸试验区内生协同发展,需要推进跨部门协同机制建设。无论是自贸试验区内各个片区之间的协同发展,还是自贸试验区内海关特殊监管区域与非海关特殊监管区域的协同发展,都需要构建跨部门协同机制。以上海自贸试验区为例,上海自贸试验区所辖"一区四片"在经济功能上分工协作,形成开放性区域经济协同生态系统。以体制机制创新为目标,在区内实现制度、业务和监管三环节的环环相扣,以及企业、服务机构、自贸试验区管理部门和地方政府等主体之间的跨部门协同,从而实现不同主体之间的资源整合和能力互补。自贸试验区各个片区的产业定位虽然在形式上体现了错位发展,但不同片区之间的产业链供应链合作共赢、互动发展仍显统筹不足,尚未形成相互带动、共同升级迭代的发展格局。[①]

自贸试验区的区内和区外治理的协同度亟待提升。协调自贸试验区内海关特殊监管区与非海关特殊监管区域,需要推进跨部门协同机制建设。在自贸试验区内货物通关一体化与"单一窗口"建设大幅降低货物贸易成本的同时,区外的物流、商务成本依旧很高,抵消了区内改革的红利。自贸试验区建设必须协调区内金融、电商业务集聚后的区外业务辐射关系,区内的"事中"乃为区外的"事前",区外的"事中"即为区内的"事后"。自贸试验区建设也要协调区内的"主干企业、总部经济"(多为国企、外企)与区外的"配套企业、外包企业"(多为民企)之间的合作关系。[②]

二是自贸试验区在扩区、扩围超越"区域—部门"的系统性制度集成创新,需要推进跨部门协同机制建设,鼓励不同自贸试验区之间开展对比实验、互补实验和联合实验,形成跨区域协同、避免同质化发展和过度竞争。[③]各自贸试验区出台各类政策和制度创新措施呈现"碎片化"状态。与此同时,各自贸试验区在扩区、扩围过程中,不仅在各自不同片区的行政协同上,而且在海关、税

① 崔庆波:《边疆地区自由贸易试验区开放发展的逻辑、成效与趋向》,《云南社会科学》2023年第1期。
② 黄建忠、陈子雷、蒙英华等编著:《中国自由贸易试验区研究蓝皮书(2016)》,经济科学出版社2017年版,第7页。
③ 刘斌、刘一鸣:《国际经贸规则重构与中国自贸试验区发展:对接与联动》,《中国特色社会主义研究》2023年第3期。

务、银行、市场监管等部门之间，难以达成信息互通共享、共管的协同效果。[①] 协同的结果是在跨部门协同机制的不断调试中，实现"问题早发现、过程协同性、结果适应性"[②]。

三是推进各个自贸试验区之间制度创新协同和功能耦合协同，需要推进横向协同、功能耦合等跨部门协同机制建设。在共用一份负面清单、复制推广上海自贸试验区经验的基础上，形成自贸试验区相互借鉴、相互区别，分区试验、各有特色、相互补充的政策协同机制。例如，上海自贸试验区的金融改革、天津自贸试验区的融资租赁、福建自贸试验区的对台货币兑换等特色之间的合作互补。此外，还可以借鉴上海自贸试验区范围内产业群、港口群与长三角城市群之间相互作用、相互影响的一种态势，形成"产业—港口—城市"功能耦合发展模式。[③]其他自贸试验区建设，同样可以将产业、港口和城市进行功能耦合，打破行政区划的边界，推进产业布局、港口布局和城市空间布局的一体化发展。

各自贸试验区积极推动跨区域协同创新。2022年，山东、河南、四川、陕西联合沿黄地区的其他五个省区共建黄河流域自贸试验区联盟，联同此前已经建立的包括京津冀自贸试验区联席会议机制、长三角自贸试验区联盟等一起充分发挥改革开放新高地的辐射带动作用，为服务和促进国家重大战略，特别是重大区域战略的实施注入了新动能。[④]为进一步加强京津冀区域口岸合作，提升三地跨境贸易便利化协同发展水平，2023年5月16日，京津冀口岸工作联席会议在唐山曹妃甸召开，北京市商务局、天津市商务局、河北省发展改革委共同签署了《京津冀深化口岸合作框架协议》；天津港集团、河北港口集团共同

---

① 黄建忠、陈子雷、蒙英华等编著：《中国自由贸易试验区研究蓝皮书（2016）》，经济科学出版社2017年版，第3页。

② 薛泽林、胡洁人：《政府购买公共服务跨部门协同实现机制——复合型调适框架及其应用》，《北京行政学院学报》2018年第5期。

③ 黄建忠、陈子雷、蒙英华等编著：《中国自由贸易试验区研究蓝皮书（2016）》，经济科学出版社2017年版，第15页。

④《国务院新闻办发布会介绍2022年商务工作及运行情况》，中国政府网，http://www.gov.cn/xinwen/2023-02/03/content_5739888.htm。

签署了《津冀世界一流港口联盟合作协议》。《京津冀深化口岸合作框架协议》围绕优势互补、资源共享、共同发展的原则,从口岸服务、通关便利、政策协同、"单一窗口"共建等方面提出12条合作事项,旨在通过合作,加强京津冀三地口岸部门常态化对接沟通,提升口岸管理服务水平,共同打造市场化、法治化、国际化的京津冀区域口岸营商环境。[①]

目前各自贸试验区制度创新面临改革主体与措施碎片化、同质化等现象,深度创新较为缺乏;还因自主改革事权受限,制约了制度性探索空间。[②]中国自贸试验区政府管理已经进行了一些有益的尝试,如广东自贸试验区前海片区关于"法定机构""大部制""合署办公"和"扁平化改革"等跨部门协同机制建设,都是自贸试验区管理体制改革的突破点。[③]在自贸试验区的政府管理中,跨部门协同到底意味着什么? 跨部门协同是否能够成为自贸试验区政府管理中各类复杂问题的解决之道? 如果是,如何能够确保跨部门协同效应的实现? 应在哪些政策领域使用跨部门协同机制? 在跨部门协同过程中,应选择哪些部门作为合作伙伴和协同对象? 跨部门协同过程具有哪些属性和特征? 影响跨部门协同的因素有哪些? 跨部门协同的效果如何评价? 跨部门协同过程中的风险如何预防和控制? 跨部门协同的理念和技巧如何才能有效应用于自贸试验区管理的各个政策领域之中? 在跨部门协同过程中,政府部门、私营部门及社会组织之间应形成什么样的角色搭配? 这些是构成本书所要回答的主要问题。本书旨在通过回答上述问题,更好地诠释和理解中国自贸试验区政府治理与跨部门协同机制的生成机理和运作逻辑。

---

①《京津冀三地共同签署〈京津冀深化口岸合作框架协议〉》,河北新闻网,https://hebei.hebnews.cn/2023-05/17/content_9002036.htm。

②赵忠秀、胡旭东、刘鲁浩:《我国自贸试验区建设中的地方特色特征研究》,《国际贸易》2021年第1期。

③陆剑宝:《中国自由贸易试验区制度创新体系理论与实践》,中山大学出版社2018年版,第141页。

第二节　国内外研究现状及其评价

一、对自由贸易区理论的相关研究

经济学对自由贸易区的研究侧重理论分析,主要围绕经济一体化、全球供应链管理、贸易自由化和贸易收益等问题进行探讨,形成了米尔达尔(Gunnar Myrdal)的"回浪效应"(backwash effect)理论、赫尔希曼(Albert O. Hirschman)的"不平衡成长论"等主要观点。

20世纪80年代以来,国外学者开始了对自由贸易区运行机制的研究,如汉密尔顿(Hamilton)、汤布尔(Tumbull)、格鲁贝尔(Grubel)、麦克丹尼尔和科塞克(McDaniel & Kossaek)对自由贸易区的成本和收益问题进行了分析。[1]布鲁克斯(Brooks)论述了自由贸易港区及国际航运的结构治理问题。

随着发展中国家自由贸易区的建立,国外学者的研究视角逐渐细化,开始对自由贸易区进行实证研究。实证研究主要针对自由贸易区业务运作层面存在问题的分析和解决,并对全球各种形式的自由贸易区的发展进行评价。汉密尔顿和斯文松(Hamilton, Svensson)从贸易收益角度认为自由贸易区降低了最终产品价格而对国民福利产生扭曲效用。此外,宫城(Miyagiwa)、杨一智(Yang Yi Chih)、郑万(Zheng Wan)从区位因素角度探讨自由贸易区的发展路径问题。以上研究均为定性研究。基于定量分析,安娜·利博拉托(Ana S.Q. Liberato)、邱荣贞(Chiu Rong her)、班邦·亨德拉万(Bambang Hendrawan)从自由贸易区内企业绩效、工资、工作条件等微观内容进行了分析。詹姆斯·莱克从理论层面剖析了自由贸易区内关税等制度存在的合理性,肯定了自由贸易协定的形成,认为其可以促进各国积极投入海外贸易活动。[2]朴载正(Park Jae-gon-zai)介绍了自贸区具有豁免贸易关税、简化海关手续和放宽各种规定来从事自由的商业活动的特点。

在此基础之上,对自由贸易区的国别研究、地区研究和比较研究逐渐兴

---

[1] 高海乡:《中国保税区转型的模式》,上海财经大学出版社2006年版,第21页。

[2] James Lake and Halis M.Yildiz. "On the different geographic characteristics of Free Trade Agreements and Customs Unions", *Journal of International Economics*, 2016.

起。对美国对外贸易区制度以及发展的研究,侧重研究与美国对外贸易区有关的政策、法令中的漏洞以及不足,通过提出立法、政策修改意见以达到促进国内经济发展、提高国际竞争力的目的。对外贸易区委员会每年都会向美国国会递交一份关于对外贸易区发展的报告,其中主要提供上一年对外贸易区的经济贸易数据,同时包含了对外贸易区的发展趋势。[1]对非洲自由贸易区的研究,关注自由贸易区的政府管理问题,侧重发展经验和教训的总结。彼得·沃森运用组织结构理论对非洲自由贸易区的失败进行分析,认为"低质量的政府服务导致了投资失败",包括低效烦琐的海关管理程序、低效的行政管理过程。[2]对拉美自由贸易区的研究。卡里姆和乔格对特立尼达和多巴哥的出口加工区进行研究,建议监管主体要注重对企业环境绩效进行评估。[3]对亚洲自贸区的研究。大川宏以菲律宾出口加工区为研究对象,认为当地政府的政策支持不足是菲律宾出口加工区绩效不佳的主要原因。[4]

国内有关自由贸易区的研究相对于西方国家要晚近20年,而且是从译介西方相关成果开始。从20世纪80年代末开始,学界相继翻译出版多部有关自由贸易区研究的论著。与其他学科相比,国内经济学界对自由贸易区的研究起步较早,对中国有关实践产生的影响明显,但与发达国家相比仍有差距,尤其是理论贡献方面。国内研究侧重对自由贸易区发展模式的研究,如郭信昌、陈永山、钟坚等学者的研究。还有对自由贸易区的概念、实践形式以及基本特征的研究,如曲云厚、谷源洋、李力、吴康平、吴蓉、钟坚等学者的研究。刘重研究了国外自由贸易港区的管理体制模式:港口、自由贸易港和海关三位一体的

[1] The Foreign-Trade Zones Board, 74th Annual Report of the Foreign-Trade Zones Board to the Congress of The United States, August 2013.

[2] Peter L. Watson, "Export Processing Zones: Has Africa Missed the Boat? Not yet!", *Africa Region Working Paper* series No. 17, Africa Region, World Bank, 2001.

[3] Kalim U. Shah and Jorge E. Rivera, "Export Processing Zones and Corporate Environmental Performance in Emerging Economies: The Case of the Oil, Gas and Chemical Sectors of Trinidad and Tobago", *Policy Sciences*, 2007 (40), pp. 265-285.

[4] Hiroshi Oikawa, "TNCs in Perplexity over How to Meet Local Suppliers: The Case of Philippine Export Processing Zone", *IDE Discussion Papers of Institute of Developing Economics*, No. 167, 2006.

管理模式;专门机构管理模式;港务管理局直接管理型。①

整体而言,近年来国内外关于自由贸易区的研究,日益呈现不同学科间的融合之势,公共管理学的研究越来越借重其他学科,尤其是经济学、行政法学等领域的研究成果和研究方法。通过对西方成果的研究以及相应的实践准备,自由贸易区研究在经济学、公共管理学和法学等学科逐步兴起。对自由贸易区法律制度的比较研究,主要是以自贸区的服务贸易法律制度、投资法律制度及对自贸区市场准入与经营主体法律问题的研究为主要内容。对国外自由贸易区发展经验的研究,重点关注区位选择、管理体制与运行机制、基本政策和法律法规等方面的特点。李莉娜在对国外自贸区发展经验的总结中将自由贸易管理分为私人投资管理和政府投资管理两种模式。②

二、对自由贸易区政府管理体制的研究

从组织结构的视角看,政府管理其实是一个行政法问题。李力研究了自由贸易区管理体制的基本特点、管理机构的主要形式及自由贸易区管理体制的基本类型。③不论是在公共管理领域还是在其他学科领域,类似自由贸易区政府管理这样的问题,一直都属于前沿问题,或者说属于传统学科的边缘领域。随着中国各类海关特殊监管区域的建立,国内对国外自由贸易区的发展经验的研究逐步兴起,其中对美国对外贸易区的研究成果尤为丰富。由于发展较早,美国的对外贸易区制度比较完善,在世界上处于领先水平。张婷玉在《美国自由贸易区战略研究》中从政治思维、顶层规则、国家安全、战略能源等四个层面对美国自由贸易区的非经济效应进行综合分析,对美国自贸区战略影响及发展态势进行分析和前瞻性预测。④董岗在《美国自由贸易区的运行机制及政策研究》一文中通过分析美国对自由贸易区构建的管理机构、管理方式和联络制度及提供的各种优惠政策,认为其不仅具备集中统一而又高效灵活的运行机制,还为入区企业节约了成本,从而在促进经济增长、扩大出口、增加

① 刘重:《国外自由贸易港的运作与监管模式》,《交通企业管理》2007年第3期。
② 李莉娜:《国外自由贸易区发展的经验及其启示》,《价格月刊》2014年第2期。
③ 上海保税区管委会研究室:《世界自由贸易区研究》,改革出版社1996年版。
④ 张婷玉:《美国自由贸易区战略研究》,辽宁大学博士学位论文,2014年。

及监管方式等技术操作层面展开。

对海关特殊监管区域发展水平的研究,形成了模糊综合评价法和因子综合分析法。关于转型目标的选择,一些国内学者纷纷从制度创新的视角对自贸区问题进行探索,如成思危、武康平和吴蓉、李友华、杨明华等分别从保税区向自贸区转型、自贸区的法律保障、境外自贸区与中国保税区比较等角度进行了一些体制上的探索。李力提出了外高桥保税区向港区一体化管理的自由港区发展的阶段目标。成思危分析了中国保税区向自贸区转型的指导思想、目标模式和实施步骤等问题,提出了自贸区试点和立法的建议。高海乡提出中国保税区转型为自贸区的模式是贸工结合开放型的经济发展目标模式,并以深圳保税区为例进行了分析。郑士源、宗蓓华,刘湛分析了洋山深水港、大连大窑湾保税港区向自由港转型的模式选择。还有一些学者根据国外自贸区的发展经验,尤其是对美国的对外贸易区进行重点探讨,认为中国保税港区发展应借鉴美国对外贸易区制度,将保税港区长期稳定的发展建立在法律法规基础上,同时建立一套合适的管理体制作为保税港区发展的组织保障以及适用一套创新的海关监管模式。[①]钟坚认为,海关特殊监管区域应全面实施信息化管理制度,提高特殊监管区域内的硬件设施水平,最大程度减少海关手续。[②]罗雨泽认为,中国可以通过行政部门的协调、重组等方式提高海关特殊监管区域的行政效率。[③]

自2013年9月设立上海自贸试验区以来,相关研究成果逐渐丰富,集中于探讨自贸试验区建设的现状、成效、存在的问题以及对策建议等,或是针对自贸试验区建设中的某一方面的问题展开,如政府职能转变、商事制度改革、金融创新等。大体来看,有关中国自贸试验区的研究主要可分为七大类。

第一类是有关中国自贸试验区的概念、战略定位、运营与投资机会的各种基础性研究,包括自贸试验区设立的意义、扩容、制度创新效果评估等。如孙

---

① 参见周阳:《美国对外贸易区制度及对我国保税港区的启示》,《水运管理》2009年第2期;吴蓉:《借鉴美国对外贸易区经验推进我国保税区发展》,《上海商业》2004年第6期。
② 钟坚:《美国对外贸易区的发展模式及其运行机制》,《特区经济》2000年第6期。
③ 罗雨泽:《美国对外贸易区建设现状及启示》,《中国经济时报》2013年8月13日。

立坚对上海自贸试验区总体方案的金融开放战略的探讨；[①]贺小勇对上海自贸试验区金融开放创新的法制保障的研究。[②]由于中国自贸试验区与国际通行的自由贸易区的基本内涵不同，大多数国内外研究都是从传统概念出发对上述理论和实践进行研究，对于自贸试验区建设的参考价值较小。

第二类是对自贸试验区政府管理体制的研究。自上海自贸试验区设立以来，对自贸试验区行政体制的研究不断涌现，其中大多数研究都是基于各个自贸试验区不同的战略目标和功能定位展开个案研究。关于自贸试验区的政府管理问题的研究及其制度设计必然涉及管理机构的设立、定位、权能配置、运作程序、监督等一系列行政法问题。朱应平根据功能适当原则，认为"上海自贸试验区开展改革创新试点要有充分的立法支持；要按照该原则设置国家机关、配备专业人员、保持适当稳定，根据这一原则处理国家机关之间相互关系、解决法律适用中的冲突等。只有做好这些工作，自贸区的任务才有可能实现"[③]。兰筱琳基于福建的个案研究，认为福建自贸试验区存在缺乏管理模式创新理念、条块分割多头管理、自由化与有效管控之间的二元紧张、法治化程度不高等问题。[④]李世兰认为，广东自贸试验区由于其特殊的区位特征和担负的特殊历史使命，在权力分割、区域协调和立法保障等方面存在问题，提出应在"一国两制"的特殊经济制度下探索新的政府治理创新模式。[⑤]周楠、于志勇认为天津自贸试验区的管理体制是典型的政府主导型，存在顶层设计缺失、府际关系难以协同、政府权责不清晰等问题，提出应构建自贸试验区府际协同联动体系，以立法形式赋予自贸试验区管委会必要的法律地位和自主权力，并优化其内部管理体制。[⑥]蔡小慎、王淑君认为在中国自贸试验区发展实践中呈现

---

① 孙立坚：《上海自贸试验区总体方案的金融开放战略》，《新财经》2013年第12期。

② 贺小勇：《中国（上海）自由贸易试验区金融开放创新的法制保障》，《法学》2013年第12期。

③ 朱应平：《以功能最适当原则构建和完善中国上海自由贸易试验区制度》，《行政法学研究》2015年第1期。

④ 兰筱琳：《福建自贸区行政管理体制存在的问题与对策》，《中国集体经济》2016年第1期。

⑤ 李世兰：《广东自由贸易试验区政府治理创新对策研究》，《探求》2018年第2期。

⑥ 周楠、于志勇：《天津自贸试验区管理体制：现状、问题与优化路径》，《经济体制改革》2019年第2期。

题,提出中国自贸试验区在立法过程中既要注重自贸试验区法制的统一性,也要关注其特殊性。[①]

第六类,对自贸试验区发展评价的研究,主要围绕自贸试验区内制度创新水平、对外辐射水平的测度。江若尘等以制度创新为切入点,对上海自贸试验区所实施的创新制度进行了定性评价。[②]谭娜等应用反事实分析方法对上海自贸试验区成立的经济增长效应进行了定量分析。[③]赵静利用建模和仿真实验的方法,实证分析了上海自贸试验区对周边产业及经济腹地经济、政策和人才的溢出效应,发现溢出效应主要集中在短期的资金、人才以及政策。[④]姚大青和约翰·惠利对上海自贸试验区所具有的开放性进行了评价。[⑤]殷华和高维认为,上海自贸试验区产生了显著的"制度红利",促进了上海的国内生产总值、投资、进出口增长。孙杨杰根据福建自贸试验区"对台开放"和"全面合作"的战略定位,结合《中国(福建)自由贸易试验区总体方案》提出的6类主要任务(切实转变政府职能、推进投资管理体制改革、推进贸易发展方式转变、率先推进与台湾地区投资贸易便利化、推进金融领域开放创新、培育平潭开放开发新优势)和16项重点内容,设计了基于公共服务"消费–供给"核心关系的政府服务质量评估框架和指标体系。[⑥]

第七类,对自贸试验区海关监管制度的研究,重点关注海关监管创新制度[⑦]和风险管理。朱慧提出通过"单一窗口"模式、提供更加方便的非常规监管方式、加强海关与其他部门的协作等举措以推进自贸试验区海关监管制度创

---

① 程慧、张威:《中国自贸试验区法治建设展望》,《国际贸易》2017年第10期。

② 江若尘、陆煊:《中国(上海)自由贸易试验区的制度创新及其评估——基于全球比较的视角》,《外国经济与管理》2014年第10期。

③ 谭娜、周先波、林建浩:《上海自贸试验区的经济增长效应研究——基于面板数据下的反事实分析方法》,《国际贸易问题》2015年第10期。

④ 赵静:《上海自贸试验区的经济溢出效应——基于系统动力学的方法》,《国际商务研究》2016第2期。

⑤ Yao Daqing and John Whalley,"An evaluation of the impact of the China (Shanghai) Pilot Free Trade Zone", 2015, No. 20901, NBER Working papers from National Bureau of Economic Research, Inc.

⑥ 孙杨杰:《福建自由贸易试验区政府服务质量评估体系设计初探》,《中共福建省委党校学报》2017年第8期。

⑦ 曹晓路、王崇敏:《中国特色自由贸易港事中事后监管创新研究》,《行政管理改革》2019年第5期。

新。舒琴芳回顾了上海自贸试验区在成立以来取得的阶段性成就,认为当前自贸试验区建设已进入改革"深水区",提出了突破原有海关核心政策、建立健全以海关为主导的口岸管理体制、以信息化引领海关管理体制机制转型的建议。①张冰清认为自贸试验区建设应满足当前的经济发展方式,并适应中国贸易便利化的发展趋势,为此海关应实现从"管制型"到"服务型"的转变。②石钢、熊璐歆、徐摇萍结合已在舟山海关复制推广实施的制度,总结了复制推广上海自贸试验区海关监管制度的经验及建议,如结合实际、理顺海关监管与市场关系、打造新型关企协作关系等。③

在自贸试验区海关监管制度可能存在的风险方面,杜金岷、苏李欣对上海自贸试验区在金融创新方面的主要政策及取得的成果进行了梳理,对金融创新中存在的汇率风险、资金流通和套利带来的风险等进行了分析。④杨昕分析了自贸试验区存在的全球化风险、区内制度风险及管理主体如海关、边检面临的由于政策不可预知性所带来的风险。程一平、黄敬敏、戴新福从公安工作的角度出发,分析了自贸试验区在营造宽松自由环境的同时,可能会出现偷逃税款风险、骗取出口退税风险、内幕交易犯罪风险、票据、信用证诈骗风险等,并提出了法律层面、行政管理层面、刑事打击方面的对策建议。

四、从行政协调研究到跨部门协同研究

如何打破科层制下政府部门分治的状态,强化部门之间的协同合作,提高跨部门协同治理的绩效,是当代全球公共行政改革的重要议题。中国学界关于政府组织协同的研究文献中,大部分都是从行政协调的视角进行分析,如刘宝臻的《简论行政协调》、唐祖爱的《我国行政协调机制的法律分析和法治化构建》、史瑞丽的《行政协调刍议》、罗子初和曾友中的《转型期行政协调机制的重塑》、麻宝斌和仇赟的《大部制背景下中国中央政府部门间行政协调机制研

---

① 舒琴芳:《上海自贸区改革"深水区"海关监管服务创新在思考——基于"国家创新系统理论"的视角》,《海关与经贸研究》2016年第2期。

② 张冰清:《上海自贸区建设背景下服务型海关监管研究》,东华大学硕士学位论文,2015年。

③ 石钢、熊璐歆、徐摇萍:《中国(上海)自由贸易试验区海关监管制度创新研究——以舟山海关首批复制推广制度为视角》,《现代物业(中旬刊)》2015年第2期。

④ 杜金岷、苏李欣:《上海自贸区金融创新风险防范机制研究》,《学术论坛》2014年第7期。

究》。学者大都赞同行政协调机制通常是由协调的主体、客体、行为属性及协调目的这四个部分组成。行政协调机制的基本功能在于达成一体行政、实现政策整合和提高行政绩效。①

随着公共管理理论的发展,对于行政协调的界定逐渐从行政系统的内部协调向外部行政协调拓展和延伸。罗中华、廖魁星和陈宇认为,行政协调可分为内部协调和外部协调。②在运用行政协调理论对中国政府治理模式的研究中,比较经典的理论是"复合行政理论"和"府际管理理论"等。其中,府际关系研究主要围绕上下级科层关系和同级条块关系展开。上下级科层关系研究,主要从权力、资源和财政关系等视角研究中央和地方关系。同级条块关系研究。近年来,围绕"竞争与合作""碎片化"主题,对地方政府横向关系的研究逐渐增多,如地方政府竞争与共谋、政府内部部门的联盟、城市群地区政府间的合作与协调、跨区域的省际关系等。崔晶和毕馨雨根据外部需求程度和社会参与的广泛性,构建了科层发包型、适应调整型、市场契约型及多元参与型四种跨域生态环境协同治理策略。③

还有一些学者运用行政协调理论对中国政府的行政协调机制进行了实证研究和个案分析,如李春洪的《建立有效的政府协调机制》、陆瑶的《城市群的发展与政府协调机制》、秦浩的《试析行政协调机制——以行政服务中心为视角》、于晓广等的《完善公共突发事件行政协调机制的思考》。李春洪认为要综合使用经济协调和行政协调推进行政区域协调。④2007年,中国政法大学《中国行政管理体制现状调查与改革研究》课题组运用实地调研和问卷调查方法,对中国五级政府构成的行政体制现状进行全国性调查,对包括法定部门协作机制、通过共同上级领导协调、通过领导小组等协商机构协调、通过牵头单位

---

① 唐祖爱:《我国行政协调机制的法律分析和法治化构建》,《武汉大学学报(哲学社会科学版)》2007年第4期。

② 罗中华、廖魁星、陈宇论:《未来的行政协调与有效治理》,《成都行政学院学报》2006年第1期。

③ 崔晶、毕馨雨:《跨域生态环境协作治理的策略选择与学习路径研究——基于跨案例的分析》,《经济社会体制比较》2020年第3期。

④ 李春洪:《论珠三角经济区建立政府协调机制的必要性及应掌握的原则》,《岭南学刊》1995年第5期。

协调、通过部门工作人员之间的私人关系进行协调、部门之间直接协商等政府部门间的协调方式进行数据统计。[①]（见表1.2）

表1.2　政府部门间协调合作方式统计

选项	选择计数	百分比
法定部门协作机制	1203	47.2
通过共同上级领导协调	1808	70.9
通过领导小组等协商机构协调	1702	66.7
通过牵头单位协调	1676	65.7
通过部门工作人员之间的私人关系协调	583	22.9
部门之间直接协商	1287	50.5
其他	18	0.7
总计	2550	100

来源：石亚军主编：《中国行政管理体制现状问卷调查数据统计》，中国政法大学出版社2008年版，第22页。

调查显示，跨部门协同方式中居前三位的依次是通过共同上级领导协调、通过领导小组等协调机构协调和通过牵头单位协调，通过法定部门协作机制协调的居第四位。这也说明在中国政府日常管理中，部门关系的协调主要是通过非制度化、法治化的方式实现的，无论是通过上级领导协调，还是通过领导小组协调，都是一种依靠行政命令来协调的方式，与行政法治的要求相背离，缺乏实现跨部门协同的长效机制，导致跨部门协同缺乏稳定性和可预期性。

虽然大量的研究文献都认为"跨部门协同"是一种全新的政府管理理念，是整体性治理理念在政府部门间关系上的全新实践，但实际上，这种理念与"行政协调"概念很相似，二者之间在理论逻辑上契合，都特别强调政府为实现共同的公共目标对公共事务管理采取多中心、多主体和多层次的跨部门合作。

五、对国内外研究现状的分析与评价

自贸试验区的政府管理问题本质上是一个边缘性课题，除管理学外，还涉

[①] 石亚军主编：《中国行政管理体制现状问卷调查数据统计》，中国政法大学出版社2008年版，第22页。

及经济学、政治学、法学等学科。总体而言,当前学界对中国自贸试验区政府管理模式的研究倾向于对国外自贸区政府管理经验的简单移植,没能在中国国家战略的背景下准确理解自贸试验区的战略意义和功能定位;绝大多数成果集中在自贸试验区发展的水平评估与对策研究上,难以揭示自贸试验区政府管理的一般规律。

通过上述文献分析,可以发现自贸试验区的政府管理是一个综合概念,对其认识需要不断深化。相关研究在国外起步较早,理论较为成熟,取得的研究成果颇丰,获得的实践经验丰富。国内外现有的研究极少关注自贸试验区不同层次的各个管理部门之间的互动协作关系,跨部门协同研究与国际研究进展有着较大差距,至少以下四个方面还需加强:

第一,在理论层次上,自贸试验区的政府管理研究仍停留在分析体制创新和职能转变层面上,跨部门协同研究尚未得到足够重视,对自贸试验区政府管理中的跨部门关系的研究、跨部门协同的实现机制及跨部门协同的影响因素研究还属空白。现有研究大都散见于治理理论、府际关系、公私伙伴关系等方面的文献中。部分学者对自由贸易区政府管理的内涵和外延进行了界定,但由于这一概念来源于政策文件,缺乏理论上的深度分析。已有文献都强调组织结构、制度设计等要素对跨部门协同机制构成的重要性,但更多停留在"应然"层面,对于这些因素在具体场域中是如何发挥作用、如何相互影响的,缺乏基于实证的研究。[①]

已有跨部门协同的研究主要集中在跨部门协同机制何以发生,通过建构模型来分析跨部门协同的影响因素。将跨部门协同置于系统环境中诠释具体运作,承认协同对于组织环境的正向维持作用,在领导能力对于协同的重要影响上达成共识。此外,影响跨部门协同的因素还包括硬约束层面的组织和制

---

① 颜海娜、刘泽森:《从"九龙治水"到"一龙治水"——水环境跨部门协同治理的审视与反思》,《吉首大学学报(社会科学版)》2022年第1期。

度因素①和来自软约束层面的文化、价值观以及经验承诺，②硬约束层面重视监督激励、法律保障、行政问责、信息公开程度的功效，③软约束层面主张建构和培育社会资本、建立主体间关系网络以完善治理。

第二，在研究方法上，比较单一，以规范性方法为主，而对这种对策的理论基础、实际操作方式及内在机制的探讨尚显不足；采用实地访谈、问卷调查与统计分析相结合的实证研究很少，多描述性研究，少理论性阐释。现有研究集中分析全球自贸区的发展演变和目标模式，对自贸试验区发展中的政府定位、功能角色缺乏规范研究，对适合中国国情的自贸试验区政府管理机制缺乏细致的实证研究和量化分析。

第三，在实践层次上，大多限于在静态层面上论述自贸试验区的发展现状与政府管理体制，较少从跨部门协同视角研究自贸试验区的政府管理的运行机制，还无法从实践及操作层面为促进中国自贸试验区的管理体制与运行机制的发展提供针对性强的对策建议。虽然学者们已经意识到跨部门协同的重要性，并提出了相应的对策建议，但相关研究还没有形成相对统一的跨部门协同概念体系和理论框架。

第四，在研究视角上，国内研究在分析跨部门协同时，侧重基础理论研究，少有案例分析，关于跨部门协同机制的设计往往过于宽泛，缺乏针对性和适用性，如协同机制的层级关系和主体关系指向不明。④跨部门协同机制面临适用性的问题。虽然，对于当前的自贸试验区的政府管理而言，协调政府部门间关

---

① 刘培功：《社会治理共同体何以可能：跨部门协同机制的意义与建构》，《河南社会科学》2020年第9期。

② Chul-Hyun Park, "Cross-Sector Collaboration for Public Innovation", *Journal of Public Administration Research and Theory*, 2018(2); Nicola Ulibarri, Scott Tyler, "Linking Network Structure to Collaborative Governance", *Journal of Public Administration Research and Theory*, 2016(1); D-M Dalye, "Interdisciplinary Problems and Agency Boundaries: Exploring Effective Cross-Agency Collaboration", *Journal of Public Administration Research and Theory*, 2009(3).

③ 陈玉梅：《协同治理下应急管理协作中的信息共享之关键影响因素分析》，《暨南学报（哲学社会科学版）》2018年第12期；李胜、高静：《突发事件协同治理能力的影响因素及政策意蕴——基于扎根理论的多案例研究》，《上海行政学院学报》2020年第6期。

④ 范如国：《复杂网络结构范型下的社会治理协同创新》，《中国社会科学》2014年第4期；郁建兴、任泽涛：《当代中国社会建设中的协同治理——一个分析框架》，《学术月刊》2012年第8期。

系是十分必要的。但是,并不是在任何领域都需要协调。"这种协同政府并非在任何领域与任何时候都可以是解决一切问题的灵丹妙药。"①跨部门协同作为一种跨边界、多部门、整体性的治理模式,它以跨越公共事务边界、破解治理碎片化、实现公共利益最大化为旨归,通过将政府部门、经济部门、第三部门等纳入整体性治理体系,克服了科层治理部门主义、本位主义的局限,在一定程度上适应中国跨界问题治理的现实需要。②"协同政府应被视为一种选择性项目,而不应是一种在任何环境下适合一切政府部门的必然选择。"③因此,对于跨部门协同机制在自贸试验区政府管理中的适用性及其适用领域问题也需要进行理论研究和实证分析。

从整体上看,到目前为止,仍未发现对中国自贸试验区跨部门协同机制进行系统研究的专门论述。在中国自贸试验区的政府管理研究中,跨部门协同尚未得到足够重视,现有研究还无法从实践及操作层面为促进中国自贸试验区政府管理体制机制的优化提供针对性强的对策建议。因此,基于跨部门协同的视角对中国自贸试验区的政府管理体制机制进行系统分析,不仅要对跨部门协同的范畴与边界、构成要素进行界定,还需要对跨部门协同的实现机制进行探讨。

第三节　核心概念、基本假设与分析框架

一、核心概念:跨部门协同的基本内涵与要素结构

(一)跨部门协同的基本内涵

跨部门协同是指两个或两个以上的部门自愿地通过信息、资源、活动、能力、风险和决策制定等方面的共享、共担、共谋,实现部门间联动的共同努力和相互合作,跨部门协同的目的是推动多个部门共同提供公共服务和公共产品,

---

① Tom Christensen and PerLagreid, "The Whole-of-Government Approach to Public Sector Reform", *Public Administration Review*, Vol. 67, No. 6, 2007.

② 肖克、谢琦:《跨部门协同的治理叙事、中国适用性及理论完善》,《行政论坛》2021年第6期。

③ Christopher Pollitt, "Joined-up Government: A Survey", *Political Studies Review*, Vol. 1, 2003.

以完成单一部门独自行动很难或不可能完成的公共事务。[①]一般来说,狭义的"部门"仅指政府部门;而从宏观概念上讲,"部门"包括政府部门、私营部门和第三部门。跨部门指的是跨越政府部门、私营部门、第三部门三方的边界。因此,宏观的跨部门协同可以界定为公共部门、私营部门及第三部门通过协力、社区参与、公私伙伴关系或者契约关系等联合方式,共同解决难以处理的跨界问题。[②]本书的"跨部门协同"使用的是广义的"部门"概念。

跨部门协同的主要特征是多元行动主体之间超越部门边界展开的制度化合作,这种合作发生在不同的政策领域和行政区域,体现在政策制定、政策执行和公共服务供给等不同层面。跨部门协同的主体呈现出多元和复杂的互动关系,根据部门间合作组合方式的不同,跨部门关系可以分为四种类型:

第一种是政府部门内各个部门之间的跨部门合作关系,也即通常所说的"府际关系(intergovernmental relations)"。府际关系是指政府之间在水平结构与层级结构上的纵横交错关系及不同区域、不同层级政府之间的互动关系。[③]所谓的"互动关系是指在不同层级政府之中复杂的与相互依赖的关系"[④]。府际关系实际上是政府之间的权力配置和利益分配关系。[⑤]基于中国府际关系的纵向、横向和斜向[⑥]之分,周志忍和蒋敏娟提出了以权威为依托的等级制纵向协同、以部际联席会议为代表的横向协同和围绕专项任务展开的条块间横

---

① [美]埃里克·波伊尔、约翰·弗雷尔、詹姆斯·埃德温·凯:《跨部门合作治理:跨部门合作中必备的四种关键领导技能》,甄杰译,化学工业出版社2018年版,第12页。

② 林水波、李长晏:《跨域治理》,台北五南图书出版公司,2005年版。

③ 李四林、曾伟:《地方政府管理学(第二编)》,北京大学出版社2010年版,第111页。

④ Denhart, Robert B., *Public Administration: An Action Orientation*, Harcourt Brace College Publishers, 1992, p. 75.

⑤ 谢庆奎:《中国政府的府际关系研究》,《北京大学学报(哲学社会科学版)》2000年第1期。

⑥ 政府间斜向关系指的是"多元的、无隶属关系的、行政级别不同的地方政府和政府部门之间的关系"。具体而言,政府间斜向关系包括:上级政府各部门与下级政府之间的关系,同级政府各部门与其他同级政府之间的关系,下级政府各部门与上级政府之间的关系,处于不同层级的无隶属关系的地方政府之间的关系,互不隶属的政府部门间的关系。参见蔡英辉、胡晓芳:《法政时代的中国"斜向府际关系"探究——建构中央部委与地方政府之多元行政主体间关系》,《理论导刊》2008年第3期;薛立强:《授权体制:改革开放时期政府间纵向关系研究》,天津人民出版社2010年版,第27页。

向协同三种组织模式。①"影响府际关系运作最主要的症结在于中央控制性与地方自主性之间的争议。"②

第二种是政府与第三部门之间的合作关系,也即"政社合作"。跨部门协同之所以需要政府部门、经济部门、第三部门的共同参与,是因为治理区域重叠、模糊是跨界公共事务的典型特征,这些治理区域的责任边界并不清晰、明确,一般意义上表现为一种模糊责任。模糊责任具有混合性、公共性、整体性,虽然难以明确界定每个部门的具体责任,但从整体上看,每个部门都是混合责任的责任主体之一,它们之间存在责任互赖关系。③"当政府越来越依赖第三方提供服务的时候,其绩效也会更加依赖于管理各种伙伴关系并让合作伙伴们承担责任的能力"。④

第三种是政府与私营部门之间的合作关系,即公共管理中通常所说的"公私伙伴关系"(public-private partnership, PPP)。公私伙伴关系是指为全面实现政策目标和政策功能,在政府、企业与第三部门之间构建协作关系(cooperative relationships)。⑤公私合作类型及合作模式主要表现为行政委托、公私合营、公共建设参与、公私合作规制等形式。⑥公私伙伴关系的实质在于充分发挥公共部门和私营部门各自的禀赋优势,兼顾效率和公平的互补合作。⑦通过伙伴关系的建立,不同部门的相对优势以一种相互支持的方式加以开拓。⑧从本质上看,公私伙伴关系是一种通过构建跨公私合作机制来实现政策目标的治理工具。

---

① 周志忍、蒋敏娟:《中国政府跨部门协同机制探析——一个叙事与诊断框架》,《公共行政评论》2013年第1期。

② 赵永茂、孙同文、江大树主编:《府际关系》,元照出版公司2001年版,第372页。

③ 肖克、谢琦:《跨部门协同的治理叙事、中国适用性及理论完善》,《行政论坛》2021年第6期。

④ [美]斯蒂芬·戈德史密斯、威廉·D.埃格斯:《网络化治理:公共部门的新形态》,孙迎春译,北京大学出版社2008年版。

⑤ Pauline Rosenau, *Public-Private Policy Partnerships*, The MIT Press, 2000, p. 5.

⑥ 陈军:《变化与回应:公私合作的行政法研究》,中国政法大学出版社2014年版,第19~21页。

⑦ [英]达霖·格里姆塞、[澳]莫文·K. 刘易斯:《PPP革命:公共服务中的政府和社会资本合作》,济邦咨询公司译,中国人民大学出版社2016年版,再版序,第15页。

⑧ 李长晏:《后五都区域发展与跨域治理合作组织设计之逻辑与策略》,载赵永茂、朱光磊、江大树、徐斯勤主编:《府际关系:新兴研究议题与治理策略》,社会科学文献出版社2012年版,第235页。

第四种是政府、私营部门与第三部门之间的合作关系，也即当前合作治理和网络治理的研究内容。合作治理是动态的多维概念，包含主体多元、权威多样、系统协作与社会秩序稳定等核心内涵，形成了政府主导、非政府主体参与、以实现公共利益为宗旨的价值取向。①政府和私营部门通过包括合同和特许协议在内的一系列机制来推进合作，进行服务转移安排和企业公私合作。②公共领域的事务纷繁、关系复杂、问题迭出，政府需要与非政府组织进行合作治理。③跨部门协同作为一种以协作和整合为特征的公共事务治理模式，蕴含着构建整体性治理网络的思路，不仅涉及政府内部各部门及其功能的整合，还涉及政府部门、经济部门和第三部门之间的相互协作。④

跨部门协同是基于合作治理的思路在公共事务治理中开展多部门的合作，"元治理"的角色一般由公共部门来承担，这些部门之所以愿意协同起来进行合作治理，主要是因为它们独木难支，需要彼此的资源、信息、能力。⑤跨部门协同如同管理中的"巧匠"，通过破解诸如"掌舵者"为谁、寻找公共价值、激励员工、应对变化、机构重组、建立跨区域网络等治理难题，打造多元合作治理新体系。⑥跨部门协同是带来更好决策和结果、带来方法创新以达到整个社会可持续发展的基本工具；它确保了知识共享，所有关键问题和部门得到适当考虑，在适当的地方合作制定决策和采取行动；它在具体问题上动用整个部门、资源和利益以共同达到具体目标。⑦

① 孙峰：《跨边界合作：运作模式、影响因素与优化指向——基于中国场景的垃圾分类案例研究》，《中国行政管理》2022年第11期。

② [美]G.沙布尔·吉玛、丹尼斯·A.荣迪内利编：《分权化治理：新概念与新实践》，唐贤兴、张进军等译，格致出版社、上海人民出版社2013年版，第12页。

③ 夏书章：《加强合作治理研究是时候了》，《复旦公共行政评论》2012年第2期。

④ 崔晶：《区域地方政府跨界公共事务整体性治理模式研究：以京津冀都市圈为例》，《政治学研究》2012年第2期。

⑤ 谢琦、陈亮：《网络化治理的叙事重构、中国适用性及理论拓展》，《行政论坛》2020年第3期。

⑥ [美]尤金·巴达赫：《跨部门合作：管理"巧匠"的理论与实践》，周志忍、张弦译，北京大学出版社2011年版，第14~37页。

⑦ 蒋敏娟：《中国政府跨部门协同机制研究》，北京大学出版社2016年版，第16页。

(二)跨部门协同的要素结构

对于跨部门协同的认识,学者们大都持两种观点,一种认为,跨部门协同是一种"互动过程",另一种认为,跨部门协同就是部门间的机构整合;前者关注动态的运作机制,后者聚焦静态的结构整合。跨部门协同的实现需要综合考虑协同的主体、动力、目标和机制等要素。对自贸试验区政府管理中的跨部门协同机制的分析,可以从各个维度进行。从主体维度出发,考察各个主体在不同要素组合的情况下跨部门协同机制的运作;从时间维度出发,考察自贸试验区不同发展阶段中跨部门协同机制的运行情况;从地域维度出发,考察不同区域间开展跨部门协同的情况与效果;从功能维度出发,考察跨部门协同在政策制定、政策执行和政策评估等各个环节的具体功能。

从构成要素看,跨部门协同机制涵盖主体、领域和内容。因此,自贸试验区跨部门协同机制的构成要素包括协同主体、协同领域、协同内容和协同过程(参见表1.3)。跨部门协同的主体是参与跨部门协同并在其中享有相关权利并承担相关义务的各组织部门。跨部门协同的内容包括组织结构调整、协同机构设置、信息的沟通、利益的分配、运作程序之间的衔接、政策的协调等。跨部门协同的领域覆盖公共事务管理的不同层次,也即政策制定、政策执行和公共服务的供给。[1]跨部门协同过程是协商、承诺和执行三者迭代、循环的过程,在每个环节都有基于互惠的组织评估以调节、促进协同的开展。[2]跨部门协同本质上强调参与主体间沟通交流、共享共治的网络结构,信任互惠、协调管理与能力建设等构成协同过程的核心要素。[3]

---

① 希克斯把跨界合作划分为四个层次:第一,政策制定中的协同或政策协调;第二,项目管理中的协同或项目协同;第三,服务供给(包括管制)中的协同;第四,面向个体的服务协同,即几个部门围绕特定客户的需求与偏好,协同提供综合而又个性化的服务。参见 Perri 6, "Joined-Up Government in the Western World in Comparative Perspective: A Preliminary Literature Review and Exploration", *Journal of Public Administration Research and Theory*, Vol. 14, No. 1, 2004, pp. 103-138。

② Peter Ring and Andrew Van De Ven, "Development Processes of Cooperative Interorganizational Relationships", *Academy of Management Review*, Vol. 11, No. 1, 1994, pp. 90-118.

③ 周凌一:《地方政府协同治理的逻辑:纵向干预的视角》,复旦大学出版社2022年版,第43页。

表1.3　自贸试验区跨部门协同机制的要素构成

类型	主要内容
协同主体	中央各部委之间的协同(部际协同)、中央各部委与地方政府之间的协同、地方政府各部门之间的协同、政府部门与企业之间的协同、政府部门与社会组织之间的协同
协同领域	政策制定、政策执行、公共服务的供给
协同内容	组织结构调整、部门的职权与部门责任、对跨部门政策问题的认知、跨部门政策目标、信息的沟通和共享、利益的分配、运作程序之间的衔接等
协同过程	协商、承诺和执行三者迭代、循环的过程

二、基本假设：自贸试验区政府管理的跨界性提出了跨部门协同的需求

自贸试验区的政府管理主要关注在自贸试验区管理中所形成的管理体制和运行机制。跨界性既是应对公共治理复杂性的重要渊源，也是在公共治理实践中开展"整合性"设计与"整体性"应用的集中体现。[1]中国自贸试验区政府管理呈现出跨界性的特点，表现为在地理空间维度上跨越行政区域边界，在横向结构维度上跨越行政部门边界，在纵向结构维度上跨越行政层级边界，在公共治理维度上跨越政府、市场和社会组织边界。这种跨界性不断地提出对政府部门创新管理模式的需求；自贸试验区的政府管理亟须培育和优化跨部门协同机制。

基本假设是：自贸试验区政府管理的跨界性导致了参与自贸试验区管理主体的多元化；微观行为主体的行动逻辑赋予政府在自贸试验区管理中的主导责任；政府系统内部纵向和横向的职责分工导致自贸试验区相关管理职责的分散化；自贸试验区政府管理的整体性要求分散化的管理主体之间进行跨部门协同(参见图1.2)。把这一基本假设倒过来可以得出如下推论：只有承担自贸试验区管理主导责任的各个部门实现纵向协同、横向协同和内外协同，才有可能形成统一的政策、统一的标准规范并采取统一行动；只有各个政府部门形成统一政策、统一标准和统一行动，才能加快政府职能转变、实现自贸试验

---

[1] 陈冠宇、王佃利：《迈向协同：跨界公共治理的政策执行过程——基于长江流域生态治理的考察》，《河南师范大学学报(哲学社会科学版)》2023年第1期。

区的整体性治理。①

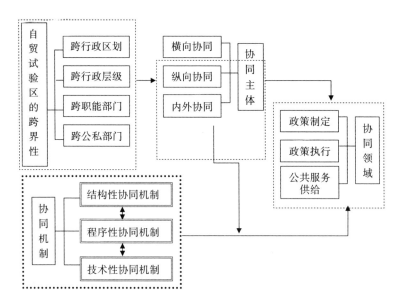

图1.2 基本假设

自贸试验区政府管理的对象日趋复杂,跨越单个政策领域或是议题领域;政府管理的主体趋向多元,跨越不同的行政区划、行政层级、部门界限及公共领域和私人领域之间的边界。作为整体性政府和网络化治理②理论的核心理念,跨部门协同不只是同一行政层级的不同政府部门间的协同,还包括不同层级政府间的协同和政府部门与私营部门间的协同,使得跨部门协同表现为横向协同、纵向协同以及内外协同等不同类型。跨界公共事务的出现,使得过去那种基于边界界定、责任划分的政府管理模式难以奏效,为提高跨界公共事务的治理效能,跨部门协同就成为可能的路径选择。针对跨界公共事务的属性,跨部门协同打破了传统意义上政府管理以政府为唯一主体、固守行政管辖边界与行政部门边界的局限及新公共管理引入私营部门、第三部门参与却固守

---

① 王菲易:《上海自贸区跨部门协调机制研究:一个分析框架》,《国际商务研究》2016年第1期。

② 在网络化治理模式中,治理主体是多元的,因此治理的实现就需要各主体之间通过良好的沟通、协商和配合,这就需要一套相应的治理机制实现这种结果。参见鄞益奋:《网络治理:公共管理的新框架》,《公共管理学报》2007年第1期。

公私部门边界的局限,探索无缝隙治理、整体性治理导向下的跨部门协同新路径。[①]

需要说明的是,跨界性是一个系统概念,可以从协同主体、协同客体等不同维度进行论述。跨部门协同是通过作用于协同领域,形成跨部门协同机制,以应对自贸试验区跨界性公共事务。从协同主体看,主体的跨界性,表现为公共部门、私营部门及第三部门通过协力、社区参与、公私伙伴关系或者契约关系等联合方式应对跨界性问题。从协同客体看,公共事务的跨界性,表现为自贸试验区的公共事务存在跨行政区划、跨行政层级、跨政府部门、跨公私部门的特点。由此也构成了不同类型的跨部门协同机制,也即跨区划协同、跨部门协同(这里的部门是狭义的政府部门,而且是水平结构上的政府部门)、跨层级协同、跨公私部门协同。跨界性既是跨部门协同的起点,也是跨部门协同的对象,贯穿于构建跨部门协同机制的全过程。

三、分析框架

中国自贸试验区政府管理由多主体、多层次的管理关系构成,各种跨部门协同机制在不同的横向结构与纵向管理中起着穿针引线的联结作用。自贸试验区政府管理涉及体制、机制和技术等多个层面,是一项极其复杂的系统工程。

跨部门协同集中于"机制"研究,即跨部门协同的工作系统的组织或部分之间相互作用的过程和方式。[②]对跨部门协同机制的类型研究,周志忍等提出了"以权威为依托的等级制纵向协同""以部际联席会议为代表的横向协同""围绕专项任务开展的条块间横向协同"三种模式。[③]博特把跨部门协同机制分为四类:管理结构,包括协同的组织与委员会;管理系统,包括联合的策略计划和跨部门沟通方法;人力资源管理,包括跨部门的人员借调、跨部门的管理

---

① 肖克、谢琦:《跨部门协同的治理叙事、中国适用性及理论完善》,《行政论坛》2021年第6期。

② 周晨虹:《"联合惩戒":违法建设的跨部门协同治理——以J市为例》,《中国行政管理》2019年第11期。

③ 周志忍、蒋敏娟:《中国政府跨部门协同机制探析——一个叙事与诊断框架》,《公共行政评论》2013年第1期。

论坛;冲突管理,包括解决冲突的高层管理、关系的维护等。①朱莉·斯诺比-戴维等关于美国大都市区警察执法委员会的研究,分析了跨部门协同的专门组织、合作伙伴、执法委员会、数据共享网络等机制类型。②

受经济合作与发展组织关于跨部门协同研究③的启发,本书将跨部门协同机制分为"结构性机制"(structural mechanism)、"程序性机制"(procedural mechanism)和"技术性机制"(technical mechanism)三类。根据跨部门协同的概念架构和基本假设及跨部门协同机制的分类,结合中国自贸试验区政府管理的相关实践,提出下列分析框架。(参见表1.4)

表1.4　分析框架:自贸试验区跨部门协同机制的构成要素与具体表现

分类	构成要素	主要表现
结构性协同机制	纵向跨部门协同机制	不同层级政府之间的协同,如中央政府、上海市政府、浦东新区政府之间的协同。
	横向跨部门协同机制	国务院自贸试验区工作部际联席会议制度;关检融合机构改革;国务院口岸工作部际联席会议制度;上海自贸试验区反垄断审查联席会议制度等。
	跨公私合作伙伴关系	上海自贸试验区"社会参与委员会";第三方检验、评估和结果采信制度;引入社会中介机构辅助开展海关保税监管和企业稽查等。
程序性协同机制	跨部门政务协同机制	"一站式"服务;"一口受理"工作机制;部门联合发文等。
	跨部门行政执法机制	关检合作"三个一";综合执法体系等。
	跨部门公共服务供给机制	海关企业协调员制度;预归类社会化服务等。

① Porter M.E., *Competitive Advantage: Creating and Sustaining Superior Performance*, Macmillan, 1985, p. 96.

② Julie Schnobrich-Davis and William Terrill, "Interagency Collaboration: An Administrative and Operational Assessment of the Metro-LEC Approach", *Policing: An International Journal of Police Strategies & Management*, Vol. 33, No. 3, 2010.

③ OECD. Public Management Service/ Public Management Committee (PPMA/MPM) (2000), *Government Coherence: the Role of the Centre of Government*. Meeting of Senior Officials from Centers of Government on Government Coherence: the Role of the Centre of Government, Budapest, 6-7 October 2000.

续表

分类	构成要素	主要表现
技术性协同机制	跨部门信息共享机制	国际贸易"单一窗口";上海自贸试验区《共享平台信息管理办法》等。
	跨部门协同激励机制	辅助性工具,包括能力建设、文化促进、绩效评估和责任机制等;培育"一口受理、综合审批和高效运作"的政府服务理念等。

第一,结构性协同机制是指通过对政府组织结构的设置和调整,使得政府各组成部门在政策制定和执行方面实现相互协同的方法和技术。结构性机制侧重构建跨部门协同的组织载体,重点考察跨部门协同的组织类型和运行机制,如部际委员会、部际联席会议、中心政策小组、专项任务小组等形式。一般认为,协同的核心是组织结构问题,可以通过组织结构重构解决。[①]比较行政学强调,机构设置是影响政策协同的一个关键因素。[②]政策协同的出现是因为政府在职能上存在差异,将其治理活动组织成部委和分散的机构,这导致了对组织结构和程序的需求,以便能够在各个部门之间提供更协同的治理。[③]赫哈姆认为"结构和过程具有与参与者同样重要的地位"[④]。克里斯托弗·波利特认为整体性治理应当满足横向协同与纵向协同两方面的要求。[⑤]

第二,程序性协同机制是指政府在政策制定和执行过程中,根据不同阶段的工作性质和任务要求,选择不同的协同方法并对这些方法进行合理排序,实现政府各个组成部门行政行为的协调一致。程序性协同机制侧重研究为实现

---

① Donald F. Kettl, "Contingent Coordination: Practical and Theoretical Puzzle for Homeland Security", *The American Review of Public Administration*, Vol. 33, No. 3, 2003, p. 258.

② Ferry M., "Pulling things together: regional policy coordination approaches and drivers in Europe", *Policy and Society*, Vol. 40, No. 1, 2021, pp. 37–57.

③ Jordan A.and Lenschow A., "Environmental policy integration: a state of the art review", *Environmental Policy and Governance*, Vol. 20, No. 3, 2010, pp. 147–158.

④ Chris Huxham and Siv Vangen, *Managing to Collaborate: the theory and practice of collaborative advantage*, London:Routledge, 2005, pp. 11–12.

⑤ [英]克里斯托弗·波利特:《公共管理改革:比较分析》,夏镇平译,上海译文出版社2003年版,第11～12页。

跨部门协同而采取的各种程序性安排和操作程序,重点考察跨部门协同的工作程序和阶段要素,如跨部门议题的议程设定和决策程序。比如福建自贸试验区在通关便利化改革方面,开展关检"监管互认"合作、实行"一家查验,双方采信"。天津自贸试验区形成了以信用风险体系为依托的市场监管制度,依托信用体系实现了跨部门联合监管,减轻了企业负担。

第三,技术性协同机制是指为实现跨部门协同而使用的信息技术,如信息共享机制、制度化信息交流平台等。组织结构和提供服务的方式是影响跨部门协同的主要因素;有效的跨部门协同是一个复杂过程,需要获得充分的政策支持和技术资源。[1]技术性机制是基于信息技术与沟通协商的跨部门协同,其协同的主要内容在于信息如何共享、权力如何配置、协调如何落实等,直接目的是建立有效的跨部门信息共享机制。这种协同机制的出现主要得益于信息技术和数字技术的快速发展。数字技术能够通过数据信息、平台和硬件之间及其内部的互联互通,汇聚多元主体、需求目标、供给服务等要素,整合治理层级、功能和公私部门关系。[2]

比较而言,结构性机制聚焦跨部门协同的组织载体,程序性机制侧重跨部门协同的操作程序,技术性机制关注协同的技术支撑;结构性机制侧重跨部门协同的静态结构,程序性机制和技术性机制关注跨部门协同的动态过程。需要说明的是,对于跨部门协同机制的划分,主要是基于其发挥协同作用方式的一面,对于某些机制可能是三者都包含的,如议事协调机构的设置本身是一种结构性机制,但是设置之后其运行环节的相关程序安排就属于程序性机制,而为推动相关程序安排实现所建设的信息共享平台等则可归入技术性协同机制。

本书所使用的机制概念既包含了负责结构设计与安排、职责权限调整的

---

① Yvonne Darlington, Judith a. Feeney and Kylie Rixon., "Interagency Collaboration between Child Protection and Mental Health Services: Practices, Attitudes and Barriers", *Child Abuse & Neglect*, 29, 2005, pp. 1085-1098.

② 周凌一、周宁、祝辰浪:《技术赋能智慧养老的实践逻辑和优化路径——以上海市为例》,《电子政务》2023年第2期。

"体制"内容,也包含涉及组织运行过程的"机制"内容。为实现跨部门协同而设计的结构性安排,也被纳入了跨部门协同"机制"的讨论范畴。因此,本书所研究的"跨部门协同机制"是指有效协调政府各部门之间、不同层级的政府部门之间以及政府部门与社会组织之间关系的各种组织结构、制度安排、程序规则及其运行方式的总称,具体包括组织结构、政策措施、规则程序以及技术安排等要素。

第四节　研究意义、研究方法与本书内容概要

一、研究意义

中国自贸试验区改革发展所面临的政府管理体制机制问题,其实也是中国政府职能转变所面临的体制机制束缚的一种反映。自贸试验区管理体制是政府事权跨层级配置的系统载体,直接决定制度创新效能。[1]自贸试验区的重要任务之一就是主动适应、对接国际贸易投资的新规则、新标准,形成一套促进国际国内要素有序自由流动的管理体制和监管模式。中国自贸试验区的政府管理呈现出跨越部门边界、层级边界、地域边界、公私领域边界的特点,这种跨界性对自贸试验区的政府管理提出了跨部门协同的要求。因此,借鉴国外跨部门协同的相关理论和实践经验,构建中国自贸试验区跨部门协同机制不仅十分必要,而且非常迫切。从国际经验来看,无论是专门性自贸试验区管理机构还是赋予特定政府职能部门行使自贸区管理权力,都必须突出事权配置的法定性、专门性。优化高效协同的自贸试验区政府管理体制有助于推动自贸区事权配置法治化、清单化和简约化。[2]

从现实层面来看,随着中国自贸试验区的不断扩容,中央政府层面不断完善跨部门协同机制并出台新的协同机制,甚至出现新的协同机构,地方政府也在协同机制方面进行了相应的探索。本研究对自贸试验区已经形成的跨部门协同机制的现实形态进行分析,通过具体案例(国际贸易"单一窗口"、海关企

---

[1] 艾德洲:《中国自贸区行政管理体制改革探索》,《中国行政管理》2017年第10期。

[2] 叶洋恋:《央地关系视域下的中国自贸区制度法治化建设:困境、障碍和完善进路》,《河北法学》2021年第4期。

业协调员制度、关检合作"三个一"、社会化预归类服务等)说明相关部门之间的跨部门协同状况和跨部门协同流程,从操作层面认识并厘清跨部门协同的基本内涵、主要方法与实现举措,进一步分析各种跨部门协同机制的职权范围和运作程序,在此基础上诊断现有的跨部门协同机制存在的短板,探讨跨部门协同失灵的深层原因。通过政策梳理,分析自贸试验区政策执行情况,可以让政策制定者全面了解创新政策的实施情况,及时发现政策短板。这一研究不仅对推进中国自贸试验区的常态发展和有序运行、提升政府管理效能具有重要的决策咨询价值,还有助于实现政策协同效应,确保包括上海自贸试验区《总体方案》《深化方案》和《开放方案》在内的各项具体的创新政策为实现自贸试验区建设的总体目标提供政策保障和制度支撑。

从理论层面看,现有文献在分析跨部门协同时,侧重基础理论研究,少有案例分析。实际上,跨部门协同主要是一个现实层面的公共管理问题,现有研究对案例的总结与分析是不足的。这种研究视角上的倾向导致现有研究成果偏重从管理体制层面进行体制设计,过分关注从静态角度对政府管理体制进行分析,忽视了自贸试验区运行过程中的机制问题。本研究通过系统探讨跨部门协同在自贸试验区政府管理中的功能定位、内在机制和实现路径,不仅可以为跨部门协同研究提供有说服力的个案研究和理论补充,也会进一步丰富和完善自贸试验区政府管理的理论和观点,从而更好地预判未来可能的变革方向,提出更具科学性、前瞻性的政策建议。

需要说明的是,本书之所以重点选取上海自贸试验区为研究个案,一方面是因为上海自贸试验区是中国第一个自贸试验区,肩负着创新政府管理体制的责任,发挥着先行先试的示范作用,改革经验具有复制推广的重要意义。另一方面,鉴于中国各个自贸试验区的试点实践差异,选择其中的典型个案,有助于聚焦研究,提升研究深度。上海自贸试验区在建设过程中就改革政府管理体制机制、加快政府职能转变、构建跨部门协同机制的实现路径和操作方法摸索了一些有效做法,但也面临一些现实问题和困境。研究这些经验和问题,提出深化政府管理体制机制改革的思路与对策,不仅具有理论意义,而且能为其他自贸试验区建设和地方政府加快职能转变、深化行政体制改革提供政策建议和可操作性实施方案。以海关监管为例，截至2019年底，在国务院复制推广的52项海关改革试点经验中，上海自贸试验区达到31项，占比过半，达到59.62%。

二、研究方法

本研究对中国自贸试验区的跨部门关系进行确认，厘清跨部门协同的参与主体与实现机制，并在此基础之上对不同类型的跨部门协同机制进行探讨。为避免单一研究方法的片面，本研究力求在吸收前人研究成果的基础上，做到文献研究与实地访谈相结合、目标分解与文本分析相结合、案例研究与比较研究相结合，规范分析与实证分析相结合。

文献研究与实地访谈相结合。跟踪学术前沿，对跨部门协同理论进行系统梳理；广泛收集各类文献资料，研究国内外关于自贸试验区研究和跨部门协同理论的相关文献；通过实地调研和深度访谈，调研商务部、海关总署、上海市浦东新区发展改革委、上海自贸试验区委员会及其他自贸试验区管理委员会等部门，了解中国自贸试验区发展的主要状况以及推进跨部门协同的主要举措，获取自贸试验区建设相关数据材料。

案例研究与比较研究相结合。通过对典型案例的分析，总结国外自由贸易区政府管理中跨部门协同的先进经验和做法。所谓"案例研究"，具有以下特征：采取定性方法，以过程追踪为特征，研究的是单个案例的特征。[1]在案例分析中，综合运用多种案例选择策略，从不同角度、运用不同数据来验证理论假设已经成为案例分析的常态。[2]既有对中国自贸试验区政府管理体制建设的广度分析，也有对上海自贸试验区政府管理体制建设的深度分析，兼顾研究的普遍性和特殊性。以上海自贸试验区"一站式"服务、国际贸易"单一窗口"、"海关企业协调员制度"、关检合作"三个一"、社会化预归类服务等为案例，进行长期跟踪和持续观察，逐步形成对自贸试验区跨部门协同机制的整体式和全景式认识。

---

① [美]约翰·格宁：《案例研究及其效用》，《经济社会体制比较》2007年第6期。
② 左才：《政治学研究方法的权衡与发展》，复旦大学出版社2017年版，第94页。

目标分解与文本分析相结合。政策文本是政策思想的物化载体,是政府处理公共事务的真实反映和行为印记,是对政策系统与政策过程客观的、可获取的、可追溯的文字记录。[1]以22个自贸试验区的《总体方案》与上海自贸试验区《深化方案》和《开放方案》为基础,将自贸试验区建设的总体目标在横向结构上分解成不同政策议题领域、在纵向结构上分解成不同政府层级,建立不同领域的政策措施、不同层级的政府举措与总体目标之间的对应关系,判断相关政策文本对自贸试验区建设整体目标和各项创新政策目标的支撑程度。结合目标管理法,对自贸试验区政策目标进行逐层分解,明确自贸试验区的总体目标与微观层面的政策文本之间的对应关系。尽可能全面搜集上海自贸试验区相关政策文本,梳理政策发布等级、适用范围、执行机构等信息,运用文本分析法,遵循系统、客观、量化的要求,对各项创新政策文本进行解读,描述政策文件对自贸试验区建设目标的具体支撑作用。

规范分析与实证分析相结合。通过实地调研和专家访谈等形式,充分利用各种数据资料,实证分析中国自贸试验区的发展现状,绘制跨部门协同的要素图;规范分析中国自贸试验区跨部门协同机制的优化路径,以社会化预归类服务为研究个案,运用问卷调研和实地访谈等方法,探讨中国自贸试验区跨部门协同机制优化的对策建议。规范分析是从"是"中推断"应然",实证分析是从"是"中预测"未来"。[2]通过规范分析勾勒理想的自贸试验区跨部门协同机制的图景,在理论逻辑、运行机制和实现条件等方面体现出其"应该是什么样子、应该怎样建构";通过实证分析观察自贸试验区跨部门协同机制在"现实中是什么样子",并从现实困境和实践路径等方面推断"未来可能是什么样子的、如何实现下一步目标"。

三、本书内容概要

中国自贸试验区跨部门协同机制需要处理块块关系、条条关系、条块关系和政府与社会关系,协调范围广、难度大。在央地关系制度架构下,"块块关

---

[1] 李维丽:《政府红头文件若干法律问题研究》,山东大学硕士学位论文,2010年,第1~23页。
[2] 刘红波:《一站式政府研究:以公共服务为视角》,华南理工大学出版社2021年版,第23页。

系"涉及自上而下不同层级政府间的权责配置,权责配置呈现放管结合逻辑;"条条关系"涉及事务管理权及相应责任的划分,其突出特点是注重技术性,是上级业务部门根据相应职能对下级业务部门进行业务指导和领导的过程,权责配置呈现分工协作的逻辑;"条块关系"整合的关键在于强调跨部门协同的重要性,是一种为实现政府权责合理配置和动态调整而形成的整体性政府组织运作模式。[①]对自贸试验区管理主体赋权增能是构建开放型经济新体制的关键性制度支撑。中国自贸试验区呈现决策—执行—协调功能分化和四级管理体系的基本架构,制度创新面临跨层级事权配置重叠、任务型组织权威不足问题。[②]

从跨部门协同涉及的部门数量看,较之其他领域的协同实践,上海自贸试验区跨部门协同的难度非常大,既要协调国务院各部委之间的关系,又要协调中央政府、上海市政府和浦东新区政府之间的关系,还要协调不同条线部门之间的关系;从政策领域看,自贸试验区建设涉及金融政策、税收政策、科技政策、贸易政策等各个领域。自成立以来,自贸试验区在组织架构、职能责任、工作流程、信息共享等方面进行了有益探索,形成了一些比较成型的跨部门协同实践。本研究以上海自贸试验区为个案,结合其他自贸试验区政府管理体制机制创新实践,描述各个维度跨部门协同机制的现实形态,分析各个维度跨部门协同的实际运行状况,通过对跨部门协同的内容要素和不同层面、不同维度、政策领域进行案例研究和理论分析,从操作层面分析跨部门协同的内涵、方法与举措。技术路线如图1.3所示,本书共有七章,各章主要内容如下:

---

① 倪星、王锐:《条块整合、权责配置与清单化管理模式创新》,《理论探讨》2023年第3期。

② 高恩新:《跨层级事权约束下自贸区政府管理体制调适逻辑——以21个自贸区为例》,《苏州大学学报》2021年第6期。

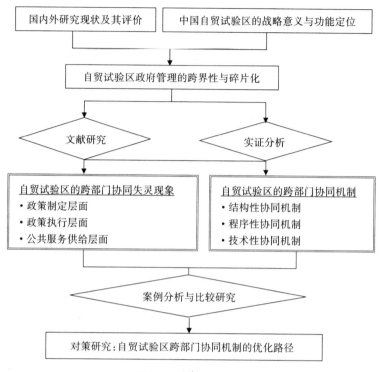

图1.3　技术路线图

第一章:导论,概述研究缘起、国内外研究现状、研究意义与研究方法。对跨部门协同的基本内涵进行界定,提出本研究的基本假设,阐述自贸试验区政府管理的跨界性特征,理出参与自贸试验区管理的主体及其管理客体,建构自贸试验区跨部门协同的分析框架。

第二章:中国自贸试验区设立的背景、意义与功能定位。对中国自贸试验区建设的国内外背景进行阐述,基于对自贸试验区基本内涵的界定,明确提出自贸试验区既不同于自由贸易区和海关特殊监管区域,也不同于自由贸易港。自贸试验区的关键在于"试验",核心是对标美墨加协定(USMCA)、全面与进步跨太平洋伙伴关系协定(CPTPP)等各类自由贸易协定中的边境后规则;中国自贸试验区是着眼于与外国签订高水平的双边或区域自由贸易协定的试验区,因此,自贸试验区构成中国自主开展非对称性对外开放的平台。

第三章:自由贸易区政府管理的国际视野与中国实践。对国际上发展较为成熟的自由贸易区的政府管理体制机制进行研究,介绍国外国际贸易"单一窗口"建设的主要实践,分析其成功的经验和加强跨部门协同的方法,在如何推进跨部门协同方面会给我们以启示。概述中国自贸试验区政府管理的基本架构和上海自贸试验区政府管理的主要举措。

第四章:结构性机制与自贸试验区跨部门政策协同。对自贸试验区现有的结构性跨部门协同机制进行归纳和总结,重点分析以议事协调机构、部际联席会议等为代表的结构性跨部门协同机制。基于纵向协同、横向协同和公私协同三个维度,分别阐述不同协同主体围绕自贸试验区建设的总体目标,相互之间开展合作的协调互动及其实现机制,以及对自贸试验区跨部门政策协调的促进作用。

第五章:程序性机制与自贸试验区跨部门政务协同。对自贸试验区现有的程序性协同机制进行梳理和分析,结合对"一站式"服务中心、关检合作"三个一"和"综合执法体系"政策的案例分析,阐述程序性机制如何通过明确程序规则和业务流程再造实现自贸试验区跨部门政务协同和跨部门公共服务供给。

第六章:技术性机制与自贸试验区跨部门信息共享。对自贸试验区现有的技术性协同机制进行归纳和分析,结合对中国国际贸易"单一窗口"的个案研究,阐述技术性机制如何将条块结构转型为界面结构,不仅实现了自贸试验区跨部门信息共享和跨部门业务协同的目标,而且实现了条块部门共同参与和界面式互动,共享信息、资源、行动和能力的过程。这也表明国际贸易"单一窗口"已从单纯的"数字协同"迈向"信息、技术、服务多元协同"模式,跨部门信息协同能力不断提升。

第七章:中国自贸试验区跨部门协同机制的优化路径研究。根据理论研究、比较分析和实证分析结果,结合自贸试验区发展的特殊环境、现实条件以及实际需要,综合考虑全球贸易体系重构和国际贸易规则演变趋势,为自贸试验区跨部门协同机制的优化提出具有操作意义的工作思路、运行规则和行动框架。中国自贸试验区跨部门协同机制涉及多元主体,应用于自贸试验区政府管理的不同层次和各个政策领域,可以从组织结构、管理过程和信息技术等多维度优化跨部门协同机制建设,确保跨部门协同管理体制、运行机制和治理流程的顺畅。这种跨部门协同机制的构建也在科层权力的"垂直化"冲动与实际治理的"扁平化"要求的平衡方面有了新的探索,为跨越权力控制的"垂直(集权)冲动"与实际治理的"扁平(分权)需求"的讨论提供了新的路径。①

---

① 颜海娜、郭佩文、曾栋:《跨部门协同治理的"第三条道路"何以可能——基于300个治水案例的社会网络分析》,《学术研究》2021年第10期。

第二章　中国自贸试验区设立的背景、意义与功能定位

建设自贸试验区是党中央在新时代推进改革开放的一项重要战略举措。中国自贸试验区建设从上海起步、不断发展，目前已在全国建立22个自贸试验区。自贸试验区不能简单地理解为中国现有的各类海关特殊监管区，也不能套用国际上对自由区使用的"境内关外"概念，更不同于国与国之间设立的"自由贸易区"（free trade area，FTA）。自贸试验区重在"试验"，试验是自贸试验区的根本使命。从本质上看，自贸试验区是自由贸易协定的试验区。自由贸易区是两个以上国家通过自由贸易协定建设的高水平开放的国际贸易投资一体化的体制；其中国际贸易不仅指货物贸易还包括服务贸易。因此，准确把握自贸试验区设立的国内外背景及其试验内涵，明确自贸试验区的战略意义和功能定位，是进一步推进中国自贸试验区深化改革和扩大开放的逻辑起点。

第一节　中国设立自贸试验区的背景与战略意义

一、全球经贸规则重构的背景与趋势

（一）全球经贸规则重构的背景

综观世界历史，经济全球化促进了全球贸易和贸易规则的产生、演化和重构。在经济全球化趋势不断增强的背景下，深度开放、全方位自由化成为世界经济发展的新特点，通过单边、双边、区域及多边途径，追求更高层次的经济开放与贸易自由化，已成为世界上绝大多数国家/地区的战略选择。世界贸易组织代表的多边贸易体制和自由贸易协定代表的区域贸易安排，是驱动经济全球化发展的两个"轮子"。世界贸易组织有164个成员，涵盖全球98%的贸易额。[①]世界贸易组织规则是经济全球化发展的重要制度保障，符合世界各国的

---

① 参见世界贸易组织官网：https://www.wto.org/english/thewto_e/whatis_e/tif_e/org6_e.htm。

共同利益。自由贸易区的增加以及区域主义多边化的发展,既给世界贸易组织多边体制带来了挑战,也带来了机遇。

全球治理呈区域化、碎片化趋势。当前国际经济力量对比出现"东升西降"的趋势。西方发达国家为了维持竞争优势,开始利用区域平台构建对自己有利的国际经贸新规则。[1]20世纪90年代之后,以自由贸易区为代表的地区一体化在全球范围内进一步发展。美国、加拿大和墨西哥成立了北美自由贸易区,欧盟和欧洲自由贸易联盟之间实现了贸易自由化,美洲国家发表了建立自由贸易区的《迈阿密宣言》,参加亚太经合组织(APEC)的各个国家发表了《茂物宣言》。据统计,1990—1994年,世界各国签订了33个地区贸易协定,这是第二次世界大战后签订协定最多的五年;1995—2000年,世界贸易组织收到了130份备案,涵盖了货物贸易和服务贸易等领域。[2]

全球经贸规则重构是近年来国际贸易发展的新趋势。2008年全球金融危机对美欧发达国家予以沉重打击,迫使它们重新审视其内外政策,修改重要国际规则。《跨太平洋伙伴关系协定》(TPP)是国际经贸规则重构的标志性产物。2008年金融危机后,美国奥巴马政府开始推动《跨太平洋伙伴关系协定》谈判。2009年11月,时任美国总统奥巴马表示其谈判目标是"塑造一个具有广泛成员并且适应21世纪的高标准的贸易协定",此后,美国政府官员多次称《跨太平洋伙伴关系协定》将是一个高标准贸易协定。与此同时,美国也积极推动美欧《跨大西洋贸易与投资伙伴关系协定》(TTIP)和诸边《服务贸易协定》(TISA)谈判,在相关媒体的报道中,这些协定也被称为高标准协定。从多边贸易体系发展进程看,全球经贸规则的制定一直与双边、区域贸易安排有着密不可分的联系。把国内法律转为区域贸易规则、再通过区域贸易规则撬动多边贸易谈判是美国沿用至今的做法。[3]据统计,现存国际经贸规则80%是由欧洲和美国制

---

① 陈春玲、全毅:《福建自由贸易试验区转型升级与高质量发展研究》,《亚太经济》2021年第6期。
② [英]彼得·卡赞斯坦:《地区构成的世界——美国帝权中的亚洲和欧洲》,秦亚青、魏玲译,北京大学出版社2007年版,第25～26页。
③ 樊勇明等:《西方国际政治经济学》(第三版),上海人民出版社2017年版,第231页。

定的。①

21世纪以来,世界贸易组织多边贸易体制发展受阻,开放水平更高、灵活性更强的区域贸易安排蓬勃发展。区域主义更加注重降低贸易壁垒和贸易成本,消除国内市场准入的壁垒,而不是优惠关税。②区域一体化迅速发展,尤其是以《跨太平洋伙伴关系协定》为代表的新贸易规则正在确立之中。《跨太平洋伙伴关系协定》最重要的特征不仅仅在于其内容的广泛和高标准,而是触及许多传统自贸协定没有涉及的领域,将触角深入各国国内政治领域,将贸易与国内治理联系起来,这是《跨太平洋伙伴关系协定》被称为21世纪"下一代"自由贸易协定标杆的缘由。③2017年1月,由12个成员参与谈判的《跨太平洋伙伴关系协定》协定因美国的退出一度陷于停顿。在日本的推动下,其余11个成员国于2018年1月签署了一项重新修订的贸易法案,即《全面与进步跨太平洋伙伴关系协定》(CPTPP)。

国际经贸规则的变革使得自由贸易区和自由贸易园区(free trade zone,FTZ)这类国际经济合作政策工具的内涵有了新的变化。自由贸易区是指国家或地区之间通过签订诸如自由贸易协定、经济一体化协定等具体条约,逐步取消关税和非关税壁垒,扩大服务业和投资的市场准入,进而实现货物、服务和投资自由化的区域。自由贸易园区则是指一国或地区在国境内单方面设立的特定区域,在其区域内实行特殊的对外贸易法规和监管政策。④

（二）自由贸易区的发展与全球经贸规则的重构

亨利克·霍恩(Henrik Horn)等学者把工业品、农产品、海关监管、出口税、动植物检验检疫措施、国有贸易企业、贸易技术壁垒、反补贴、反倾销、政府援

---

① André Sapir and Fragmented Power: Europe and the Global Economy, Bruegel Books, 2007, Cited in Henrik Horn, Petros C. Mavroidis and André Sapir, "Beyond the WTO? An Antanomy of EU and US Preferential Trade Agreements", *The World Eeconomy*, Vol. 33, No. 11, 2010, p. 1556

② Richard Baldwin, "21st Century Regionalism: Filling the Gap between 21st Century Trade and 20th Century Trade Rules", WTO Staff Working Paper, ERSD-2011-08, 2011(5), pp. 3-8.

③ 贺平、周峥等:《亚太合作与中国参与全球经济治理》,上海人民出版社2015年版,第119页。

④ 王开、靳玉英等:《区域贸易协定发展历程、形成机制及其贸易效应研究》,格致出版社、上海人民出版社2016年版,第15页。

助、政府采购、与贸易有关的投资措施、货物贸易总协定、与贸易有关的知识产权协定等14个领域作为世界贸易组织已经涉及的领域,称之为"WTO+"领域,而将反腐败、竞争政策、环境法规、知识产权、投资措施、劳动力市场规则、资本流动、消费者保护、数据保护、农业、近似立法(approximation of legislation)、音像制品、民事保护、创新政策、文化合作、经济政策对话、教育与培训、能源、金融援助、健康、人权、非法移民、违禁药物、产业合作、信息社会、采矿业、洗钱、核安全、政治对话、公共监管、地区合作、研究与技术、中小企业、社会事务、统计、税收、恐怖主义、签证与避难等其他38个领域列为世界贸易组织尚未涉及的领域,称之为"WTO-X"领域。①根据对美国和欧盟分别签署的各14个特惠贸易协定的研究发现,在"WTO+"领域,美国签署的特惠贸易协定主要涉及环境和劳工标准,欧盟签署的特惠贸易协定侧重竞争政策,双方都涉及投资、资本流动和知识产品等世界贸易组织已有条款的领域。

随着国际贸易环境变化,信息化和电子商务得到广泛应用,贸易操作的形式发生变化,谈判中由之产生了许多新的跨界议题(cross-cutting issues),如监管一致、国有企业议题、竞争和供应链、电子商务、中小企业等。这些交叉议题呈现出新的发展趋向,即从边境贸易壁垒议题深入国境内部,开始构建边境后规则。边境后规则试图在关乎成员国国内经济制度建设方面来建章立制,包括竞争中立、贸易便利化、数据自由流动、非歧视政策、知识产权保护、信息技术发展、政府透明度等。《跨太平洋伙伴关系协定》《跨大西洋贸易与投资伙伴关系协定》《全面与进步跨太平洋伙伴关系协定》中都有涉及国有企业的竞争中立原则限制一国政府层面的商业行为,使国有企业不能享有比其他企业更高的特权,并允许其他国家企业进入其政府采购市场,对成员国国内市场提出了很高要求。欧盟《现代化海关法典》把贸易便利化的范畴拓展到其他边境措施,第二十六、二十七条规定,海关应努力协调与税务、边检、警察、动植物检疫、环保等部门之间的关系。协同监管进出境货物,尽可能为其提供一站式服

---

① 贺平:《贸易与国际关系》,上海人民出版社2018年版,第366页。

务（one-stop service）。①海关与其他政府部门之间应加强信息沟通，对货物的进出境转运、仓储、最终用途、邮政运输、关境内移动等进行充分的信息交流，以防控程序简化后的海关运营风险。

作为推进投资贸易便利化和贸易自由化的有效工具、参与全球化竞争的重要机制和平台，世界上大多数国家都十分重视发展自由贸易区，几乎所有的世界贸易组织成员和非成员都把自由贸易区视为一种重要的贸易政策工具，借此推进本国或本地区的贸易投资战略。区域一体化的迅速发展，为国际贸易规则的变革注入了新的力量。

传统的国际贸易分工是在国家间进行的，贸易谈判的焦点在于削减关税壁垒和非关税壁垒。然而，冷战结束后，随着全球生产网络的深化，以产品内分工为核心的全球价值链已经成为当今国际分工的主要形态，不同国家在价值链中从事不同环节的生产，中间品的频繁流动要求贸易关税降为零。全球经济日益围绕全球价值链进行重构，全球价值链在国际贸易中的比重不断上升。②与此同时，由于价值链分工深入国家内部，传统的边境壁垒（on-the-border barriers）作用弱化，影响全球生产分工的主要壁垒来自边境后，尤其是对特定企业的扶持、知识产权、环境标准等，由此要求对边境后措施进行限制，以维护自由贸易和公平贸易。从"肯尼迪回合"首次提及边境后议题（behind-the-border issues）开始，与服务贸易相关的管制、知识产权、技术贸易壁垒、检验检疫标准、贸易便利化、政府采购透明度、竞争政策、劳工标准、环境管理等与贸易有关的国内管理问题相继被提上谈判议程。上述领域基本指向一国的国内规制，也充分反映出美国和欧洲作为两个规制制定的"轴心"，力图将自身的规制取向推广至其贸易伙伴。③边境壁垒的重要性不断下降，而各国不同管理体

---

① Article 26, Cooperation between authorities, Regulation (EC) No.648/2005 of The European Pariliament and of the Council, "Amending Council Regulation (EEC) No2913/92 establishing the Community Customs Code", 13 April 2005.

②[美]加里·杰里菲：《全球价值链和国际发展：理论框架、研究发现和政策分析》，曹文、李可译，上海人民出版社2018年版，第2页。

③ Henrik Horn, Petros C. Mavroidis and André Sapir, "Beyond the WTO? An Anatomy of EU and US Preferential Trade Agreements", *The World Economy*, Vol. 33, No. 11, 2010, pp. 1565–1588.

制等边界内壁垒(behind-the-border barriers)的重要性不断上升。正如理查德·鲍德温(Richard Baldwin)所言"贸易—投资—服务—知识产权的综合体"(trade-investment-service-IPR nexus)已成为21世纪国际商务的核心。因此,"21世纪的地区主义"谈判的焦点在于"各国国内改革的交换"而非传统的"市场准入的交换",规制而非关税成为其重点。①

二、设立自贸试验区:全球经贸规则重构下的战略选择

近年来,全球经济治理体系正在发生变革,以《美墨加协定》《全面与进步跨太平洋伙伴关系协定》《国际服务贸易协定》(TISA)、《双边投资协定》(BIT)等为代表的新一代高标准投资贸易规则正加速形成,如准入前国民待遇、负面清单、竞争中立政策、服务业自由化等。这些规则的逐步推广和实施对中国的对外开放和国内改革进程产生了持续而重要的影响。上海自贸试验区从2009年开始研究,到2013年正式获批,其中一个重要背景是国际经济格局的深刻变化,尤其是美国在双边投资协定谈判中希望中国承诺对外资实行"准入前国民待遇+负面清单"。高标准经贸规则是《全面与进步跨太平洋伙伴关系协定》最大的特点,主要体现在市场准入、竞争政策、知识产权保护、劳工和环境标准、争端解决等5个方面。由于《全面与进步跨太平洋伙伴关系协定》深入国内议题层面,而中国暂时很难达到这些要求,相关领域的体制改革面临压力。②因此,《全面与进步跨太平洋伙伴关系协定》等国际投资贸易新规则不仅对中国的国内改革产生压力,而且使中国的亚太自贸区战略面临着挑战。

地区贸易安排(RTAs)的迅猛发展成为冷战之后特别是进入21世纪以来国际舞台上发生的最为显著的变化之一,也成为多边贸易体系的一个新特点。③目前的全球经济贸易制度框架正逐渐由以世界贸易组织为主导的多边框架发展到区域主义安排与世界贸易组织多边体制并存的多重框架。中国在

---

① Richard Baldwin,"Global Supply Chains: Why They Emerged, Why They Matter, and Where They Are Going", in Deborah K. Elms and Patrick Low eds., *Global Value Chains in A Changing World*, World Trade Organizations, 2013, pp. 13-59.

② 肖林:《全球结构性改革与自贸区开放试验》,《科学发展》2016年第7期。

③ 贺平:《贸易与国际关系》,上海人民出版社2018年版,第347页。

坚持多边主义的同时积极推进区域主义。党的十九大报告提出"支持多边贸易体制,推动发展自由贸易,建设开放型世界经济"。设立自贸试验区是中国面临全球贸易体系重构形势下的战略选择。

中国于2020年12月15日签署的《区域全面经济合作伙伴关系协定》(RCEP)对市场经济完善、政府采购、政府与企业关系、贸易更加自由等方面做出了承诺,比目前各自由贸易试验区所尝试或试验的内容都要更加开放。再比如,在中国与欧盟达成全面共识的《中欧全面投资协定》中,中国在政府与企业关系,特别是与国有企业关系上的承诺,以及对开放投资领域的承诺、对知识产权保护的承诺、对中欧企业投资纠纷解决等方面的承诺很系统。与之相比,中国自由贸易试验区涉及的体制机制改革明显不足。[①]

为有力应对全球治理体系重构的新形势和全球投资贸易规则发展的新挑战,中国需要在更高层次、更广领域对标国际投资贸易规则,加快推进新一轮自贸试验区制度创新,尤其是深化负面清单、投资便利化、政府职能转变等领域的改革创新,推进对边境后规则的压力测试,在更大程度上发挥自贸试验区先行先试效应。

三、设立自贸试验区的战略意义:试验自由贸易协定

自贸试验区战略是中国对接国际贸易规则体系的试验区,对接国际贸易规则是中国设立自贸试验区的题中应有之义。自贸试验区要有针对性地将国际贸易规则的新议题作为进一步扩大开放的重点,一方面为应对国际贸易规则重构积累经验,提升中国参与国际经贸规则重构的话语权;另一方面,通过在上海等地的自贸试验区先行先试国际投资贸易新规则,是落实国家自由贸易区战略,构建开放型经济新体制的基本路径。[②]

(一)自贸试验区是自由贸易协定的试验区

自贸试验区不同于中国目前设立的各类海关特殊监管区域。自贸试验区

---

① 佟家栋、张千、佟盟:《中国自由贸易试验区的发展、现状与思考》,《山东大学学报(哲学社会科学版)》2022年第4期。

② 赖庆晟、郭晓合:《中国自由贸易试验区渐进式扩大开放研究》,格致出版社、上海人民出版社2017年版,第1页。

依托海关特殊监管区域设立,不仅要探索货物贸易便利化,还承担了探索服务贸易开放、金融开放创新及政府职能转变等试验任务。自贸试验区与海关特殊监管区域的差异主要表现为:一是海关特殊监管区域是海关法实施的"境内关外",自贸试验区除其中的海关特殊监管区外并不是关外。二是海关特殊监管区重在实行国际通行的边境规则,定位于贸易自由化,只能在有明确定义的海关特殊监管区内适用。自贸试验区的目标在于试行对标国际市场规则,改革管理经济模式和市场运行机制,创造良好的营商环境,可在全国范围内复制推广。三是海关特殊监管区域内的经济活动仅涉及货物的存放及加工,没有社会和真正意义上的市场运行,主要由海关负责监管;自贸试验区内有社会和市场经济,政府管理职能与其他地区一样。

从上海自贸试验区的具体实践看,服务业开放和服务贸易自由化需要在海关特殊监管区域之外实现。因此,自贸试验区不同于海关特殊监管区域,而是集金融、投资、贸易、科创等领域的开放与创新于一体的综合改革区,是全面对标国际通行规则、全面检验综合监管能力的压力测试区,是全面提升治理能力、彻底改变行政理念、大幅度提高行政效率的政府再造区。[1]

自贸试验区也不同于中国正在建设的自由贸易港。目前世界上鲜有自由贸易港,主要是新加坡港、香港自由港和迪拜港。自由贸易港是特殊经济功能区,其显著特征是"境内关外"的核心制度设计,既包括在自贸试验区内海关特殊监管区域基础上建设的自由贸易港区,如上海自贸试验区《深改方案》中设计的自由贸易港区,也包括全域(全岛)自由贸易港,如香港自由港和海南中国特色自由贸易港。2017年11月10日,汪洋在《人民日报》撰文指出:"自由港是设在一国(地区)境内关外、货物资金人员进出自由、绝大多数商品免征关税的特定区域,是目前全球开放水平最高的特殊经济功能区。"[2]这既是对自由贸易港的权威解读,也预示着中国自由贸易港建设的发展方向。自由贸易港由于

---

① 孙元欣主编:《2016中国自由贸易试验区发展研究报告》,格致出版社、上海人民出版社2016年版,第25页。

② 参见汪洋:《推动形成全面开放新格局》,中国政府网,https://www.gov.cn/guowuyuan/2017-11/10/content_5238476.htm。

执行的是一套更加自由、开放的经济制度,在物理空间上与外界往往是分割开的。[1]从海关监管角度看,海南探索建立的自由贸易港,是海关特殊监管区域和中国自由贸易(试验)区的开放水平的提升,是中国各种开放形态的功能整合和政策叠加的最高形态。自由贸易港是在自贸试验区率先建立与国际投资和贸易规则相衔接的制度体系基础上实行更高水平的开放,实施更高标准的贸易和投资自由化便利化制度政策。[2]自由贸易港实质上是海关特殊监管区与中国的自贸试验区的功能整合和政策叠加。

自贸试验区是指区域(或两国之间)自由贸易协定实施前的高水平试验区,设立自贸试验区的目的是在中国进行自由贸易协定的政策试点。"政策试点"是中国治理实践中所特有的一种政策测试与创新机制,包括各种形式的试点项目、试验区等类型。作为对渐进改革路径和"摸着石头过河"思维的具体实现形式,试点的优势在于:一是避免因为改革的失误而对社会造成大的动荡,二是避免改革的不彻底导致政策和制度的反复。[3]因此,任何一项改革,在全国范围推广之前,都需要进行深入论证、科学调研和改革试点。设立自贸试验区就是为在自贸试验区内试行以投资、服务贸易自由化、强调公平竞争和权益保护为主的多边投资贸易体制和区域贸易安排的最新国际规则。自贸试验区不再是通过优惠政策吸引外资的特殊区域,而是通过制度和体制创新来优化各种资源和要素配置,从而达到结构升级、经济发展方式转型的目的。[4]

作为一种遍及全国的大规模经济社会现象和国家政策"分级试验"的活性载体,[5]自贸试验区获得了"先行先试"的特定资源和发展优势。在国家公布的各自贸试验区总体方案和相关举措之中,不乏诸如"加大改革授权力度""开展试点探索""给予政策扶持"以及"体现特色定位"等描述。其中,有关支持自贸试验区发展的"大胆试、大胆闯、自主改",展开"先行先试",形成可复制、可推

① 胡加祥:《我国建设自由贸易港若干重大问题研究》,《太平洋学报》2019年第1期。

② 赵晓雷:《建设中国自由贸易港研究》,格致出版社、上海人民出版社2021年版,第6页。

③ 周望:《中国"政策试点":起源与轨迹》,《福州党校学报》2013年第1期。

④ 马晓君、刘欢、常百舒:《中国自由贸易试验区创新型统计指标体系研究》,科学出版社2021年版,第4页。

⑤ 韩博天:《中国经济腾飞中的分级制政策试验》,《开放时代》2008年第5期。

广的经验做法,鲜明表达出自贸试验区的国家"试验田"作用。①2015年11月,时任上海市市长杨雄在为"新形势下加快推进中国(上海)自由贸易试验区建设"专题培训班做报告时指出:"自贸试验区不是政策洼地,而是改革开放的高地;自贸试验区建设不是搞开发区争取优惠政策,而是要形成一套适应改革开放要求和投资贸易需要的新的制度体系。"②自贸试验区建设不是"栽盆景",而是"种苗圃",关键在于制度创新,不是挖掘"政策洼地"。政策洼地越多,越会阻碍各类要素高效流动,越会阻碍市场配置资源的基础性作用。③自贸试验区的关键在于"把对外自由贸易区谈判中具有共性的难点、焦点问题,在上海等自由贸易试验区内先行先试,进行压力测试,积累防控和化解风险的经验,探索最佳开放模式,为对外谈判提供实践依据"④。

(二)当代自由贸易协定的新发展:从边境规则到边境后规则

当代自由贸易协定正在从边境规则(市场准入规则)自由化走向边境后规则(市场管理规则)自由化,其主要内容包括货物、服务和投资三个方面的贸易一体化,还包括竞争政策、知识产权、政府采购、资本流动、劳动市场管制、区域合作和产业合作等各方面。边境规则是一种保护措施,边境后规则是竞争措施,保护措施的关键是自由化,竞争措施的关键是公平对等化。因此,海关特殊监管区域、自由贸易港区等是自由化的试验区,自贸试验区则是公平对等化的试验区。

不断增长的国际经济贸易与分工现实日益要求突破既有规则与体制方面的约束,从而使改革领域逐渐从传统的"边境壁垒"(即涉及降低关税与非关税壁垒的"第一代"贸易自由化)延伸至"边境后壁垒"(即涉及国内规制改革的

---

① 黄建洪:《注意力分配视域下自贸区制度创新机理研究——基于自贸区苏州片区若干典型案例的分析》,《苏州大学学报(哲学社会科学版)》2021年第6期。

② 杨雄:《围绕制度创新加快自贸区建设》,上观新闻网,https://www.jfdaily.com/news/detail?id=7492。

③《中国(上海)自由贸易试验区指引》,上海交通大学出版社2014年版,第161页。

④《国务院关于加快实施自由贸易区战略的若干意见》,中国政府网,http://www.gov.cn/gongbao/content/2016/content_2979709.htm。

"第二代"贸易自由化)①。随着边境措施重要性的降低,边境后深层次的政策协调问题日益凸显,各国之间因为管制及政策差异而产生的边境后壁垒才是深度贸易自由化的瓶颈问题。当代自由贸易协定从边境规则自由化走向边境后规则自由化是经济全球化进一步发展的必然结果。以前的经济全球化是自由市场基础上的全球化,注重的是要素跨界的自由流动,所以边境措施是其主要关注对象;现在的经济全球化是经济规则建构基础上的全球化,在边境措施基本实现自由化的基础上,更加关注边境后措施,注重的是国际和国内规则的联动。

进入21世纪以来,随着产品内国际分工的出现和不断延伸,越来越多的国家或地区被纳入同一生产价值链条中,依据自身的禀赋优势或竞争优势完成不同的生产环节。为维系这种分工关系和全球价值链条,不仅需要跨境投资行为和产品交换,还需要服务的跨境流动。没有跨境投资行为,就无法实现生产过程的碎片化和跨国配置。没有产品的跨境交换,就无法完成产品在不同生产环节之间的转移,也无法完成最终产品的生产与供给。离开了服务的跨境流动,就无法有效协调和管理分布于不同国家或地区的生产环节。正是在这一背景下,产品贸易、服务贸易和国际投资的相互联系和相互依存逐渐成为21世纪国际经贸交往的核心。从当前世界经济发展的实践来看,多边贸易体制的权威性正在不断遭受侵蚀,而服务贸易和投资协定正是新一轮国际贸易谈判和规则制定的核心内容。

《全面与进步跨太平洋伙伴关系协定》规则制定的目标指向是从20世纪的"对等交换市场准入"转到21世纪的"交换国内改革",体现在知识产权保护、环境条款、劳工条件、政府采购等方面。②边境后规则(市场管理规则)是指影响国际贸易的国内管理体制和旨在解决国内深层结构性问题的政策规则,主要内容包括产品技术标准、知识产权保护、竞争政策、投资政策、环境保护、劳工标准、政府采购、签证和人员短期入境等。边境后规则的理论依据是外部性

---

① Lawrence, Robert Z., *Regionalism, Multilateralism, and Deeper Integration*, Brookings Institution Press, 1996.

② 贺平、周峥等:《亚太合作与中国参与全球经济治理》,上海人民出版社2015年版,第126页。

(externality)，也即外部成本、外部效应或溢出效应(spillover effect)。在经济全球化条件下，外溢效应在一国经济中的表现已经完全体现在全球经济中。边境后规则主要通过简化程序和手续、协调适用法律和规定、提高国内管制的标准化来推动全球贸易和投资的自由化和便利化进程。近年来，原先在数字经济、环境保护、劳工标准、竞争政策、性别平等保障、反腐败、宏观货币政策等传统经贸协议中很少涉及的内容纷纷进入各类经贸协定，而且往往涉及更深层次的开放。例如，世界贸易组织《服务贸易总协定》的规则在国内规制、服务补贴等领域都不够健全，而近年在诸边、双边和区域经贸谈判中，这些领域正在形成的新规则往往涉及更深层次的开放问题。传统的贸易政策侧重于降低或消除边境的贸易和投资准入壁垒，新一代贸易政策侧重于边境后措施，致力于通过放松政府管制并进行公共政策的协调，消除边境后的歧视性安排，以达到实现公平竞争的效果。①边境后条款不仅要求缔约方之间进行贸易与投资的政策协调，更需要缔约方国内政策的配合。在监管一致性方面，为保证边境内措施的顺利实行，高水平国际经贸规则将与各国国内监管机制进行协调和融合，使各方的监管措施更加透明，进一步规避针对国外投资者的歧视性行为。②

第二节　中国自贸试验区的功能定位及其试验内容

一、自贸试验区是以"自由贸易区"之名，行"经济特区"之实

设立自贸试验区的目的是进一步深化国内相关领域改革，为建立与国际经贸新规则衔接的开放型经济新体制奠定基础。党的十八届五中全会要求"提高自由贸易试验区建设质量，在更大范围推广复制"。用"自由贸易试验区"的说法取代"自由贸易园区"，说明其重点在于进行自由贸易政策的国家试验。2020年中国签署了《区域全面经济伙伴关系协定》，完成了中欧投资协定

---

① 王开、靳玉英等：《区域贸易协定发展历程、形成机制及其贸易效应研究》，格致出版社、上海人民出版社2016年版，第42页。

② 刘斌、刘一鸣：《国际经贸规则重构与中国自贸试验区发展：对接与联动》，《中国特色社会主义研究》2023年第3期。

谈判,并宣布考虑加入《全面与进步跨太平洋伙伴关系协定》。这些新规则都需要在自由贸易试验区先行先试,加快推进规则、规制、管理、标准等制度型开放,加快形成与国际经贸投资高标准规则相衔接的制度体系,构建新发展格局和高水平开放型经济新体制。[1]自贸试验区对边境后规则进行局部试点,进行压力测试和效果评估,逐步形成可复制、可推广的开放措施和政策监管方案,可以为中国自由贸易区和双边投资协定谈判提供参考借鉴和理论实践支撑。

自贸试验区被赋予了不同于其他一般的"一国之内的自由贸易区"的功能,实际上是以"自由贸易区"之名,试验"经济特区"之实。如果自贸试验区仅仅定位为一般意义上的自由贸易园区的话,我们完全可以借鉴、引进国外自由贸易园区的普遍做法和管理实践,而且全国其他地方也可以自由申请设立自由贸易区。中央对自贸试验区工作的要求是:以制度创新为核心任务,大胆试、大胆闯、自主改。换句话说,自贸试验区不能停留在自由贸易园区建设的层次上,还要继续试验更多的国内规则改革。从实际运作看,上海自贸试验区不是简单复制国外自由贸易园区或重复以前的特殊经济功能区(包括海关特殊监管区域)的模式、思路与做法,单纯实施优惠政策,而是被赋予了更高层次的功能,即作为中国扩大开放、倒逼深化改革、转变政府职能的综合试验区,具有可复制、可推广的战略价值。自贸试验区是通过制度创新驱动来扩大开放,采取扩大开放与体制改革相结合的功能定位,即国际投资新规则的试验区、贸易投资便利化的先行区、离岸功能创新的引领区及政府管理职能转变的示范区。[2]

为区分"自由贸易园区"与传统意义上的"自由贸易区",商务部与海关总署等部门将"FTA"译为"自由贸易区",意指国与国之间或者国家与单独关境区域之间的协定,将"FTZ"译为"自由贸易园区",也称为"海关特殊监管区域",意指国家境内的区域,是一个主权国家或单独关税区,划出一个特定的区域(通常划定几平方公里),实施特殊的海关监管政策和贸易、投资等优惠政策;其特

---

[1] 陈春玲、全毅:《福建自由贸易试验区转型升级与高质量发展研究》,《亚太经济》2021年第6期。

[2] 赖庆晟、郭晓合:《中国自由贸易试验区渐进式扩大开放研究》,格致出版社、上海人民出版社2017年版,第6页。

点是关境内选择一小块区域进行围网隔离,进入该区的货物直接采用免税或保税而非降税,是单方自主给予优惠政策。目前全世界大约有1600多个这种类型的自由贸易园区。①

二、自贸试验区的功能定位与试验内容

自贸试验区是推进改革和提高开放型经济水平的试验区,以"一国之内"自由贸易园区的形式出现。自贸试验区的根本目的是为全国进一步开放做试验,也是为形成可创造、可复制、可推广的适应下一轮改革开放的体制机制做试验。2013年11月12日,中共十八届三中全会通过的《中共中央关于全面深化改革若干重大问题的决定》指出:"建立中国上海自由贸易试验区是党中央在新形势下推进改革开放的重大举措,要切实建设好、管理好,为全面深化改革和扩大开放探索新路径、积累新经验。"由此可见,自贸试验区的确切内涵和功能定位主要体现在三方面:

第一,自贸试验区是综合改革区,要在更高层次、更广领域对标国际贸易投资规则,实现边境措施的自由化和贸易便利化。当前全球经济治理体系重构处于关键时期,新一代国际投资贸易规则正在加速形成。发达国家试图通过所谓"高标准"贸易与投资协定对各国的边境后措施进行规制协调与一体化,首先达成一些共同认同的最低标准与规则,进而逐步实现向更高标准与规则迈进。②

贸易便利化措施是上海自贸试验区实施方案中的重要方面,其目的在于对标国际高标准的贸易便利化措施,进行压力测试,促进监管模式创新、提高通关效率、降低通关成本。需要指出的是,尽管学界对于贸易便利化是否包含边境后措施以及应包含多少边境后措施尚未达成共识,但有迹象表明,贸易便利化的内涵外延正在从单纯的边境措施向边境后措施拓展,这也与全球范围内"以削减关税为主"的第一代贸易政策向"以国际贸易的国内管理体制改革

---

① 魏瑾瑞、张雯馨:《自由贸易试验区的差异化路径选择——以辽宁自由贸易试验区为例》,《地理科学》2019年第9期。

② 盛斌:《给全球贸易新规则注入中国元素》,《中国中小企业》2016年第10期。

为主"的第二代贸易政策转型的趋势相一致。①2023年12月,国务院印发《全面对接国际高标准经贸规则推进中国(上海)自由贸易试验区高水平制度型开放总体方案》,聚焦7个方面,提出80条措施,主动全面对接高标准规则,进一步加大压力测试力度,深化国内相关领域改革,推进高水平制度型开放。②

第二,自贸试验区是压力测试区,聚焦边境后措施的压力测试和改革试验。一些打算在全国推广但条件尚未成熟的改革事项,可以先在自贸试验区内进行压力测试。近年来,以《全面与进步跨太平洋伙伴关系协定》《跨大西洋贸易与投资伙伴关系协定》《国际服务贸易协定》《双边投资协定》等为代表的跨区域合作谈判深入推进;与世界贸易组织限于边境开放和管理问题不同,《全面与进步跨太平洋伙伴关系协定》等国际投资贸易新规则,其协调和承诺的内容已深入到一国国内的经济管理层面。比如,《全面与进步跨太平洋伙伴关系协定》协定中最核心的国有企业、知识产权、劳工、环境等条款尚未在自贸试验区内进行充分试验。这些条款作为高标准规则的重要体现,亟须通过压力测试积累经验,但目前中国自贸试验区的制度创新主要集中于投资、贸易、金融、政府管理领域。因此,需要在自贸试验区内抓紧推进上述边境后措施的压力测试和改革试验,通过开展对接全球高标准投资贸易规则的压力测试,实践国际通行规则,以提升中国在自由贸易区协定、中美双边投资协定谈判中的议题设置能力和服务业对外开放能力。③

第三,自贸试验区是政府再造区,要建立自贸试验区制度创新和改革的容错纠错机制。探索政府与市场关系的改革是中国自贸试验区开展试验的重要内容。自贸试验区所推动的政府职能转变仍然没有摆脱原有的政府管理体制的约束,与现代市场经济所要求的"运转高效的机构设置和治理体系"仍有差距。自贸试验区制度创新要求中央部委层面、省区市层面和地方管委会层面

---

① 柴瑜:《金砖国家贸易便利化:发展与合作》,《中国金融》2011年第5期。

②《国务院关于印发〈全面对接国际高标准经贸规则推进中国(上海)自由贸易试验区高水平制度型开放总体方案〉的通知》,中国政府网,https://www.gov.cn/zhengce/zhengceku/202312/content_6918914.htm。

③ 陆剑宝:《中国自由贸易试验区制度创新体系理论与实践》,中山大学出版社2018年版,第12页。

都要进行体制性、突破性的改革,而深层次改革的风险较高。从现实的角度来讲,中国的容错机制建构还处于初级阶段,还没有权威性的容错机制设计,也缺乏改革失败的保护机制,这大大降低了各级职能部门进行制度创新和政策创新的动力和积极性。因此,需要在自贸试验区建设中探讨制度创新容错纠错机制的构建问题。

2016年,时任国务院总理李克强在政府工作报告中提到:"健全激励机制和容错纠错机制,给改革创新者撑腰鼓劲,让广大干部愿干事、敢干事、能干成事。"①容错纠错机制允许改革有失误,但不允许不改革。容错纠错机制的运行过程起于制度设计,却不止于改进推广,改进推广是为下一轮的制度创新做铺垫。对待错误和失误,首先要进行控制和约束,继而进行评估和界定责任,然后要积极补救和总结经验,保证政策正确有效的同时还要注意政策的连续性。②自贸试验区的核心功能是扩大开放、深化改革、制度创新;通过加快政府职能转变、扩大投资领域开放、推进贸易发展方式转变、深化金融领域开放创新、完善法制领域制度保障等适应开放型经济新体制的实践探索和制度创新实践,为全面深化改革和扩大开放探索新途径、积累新经验。③

党的十九届四中全会分别在其决议的第五章和第六章明确指出,"改善营商环境"是"优化政府职责体系"的重要环节,而"加快自由贸易试验区、自由贸易港等对外开放高地建设"则是"建设更高水平开放型经济新体制"的重要途径。各自贸试验区在多年的建设发展中,逐步认识到容错、激励机制的重要性。从2014年中国(上海)自由贸易试验区提出容错机制问题,到2016年中国(广东)自由贸易试验区提出容错机制问题,再到2018年以来中国(江苏)、中国(浙江)、中国(辽宁)、中国(山东)等11个自贸试验区先后以地方人大文件的形式为自贸试验区的改革创新者提供"护身符"。④

---

①《让"容错机制"为改革创新者撑腰鼓劲》,新华网,http://newscenter.southcn.com/n/2016-03/10/content_144077543.htm。

②叶中华:《容错纠错的运行机理》,《人民论坛》2017年第26期。

③赵晓雷:《建设中国自由贸易港研究》,格致出版社、上海人民出版社2021年版,第6页。

④佟家栋、张千、佟盟:《中国自由贸易试验区的发展、现状与思考》,《山东大学学报(哲学社会科学版)》2022年第4期。

三、进一步推进自贸试验区深化改革开放的关键点

中国自贸试验区建设已进入深入推进的关键时期,需要按照"对照国际最高标准、最好水平的自由贸易区"的要求,坚持目标导向和问题导向,聚焦若干核心制度和基础性制度,抓紧推进边境后规则的压力测试,为中国参与国际经贸规则制定积累经验。2021年7月9日,习近平主持召开中央全面深化改革委员会第二十次会议,会议审议通过了《关于推进自由贸易试验区贸易投资便利化改革创新的若干措施》,赋予自贸试验区更大改革自主权,加强改革创新系统集成,统筹开放与安全,及时总结经验并复制推广,努力建成具有国际影响力和竞争力的自由贸易园区,发挥好改革开放排头兵的示范引领作用。党的二十大报告提出:"实行更加积极主动的开放战略,构建面向全球的高标准自由贸易区网络,加快推进自由贸易试验区、海南自由贸易港建设,共建'一带一路'成为深受欢迎的国际公共产品和国际合作平台。"[1]

一是准确理解自贸试验区的战略意义和功能定位,不能把海关特殊监管区域尤其是自由贸易港混同于自贸试验区,自贸试验区的关键在于试验,核心是对标《美墨加协定》《全面与进步跨太平洋伙伴关系协定》等各类自由贸易协定中的边境规则。目前各地自贸试验区建设在某种程度上偏离了当初建设自贸试验区的战略意义与功能定位。自贸试验区是中国主动适应全球经济发展新趋势和国际经贸规则新变化、以开放促改革促创新促发展的试验田。自贸试验区的功能定位主要体现在三方面:在更高层次、更广领域对标国际贸易投资规则;推进边境后措施的压力测试和改革试验;建立制度创新和改革的容错纠错机制。国内不少地区组织了对《区域全面经济伙伴关系协定》影响以及《全面与进步跨太平洋伙伴关系协定》《中欧投资协定(草案)》等高标准规则的研究工作,有些结合本地本部门情况研究制定了通过对接《区域全面经济伙伴关系协定》等规则促进改革开放和高质量发展的文件。广西推出了《广西加快对接RCEP经贸新规则若干措施》。云南、山东等地也出台了类似文件;《横琴

---

[1]《高举中国特色社会主义伟大旗帜 为全面建设社会主义现代化国家而团结奋斗——在中国共产党第二十次全国代表大会上的报告》,中国政府网,http://www.gov.cn/xinwen/2022-10/25/content_5721685.htm。

粤澳深度合作区建设总体方案》《全面深化前海深港现代服务业合作区改革开放方案》等文件也在一定程度上体现了高标准经贸规则的要求。建设自贸试验区，就是通过在局部地区率先扩大开放，为全国实施新一轮高水平对外开放进行压力测试，积累进一步扩大开放、又有效防范风险的经验，并进一步建立健全相关制度。[①]自贸试验区的制度创新要求体现了应对国际贸易新规则调整的新形势，对国内规则进行调整的内在要求，而非简单引入美欧主导的国际贸易新规则。要在自贸试验区内试行多边贸易体制和区域贸易安全的最新规则，探索建立一套与国际投资贸易规则相衔接的制度安排，形成国家自贸试验区战略的"制度高地"。

二是中国开放的重点领域正在由过去以制造和货物贸易为主转向以服务和服务贸易为主，开放的制度设计也在由边境措施向边境后措施延展，涉及国内改革和国际协调两方面的内容。随着全球价值链的发展，国内监管、竞争政策、知识产权保护等边境后措施逐渐发展成为贸易投资进一步自由化的主要障碍，边境后措施也成为国际经贸规则重构中最为核心的问题，体现出未来国际贸易规则的重构由边境外开放向边境后开放的新态势。一切试验措施都是为了创新出一套高水平对外开放的制度，创新出现代政府治理的体系和模式，探索出全面深化改革的新路径，这就要求自贸试验区的制度创新不能停留在部分政府部门和部分管理环节上的制度创新层面，而是必须进行系统的、全方位的制度创新。[②]因此，跨部门协同是自贸试验区政府管理体制机制改革的题中之义。

三是发挥好自贸试验区内海关特殊监管区域在贸易便利化方面的特殊作用，探索海关参与对边境后规则的管理。海关特殊监管区域关注边境措施的自由化，上海等地的自贸试验区主要关注边境后措施的国际化，因此，首先要在海关特殊监管区域内试行国际化。探索海关参与对边境后规则的管理，需要准确理解"一线放开"的确切内涵，创新海关管住管好国际化的边境后规则

---

① 蒲杰：《中国自由贸易试验区法律保障制度研究》，电子科技大学出版社 2017 年版，第 8～9 页。

② 肖林主编：《高标准开放与制度创新：中国自由贸易试验区智库报告 2015/2016》，格致出版社、上海人民出版社 2016 年版，第 66 页。

的方法手段,包括服务贸易、投资、竞争政策、产业政策、外汇金融管理、知识产权保护等领域。

四是做好自贸试验区制度创新的复制推广。自贸试验区建设以来,改革试点经验复制推广成果显著。其中,国务院复制推广了143项试点经验,各自贸试验区复制推广了61个"最佳实践案例",各部门自行复制推广的改革试点经验为74项。从推广的模式和路径看,既有国务院集中向全国复制推广的,也有国务院各职能部门牵头自行向全国复制推广的。在地方层面,各自贸试验区向本省、自治区、直辖市推广了共计1300余项制度创新成果。[①]同时,未设立自贸试验区的省份积极借鉴自贸试验区的成功经验,并支持有条件的地区在自贸试验区改革经验叠加效应基础上进行集成创新,释放改革红利,形成助推区域经济高质量发展的动力(见表2.1)。有学者将中国自贸试验区的复制推广概括成7种方式:移植性复制:对于条件比较成熟,要求比较明确的改革经验,直接采用复制;合并式复制:复制推广到同类事情,承接部门主动进行改革经验的合并,然后协同推广;迭代式复制:一些由自贸试验区率先总结的经验已被新的法律法规替代或取消;协作性复制:多部门联合决策的复制;适应性复制:对相关对接条件尚不充分或复制推广存在一定难度的改革经验,采取针对性措施复制;优化式复制:先推行自贸试验区的一些经验,由一些新的自贸试验区提供更好的营商环境和被优化的经验;创新式复制:在建设自贸试验区的过程中,将复制与推广结合起来,形成创新经验和案例。[②]

---

① 赵家章、丁国宁、苏二豆:《中国自由贸易试验区建设的理论逻辑与高质量发展实现路径》,《经济学家》2022年第7期。

② 钱学锋、王备:《湖北自贸试验区的制度创新:实践特征、理论内涵与政策启示》,《长安大学学报(社会科学版)》2022年第1期。

表2.1　2014—2023年国务院集中复制推广自贸试验区改革试点经验数量

范围	领域/区域	第一批 2014年	第二批 2016年	第三批 2017年	第四批 2018年	第五批 2019年	第六批 2020年	第七批 2023年
全国	投资管理	9	3	1	6	5	9	0
	贸易便利化	5	7	2	9	6	7	3
	政府管理创新	0	0	0	0	0	0	5
	金融开放创新	4	0	1	0	0	4	6
	服务业开放	5	0	0	5	0	0	0
	事中事后监管	5	2	1	7	6	6	0
	人力资源	0	0	0	0	0	5	0
	产业高质量发展	0	0	0	0	0	0	5
	知识产权保护	0	0	0	0	0	0	3
特定区	海关特殊监管区	6	7	0	3	0	0	0
	自贸试验区	0	0	0	0	1	3	1
	其他区域	0	0	0	0	0	3	1
合计		34	19	5	30	18	37	24

　　来源:第一批整理自《国务院关于推广中国(上海)自由贸易试验区可复制改革试点经验的通知》(国发〔2014〕65号),第二批整理自《国务院关于做好自由贸易试验区新一批改革试点经验复制推广工作的通知》(国发〔2016〕63号),第三批整理自《商务部交通运输部工商总局质检总局外汇局关于做好自由贸易试验区第三批改革试点经验复制推广工作的函》(商资函〔2017〕515号),第四批整理自《国务院关于做好自由贸易试验区第四批改革试点经验复制推广工作的通知》(国发〔2018〕12号),第五批整理自《国务院关于做好自由贸易试验区第五批改革试点经验复制推广工作的通知》(国函〔2019〕38号),第六批整理自《国务院关于做好自由贸易试验区第六批改革试点经验复制推广工作的通知》(国函〔2020〕96号),第7批整理自《国务院关于做好自由贸易试验区第七批改革试点经验复制推广工作的通知》(国函〔2023〕56号)。

　　从理论上看,中国自贸试验区兼具制度创新和扩大对外开放的重要使命,是中国深化体制改革的重要试验田。自贸试验区的定位在于"先行先试",努力探索并建设一套对接国际高标准的对外开放制度体系。从内容上看,自贸试验区重视国内外贸易、投融资、财税体制、金融制度及出入境等多方面的制度创新,并探索建设法治化、国际化、便利化的营商环境,进而推动中国对外贸易的高质量发展。①从2013年上海自贸试验区设立以来,从改革较为简单的自贸试验区制度创新1.0版本的贸易便利化,深入到触及敏感领域和管制红线的自贸试验区制度创新2.0版本的投资便利化、金融国际化,再深入到改革涉及全方位"放管服"的自贸试验区制度创新3.0版本的创新要素跨境配置。自贸试验区的制度创新主要体现在投资、贸易、金融、科创等领域,实质是以开放倒逼改革,加快促进政府职能转变、政府组织重构、政府流程再造和政府监管创新。②

各自贸试验区在投资贸易领域实施了一系列开放举措,充分发挥对外开放的先导作用。根据国务院印发的《中国江苏自由贸易试验区总体方案》,自贸区苏州片区位于苏州工业园区,功能定位为建设世界一流高科技产业园区,打造全方位开放高地、国际化创新高地、高端化产业高地、现代化治理高地。围绕"一区四高地"的试验定位,自贸区苏州片区着力在贸易便利化、产业创新发展、金融开放创新、跨境投资、知识产权保护、聚集国际化人才等方面开展制度创新探索。2019年8月获得国务院批复至2020年7月底,片区累计推出涉及各领域改革创新举措132项,形成了66项质量较高、市场主体受惠面较广的制度创新成果案例,其中省级以上"首创率"60%,2项案例获评国务院服务贸易创新试点"最佳实践案例",7项案例入选商务部第四批"最佳实践案例"候选名单,7项试点经验在江苏省复制推广。③

2022年1月1日起,新版自贸试验区外资准入负面清单施行,实现了制造业条目清零、服务业持续扩大开放。2022年,21家自贸试验区实际使用外资2225.2亿元,占全国的18.1%。其中,高技术产业实际使用外资863.4亿元,同比增长53.2%。与此同时,各地不断创新举措,持续提升贸易自由化便利化水平。比如,广西、云南、黑龙江创新模式,进一步推动边民互市贸易发展。陕

①　陈林、周立宏:《从自由贸易试验区到自由贸易港——自由贸易试验区营商环境升级路径研究》,《浙江社会科学》2020年第7期。

②　陆剑宝:《中国自由贸易试验区制度创新体系理论与实践》,中山大学出版社2018年版,第13页。

③　黄建洪:《注意力分配视域下自贸区制度创新机理研究——基于自贸区苏州片区若干典型案例的分析》,《苏州大学学报(哲学社会科学版)》2021年第6期。

表3.1　全球自由贸易区的政府管理体制

管理层次	类型	典型国家或地区
宏观层面	专管型	美国、巴西
	代管型	新加坡、迪拜
微观层面	政府主导型	新加坡、泰国、菲律宾、意大利、巴西、墨西哥,德国汉堡港、韩国马山出口加工区、中国台湾高雄出口加工区
	企业主导型	美国、巴拿马、印度尼西亚和马来西亚
	政企混合型	爱尔兰
海关监管层面	委托型	美国
	独立型	德国汉堡、韩国釜山

宏观层面,由中央政府或自贸区所在地方政府为实施对自贸区的管理而形成的组织结构形式。主要有专管型(政府设立专门独立机构负责自贸区的事务管理,并对自贸区发展进行监督和协调的管理体制,如美国、巴西)和代管型(不设立专门从事自贸区事务管理的独立行政机构,由最高行政长官直接负责或委托给特定政府职能部门来执行宏观管理权限的管理体制,如迪拜、新加坡)两种类型。[①]

除宏观层面的必要管理和协调外,政府还得依靠自贸区内的管理机构完成必要的行政管理和经济管理活动。在自贸区内部,负责对自贸区事务进行全方位管理和协调而形成的组织结构形式。根据区内管理机构的性质、权限划分及管理方式,可以将微观管理体制划分为三种:由政府部门承担管理职责的政府主导型;经政府授权、由政府通过法律途径授权专业管理公司负责管理的企业主导型;由政府部门和企业化的管理公司分工管理的政企混合型。

委托监管型体制,海关在自由贸易区中处于中立执法机构的地位,主要任务是对货物进出对外贸易区进行控制,征收有关税费,确保对外贸易区的所有手续合规。但是,海关不得代财政部处理属于政策制定性质的事务和属于财

---

① 刘恩专:《世界自由贸易港区发展经验与政策体系》,格致出版社、上海人民出版社2018年版,第284页。

政部其他机构权限内的事务。[①]独立型监管体制指在区内设立专门的海关驻区监管机构行使海关部门在区内享有的监管权限,驻区机构与管委会等行政主管当局并列设立、互不隶属,独立行使监管职能的体制。

美国海关对对外贸易区的监管大都采取委托监管型体制,其优点是减少海关机构设置、减少海关手续;同时,放松管制有助于降低成本,提高经济的运作效率。德国汉堡、韩国釜山等自贸区则实行独立型的直接监管体制,在自贸区内设立关卡,海关派驻人员进行监管。[②]对自贸区较多或港城融合型的国家和地区,在立法约束基础上,建立国家级专门机构进行协调,负责全国的自贸区事宜。对于自贸区数量较少的国家和地区,可由地方政府进行直接监管。美国对外贸易区作为"公共设施"进行运营,将政府政策干预限定在立法和契约保障上。[③]

二、国外自由贸易区政府管理的基本特点

国外自由贸易区的政府管理总体上呈现出宏观管理与微观经营关系由行政主导化向市场契约授权化转变,具体表现为微观经营机构的企业化与宏观管理的行政监管法治化,这使政府管理对市场控制的边界清晰,微观经营的市场化与政府管理的行政监管法治化成为成功自由贸易区政府管理体制的共性。[④]国外自贸区政府管理模式的基本特征如下:

第一,由中央政府充分授权。国际上自贸区的筹建批准的权力一般都由中央政府授权,自贸区的设立通常都被视为一种国家行为。专门的管理机构一般都拥有充分的独立性和自由贸易区的最高管理权限,避免政出多门、政策冲突。[⑤]以美国为例,美国对外贸易区的行政管理和海关管理在联邦层面是合

[①] 肖林、马海倩:《国家试验:中国(上海)自由贸易区试验区制度设计》,上海人民出版社、格致出版社2014年版,第68页。

[②] 陶蔚莲、李九领:《中国(上海)自由贸易区试验区建设与海关监管制度创新》,上海人民出版社2014年版,第116页。

[③] 沈家文、刘中伟:《自由贸易园区的国际经验与启示》,《全球化》2014年第5期。

[④] 孟庆友、徐士元:《国外自由贸易园区管理体制对我国的启示》,《北京电子科技学院学报》2014年第1期。

[⑤] 肖林、马海倩:《国家试验:中国(上海)自由贸易区试验区制度设计》,上海人民出版社、格致出版社2014年版,第67页。

二为一的,在各州和市所辖的对外贸易区内是相对独立的。海关总署隶属于对外贸易区委员会,配合委员会开展工作,行使海关管辖权。地区海关关长是各个对外贸易区的代表,对对外贸易区进行监管(参见图3.1)。

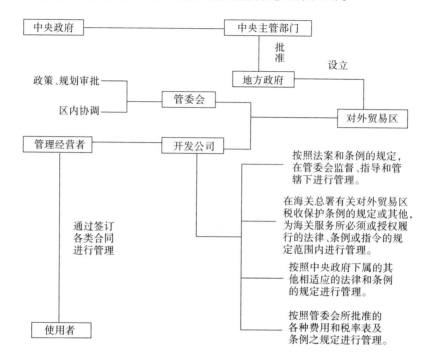

图3.1　美国对外贸易区的管理体制与各级管理职能

来源:参考成思危主编:《从保税区到自由贸易区:中国保税区的改革与发展》,经济科学出版社2004年版,第463页。

第二,由专属法律依法管理,通过国家立法明确管理体制和管理权限。国际上比较成熟的自贸区在管理方面特别强调规范化、法治化。大多数国家都制定了自贸区法,对自贸区的性质、定位及区内优惠原则进行法律规定,对自贸区的管理机构的设置、职权的划分、职能范围进行界定。[1]韩国于1998年制定《外商投资促进法》,后又制定《自由贸易区的指定及运营法》。

第三,区内一切事务由管理机构统一管理,或管理机构对区内其他机构

---

[1] 肖林、马海倩:《国家试验:中国(上海)自由贸易区试验区制度设计》,上海人民出版社、格致出版社2014年版,第67页。

（包括海关）拥有指导、监督和协调管理的权力，管理机构灵活、高效、权威性强。国外自贸区，中央政府一般都会设立专门的机构对其进行宏观管理，该机构监管区内一切组织与事务、自行制定法规与条例、独立行政，其职能是与相关政府管理部门密切合作，规划、管理、协调区内经济和社会活动，如美国的对外贸易区委员会、墨西哥的部际委员会、巴拿马的自由贸易区管理委员会。[①]集中的管理机构能够高效快捷、更好地协调海关、商检等部门的工作，以提高运营效率。

表3.2　国外自由贸易区的机构设置与管理内容的比较

国别	机构设置	干预内容	具体管理
美国	区内不设机构	进出口货物和库存量	委托企业
巴拿马	区内设置机构	进出口通道控制	海关机构简办
智利	区内设置海关	进出口手续审查	海关–注册免税

来源：参考李友华：《我国保税区管理体制改革目标模式分析——兼及我国保税区与国外自由贸易区比较》，《烟台大学学报（哲学社会科学版）》，2006年第1期。

第四，减少管理层次，实行扁平化管理，管理机构内部设置精简，分工明确。迪拜杰贝–阿里自由贸易区的管理机构是自由区管理局，由港口、海关和自由区组成联合体，负责管理和协调自贸区的整体事务，可直接向投资者颁发营业执照，提供行政管理、投资咨询等服务。[②]

第五，政府监管便捷高效，监管重点转向过程监管。自贸区的政府管理职能仅限于区内经济活动所带来的经济管理事务和必要的行政管理事务。区域管理活动及海关监管活动等一般也都制定了一些特殊程序，以尽可能简化管理流程。所谓过程监管涉及产品原料采购、生产、销售、流通的整个过程，这意味着政府作为监管者，就必须清楚企业投资、经营和生产的整个过程，能将政府监管的工作内容与这些过程之间建立全面的连接关系。

---

① 邬展霞、仇倩、王晓：《世界主要自由贸易区：运行特色、税制设置和税政评析》，《科学发展》2014年6月，第67期。

② 陶蔚莲、李九领：《中国（上海）自由贸易试验区建设与海关监管制度创新》，上海人民出版社2014年版，第41页。

三、国外自由贸易区政府管理的主要经验

从全球自贸区的实际情况看,自贸区的政府管理模式是多种多样的,而且与自贸区的功能类型之间不存在简单对应关系,但是作为长期发展的结果,国外自贸区的政府管理相对成熟,可以从中总结出如下一些共同经验:

第一,建设自贸区,必须构建科学高效的管理体制,既实现国家对自贸区宏观管理的统一,又能保证自贸区运行的高效。[①]世界上自贸区建设比较好的国家,在宏观方面,大都设有专门的管理机构,负责对自贸区进行设区审批、监督、检查和协调管理,如美国的对外贸易区委员会和韩国的工业区管理局。

第二,在对外管理上,大都建立以"单一窗口"为核心的运营模式。越来越多的国家在积极推动"单一窗口"建设;瑞典、美国、新加坡、日本、韩国等国家和东盟等区域性国家组织纷纷在本国或区域经济范围内实践了"单一窗口"。这种"单一窗口"的运营管理模式,简化了行政程序,提高了政府服务效率,促进了自由贸易港的高效化和制度化。

第三,参与自贸区政府管理的主体多元化,通过建立跨部门合作,实现从政府监管到共同监管的转变。随着自贸区内管理主体的不断多元化,传统单一主体的政府管理模式显得捉襟见肘。各国政府通过协调引导来有效发挥社会组织的中介作用,如海关与行业协会签订合作谅解备忘录(MOU),将报关管理、外部审计等职能委托报关协会、会计师事务所等社会组织去实施。因此,现代自由贸易区的管理模式应是一种政府、企业与社会组织多层次、多主体、多领域参与的复合治理模式。这种政府治理模式要求:一是自由贸易区的政府管理主体应多元化。企业与社会组织等应有权参与对自由贸易区内公共事务的管理过程。二是管理方式强调合作、协调与互动。自由贸易区的政府管理应更多采取引导、协商与谈判等方式,而不仅仅是单方面的行政命令方式,来完成对自由贸易区内公共事务的管理。美国对外贸易区委员会与海关与口岸保护局以及其他相关联邦机构展开合作,这些机构主要包括酒精和烟草税

---

① 钱震杰、胡岩:《比较视野下自由贸易区的运行机制与法律规范》,清华大学出版社2015年版,第278~279页。

收及贸易局(Alcohol and Tobacco Tax and Trade Bureau)、美国联邦通信委员会(Federal Communications Commission)、环境保护署(Environmental Protection Agency)、食品和药物管理局(Food and Drug Administration)、美国农业部(Department of Agriculture)及鱼类和野生动物服务局(Fish and Wildlife Service)等。所有这些机构通常都有特定的法规和方针等。

第四，从事前监管到事中、事后监管，通过制度设计与政策创新，实现区内企业的自我监管。不同国家的政府监管模式尽管存在差异，但也有共同之处，即成熟自贸区的政府监管普遍采取建立在完善法治环境基础之上的企业依法自我监管模式，政府监管更加注重事中事后监管，而非事前审批，政府主要通过企业年度信息申报掌握情况。发达市场经济体主要采用以审计为基础的年度审查，部分国家也辅以企业情况报表进行年度备案，以便尽可能跟踪和掌握企业信息。如在美国注册成立的公司通常需要向其注册的州和运营业务的州报备一份"年报"，并且每年需要向具体的州支付费用维持公司的续存；又如新加坡公司需要在年度股东大会召开之日(或代替年度股东大会的特别决议作出之日)后一个月内提交周年申报表，除非该公司取得豁免私人公司的资格，它应该将已经审计的财务报表与周年申报表一并提交。[①]

发达市场经济国家或地区对企业的监管大都依托完善的法律制度体系和详尽的年度备案信息，对外商投资的监管主要关注兼并收购和国家经济安全。美国等发达市场经济体对涉及国家安全的外国直接投资、涉及垄断的外资兼并收购实施专门的审查制度(美国外资投资委员会对可能影响美国国家安全的外商投资交易、外国控制企业对产品与服务涉及国家安全以及重要基础设施的美国企业收购案进行审查)，一般都有专门的法律作为审查依据，明确专门机构作为审查主体(如美国外资投资委员会、欧盟委员会竞争总司、澳大利亚外商投资审查委员会)，并具有成熟规范的审查流程。

企业依照完整的法律法规进行自我约束，中国香港、新加坡等自由港城市

---

① 肖林、马海倩：《国家试验：中国(上海)自由贸易区试验区制度设计》，上海人民出版社、格致出版社2014年版，第34页。

将高效的监管程序与保护财产及投资者权益的强有力法律制度结合起来,对本土和物资企业注册后的运行监管一视同仁,通过制定并不断修订完善公司法、知识产权、劳工就业、环境监管、外汇管理、银行监管、审计会计、税务管理等方面的法律法规,从而实现对企业营运的有效监管;美国、德国等发达市场经济体并没有专门机构统一对外国直接投资行为进行限制、禁止等行政性指导,主要通过外资并购法、反垄断法、贸易法、行业性法规等立法手段,对外资进行监管。①

第五,政府管理方式的弹性化。由于管理对象和社会环境发生了深刻变化,自由贸易区政府管理的方式、方法等应具有灵活性与应变的能力,因此,要构建一种弹性化的政府管理模式。国外自贸区政府管理改革和创新主要表现为:在自贸区内,政府职能的定位实现了从经济管理到公共服务的转变;在市场经济条件下,政府管理体制的组织结构、运作方式主要取决于政府的功能选择和职能定位,要把政府职能切实转变到宏观调控、社会管理和公共服务方面,把生产经营权真正交由企业;政府管理能根据社会环境的变化而变化,而非采用固定的方式应对自贸区所面临的现实挑战,政府对自贸区的管理方式向全面正确履行政府职能转变。自1934年《对外贸易区法案》签署以来,美国对外贸易区的管理体制与运行机制始终能基于不同的经济背景进行动态调整;在组织结构上,自贸区既要强调政府常设机构的灵活性,因应社会情势而具有能动性,又要重视发挥临时性机构的作用。如临时性事务可以采用特别委员会、项目小组等临时性机构来协调解决,并根据需要成立一些临时性的跨部门协同机构。

---

① 肖林、马海倩:《国家试验:中国(上海)自由贸易区试验区制度设计》,上海人民出版社、格致出版社2014年版,第33～34页。

第二节　国际贸易"单一窗口"的国际比较与经验总结

一、国际贸易"单一窗口"的定义与发展层级

(一)国际贸易"单一窗口"的定义

国际贸易"单一窗口"是国际口岸管理的先进理念和通行规则,是世界各国促进贸易便利化、优化营商环境的重要手段。国际上一般采用联合国对"单一窗口"的定义。根据联合国贸易便利化和电子业务中心(UNCEFACT)第33号建议书中所述,"单一窗口"是使国际贸易和运输相关各方在单一登记点递交满足全部进口、出口和转口相关监管规定的标准资料和单证的一项措施。如果为电子报文,则只需一次性提交各项数据。

世界银行调研报告显示,在接受调查的150个经济体中有60多个经济体引入了"单一窗口"。1978年,日本启动第一个电子通关系统NACCS(日本自动化货运和港口综合信息系统)。1982年,德国为解决汉堡港信息流通慢且成本高的问题,在汉堡港建立了"单一窗口"试点。1989年,新加坡开始建设"贸易网"(TradeNet)。1989年,瑞典顺应信息技术的发展建立国家"单一窗口"。1994年,美国正式建设"国际贸易信息系统"(Interntional Trade Date System,ITDS)。2003年,东盟通过实施"单一窗口"计划建议书,2005年12月,东盟经济贸易部长会议签署了《建立和实施东盟单一窗口的协定》,除新加坡外,文莱、印尼、马来西亚、菲律宾、泰国等国的"单一窗口"都已在2008年投入使用,另外四个东盟国家在2012年完成各自的"单一窗口"建设。

(二)国际贸易"单一窗口"发展的五个层级

根据联合国的定义,"单一窗口"功能发展主要有五个层级,五个层级由低到高,"单一窗口"相关方从最简单的一个单独部门,到整合其他政府口岸管理部门,进一步整合口岸中介机构和物流机构,最终达到和多个国家或地区信息交互、互联互通。

第一个层级"部门单一窗口"是指口岸管理相关部门各自的信息化或无纸化系统;

第二个层级"口岸执法单一窗口"是指集成了海关、海事、边检等口岸管理相关部门系统后形成的口岸执法类"单一窗口";

第三个层级"口岸服务单一窗口"是指在"口岸执法单一窗口"基础上,集成了港口码头、物流商务、船代货代等信息系统,为企业提供综合性服务的"单一窗口";

第四个层级"国家/地区电子物流平台"是"口岸服务单一窗口"的升级版,进一步集成贸易全链条有关的金融服务、物流商务等所有服务;

第五个层级"跨国家/地区的区域贸易平台"是指在国家与国家之间开展跨国家或跨地区的"单一窗口"互联互通,或实现区域性"单一窗口"。

"单一窗口"经过初期和中期发展后,其演变的下一阶段是在能够促进跨境贸易的全球网络中实现国家间单一窗口的连接,以及在国际供应链上实现信息共享。单一窗口将依据双、多边贸易协定,建立起跨关境的"单一窗口"。[①]

二、国外国际贸易"单一窗口"建设的主要实践

(一)美国"单一窗口":国际贸易数据系统(ITDS)

美国"单一窗口"概念可追溯到1993年,当时美国政府首次提出"国际贸易数据系统"概念,旨在构建一个综合的贸易数据库和处理系统,满足多个政府部门和公众对国际贸易信息的需求。1995年9月15日,美国财政部正式设立ITDS项目办公室,负责建设具有国际贸易信息收集、使用和分发功能,覆盖多个政府部门的ITDS系统。为推进系统建设,专门设立了多部门组成的ITDS理事会,由财政部负责税收和执法的助理副部长任主席,负责协调各政府部门,并作出项目规划和管理决策。1999年11月,ITDS项目办公室由财政部总部转入其下辖的美国海关署(美国海关与边境保护局的前身)。

2000年,ITDS系统的设计与开发逐渐与美国海关现代化改革和"自动商务环境"(Automated Commercial Environment,ACE)系统建设相结合。2003年3

---

① Jonathan Koh Tat Tsen, "Ten Years of Single Window Implementation: Lessons Learned for the Future", World Bank, 2011. Trading Across Borders report 2012, p.8.

月,美国海关与边境保护局组建后,ITDS项目办公室转入美国国土安全部(DHS),由ITDS理事会和美国海关与边境保护局共同协助其他政府部门(Partner Government Agencies,PGAs)利用ACE系统,行使保障口岸安全和国家安全、监管国际贸易的职责。2006年10月,通过《安全港口法案》再次确认ITDS理念,美国国会指定财政部监督建设ITDS系统,要求所有与进出口贸易监管和服务相关的联邦政府机构都加入。ITDS系统由美国海关与边境保护局通过ACE系统运作,作为"单一门户系统",负责收集、分发所有相关政府机构所需的标准化、电子化的进出口数据。目前,包括美国海关与边境保护局在内共计48个联邦政府机构参与"单一窗口"建设(参见表3.3)。包括预检和监控、货物申报放行、税费支付、申报后续处理等所有与进出口贸易相关的操作、手续将通过同一个系统来完成。各参与方还可共享系统数据信息,但访问权限各有不同,在确保信息安全的前提下有效提升了进出口贸易的监管和服务效率。2014年2月19日,时任美国总统奥巴马签署了"关于简化美国企业进出口流程"的行政命令,要求2016年12月前所有与进出口贸易相关的联邦政府机构都应利用ITDS系统开展国际贸易监管与服务,建成进出口数据电子交换"单一窗口"。2016年12月,ACE系统作为"单一窗口",成为企业报送进出口数据的首要系统。ITDS不仅用于美国与加拿大、墨西哥的陆路边境口岸,也被用于全美所有通过空运、铁路、海运及公路运输的340个进出境口岸。[1]

表3.3　参与国际贸易"单一窗口"建设的美国联邦政府机构

部门	机构	数量
农业部	农产品营销服务局、动植物检疫局、海外农业局、食品安全检验局、谷物检验、包装及牲畜饲养场管理局	6
商务部	产业与安全局、人口普查局、对外贸易区委员会、进口管理局、国家海洋渔业局、纺织品服装办公室。	6
国防部	陆军工程兵团、国防合同管理局	2
能源部	化石能源办公室、能源信息管理局、法律总顾问办公室	3
司法部	烟酒枪炮及爆炸物管理局、禁毒署	2
内政部	鱼类与野生动物管理局	1

①国家口岸管理办公室编译:《国际贸易单一窗口》(上册),中国海关出版社2016年版,第262页。

续表

部门	机构	数量
劳工部	劳动统计局	1
国土安全部	海岸警卫队、海关与边境保护局、运输安全管理局	3
运输部	交通统计局、联邦空管局、联邦公路管理局、联邦汽车运输安全管理局、海事局、国家公路交通安全管理局、有害材料管道运输安全署	7
财政部	国家税务局、外国资产管制办公室、酒精和烟草税务贸易局、金融犯罪执法网络	4
国务院	行政局物流管理办公室、国防贸易管制局、海洋与国际科技事务局、外国使领馆办公室	4
卫生与人力资源部	疾病控制与预防中心、食品药品监督管理局	2
独立机构	消费品安全委员会、环保署、联邦通信委员会、联邦海事委员会、国际贸易委员会、核管理委员会、国际发展署、贸易代表办公室	8
合计		49

2014年2月,时任美国总统奥巴马签署行政命令,宣布成立"边境跨部门执行委员会"(Border Interagency Executive Council,BIEC),由国土安全部部长任主席,负责研究制定政策和促进跨部门协同,设计系统流程,协调其他相关政府部门和利益相关方。边境跨部门执行委员会作为横向的跨部门协同机制,通过成员共同商定议事程序,制定相关政策和优化业务流程来加强跨海关、运输安全、卫生安全、贸易及动植物检验检疫与边境管理部门的协同。边境跨部门执行委员会设立三个分委会,分别是:风险管理分委会。由食品及药品管理局负责,目标是制定共同的风险管理原则和方法,解决执法合作的问题,并消除与边境相关调查的冲突。流程协调分委会。由海关与边境保护局负责,负责制定常规过程协调原则以及与在边境的货物处置相关的方法,适当精简、提高与进出口货物相关的协调能力。同时,该委员会负责审查各机构提出的数据需求,确保电子数据需求是简化且不重复,包括解决机构间数据共享的阻碍。外部合作分委会。由商务部负责,提供建立行业咨询委员会的建议,确定

与利益相关方有效性标准,与现有的跨部门进口、出口行政协议协调。①

(二)日本"单一窗口":NACCS系统

20世纪70年代,日本当局为解决航空货物运输量的迅猛增长与海关监管人力资源有限的矛盾,着手研究信息化的通关程序,希望通过贸易商在系统中使用一次性数据完成复杂的申报通关手续,继而实现海关部门通关系统的统一化、完整化、电子化。1978年起日本开始实行进出口电子化管理,建设空运货物通关信息处理系统(Air-NACCS);1991年建成海运货物通关信息处理系统(Sea-NACCS)。2010年,基本将原来分别管理和运行的空运报关系统和海关报关系统整合成统一的"日本自动化货运和港口综合信息系统(NACCS)"。这一系统不仅具有进出口管理功能,还具有其他相关业务的综合管理功能。其中,进出口业务管理涉及海关、商品检验、出入境管理、空港港口管理业务,其他相关业务管理涉及货物管理、货船订舱业务等。②

在NACCS的基础上,日本先是以公共平台模式为目标实现了基础性部门的信息链接,而后发展成为公私部门间的枢纽系统,最后进行多部门系统整合,调整为以NACCS为基础系统的单一系统模式。2008年,日本正式加入泛亚电子商务联盟,进一步拓展与海外国际贸易系统的连接和信息交换。日本"单一窗口"系统具有标准化的用户识别码及数据接入的方式,可通过各个进出口一站式服务系统独立地传输数据,接入不同政府管理机构的相关专业系统来完成多项进出口检验程序。当前,日本"单一窗口"整合了近10个政府部门(海关、国土交通、司法、农林水产、经贸产业、移民、厚生劳动等)、私营部门和进出口及港口管理程序高级系统,使得外贸企业能在一个经过整合的国际贸易单一系统上一次性输入并完成多项进出境申报程序(参见图3.2)。

---

① 梁丹虹:《美国单一窗口ACE/ITDS的实施及启示》,《海关与经贸研究》2016年第5期。

② 刘军梅、张磊、王中美等:《贸易便利化:金砖国家合作的共识》,上海人民出版社2014年版,第12页。

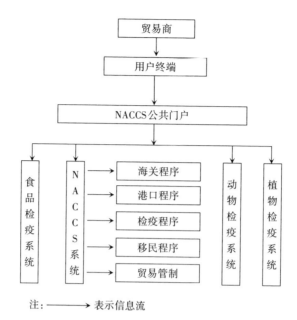

图3.2　日本"单一窗口"模式示意图

(三)泰国"单一窗口"：国家"单一窗口"

2008年，泰国国家"单一窗口"正式上线，由原来的电子物流系统更名为国家"单一窗口"，这意味着真正实现了无纸化通关，电子数据在政府和贸易商之间互换。泰国当前应用的是2014年更新运行的国家"单一窗口"系统，支持国家内部和国际数据的链接。政府机构和商业团体开展合作优化许可和发放许可证等程序，以有效促进货物进出口和整体物流效率提升。在采用信息技术整合数据链接时，信息在政府和企业之间进行了数字交换，应用于无纸化的通关手续。包括泰国海关在内的26家机构针对不同类型的货物或文件通过电子方式完成数据联系，国防工业部、农业部、渔业部等5个机构针对特定货物进行电子数据联系，泰国商会和泰国贸易委员会等机构则通过电子形式与纸质文件进行数据联系。东盟"单一窗口"整合了东盟十国的国家"单一窗口"，[①]各国可在其基础上单独运行本国的"单一窗口"，这种区域性"单一窗口"平台不仅实现了国内口岸监管部门之间的协同，而且实现了跨部门的国际协同。

---

① 参见东盟"单一窗口"官网：http://asw.asean.org/。

　　泰国国家"单一窗口"的实施参与者包括各类政府部门、商业和运输业的相关工作人员。通过设立以工作小组、部际委员会等结构性跨部门协同机制,包括国家物流委员会、进出口及物流数据整合分委会、国家"单一窗口"指导委员会、技术工作小组、监管框架和质量保证指导委员会、法务工作小组,对上述跨部门工作小组授权相关事项,做出多种决议安排,推进国家"单一窗口"参与建设部门之间的跨部门合作(参见表3.4)。相关决议安排,不仅在管理机制层面搭建公共部门与私营部门间的协同机制,而且注重在管理运作层面构建公私合作伙伴关系。

表3.4　泰国国家"单一窗口"的跨部门合作平台及其成员和授权事项

跨部门合作平台	授权事项
国家物流委员会(由总理办公厅颁布决议授权) 主席:总理 成员:贸易和运输相关部门的常任秘书及与贸易和运输相关的协会代表	制定促进物流发展战略 提供政策建议,即向内阁提供物流发展战略;批准与物流发展有关领域的行动方案;支持并监管战略与行动方案的实施;建立负责物流发展各类事务的分委会;向内阁汇报进展情况
进出口及物流数据整合分委会(由国家物流委员会颁布决议授权) 主席:财政部常任秘书 成员:参与跨境贸易管理的政府部门部长及与贸易和运输相关的行业代表	制定实施泰国国家"单一窗口"的行动计划,促进进出口及贸易发展并制定必要的预算 为法律、条例及规章的修订提供建议或为国家"单一窗口"的实施修改法律、条例及规章;预测国家"单一窗口"的实施状况;建立协助分委会执行任务的工作小组;向国家委员会汇报物流发展状况
国家"单一窗口"指导委员会(由泰国皇家海关颁布决议授权) 主席:泰国海关署长 成员:参与国家"单一窗口"项目的政府机构代表及来自信息通信技术部(MICT)、预算局、商业发展部门、泰国银行的代表	协助分委会制定实施国家"单一窗口"的行动计划 确保"单一窗口"按行动计划执行;建立工作小组,分析"单一窗口"实施中的业务流程和数据;根据国际标准以及《建立和实施东盟"单一窗口"协议》开发数据交互框架

跨部门合作平台	授权事项
技术工作小组(由国家"单一窗口"领导分委会颁布决议授权) 主席:泰国海关、信息通信技术部部长 成员:参与跨部门贸易管理的政府机构专家及与贸易和运输相关的行业代表	按照标准制定指导方针,促进国家"单一窗口"与相关信息系统之间的数据共享与互换 按照标准制定指导方针,促进公钥基础设施(PKI)及数字签名的发展;制定国家标准数据集,包括与世界海关组织数据集(WCO Data Set)、联合国贸易数据元目录(UNTDED)、UN/CEFACT要件库(Core Component Library ,CCL)以及东盟数据集(ASEAN Data Se)的统一格式;制定数据模型,规定国家"单一窗口"及相关信息系统将使用的数据结构和格式;提供建议清单,为实施国家"单一窗口"对法律、法规及规章进行必要的修订;按照国家政策指导文件和国际协定支持跨境数据整合;在规定的时间内完成委托任务;协调相关机构的数据整合;每3个月向指导委员会报告国家"单一窗口"实施进展情况
监管框架和质量保证指导委员会(由泰国海关颁布的决议授权) 主席:泰国海关署长 成员:参与跨境贸易管理的政府机构专家及与贸易和运输相关的行业代表	审查与国际贸易交易管理有关的业务流程及实施管理的时间、成本、收费、法律、法规、规章和难度系数 制定提供服务的指导方针和标准并向相关部门提出实施建议;支持相关机构执行既定指导方针和标准并对其绩效进行预测和评估;每2个月向指导委员会报告国家"单一窗口"实施进展及障碍
法务工作小组(由进出口及物流数据整合分委会颁布决议授权) 主席:泰国海关副署长 成员:来自泰国国务院办公厅、合作和转型媒体及参与跨境贸易管理机构的专家	修订现存法律、法规及规章,支持促进进出口和物流 修订《2001版电子交易法案》的信息整合;修订后的《法案》将进一步优化相关政府和私人部门在无纸化环境中的信息共享

虽然合适的制度安排是必要条件,但还不足以构成充分条件。这些安排为合作建立了框架,却不是引领跨部门合作走向成功的推动力。国家"单一窗口"在泰国的实施应主要归功于国家经济和社会发展管理局(National Economic and Social Development Board, NESDB)、泰国海关、信息通信技术部(Ministry of Information and Communication Technology, MICT）。以上机构的职能通常由中层政府官员履行，他们不仅能动员所有利益相关方的全员参与，让他们为"单一窗口"项目负责，帮助他们开展合作，还能确保在政府换届时国家"单一窗口"项目持续实施。官方授权为以下政府机构带来的便利之处在于：

首先，国家经济和社会发展管理局，作为经济政策的政府智库，其被任命为国家物流委员会秘书单位。通过为高层政策制定者提供政策建议以及向内阁提出与物流发展现状有关建议，支持国家物流委员会制定促进物流发展的战略。该授权使其在部级和高层官员流动率居高的情况下仍能保持对该项目的政治意愿和投入。

其次，泰国海关，经任命成为进出口及物流信息整合分委会秘书单位，协助分委会起草泰国国家"单一窗口"行动方案。为保证所有政府机构参与方的子项目及财务计划都做到精简，泰国海关与所有参与国家"单一窗口"项目实施的政府机构都进行密切商议。商议后，泰国海关将其纳入国家行动计划。

再次，泰国海关，经内阁任命成为协调与促进国家"单一窗口"实施的领导机构。因此，它有权建立具体机构来指挥并实施领导"单一窗口"的启动工作。也可要求参与跨境贸易管理的政府机构专家及与贸易和运输相关的行业代表支持上述具体机构的行动。该层面的合作对推动项目实施至关重要。

最后，信息通信技术部，经内阁任命负责国家"单一窗口"实施的管理层任务，通过该部门常任秘书办公厅成立的项目管理办公室（Project Management Office, PMO）推动跨部门合作。该机构曾与泰国海关共同举办多次宣传活动，为项目建立共识，统一参与方对项目的期待并敦促履行其对项目的承诺。同时，该部门也举办了多次信息共享会议，分享与信息共享有关的方法、工具、技术和标准。这些活动不仅有助于提升所有参与方对彼此的信任，营造跨部门协同的组织文化，也是跨部门协同理论中所倡导的跨部门协同激励机制。马丁·伦丁通过交互效应的实证检验发现，信任是协同产生的必要条件。[①]

---

① Martin Lundin, "Explaining Cooperation: How Resource Interdependence, Goal Congruence, and Trust Affect Joint Actions in Policy Implementation", *Journal of Public Administration and Research Theory*, Vol. 17, No. 4, 2007, pp .651–672.

(四)韩国"单一窗口":UNI-PASS系统

韩国"单一窗口"依托的是名为UNI-PASS韩国的电子海关系统,其设立目标在于实现快速通关、增加政府税收、连接政府和私营部门,促进国际贸易快速发展。20世纪60年代以来,韩国的贸易量和国际旅客数量急剧增加。由于资源有限,韩国海关(KCS)通过对海关程序进行优化、重设,实现标准化与自动化,采用了最先进的信息技术,开发了UNI-PASS系统。1974年,UNI-PASS首先开发成简单的贸易统计系统(Trade Statistics System),历经全国网络化系统(Nationwide Networked System)、泛在海关系统(Ubiquitous Customs System)、智能海关系统(Smart Customs System)等多次升级,逐步引入先进技术,例如空运货物管理射频识别(RFID)技术、综合风险管理系统(Integrated Risk Management Component)、企业信用管理系统等。[1]2006年升级为韩国"单一窗口"门户,并成立了一个致力于电子海关和单一窗口系统开发和运营的专家组(Customs UNI-PASS International Agency,CUPIA)。作为UNI-PASS系统的国际机构,该组织还为世界其他国家海关提供海关现代化咨询服务。2016年投入运行的第四代UNI-PASS系统致力于打造基于智慧通关的智慧海关系统;该系统连接了27个相关政府部门、169个政府组织、超过26万家贸易公司、180个世界海关组织成员(参见表3.5)。[2]

表3.5 韩国UNI-PASS系统发展情况

	年份	系统名称	主要特征
第一代	1974—1990年	贸易统计系统	1974年建成韩国第一个海关信息技术系统
			韩国综合贸易统计
第二代	1990—2004年	全国网络化系统	1998年建成世界上第一个完全自动化清关系统
			全自动化和网络化的韩国海关管理

---

① "What is UNI-PASS",参见网址:http://unipass.or.kr/unipass-introduction/。

② 参见网址:http://unipass.or.kr/about-us/#cupiaoverview。

续表

	年份	系统名称	主要特征
第三代	2004—2016年	泛在海关系统	"单一窗口"系统和互联网链接能力提供了无处不在的系统链接环境
			该系统已出口到10个以上的国家
第四代	2016年至今	智能海关系统	提供智能商务服务
			积极开展跨境信息交流和国际合作

来源:参见网址http://unipass.or.kr/unipass-introduction/。

　　UNI-PASS系统主要由5个部分组成:海关业务、综合风险管理、"单一窗口"、信息技术管理和海关管理(见表3.6)。每个组件都有各自的子系统,这些子系统集中起来可以提供功能完备的电子海关系统。此外,UNI-PASS系统基于国际标准(如世界海关组织数据模型3.0),并应用了修订的《京都公约》和世界海关组织全球贸易安全与便利标准(SAFE)框架等国际建议。基于此基础,该系统可适用于所有的海关业务环境,实时与其他国家交换海关数据。

表3.6　韩国UNI-PASS系统的构成要素

模块	子系统	主要内容
海关业务	货物管理	从到达、保税区内各种设施的载货/放行、保税运输和放行、内部舱单级别的实时货物管理
	通关管理	实时、广泛地处理海关进出口/特别通关手续
	调查	通过收集和分析调查信息、进行犯罪调查等方式支持调查
	审计	通过进行审计(修订审计和公司审计)和监控原产地等方式进行稽查管理
	其他	过境、关税征管、退税、提前乘客信息系统、监控等
综合风险管理	海关数据仓库	一个集成的信息系统,把从海关和外部组织收集的大量数据联系起来

续表

模块	子系统	主要内容
	综合风险管理	分析海关管理过程中出现的风险,并在此基础上提出选择性标准。在选择性过程中应用生产标准,并重新分析新结果。
	其他	法律合规等
单一窗口	单一窗口门户	连接不同的政府机构、需求验证机构、物流运营商、银行、企业和海关
信息技术管理	早期预警和监管系统	防止和响应电子清关系统中的任何错误、问题或网络攻击的系统,以防止任何贸易损失。全年24小时监控系统
	信息技术资源管理	管理提供给用户的服务级别和服务容量。处理并监控从服务请求到发布的整个信息技术服务操作
海关管理	知识管理	系统管理海关管理的核心知识,任何用户都可以上传其知识和经验
	绩效管理	支持员工的全面管理和工作绩效评估

来源:http://unipass.or.kr/unipass-modules/。

(1)海关业务。由海关管理自动化模块组成,包括业务流程模块(货物和通关管理等)和非业务流程模块(调查、审计等)。业务流程模块包括基于网络服务的7×24小时无间断贸易流程处理,税费和其他各种费用的电子支付等服务。UNI-PASS系统还提供了实时货物跟踪服务。转关申报(国内及国际)要求海关必须实时掌控货物的运输状态及时间表。由电子舱单和仓储管理、运输管理与货物处理状态报告所提供的数据,该服务可以提供对物流和通关全程的动态反馈。用户可以追踪其货物每阶段的运输地点、进程、操作人员、状态等。

非业务流程模块涵盖了提前乘客信息系统(APIS),对旅客的进出境活动进行管理。在飞机抵达前,航空公司就使用出发舱单数据的传递将乘客信息(乘客名单、目的地、行李数量、重量等)发送给此系统。结合移民局和其他政府部门的历史数据,对乘客进行风险评估。有效控制高风险乘客,允许低风险乘客快速通过,实现便利与安全的统一。

(2)综合风险管理。此部分主要包含海关数据仓库(CDW)和综合风险管理(IRM)等模块。海关数据仓库储存包含海关数据以外的,由其他参与者提供的所有数据,用于多用途的分析及统计目的。综合风险管理覆盖了通关的所有对象及通关的全过程。在对象上,包括货物、公司及旅客(会对所有对象生成风险分析评估结果)。在过程上,包含通关前的舱单风险分析,通关时的乘客信息系统旅客风险排查海关申报及通关后的稽查工作。

(3)"单一窗口"部分。为公共用户提供模块,如"单一窗口"门户和政府间数据交换(G2G),使其无需前往海关即可处理通关手续。基于标准化数据,"单一窗口"服务让数据在海关、检验检疫、仓库,甚至企业之间实现数据交换、共享,还提供各类信息查阅等服务。

(4)信息技术管理。控制和管理整个电子海关系统,以防止发生系统故障等情形,它由预警和控制系统(EWACS)及信息技术资源管理模块等模块组成。

(5)海关管理。支持海关管理流程,并提供非商业程序功能,例如知识管理和绩效管理。

韩国"单一窗口"通过集成海关电子通关系统,实现了进出口贸易通关、纳税、退税等业务的"一口"办理,从而实现7×24小时不间断的进出口业务处理以及税费、规费的在线电子支付。通过全量货物管理系统(TCQM)实时跟踪口岸货物的物流动态。全量货物管理系统通过创建统一的货物参考号码(Unique Cargo Reference Number),将舱单号(Manifest Number)、提单或运单(B/L)、集装箱号、报关单号连接起来,从而打通口岸物流的各个环节,从货物到港、码头操作、报关报检到最后放行等环节,实现口岸物流动态可视化和"通关+物流"的跟踪查询应用。2015年3月,UNI-PASS系统获得国际标准化组织认证(ISO 2000)。韩国"单一窗口"系统作为韩国电子政务实践最佳案例,已在多米尼加、危地马拉、蒙古、哈萨克斯坦、吉尔吉斯斯坦、厄瓜多尔、坦桑尼亚、尼泊尔等8个国家推广使用。韩国不断推动和吸引更多机构加入UNI-PASS系统,更大范围加强互联互通,提高口岸服务效率。此外,韩国采用了世界海关组织统一数据模型,注重数据的国际标准化,为与国际"单一窗口"的对接提供技术基础。

三、国际贸易"单一窗口"建设的经验总结

从各国的发展实践看,"单一窗口"系统是在原有功能较单一的系统基础上,经过逐步整合各部门资源,通过多部门联网实现跨部门数据共享与协同监

管。国际贸易"单一窗口"建设大都存在以下特点：

第一，政府高层的政治决心和有效的跨部门协同机制是建设"单一窗口"的保障。"单一窗口"建设涉及政府内部多个管理部门，政府高层的推动是决定"单一窗口"成败的关键。①美国"单一窗口"概念的提出和推广初期，均通过副总统签发的文件加以确定。2014年，美国总统发布行政命令，明确了建成"单一窗口"的最后时限，展现了联邦政府对"单一窗口"建设的决心。为推进"单一窗口"建设，美国先后成立国际贸易数据系统理事会和跨机构边境执行理事会（BIEC），分别由财政部助理副部长和国土安全部部长任主席。同时，明确了由美国海关与国际贸易数据系统理事会共同负责，协调、协助其他相关方参与"单一窗口"建设，为顺利推进"单一窗口"建设提供组织机制保障。

第二，"单一窗口"建设中的跨部门协同着眼于国际和国内两个层面展开协同机制建构。美国"单一窗口"建设中的跨部门协同机制不仅仅局限于一个国家内部的跨部门协同，还实现了跨部门的国际协同。美国在推进区域"单一窗口"建设方面也进行了有益尝试。1998年，美国开展了与加拿大和墨西哥的区域"单一窗口"建设试点。2011年2月，美国海关与加拿大口岸服务署（CB-SA）开展了"超越国界行动计划"，旨在通过两国口岸管理部门的数据共享，促进和便利两国合法贸易及人员往来，提升共同应对恐怖主义威胁的能力。根据该计划，美国海关将自动化商业系统（ACE）与加拿大口岸服务署的"境外事务及外贸管理（Department of Foreign Affairs and International Trade, DFAIT）"系统相连接，通过双方共同开发的"一体化进口申报系统（Integrated Import Declaration, IID）"，使两国海关能够在同一系统上采集和审核企业申报的信息，并与两国其他政府部门共享有关数据。

建设区域"单一窗口"是维护全球供应链安全与便利的有益尝试。海关作为供应链的关键节点，承担着维护全球供应链安全与便利的职责，在推进国内"单一窗口"建设的同时，积极考虑与其他国家合作，构建区域"单一窗口"，有

---

① Feiyi WANG, "Interagency Coordination in the Implementation of Single Window: Lessons and Good Practices from South Korea", *World Customs Journal*, Vol. 12, No. 1, 2018, pp. 49-64.

助于包括海关在内的相关政府部门更好地分享信息资源,提升对全球贸易供应链的监管水平,为合法企业提供更为便捷高效的进出口贸易环境。

新加坡的"贸易网"是一种典型的政企合作共建"单一窗口"的模式。新加坡自第一代"单一窗口"开发以来,政府和企业分工明确,新加坡政府提供资金、政策方面的支持,新加坡劲升逻辑公司负责技术开发和运营。同时,当时为推行"单一窗口"Tradenet和Portnet这两个电子数据交换系统(EDI),新加坡采取了强制手段,其政府推行了试行—必行—封闭三个阶段。试行阶段主要包括人员培训、用户采购EDI软硬件系统、用户与EDI中心联通;必行阶段要求用户必须采用EDI,对不采用EDI方式进行集装箱运输信息传输的用户,每标箱多收取10元新币罚款;封闭阶段,新加坡港口拒收不采用EDI方式传输信息的用户的集装箱。这使得船公司、贸易商必须使用EDI系统,并形成习惯,从而达到EDI在新加坡贸易领域的广泛运用。

第三,通过法律途径确立"单一窗口"实施部门的主体地位,明确各个部门的职责和权力关系,协调部门间隶属关系。美国在建立"单一窗口"时,通过法律和行政命令确定领导机构和协作关系,并规定职责分工;韩国"单一窗口"是由韩国关税厅牵头推进,由国家财政预算支持。"单一窗口"涉及多个口岸部门的事权,各国往往通过制定配套法律法规来确保"单一窗口"的实施。美国国会2006年通过《港口安全责任法案》,[1]要求所有需要进出口信息的政府部门加入国际贸易数据系统。[2]秘鲁政府在2007年颁布《国际贸易便利化法》,以法律形式要求成立"单一窗口"委员会。无论是韩国还是美国,构建国际贸易"单一窗口"的参与部门之间都有明确的主导和协作关系。强有力的主导机构为"单一窗口"在启动和后续完善开发阶段提供基础保障,明确的职责划分也有利于跨部门合作的有序推进。

牵头部门发挥的作用对"单一窗口"的成功至关重要。牵头部门队伍应具备较强的能力,在政策和技术两方面都对促进贸易便利化和"单一窗口"有全

---

① 周阳:《美国海关法律制度研究》,法律出版社2010年版,第164页。

② 朱秋沅:《日本单一窗口的构建及其制度性启示》,《外国问题研究》2011年第3期。

面的了解;牵头部门应通过重点工作会议,让其他参与者加入项目实施过程中,尤其是业务流程分析、业务流程再造和数据整合领域,以此确保所有参与者对国家"单一窗口"实施的重要基础性问题没有异议。韩国颁布了相关法律文件,明确韩国海关作为牵头部门的相关授权和具体职能(见表3.7)。

表3.7 韩国颁布明确海关作为"单一窗口"建设牵头部门的相关法律文件

海关法与执行法令	主要条款
第226条及第233条	海关当局检查其他政府机构的要求;授权海关通过电子方式进行
第245条	企业可以免于提交进、出口申报单和随附单证
第254条	关于通过电子商务进出口的特殊规定
第255-3条	授权海关与其他海关当局交换信息
第327条	授权海关署长运营国家"单一窗口"系统;授权海关处理进出口申报数据;为"单一窗口"简化海关程序;接受和批准的时间;海关决定的电子送达
第327-2条、第327-3条、第327-4条	给海关总署关于决定"单一窗口"运营人的授权;"单一窗口"运营人的选择标准及处罚;人员安全与可靠;给海关署长关于建立数据和通信标准的授权

第四,使用国际通用数据标准,为"单一窗口"的区域联通和国际协同提供共同的数据基础。统一数据标准是实现数字赋能政府部门协同的重要前提。通常情况下,如果缺少数据协调,海关和其他口岸执法部门独自履行程序,会导致多重报关。数据协调是为了减少不必要的信息和数据,避免商界向海关等口岸执法部门重复提交数据。[1]在贸易便利化背景下,数据协调的目标是消除国际贸易数据中的冗余和重复。数据协同通过生成一套经协调的带有语义标准的核心数据元,使国际供应链中个体信息系统具有数据互操作性,包括"单一窗口"。[2] 2024年2月,上海市印发《上海市落实〈全面对接国际高标准经贸规则推进中国(上海)自由贸易试验区高水平制度型开放总体方案〉的实施方案》,提及"支持上海国际贸易'单一窗口'建设数据跨境交换系统;采用国际

---

[1] 国家口岸管理办公室编译:《国际贸易单一窗口》(上册),中国海关出版社2016年版,第167页。
[2] 国家口岸管理办公室编译:《国际贸易单一窗口》(下册),中国海关出版社2016年版,第150页。

公认标准及可获得的开放标准,加强系统兼容性和交互操作性"。[①]

　　世界海关组织通过数据统计的方法,调研各国"单一窗口"的数据标准、信息系统及其安全性状况,建议各国在"单一窗口"安全管理中使用世界海关组织的国际标准。[②]因此,为确保与其他国家"单一窗口"系统兼容,绝大多数国家都采用世界海关组织的海关数据元。如新加坡、马来西亚、日本、瑞典、芬兰等国的"单一窗口"中都使用联合国/行政、商业和运输电子数据交换标准(UN/EDIFACT)等国际数据标准。根据澳大利亚海关的研究,在其进行"单一窗口"数据协调之前,仅"出口商名称"这一信息,就有22个部门以118种不同的表格、61种不同的描述方式采集,以16种不同的格式获取,分别由20到300个字符长度组成。对于跨境监管部门及贸易商而言,信息和数据定义、格式等的不统一导致处理货物信息申报与反馈都是非常低效的。对贸易单证中使用的数据元进行协调,并且和国际标准相衔接对于实现"单一窗口"各参与方之间数据的相互作用是必须的。泰国在国家"单一窗口"项目 E-Logistics 建设中完成了21个监管部门需要的数据协调,从189个单证文件中提取的6765个数据元被减到259个。美国在建设国际贸易数据系统时,经过对国际贸易业务流程和信息需求的全面调查及对不同机构所要求的全部表格的审核,汇编出一份由10000多个数据项构成的300多张单证、表格的清单,数据的冗余度超过90%。[③]

　　随着信息通信技术的迅速发展,贸易和外汇交易数字化程度不断提高,数字取证将成为获取贸易犯罪证据的重要途径。据统计,韩国海关2022年1月至11月查发的涉及关税、知识产权、外汇和毒品等经济贸易犯罪案件中,通过数字取证获取证据的案件案值占总案值的56%。2022年2月开始,韩国投入39亿韩元,在首尔海关新建了首个数字取证中心。该中心不仅服务于首尔海关,

　　① 上海市人民政府关于印发《上海市落实〈全面对接国际高标准经贸规则推进中国(上海)自由贸易试验区高水平制度型开放总体方案〉的实施方案》的通知,上海市人民政府网,https://www.shanghai.gov.cn/nw12344/20240205/2af907af61cf4977866b7d377baf5d1d.html。

　　② Jae Young Choi, A Survey of Single Window Implementation, WCO Research Paper No. 17, 2011.

　　③ 梁丹虹:《美国单一窗口 ACE/ITDS 的实施及启示》,《海关与经贸研究》2016年第5期。

还将承担全国海关数字取证调查业务工作,将强化数字证据收集和获取能力,继续加强与检察机关、金融情报分析院、专利厅和国税厅等经济犯罪相关部门在数字取证领域的合作,积极应对贸易方面的智能犯罪行为。[①]

第五,建立跨部门的领导机构。无论国家性质和行政体制如何,国际贸易"单一窗口"建设都涉及多个口岸部门,需要一个跨部门领导机构协同推进。从国外实践看,"单一窗口"建设都由跨部门委员会管理,成员来自政府主要部门和企业。新加坡自贸区的政府管理主要是通过 TradeNet 系统这一"公共平台"模式(Auto-mated information Transaction System Model)来实现的,即面向进出口商提供一个统一的信息处理平台,实现贸易申报数据的收集和反馈。TradeNet 系统是一个可供 35 个政府部门共享使用的基于电子数据交换的"单一自动系统",即贸易商通过该系统一次性向不同监管部门提交电子贸易申请,上述部门处理完成后通过该系统以电子确认方式传输给贸易商。这一公共数据平台,可供各个职能部门提取相应信息,避免企业多次申报、政府反复审批等。该系统用统一的格式汇总各部门所需要的全部信息(包括海关要求的数据),以确保部门间的要求统一,减少不必要的重复和拖延。[②]

第三节　中国自贸试验区政府管理创新的主要实践

一、中国自贸试验区政府管理体制架构分析

体制重点强调制度体系内各权力主体之间的结构性安排。作为一种特殊类型的经济区域,自贸试验区具有行政上的依赖性与经济上的独立性,这也决定了其管理体制构成的复杂性与特殊性。[③]自贸试验区作为中国制度创新的试验田,承担着中国政府职能转变和"放管服"改革先行先试的任务,能够根据各个自贸试验区的地理区位、环境特征和经济发展需要,自主创新政府管理体制。

---

①《韩国关税厅新设数字取证中心》,商务部网,http://kr.mofcom.gov.cn/article/jmxw/202212/20221203375191.shtml。

②段丽萍:《新加坡的"单一窗口"》,《中国海关》2006年第5期。

③张幼文:《自贸试验区与开放型经济体制建设》,《学术月刊》2014年第1期。

（一）中国自贸试验区政府管理的基本架构

根据中国22个自贸试验区官网信息以及各个自贸试验区管理条例（或管理办法）的相关规定，可以从中分析中国自贸试验区机构设置的基本架构与职能定位。整体而言，中国自贸试验区政府管理可以分为三个层级，自上而下分别是国家层面的自贸试验区部际联席会议制度、省（市）级领导协调机构和省（市）自贸试验区管理机构、园区层面的自贸试验区管理机构，这些政府管理机制旨在从不同层面推进自贸试验区建设的制度创新和政策创新。

天津市建立了领导小组+自贸试验区管委会"1办1局3片区"的管理架构。成立中国（天津）自由贸易试验区推进工作领导小组，负责领导自贸试验区整体改革工作，研究决定自贸试验区改革的重大事项。设立中国（天津）自由贸易试验区管理委员会，负责研究、协调、推动落实各项改革创新措施。管委会下设办公室，作为管委会的日常办事机构。自贸试验区三个片区所在的天津经济技术开发区管委会、天津港保税区管委会和东疆港保税区管委会，行使对自贸试验区相应片区的管理职能，承担相应管理责任，分别加挂自贸试验区中心商务片区、天津机场片区、天津港东疆片区管理局牌子。两个联动创新区所在的滨海高新区管委会、中新生态城管委会设立专门的自贸工作机构，负责推动本区域内联动创新工作。①图3.3为天津自贸试验区政府管理体制的基本架构。

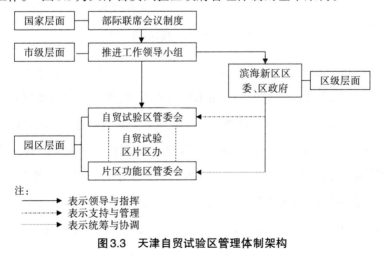

图3.3　天津自贸试验区管理体制架构

①天津自由贸易试验区网，http://www.china-tjftz.gov.cn/channels/16112.html。

浙江自贸试验区在省级层面,建立浙江自贸试验区建设领导小组,下设建设领导小组办公室,其中办公室设在商务厅;在市级层面,浙江自贸试验区管委会与舟山市人民政府、舟山群岛新区管委会合署,实行"一套班子、三块牌子",在管委会下设综合协调局、政策法规局和综合服务中心。①由于浙江自贸试验区管理范围都属于舟山市一个行政辖区的特点,浙江借鉴上海经验,让自贸试验区管委会与舟山人民政府、新区管委会合署,不仅有助于减少跨部门沟通成本,而且借助行政区政府既有职能部门的专业队伍、政府人事任命权和政府财政权来确保专业能力及自贸试验区工作推进中的跨部门协同(见图3.4)。

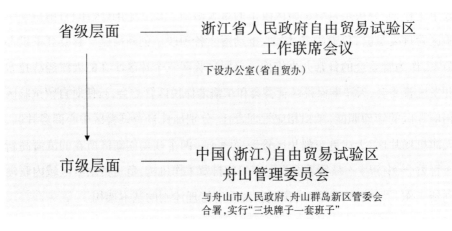

图3.4 浙江自贸试验区组织架构

目前,中国22个自贸试验区都设立了自贸试验区领导小组,作为省(市)级领导协调机构,负责统筹协调自贸试验区建设发展,研究决定自贸试验区的重大事项。省(市)自贸试验区管理机构主要负责宏观管理工作,包括自贸试验区各项改革任务的落实、制度创新和统筹协调等工作;片区管理机构主要负责具体事务的管理和各项具体工作的开展。从广义上看,"领导小组"是一种极富中国特色的组织形式,广泛存在于党政系统内部,"通常由权力层级较高的人物和部门牵头,联合多个部门,集中政治资源,协调和领导跨部门、跨系统或

---

① 刘荣春:《我国自由贸易试验区管理体制研究》,经济管理出版社2019年版,第52页。

跨区域的政治活动"[①]。

在自贸试验区推进工作领导小组办公室设置上,上海设在发展和改革委员会、天津设在商务委员会、广东与福建设在商务厅;领导小组办公室主任,天津由商务委主任担任,广东由省商务厅副厅长担任,福建由省商务厅厅长担任。主要区别在于,天津的领导小组办公室和天津自贸试验区管委会都设在商务委,基本重叠;广东省和福建省政府设立的自贸试验区办公室和领导小组办公室完全重叠,即"一个机构、两块牌子"。[②]除上海自贸试验区和天津自贸试验区是设立统一的管委会进行管理,其他片区各自管理,增加了制度创新的协调难度。[③]

在中国自贸试验区政府管理体制建设中,由于福建自贸试验区的三个片区分散在三个地市,其在政府管理方面的复杂性更加突出,呈现出跨界管理和多层级管理的特征。在省级层面成立了中国(福建)自贸试验区工作领导小组,由福建省委书记出任领导小组组长,领导小组办公室设在省商务厅,负责统筹协调福建自贸试验区建设发展工作,与此同时,设立投资、贸易、金融、法制、市场监管等5个专题组。在片区层面,搭建"两市一区"管委会架构,福州片区、厦门片区管委会作为省政府的派出机构,由福州、厦门人民政府管理,在平潭综合实验区管委会加挂"中国(福建)自由贸易试验区平潭片区管理委员会"牌子,负责统筹平潭片区有关工作。这与上海自贸试验区政府管理体制相比更为复杂,扩区后的上海自贸试验区仍然只设有一个管委会,陆家嘴、世博、金桥、张江和保税区分别设立管理局。这样的机构设置,有助于降低自贸试验区改革中的风险并促进各个片区之间的协调,但是带来的现实问题也非常明显,改革需求的上传层级变多,三个片区之间、三个片区与所在地政府之间、领导小组办公室与专题小组之间的协调难度变大,容易出现条块分割、多头管理的现象。从纵向上看,各个片区管委会作为福建省政府的派出机构,既要对省政府负责,还要

---

① 吴晓林:《"小组政治"研究:内涵、功能与研究展望》,《求实》2009年第3期。

② 刘荣春:《我国自由贸易试验区管理体制研究》,经济管理出版社2019年版,第48页。

③ 胡剑波、任香:《自由贸易港:我国自由贸易试验区深化发展的方向》,《国际经济合作》2019年第3期。

受所在地人民政府和管委会的管理,容易引发结构性冲突,影响自贸试验区的监管成效。从横向上看,福建自贸试验区工作领导小组办公室与5个专题组之间的关系如何理顺、3个片区之间如何进行协调的矛盾更为突出。

(二)中国自贸试验区管理委员会设置模式

自贸试验区功能定位综合化意味着自贸区管理事权复杂,改革试点和制度创新与行政区政府经济社会管理事权高度重叠。自贸试验区功能定位综合化推动自贸试验区政府管理体制逐渐被常规的行政区政府体制或者已有的功能区管理体制"吸纳"。上海、天津自贸试验区管委会分别与浦东新区政府、滨海新区政府合署办公,浙江自贸试验区管委会与舟山市政府、舟山群岛新区管委会合署办公。其他省级人民政府未设立自贸试验区管委会作为派出机构的,普遍实行片区管理委员会与相应区域新区政府、保税区管委会、开发区管委会等专门性管理机构合署办公。①中国自贸试验区的管理委员会可以分成三种模式,见表3.8。

表3.8　中国自由贸易试验区管理委员会设置模式与职能定位

机构设置	职能定位	自贸试验区
开发区式管理委员会	规划计划、宣传交流、统计发布信息;政策制度创新;统筹协调部门、片区事务和试点任务落实等	四川、重庆、湖北、陕西、辽宁、河南、海南、山东、江苏、广西、河北、云南、黑龙江、北京、湖南、安徽、新疆、广东、福建
自贸试验区管委会(与行政区政府合署办公)	规划计划、宣传交流、统计发布信息;政策制度创新;统筹协调部门、片区实务和改革落实;行政管理工作等	上海、浙江
法定机构模式自贸试验区管委会	落实方案与政策措施,政策制度创新;统计发布信息,指导咨询服务等	天津

注:表格中自贸试验区名称简写为其所在省(自治区、直辖市)名称,如"四川"代表中国(四川)自由贸易试验区,下同。

---

① 高恩新:《跨层级事权约束下自贸区政府管理体制调适逻辑——以21个自贸区为例》,《苏州大学学报》2021年第6期。

第一种，开发区式管理委员会，这是绝大多数自贸试验区采用的形式。即在总体方案确定的区域，设立作为上级政府派出组织的自贸试验区管理委员会，行使上级政府委托、下放或者其他方式赋予的职权/职能。

河南、湖北、重庆、四川、陕西、新疆自贸试验区设立自贸试验区推进工作领导小组，并在商务厅下设自贸试验区领导小组办公室。但由于各自贸试验区管理片区相对较为分散，这些自贸试验区没有在领导小组办公室下设自贸试验区管委会，而是在各自管理片区下设立管委会。湖北自贸试验区在武汉、襄阳、宜昌设立管委会，四川自贸试验区在川南、临港设立管委会，河南自贸试验区在郑州、开封、洛阳设立管委会，重庆自贸试验区在两江片区、西永片区、果园港片区设立管委会，陕西自贸试验区在西安国际港务区、中心片区、杨凌示范区设立管委会。因此，这些自贸试验区在组织架构的设立上已经隐含了部门不协同和政策冲突的问题，分散的片区管理带来了内部竞争，加剧了跨部门协同的难度。①

第二种，与政府合署办公的自贸试验区管理委员会，这种类型的自贸试验区规划范围与所在行政区划基本重合，将新设的管理委员会置于原有行政组织架构之上，分别管辖自贸试验区经济与社会事务。比如，上海和天津两地设立自贸试验区时采用管理委员会与当地政府合署办公的模式；浙江自贸试验区管理委员会与舟山市政府、浙江舟山群岛新区管理委员会实行"三块牌子、一套班子"，不单独设立机构。一些自贸试验区管理委员会行政级别较高，如采取"双领导"下的上海自由贸易试验区管理委员会，其主任由上海市副市长兼任，行政级别为副部级。如此定位下，上海自贸试验区管理委员会虽然是政府派出机构，但是地位高于上海市各政府职能部门，与传统政府或者职能部门的派出机构不同。对天津和上海自贸试验区而言，合署办公一般是指两个具有不同编制、职责的党政机构一起办公。然而，自贸试验区管理委员会与浦东新区政府、天津滨海新区政府都不是党委机关，并且部分行政管理职权重合。总体而言，无论是省级层面，还是市级层面，都希望完善自贸试验区合作协调

---

① 刘荣春：《我国自由贸易试验区管理体制研究》，经济管理出版社2019年版，第54～55页。

机制,特别是积极发挥工作领导小组"统筹指导改革试点任务"的作用。①

自贸试验区政府管理体制被吸纳进完整一级行政区政府管理体制或其他专门性经济功能区管理体制,导致自贸区功能定位出现泛化和弱化:一方面,自贸试验区与行政区融合,制度创新纳入全域经济社会治理体系,丧失了功能定位独特性;另一方面,自贸试验区与其他特殊经济功能区管理体制整合,压缩了全方位深化改革和制度创新空间,甚至可能完全被特殊经济功能区"消解"。②

第三种,法定机构模式,这是少数自贸试验区采用的行政管理模式。2019年底,天津市从整个自贸试验区层面进行机构改革,设立专门从事制度创新的法定机构——中国(天津)自由贸易试验区政策与产业创新发展局,围绕创新发展需求,强化顶层设计,专司制度创新,策划产业引导,培育改革试点,推广经验复制。发展局以企业法人身份登记、实行企业化管理、依照法定授权履行相应政府职责。同时,发展局不列入政府部门序列,推行全员聘任和岗位绩效工资体系,制定绩效考核评价办法。这种法定机构模式有别于广东前海管理局和上海陆家嘴金融城管理局的模式,后两者属于自贸试验区片区层面的法定机构。③目前,广东、上海、山东、海南、四川等若干地区开始进行法定机构的创新和建设,如《中国(四川)自由贸易试验区总体方案》明确提出"探索设立法定机构"。各地对于法定机构的定性不同,多数作为事业单位法人,少数作为企业法人进行运营。④

中国对于自贸试验区的管理,首先是出台自贸试验区总体方案,由国务院印发。在此基础上,大多数自贸试验区采取"两步走"的方式,即先制定自贸试验区管理办法,然后制定自贸试验区条例。也有一些自贸试验区采取"一步走"的方式,即直接制定自贸试验区条例,如辽宁、浙江、山东、江苏、广西、海南。其中,自贸试验区管理办法需要由省(直辖市)人民政府常务会议审议通

---

① 许皓、李晓郛:《论自由贸易试验区管理体制的立法冲突与解决进路》,《江汉论坛》2021年第11期。

② 高恩新:《跨层级事权约束下自贸区政府管理体制调适逻辑——以21个自贸区为例》,《苏州大学学报》2021年第6期。

③ 赵宇刚:《上海自贸试验区"一级政府管理体制"改革创新》,《科学发展》2017年第9期。

④ 许皓、李晓郛:《论自由贸易试验区管理体制的立法冲突与解决进路》,《江汉论坛》2021年第11期。

过,自贸试验区条例需要由省(直辖市)人民代表大会常务委员会通过。[①]

表3.9　自贸试验区管理办法与条例制定情况

管理方式		自贸试验区
制定管理办法	先制定办法,后制定条例	上海、广东、福建、天津、河南、湖北、重庆、四川、陕西、河北、新疆
	只制定办法	云南、黑龙江、湖南、海南
	只制定条例	北京、安徽、辽宁、浙江、山东、江苏、广西
制定管理条例	两步制定	上海、广东、福建、天津、河南、湖北、重庆、四川、陕西、河北、新疆
	一步制定	辽宁、浙江、山东、江苏、广西、北京、安徽

2022年3月31日发布的《中国(北京)自由贸易试验区条例》第七条、第八条对北京自贸试验区政府管理体制做了明确规定:

　　第七条　本市设立自贸试验区工作领导小组,统筹协调、整体推进自贸试验区建设发展;自贸试验区工作领导小组办公室负责领导小组的相关工作。

　　片区所在的区设立自贸试验区工作领导小组及办公室,负责本区自贸试验区建设发展的具体工作。

　　第八条　片区所在的区应当明确区域管理机构,承担自贸试验区建设、管理和服务等具体事务。片区所在的区经市人民政府批准,可以设立不以营利为目的、实行企业化管理的法定机构,履行区域管理机构职责。[②]

尽管各自贸试验区的管理体制略有差异,但总体而言,大同小异。自贸试验区设立工作领导小组负责统筹自贸试验区政策、发展规划,研究决定事关自贸试验区发展的重大问题,统筹指导改革试点任务。领导小组广泛存在于党政系统内部,通过发挥顶层领导、协调各方的重要作用,在推进国家治理体系和治理能力现代化进程中占据重要地位。[1]

领导小组通过将领导权威嵌入组织过程,使科层化的权威推动成为领导小组运行的本质特征。[2]这不仅使得横向的组织间协调问题转化为纵向的政治动员问题,也有助于增强政策运行过程中的合法性和有效性。[3]在此基础上,政治精英以"任务发包""责任捆绑""强力考核"等为手段,主动整合职能部门力量,并重新构建组织内部强激励机制,使领导小组机制成为科层治理运动化的实践路径。[4]自贸试验区工作领导小组的办事机构(或工作办公室)设在省(直辖市)人民政府商务主管部门,承担自贸试验区工作领导小组的日常工作,主要履行如下职责:组织实施《总体方案》,协调推进各项试验任务;拟定总体发展规划,指导、督促片区和有关部门完善发展规划并落实阶段性改革任务;协调研究和解决自贸试验区改革创新中的难点和问题;发布自贸试验区相关公共信息,开展对外宣传、联络和交流;总结评估自贸试验区形成的改革创新经验,提出可复制可推广的创新成果建议。[5]领导小组突破了传统科层结构的束缚,实现了政府系统内部的再造与融合。其主要通过两方面来实现:一是压缩结构层级和减少管理幅度,打造更为扁平化的组织结构,形成更为紧密的组织形态;二是克服专业分工的局限,围绕专项任务重新划定各个部门的职责边界,根据任务发展作出弹性调整,实现组织再分工。[6]

自贸试验区各片区设立片区管理机构,负责片区具体事务,在业务上接受省级自贸试验区工作办公室的指导,承担其交办的任务。主要履行职责包括:

① 鹿斌:《重大突发事件中领导小组的运行机制分析:基于跨部门协同视角》,《福建论坛(人文社会科学版)》2022年第7期。

② 原超:《"领导小组机制":科层治理运动化的实践渠道》,《甘肃行政学院学报》2017年第5期。

③ 刘军强、谢延会:《非常规任务、官员注意力与中国地方议事协调小组治理机制——基于A省A市的研究(2002～2012)》,《政治学研究》2015年第5期。

④ 徐明强、许汉泽:《运动其外与常规其内:"指挥部"和基层政府的攻坚治理模式》,《公共管理学报》2019年第2期。

⑤ 蒲明:《中国自由贸易试验区建设研究》,中国财政经济出版社2021年版,第68页。

⑥ 鹿斌:《重大突发事件中领导小组的运行机制分析:基于跨部门协同视角》,《福建论坛(人文社会科学版)》2022年第7期。

组织落实片区各项试验任务；组织实施片区发展规划，统筹片区产业布局和重大项目引进与建设；制定实施片区行政管理制度，组织开展片区内行政许可、行政处罚、公共服务等行政事务；组织实施片区综合监管工作；协调有关部门在片区内的行政工作；做好信息管理、发布工作，为社会提供咨询和服务。

对于设在各省的自贸试验区，省人民政府、自贸试验区片区所在地市人民政府及其有关部门根据改革创新发展需要，依照国家规定向其下放经济社会管理权限。自贸试验区片区管理机构、工作机构依据授权或者委托，行使自贸试验区改革发展需要的其他权限。对于设在直辖市的自贸试验区，市人民政府及其有关部门应根据改革创新需要，依法向其下放市级经济管理权限和市人民政府确定的其他管理权限。

中国各个自贸试验区大都通过建立议事协调机构、"领导小组"等结构性机制推动自贸试验区跨部门协同机制建设，但是面对自贸试验区相关的跨界性公共事务，各级政府部门之间开展跨部门协同治理依然面临许多问题和困境。从自贸试验区管理机制看，目前仍有很多自贸试验区的管理架构及管理模式没有理顺，存在多头管理和行政级别束缚的情况。需要在自贸试验区管理机制方面形成强有力的统一领导，减少多头管理的现象，以防止制度创新因涉及不同利益部门而面临较大阻碍；还要减少行政级别的束缚，包括行政级别错配、行政级别降级及不设或弱化行政级别等，需要充分考虑各管理部门行政级别的配置，以减少行政级别对自贸试验区深层次制度创新的束缚。[①]

二、上海自贸试验区的政府管理体制：宏观层面的政府主导型与微观层面的政企分开型

从上海自贸试验区的设立过程看，其最初是由上海市政府首先提出，而后经国务院批准而正式设立的，对自贸试验区的具体管理和开发在很大程度上都是由上海市政府来完成的。地方政府对自贸试验区的管理是自贸试验区整体管理的重要组成部分。上海自贸试验区的地方管理体制由自贸试验区所在

---

① 赵忠秀、胡旭东、刘鲁浩：《我国自贸试验区建设中的地方特色特征研究》，《国际贸易》2021年第1期。

的地方政府和自贸试验区内部的职能部门管理机构两部分组成。因此,从类型上看,上海自贸试验区的地方管理体制属于政府主导型,管委会作为地方政府在上海自贸试验区的行政机构,对自贸试验区进行全面的行政管理和发展的宏观管理。而自贸试验区的经营活动由相关开发公司承担;开发公司具体从事区内的土地开发、基础设施建设及厂房建设等经营活动。上海自贸试验区在经营上实行企业化的经营体制,这是行政管理和企业化经营相结合的模式,属于政企分开型。

中国自贸试验区的最高管理权集中在中央人民政府,自贸试验区的设立必须经过国务院的批准。而对自贸试验区的宏观管理则由国务院相关职能部门和直属部门分别负责,海关总署、国家外汇管理局、国家税务总局、中国人民银行、商务部和财政部等部门根据其职能、权限,分别对自贸试验区相关范围内的问题进行管理。由此可见,中国自贸试验区在中央决策层面采用的是共同管理型体制,即由国务院领导的多个部门共同行使宏观决策、设区审批、监督管理、政策法规制定等职权。国务院相关部门或者对自贸试验区进行直接监管,或者通过地方政府的相关职能部门进行管理,或者通过总体性方针、政策的制定等方式对自贸试验区发展进行宏观协调和指导,如中国人民银行2013年12月2日发布的《中国人民银行关于金融支持中国(上海)自由贸易区试验区建设的意见》和财政部、国家税务总局2013年12月4日发布的《财政部国家税务总局关于中国(上海)自由贸易试验区内企业以非货币性资产对外投资等资产重组行为有关企业所得税政策问题的通知》等指导意见或通知。因此,管理自贸试验区的中央机关也可分为政策指导型的行政机关和直接监督或管理的行政机关两类。

三、上海自贸试验区政府管理创新、建设成效与存在的问题

(一)上海自贸试验区政府管理创新的主要表现

上海自贸试验区政府管理体制具有适应性演变的特征,通过不断改革和创新使自身更适应自贸试验区的发展。当然,适应性不仅仅是完全的自发性,实际上是在四级压力下的一种自我变革。这四级压力分别来自中央政府、上海市政府、浦东新区政府(自贸试验区管委会)、自贸试验区内各类主体的自我

压力。上海自贸试验区的现行管理模式存在诸多创新,主要体现在以下四个方面:

第一,从"正面清单"向"负面清单"转型的管理模式。根据国际惯例与规则,上海自贸试验区对于投资管理实行"负面清单"管理模式。此种模式乃是秉持"法不禁止即自由"的法理。上海自贸试验区只对"负面清单"中的项目采取特别管理措施,对负面清单之外的外商投资项目,则一律将核准制改为备案制(国务院规定对国内投资项目保留核准的除外);将外商投资企业合同章程的审批改为备案管理。审批制改为备案制不仅简化了投资的手续,进一步开放了可投资的领域,而且逐步减少和下放了外商投资核准事项,促进企业和个人的投资自主决策,从而大大提高了投资的便利化。

第二,从"事前监管"向"事中事后监管"转型的管理模式,积极引进各国先进的监管手段和监管工具。中国政府在从事经济管理活动中,一直都存在着所谓"重审批、轻监管"的现象。"重审批"容易产生市场准入的障碍,"轻监管"又可能造成政府监管的缺位。上海自贸试验区实行"事中事后"的管理模式,从"重审批、轻监管"转为"宽准入、严监管"是其转变政府职能,创新政府管理模式的重大举措。以投资准入管理为例,自贸试验区取消了审批制,降低了投资准入门槛。取消和减少事前审批并不意味着自贸试验区政府无所作为,而是要求政府更有作为,只是其作为的环节、方式等发生了转换。

第三,从"多头管理"到"一口受理"的政府服务模式。在政府服务方面,上海自贸试验区实行"一门式"服务,推行"一口受理"原则。综合服务大厅设有工商"一口受理"、管委会其他部门对外业务、职能部门办理、贸易便利化专线4个服务功能板块,共设36个办事窗口,受理投资管理、海关、检验检疫、公安、外汇、管委会综合业务、外贸经营者备案、自动进口许可证、进口机电产品申请等12项主要业务。上海自贸试验区还积极发展国际中转、集拼和分拨业务,简化自贸试验区内货物流转的手续,按照"集中申报、自行运输"的方式,推进自贸试验区内企业之间的货物流转;通过完善信息网络平台,推进部门间的协同管理,实现高效便捷的服务,促进投资和贸易的便利化。

第四,以国际贸易"单一窗口"建设为契机,打破职能边界,推动跨部门政务协同和跨部门协同监管。2014年6月18日,上海国际贸易"单一窗口"正式上线运行,收单业务通过"单一窗口"完成一般贸易进口货物的申报手续。作为把贸易、运输、加工、仓储等业务整合起来的跨部门综合管理服务平台,国际贸易"单一窗口"有助于推动监管部门信息互换、监管互认、执法互助,实现各部门在一个平台上提供高效便捷的服务。2015年4月,国务院出台《关于改进口岸工作 支持外贸发展的若干意见》,要求按照2015年底在沿海口岸、2017年在全国所有口岸建成"单一窗口"的目标,加快推广上海自贸试验区"单一窗口"建设试点经验。

(二)上海自贸试验区建设成效分析

上海自贸试验区挂牌成立至今,按照"可复制、可推广"的要求,大胆闯、大胆试、自主改,在实践中探索形成了一批具有好的效能、可复制可推广的改革成果,发挥改革试验田作用,在政府治理体系、国际投资管理、贸易自由化便利化、金融领域开放和监管等方面进行制度创新,构建了基本成熟定型的系统集成体系,主要体现在以下四个方面:

第一,加快政府职能转变,积极探索与国际高标准投资贸易规则体系相适应的政府治理体系。上海自贸试验区成立以来,聚焦政府职能转变,大力推动政府"放管服"改革,逐步打造形成提升政府治理能力的先行区。"证照分离"改革深入推进,2016年4月起,上海自贸试验区对第一批116项行政许可事项按照取消审批、审批改备案等方式开展改革试点,目前试点经验在全国其他自贸试验区和近400个国家级开发区复制推广。2018年1月31日,国务院批复同意《上海市进一步推进"证照分离"改革试点工作方案》,在浦东新区开展新一批商事制度、医疗、交通运输等10个领域47项许可事项改革试点。目前47项许可事项已基本实施到位。加强事中事后监管体系建设,已实现21家监管部门全覆盖,108个监管行业、领域全覆盖。社会信用体系建设不断深化,目前上海自贸试验区通过绿色低风险、黄色中风险、红色高风险这三种"信用画像",即可直观评价30万家企业。

第二,推进贸易监管制度创新,贸易便利化水平显著提高。创新"一线放开、二线安全高效管住"的监管制度,海关等口岸监管部门在自贸试验区推出

"先进区、后报关报检""批次进出、集中申报""采信第三方检验结果""十检十放"等近百项创新举措,通关效率显著提高。推进集装箱设备交接单全面电子化,每年可为企业降低单证成本4亿元。实施货物状态分类监管,对保税货物、非保税货物、口岸货物实现同仓存储、分类监管、同步运作,适应了一般贸易、加工贸易、转口贸易相混合及内外贸一体化要求。上海自贸试验区保税片区进出境时间较全关水平缩短78.5%和31.7%,物流成本平均降低10%,进出口通关无纸化率达95.55%。同时,上海自贸试验区率先试点了国内第一个国际贸易"单一窗口"。1.0版、2.0版和3.0版先后建成上线,功能模块增加到9个,覆盖23个贸易监管部门,实现了与标准版国际贸易"单一窗口"全面融合对接。口岸货物申报和船舶申报100%通过"单一窗口"办理,服务企业超过27万家,企业申报数据项在船舶申报环节缩减65%,在货物申报环节缩减24%,累计为企业节省成本超过20亿。[①]

第三,完善以负面清单管理为核心的投资管理制度,总部经济实现快速发展。上海自贸试验区成立以来,率先建立了准入前国民待遇加负面清单的外商投资管理制度。2013年挂牌当天,上海自贸试验区发布了中国首份外商投资准入负面清单,经四次修订,2018版负面清单已由2013版的190条大幅减少到45条。2017年6月28日,中国(上海)自由贸易试验区管委会和上海市金融服务办公室联合发布《中国(上海)自贸试验区金融服务业对外开放负面清单指引(2017年版)》,这是国内首创的金融服务业对外开放负面清单管理模式试点,是对标国际高标准经贸规则,推进金融服务业开放创新的重要举措。负面清单的推出,大幅度放宽了市场准入,从而吸引企业不断投资集聚。2022年,在上海自贸试验区的带动下,浦东新区外商投资实到金额达到110.6亿美元,同比增长3.33%。临港新片区实到外资从2021年的12.6亿美元增长到2022年的21亿美元,占全市比重从5.5%提高到9%。

第四,加大金融创新开放力度,金融市场体系日益完备。作为全国首个自贸试验区,自由贸易账户的设立是上海自贸试验区金融开放创新的一大创举。

---

① 数据来源:浦东新区发展改革委。

以此为基础,上海建立了资本项目可兑换、利率全面市场化、金融市场开放、人民币国际化等核心领域金融改革的制度安排和操作路径。截至 2018 年 6 月底,56 家商业银行、财务公司和证券公司等金融机构直接接入自由贸易账户体系,自由贸易账户已开立 7.2 万个,通过自由贸易账户获得本外币境外融资总额折合人民币超过 1.25 万亿元。同时,跨境贸易人民币结算、个人本外币兑换、证券沪港通、债券通、熊猫债、上海关键收益率(SKY)、原油期货等金融改革试点相继落地,2018 年 3 月份上线的原油期货成交额已达到全球第三。目前,浦东新区持牌类金融机构达到 1018 家,占全市近 2/3,外资法人银行、外资保险法人公司、航运保险运营中心数量全国第一,资本市场、期货市场等规模保持全球前列。2018 年 6 月 21 日,《中国(上海)自由贸易试验区关于扩大金融服务业对外开放,进一步形成开发开放新优势的意见》出台,意见涉及吸引外资金融机构集聚、便利外资金融机构落户、支持境外创新企业发行中国存托凭证(CDR)等 25 条举措。作为扩大金融开放的“试验田”,上海自贸试验区对外开放又迈出一大步。

(三)上海自贸试验区政府管理存在的主要问题

自贸试验区制度创新特色在于重新配置政府职能,让市场主体和公民获得更自由的经济和贸易权利。[1]以“负面清单”为核心的投资自由化和贸易便利化是自贸试验区制度创新的关键,其前提就是限制政府权力,使政府行为在法律框架下运行。[2]但是,政府职能转变和放权改革的实质是利益调整、利益重组、利益博弈过程,制度创新受制于既有利益结构约束,往往难以实现预期目标。[3]

从多数自贸试验区总体方案的内容排序上看,“加快政府职能转变/深化行政管理体制改革”这项任务一直排在自贸试验区“主要任务和措施”的首位,置

---

① 王浦劬:《自贸区建设的出发点与政府职能转变》,《深圳大学学报(人文社会科学版)》2015 年第 6 期。

② 黄玖立、周璇:《定制化与地方保护主义:经验证据及对自贸区建设的启示》,《管理世界》2018 年第 12 期。

③ 陶庆:《“问题倒逼”与政府职能转变——以上海自贸区建设的若干困境为例》,《经济体制改革》2015 年第 6 期。

于"深化投资领域改革""推动贸易转型升级""深化金融领域开放创新"等经济建设任务的前面。①也就是说，自贸试验区建设不仅要在构建与国际投资贸易规则相适应的高水平开放体制上取得重大突破，而且要为国家治理体系和治理能力现代化提供相对完整的政府管理样本。虽然上海自贸试验区政府管理取得诸多成就，但也存在一些问题，表现为：

第一，自贸试验区政策创新受制于现有法律体制障碍，跨部门协同机制亟待建立。受种种体制机制因素及本位主义、保守主义等观念的影响，公共部门形成了不善于跨部门协同的惯性。②与美国等发达国家通行的由国家立法机关制定自由贸易园区基本法，"先立法、后设区"惯例不同，目前中国自贸试验区建设依据基本上依靠《自贸试验区总体方案》《管理办法》《自贸试验区条例》，这些均不属于效力位阶层级较高的法律性文件，自贸试验区低位阶法规导致立法的权威性弱，宏观、微观管理体制协同性差，自贸试验区政策创新与监管制度常常受到现有法律或行政法规的约束，进而产生法律适用冲突问题。2013年至今，中国通过授权立法暂停实施了一系列与自贸试验区改革不相适应的法律或行政法规，但是一些基本法是由全国人大立法制定的，作为其常设机构的全国人大常委会和中央政府国务院也没有权利对这部分法律内容进行任意授权。

试验性授权立法制度主要体现在《中华人民共和国立法法》第十三条的规定，即"全国人民代表大会及其常务委员会可以根据改革发展的需要，决定就行政管理等领域的特定事项授权在一定期限内在部分地方暂时调整或者暂时停止适用法律的部分规定"。规定国家权力机关可以对法律适用进行暂时调整或暂时停止的条款，是2015年《中华人民共和国立法法》修改的一个创新，是对法律适用中所遇问题的较为灵活的处理方式。这一创新体现了立法者更加务实的态度，可以有效解决法律废改立周期较长与部分地方发展迫切需要的

---

① 贺小勇：《率先建立与国际运行规则相衔接的上海自贸试验区制度体系》，《科学发展》2020年第3期。

② 周志忍、蒋敏娟：《中国政府跨部门协同机制探析——一个叙事与诊断框架》，《公共行政评论》2013年第1期。

现实矛盾,也为自贸试验区发展解决法律上的瓶颈问题提供了便利。①从实践看,主要是授权国务院实施此项试验性立法。自上海自贸试验区设立后,暂时调整与暂停适用部分法律的实践便已开始,全国人大及其常委会先后多次做出过此类决定。例如,全国人大常委会于2013年8月30日做出《关于授权国务院在中国(上海)自由贸易试验区暂时调整有关法律规定的行政审批的决定》,授权国务院在上海市外高桥保税区、外高桥保税物流园区、洋山保税港区和上海浦东机场综合保税区基础上设立的中国(上海)自由贸易试验区内,对国家规定实施准入特别管理措施之外的外商投资,暂时调整《中华人民共和国外资企业法》《中华人民共和国中外合资经营企业法》和《中华人民共和国中外合作经营企业法》规定的有关行政审批。此外,还有2014年12月28日做出《关于授权国务院在中国(广东)自由贸易试验区、中国(天津)自由贸易试验区、中国(福建)自由贸易试验区及中国(上海)自由贸易试验区扩展区域暂时调整有关法律规定的行政审批的决定》;②2019年10月26日做出《关于授权国务院在自由贸易试验区暂时调整适用有关法律规定的决定》;③2020年4月30日做出《全国人大常委会授权国务院在中国(海南)自由贸易试验区暂时调整适用有关法

---

① 王敬文、王春业:《我国自由贸易试验区扩容背景下授权地方立方制度构建》,《浙江大学学报(人文社会科学版)》2022年第9期。

② 暂时调整《中华人民共和国外资企业法》《中华人民共和国中外合资经营企业法》《中华人民共和国中外合作经营企业法》和《中华人民共和国台湾同胞投资保护法》规定的有关行政审批。

③ 暂时调整适用《中华人民共和国对外贸易法》《中华人民共和国道路交通安全法》《中华人民共和国消防法》《中华人民共和国食品安全法》《中华人民共和国海关法》《中华人民共和国种子法》的有关规定。

律规定》。①国务院也先后做出过五次这样的决定②，随之而来的是国务院相关部委的具体规定。

与此同时，在管理体制上，自贸试验区担负着体制机制改革和制度创新的使命，自贸试验区管委会至今仍属于本地政府的临时性派出机构，其法律性质和地位依然模糊，本身没有行政权力，导致自贸试验区在形成配套政策时存在较大障碍。自贸试验区管委会主要负责自贸试验区范围内相关改革试点任务，是一个协调机构，没有行政权力，这将导致实质性改革创新难以推进、制度创新流于形式等问题。③如何做到"不破行政隶属，却能打破行政边界"，法定机构是一个值得考虑的选项。④

第二，自贸试验区制度政策创新以政府为主导，尚未形成多方主体共同参与、协同推进的模式，政府管理中跨部门协同机制缺乏，单一部门的创新无法实现部门协同效应。自设立以来，上海自贸试验区管理和协调方面遭遇到诸多体制和机制问题，这些突出的问题包括条块化的纵向协调费时费力、效率不高，政策零碎化程度严重，定期例会式的横向协调周期较长、反应较慢，不能顺应自贸试验区瞬息万变的实际需求，企业"能进不能干"现象背后的信息及时沟通和民众预期管理等亟待加强。自贸试验区的制度创新多由行政管理部门主导，企业作为创新活动的主体地位和能动作用并未充分显现。为此，应在深

---

① 暂时调整适用《中华人民共和国土地管理法》第三十五条、第四十六条，《中华人民共和国种子法》第三十一条，《中华人民共和国海商法》第四条的有关规定。

② 分别是：2013年12月21日，《国务院关于在中国（上海）自由贸易试验区内暂时调整有关行政法规和国务院文件规定的行政审批或者准入特别管理措施的决定》，适用广东、天津、福建自由贸易试验区；2014年9月4日，《国务院关于在中国（上海）自由贸易试验区内暂时调整实施有关行政法规和经国务院批准的部门规章规定的准入特别管理措施的决定》，适用上海自由贸易试验区；2016年7月1日，《国务院关于在自由贸易试验区暂时调整有关行政法规、国务院文件和经国务院批准的部门规章规定的决定》，适用广东、天津、福建自由贸易试验区；2017年12月25日，《国务院关于在自由贸易试验区暂时调整有关行政法规、国务院文件和经国务院批准的部门规章规定的决定》，适用上海、广东、天津、福建、辽宁、浙江、河南、湖北、重庆、四川、陕西自由贸易试验区；2020年6月18日，《国务院关于在中国（海南）自由贸易试验区暂时调整实施有关行政法规规定的通知》，适用于海南自由贸易试验区。

③ 赵家章、丁国宁、苏二豆：《中国自由贸易试验区建设的理论逻辑与高质量发展实现路径》，《经济学家》2022年第7期。

④ 许皓、李晓郛：《论自由贸易试验区管理体制的立法冲突与解决进路》，《江汉论坛》2021年第11期。

化改革过程中着力构建充分发挥企业创新主体作用的机制和环境。《2020年中国贸易便利化年度报告》提到海关要避免"一厢情愿"的改革,商界强烈期望海关降低实施便利化措施的强制性,增加商界的可选择性,避免海关内部考核测评因素影响到企业的正当权利。[1]

第三,自贸试验区政策创新的整合效率亟待提升,海关监管制度创新需要与其他部门之间的协同。目前,自贸试验区贸易监管制度创新的各个子系统之间缺乏密切合作、整合效率低,内部各条线的改革存在碎片化,外部各部门的改革之间存在跨部门政策协同失灵的困境。比如,海关特殊监管区域内企业的申报通道与非申报通道、加工货物的状态分类监管、选择性征税等与税收政策密切相关的业务改革问题,因涉及诸多部委,迟迟难以推进。

第四,自贸试验区法治改革的系统性和协同性不足,自贸试验区政策创新缺少法律的支持。自贸试验区改革的试验性与突破性决定了法治与改革之间的内在张力。在改革的启动与推进中,如何协调处理法治与改革的关系是决定自贸试验区改革成败的关键。[2]中央多次强调凡属重大改革都要于法有据。自贸试验区改革的重要特征在于先行先试,但是缺乏相应的制度保障和规则支撑。重大改革不能没有任何限制,但现实情况却是对重大改革的制约往往只能存在于"台面之下",靠一些约定俗成的管理予以规制。为此,有学者建议应尽快出台《改革试验法》,这不仅有助于为改革提供依据,还有助于为改革划定范围,防止随意性、不确定性改革。[3]自贸试验区的发展对法治协同提出了迫切需求。

第五,当前自贸试验区出台的改革措施同质化、重复化、浅层化现象较为严重,大部分集中于通关便利化、海关监管改革和各种形式的备案制等简化政府审批流程改革等方面,具有地方特色和典型意义的改革措施较少,与自贸试

---

① 北京睿库贸易安全及便利化研究中心:《2020年中国贸易便利化年度报告》,摘要第19页。

② 魏昌东、张涛:《促进改革与法治协同发展——〈改革试验法〉立法建议》,《中国社会科学报》2018年12月26日。

③ 魏昌东、张涛:《促进改革与法治协同发展——〈改革试验法〉立法建议》,《中国社会科学报》2018年12月26日。

验区"制度创新高地"的定位有一定差距,自贸试验区改革创新自主权不够。造成自贸试验区改革创新自主权不足的主要原因包括:一是中央政府放权不足,自贸试验区的改革创新审批权限大都集中于中央部委,地方自主创新空间有限;二是自贸试验区管理体制机制不畅,存在多头管理、政出多门现象。[1]自贸试验区服务能力有待进一步提升。从实践效果来看,管委会和政府机构分离型的管理模式本身缺乏改革权与自主权,只是发挥协调政府部门作用,运行效率低下,在制度创新、服务企业与扩大开放层面难以产生突破性成果。[2]

---

[1] 蒲明:《中国自由贸易试验区建设研究》,中国财政经济出版社2021年版,第137页。

[2] 赵家章、丁国宁、苏二豆:《中国自由贸易试验区建设的理论逻辑与高质量发展实现路径》,《经济学家》2022年第7期。

第四章 结构性机制与自贸试验区
跨部门政策协同

结构性机制是自贸试验区为实现跨部门协同而设计的纵向和横向的组织结构安排以及跨公共领域和私人领域的公私合作伙伴关系。从跨部门协同的主体看,以上海自贸试验区为例,主要存在三种关系:一是自贸试验区纵向权力关系,如浦东新区政府与中央政府及上海市政府在信息共享、行政审批、事后监管等方面的协同机制;二是自贸试验区横向权力关系,自贸试验区管委会与浦东新区政府及其他地方政府之间的协同机制;三是参与自贸试验区管理的政府部门与非政府部门之间的各种协作关系。因此,可以将结构性机制相应归纳为科层化协同(纵向协同)、网络化协同(横向协同)和跨公私领域协同(内外协同)三种类型。

第一节 中国自贸试验区的跨部门政策协同问题

一、政策协同的概念与自贸试验区跨部门政策协同

(一)政策协调与政策协同的界定

古典行政理论认为,国家行政活动的专业化、水平化和垂直化的趋势导致政策协调和整合的需求增加,同时,国家政治权力下放、全球化框架内的国际合作增加等,带来了公共政策协同以实现公共行政目标的问题。[①]

基于国家治理的现实境遇,经合组织先后从"两个层次""三个维度"提出了政策协同理论:"两个层次"即政策协调与政策整合,[②]"三个维度"即横向整合、纵向整合和时间整合。其中,横向整合与时间整合主要侧重政策之间的相

[①] Musa A. and Petak Z., "Coordination for policy in transition countries: Case of Croatia," *International Public Administration Review*, Vol. 13, No. 3, 2015, pp. 117–159.

[②] 周志忍,蒋敏娟:《整体政府下的政策协同:理论与发达国家的当代实践》,《国家行政学院学报》2010年第6期。

互支持以及前后的连贯性,纵向整合则关注政策产出能否实现决策者的初始意图。横向整合与时间整合主要突出的是政策调整集成与前瞻性安排,主要在于政策制定的属性特征,而纵向整合强调政策期望向政策效果转变的过程,具有政策执行的属性特征。[①]梅吉尔斯和斯特德认为,跨区域、跨层级、跨部门的公共政策面临着统合度、依存度、规范度、自主度、可及度、兼容度及资源需求度等多因素的影响,如果按不同部门间这些影响因素的强弱来区分,跨界政策协同至少可以分为三个层次:一是最低层级的"政策合作"(policy cooperation),追求高效的部门政策(sectoral policies)合作;二是中间层级的"政策协调"(policy coordination),寻求政策执行中最有效的协调方式;三是最高层级的"政策整合"(integrated policy-making),在政策合作和政策协调的基础上打造一体化政策体系,既是对政策合作经验的吸纳,也是对政策协调方式的规范。[②]约翰·本认为,政策协调是为防止政策之间的冲突和抵触,两种以上的政策相互融合演进,形成共同政策目标的过程。[③]

梅吉尔斯等人将政策协调界定为"在政策执行过程中对跨界性问题的管理",这些问题超越现有政策领域的边界和单个部门的职责范围,需要多元主体间的协同。[④]尼娜·海普伦(Nina P. Halpern)认为政策协调具有双重内涵:一是不同部门政策制定过程中的协调,二是不同对策建议融合为一项共识。[⑤]盖

①　陈冠宇、王佃利:《迈向协同:跨界公共治理的政策执行过程——基于长江流域生态治理的考察》,《河南师范大学学报(哲学社会科学版)》2023年第1期。

②　E. Meijers and D. Steda, "Policy Integration: What Does It Mean and How Can It be Achieved? A Multi-disciplinary Review", in German Political Science Ass, (eds.), *Berlin Conference on the Human Dimensions of Global Environmental Change: Greening of Policies- Interlinkages and Policy Integration*, Berlin: FU Berlin Publisher, 2004, pp. 1-15.

③　John P. Burns, "Horizontal Government: Policy Coordination in China", paper prepared for the International Conference on Governance in Asia: Culture, Ethics, Institutional Reform and Policy Change, City University of HongKong, HongKong, 2002, pp. 1-2.

④　周志忍、蒋敏娟:《整体政府下的政策协同:理论与发达国家的当代实践》,《国家行政学院学报》2010年第6期。

⑤　Nina P. Halpern, "Information Flows and Policy Coordination in the Chinese Bureaucracy", in Kenneth G. Lieberthal and David M. Lampton eds., *Bureaucracy, Politics, and Decision Making in Post-Mao China*, Berkeley, CA: University of California Press, 1992, pp. 125-134.

伊·彼得斯认为政策协调实践可以划分为两种：一是目标选择和政策制定中的协调，二是规划执行中的协调。①政策制定阶段的协调是指从政策层面产生清晰、一致且具有广泛共识的政策与施政优先项目，将各方不同的需求聚集在一起并朝着同一方向发展的协调。

政策协同本质上是通过塑造协同价值、建立协同目标、打造协同机构和选择协同工具等策略，推动由政策整合、政策协调和政策合作三个层级组成的协同过程有效运转。②因此，政策协同本质上是政策整合的结果。从过程视角而言，政策协同是指两个或更多组织之间的联合进程，处理制定新规则或使用现有决策规则的相似任务；公共政策协同也可以被定义为"不同组织成员定义任务、分配职责和共享信息的过程，以便他们选择解决公共问题的政策和计划时更有效"③。从状态视角而言，协同是一种试图产生一致的政府政策，并实现一个最大限度地减少不同政府组织（主要部委）在方案、提议或立法之间产生冲突的状态。④

综合上述学者的观点可以发现，政策协同的核心在于通过多个嵌套层次间的协作，推动跨部门关系发展，将外部问题内部化。政策协同具有三个基本特征：一是政策协同是通过多元主体之间的协商互动形成的。维尔（A.J. Veal）提出在制定政策时，公共部门和私营部门应在同一个管理框架下，"将包括政治、规划在内的多种不同过程纳为一个整体"⑤。二是政策协同是一个完整的政策分析过程，贯穿政策制定、政策执行和政策评估的全过程。⑥在政策协同过程中，政府部门通过"互相对话"对政策进行规划，以实现各项政策间的

---

① Guy Peters, *Managing Horizontal Government: The Politics of Coordination*, Canadian Centre for Management Development, 1998.

② 黄科：《动态视域下的区域政策协同：理论建构与实践路径》，《学海》2022年第6期。

③ Guillermo M. Cejudo and Cynthia L. Michel, "Addressing fragmented government action: Coordination, coherence, and integration", *Policy Sciences*, Vol. 50, No. 4, 2017, pp. 745-767.

④ Hustedt T., Tiessen J., *Central government coordination in Denmark, Germany and Sweden: An institutional policy perspective*, Universitätsverlag Potsdam, 2006, pp. 2-9.

⑤ [澳]维尔：《休闲和旅游供给：政策与规划》，李天元、徐虹译，中国旅游出版社2010年版。

⑥ 曾维和：《后新公告管理时代的跨部门协同——评希克斯的整体政府理论》《社会科学》2012年第5期。

冲突最小化和协同最大化。[①]三是政策协同是确保政策目标实现的关键要素，其目的是减少政策冲突，实现政策的一致性。根据协同的结果，政策协同可以分为正向和负向协同。正向协同描述了对协同效应的主动搜索和共同福利的追求，这些福利优于各自的行动，正向协同的结果是实现政策一致性；负向协同是指在不积极地产生协同作用的情况下仅仅避免矛盾行动和冗余，负向协同并不旨在实现政策一致性，但它确实尝试避免其他区域或部门利益的单方面行动。[②]

（二）自贸试验区跨部门政策协同的内涵

由于中国参与政策制定的主体较多，不仅包括官方参与者，还包括非官方参与者，各类不同的政策制定主体之间关系相对独立，尤其是在政府管理体制机制改革时期，政策制定的协同机制尚不健全，政策之间相互抵触、彼此冲突的现象时有发生，因此政策协同显得尤为重要。[③]有学者甚至认为，在当代政府治理中，政策协同是国家"政策结构和政策关系安排的基本目标"[④]。根据中国自贸试验区跨部门政策协同的具体实践，政策协同可分为三个层面：

第一，宏观层面，自贸试验区跨部门政策协同的目标是确保具体政策与国家战略一致，政策协同的主要产品之一是制定具体领域政策的依据或者指南。[⑤]宏观层面的跨部门政策协同关注的重点不是具体政策间的内在一致性，而是政府的总体战略；跨部门政策协同的结果是为各个具体领域的政策创新提供依据或者指南。为推进上海自贸试验区筹备工作，商务部和上海市成立了联合工作小组，会同国家发展改革委、财政部、中国人民银行、海关总署等部

---

① Hilker LM. A., Comparative Analysis of Institutional Mechanisms to Promote Policy Coherence for Development, OECD Policy Workshop, 2004.

② David Kaufmann, Fritz Sager, "How to organize secondary capital city regions: Institutional drivers of locational policy coordination", *Governance*, Vol. 32, No. 1, 2019, pp. 63-81.

③ 丁煌：《政策制定的科学性与政策执行的有效性》，《行政学研究》2002年第1期。

④ 朱光喜：《政策协同：功能、类型与途径——基于文献的分析》，《广东行政学院学报》2015年第4期。

⑤ 关于政策协同，参见蔚超：《政策协同的内涵、特点与实现条件》，《理论导刊》2016年第1期；蔚超：《政策协同的纵向阻力与推进策略》，《云南行政学院学报》2016年第1期；朱光喜：《政策协同：功能、类型与途径——基于文献的分析》，《广东行政学院学报》2015年第4期；周志忍、蒋敏娟：《整体政府下的政策协同：理论与发达国家的当代实践》，《国家行政学院学报》2010年第6期。

门,经过深入研究、充分论证,拟定《总体方案》。2013年9月27日,国务院公布了《总体方案》。《总体方案》的产生过程就是一个宏观层面的政策协同过程。

加快实施自由贸易区战略,是中国新一轮对外开放的重要内容,是以对外开放的主动赢得经济发展的主动和国际竞争的主动的国家顶层战略。自由贸易区战略要逐步构筑起立足周边、辐射"一带一路"、面向全球的自由贸易区网络。通过与国家战略的对接,可以获取国家重大举措的先行先试、部委纵向的持续支持、自贸试验区政府管理相关部门的积极参与和政策支持。此外,在地方层面,上海自贸试验区要统筹考虑与"四个中心"、科创中心建设联动,与浦东自主创新示范区建设联动。其中,这些国家战略之间的协调和对接,都不可避免地涉及跨部门政策协同问题。

第二,在自贸试验区的政府管理中,中观层面的跨部门政策协同关注的焦点有两个,一是跨界性突出的政策议题领域,如贸易监管、事中事后监管等;二是跨越现有政策领域的议题,如自贸试验区信息公开、信息共享、综合执法、联合监管。中观层面的政策协同关注的是各个具体政策之间的内在一致性和整合性。不同政策要素之间的有效跨界合作能够避免政策之间的冲突与效能抵消造成政策执行整体效能的降低,从而降低政策失灵的概率、提升政策的公共价值。①因此,跨部门政策协同的产物或者是相关政策领域的决策机制和运行机制,或者是相关议题领域的具体政策实施方案。

自贸试验区建设体现出中央事权配置与地方创新的突破。从地域上看,上海自贸试验区的政策创新都集中在自贸试验区范围内展开,但从事权的央地归属看,上海自贸试验区所涉及的诸多政策创新都属于国家事权的范畴。上海自贸试验区的政策创新,主要涉及财政、海关、金融、外汇管理等领域。这些领域在管理上大都归属于中央事权。根据《中华人民共和国立法法》规定,"基本经济制度以及财政、海关、金融和外贸的基本制度"必须制定为法律,这是严格意义上的法律保留的适用。从管理体制上看,海关、金融、国税、外汇管

---

① 田园宏:《跨界水污染中的政策协同研究现状与展望》,《昆明理工大学学报(社会科学版)》2016年第4期。

理在全国范围内以垂直领导为主导特点。垂直管理体系中的行政机关并不受本级人民政府的领导；针对垂直领导体制管理的事项，无须服从本级人民政府，也不受本级人大形成的地方性法规的约束。这意味着只有国家层面的立法、国务院及其职能部门的法律规范才能实现对垂直领导事项的管理。上海市积极配合商务部、原国务院法制办和全国人大常委会有关专门委员会等部门，做好上海自贸试验区试点方案中涉及需要停止或者调整的法律、行政法规、国务院文件规定的相关工作。2014年，上海围绕自贸试验区进一步扩大开放措施开展了新一轮调整行政法规和国务院文件的梳理和协调工作；2014年7月，上海市人大常委会通过了《中国（上海）自由贸易试验区条例》，起草了自贸试验区实施相对集中复议权的办法和自贸试验区管委会行政规范性文件法律审查的规则。

第三，微观层面跨部门政策协同关注焦点是同一部门内不同业务单位之间的政策协同，这种"组织内"协同的目标是确保具体政策之间的内在一致性，其产出包括业务单位间的制度化的协商机制、信息交流和信息共享机制等，侧重于解决上海自贸试验区政策执行中的跨部门协同问题。美国重塑政府伙伴关系委员会对政策执行领域的跨部门协同做过如下阐释：在公共组织中，目标的实现往往需要全体成员的共同努力，必须通过团队合作，建立与其他部门的伙伴关系。①

四川自贸试验区自挂牌成立以来，在金融和制度等方面推出了许多创新改革措施，推动了自贸试验区稳步向前发展，形成了一系列可复制和可推广的经验。但由于改革协调性不强和各部门协同配合不足等，许多创新改革举措没有实现理想效果。以四川自贸试验区的国际贸易"单一窗口"改革为例，"单一窗口"改革大大减少了通关时间，降低了贸易成本，提高了通关效率。但由于部分部门之间的配合不紧密、部分措施不配套、缺乏协调等，"单一窗口"使用率不高。再以"双创债"为例，四川自贸试验区在金融领域的创新，为中小型

---

① National Partnership for Reinventing Government, *Balancing Measures: Best Practices in Performance Management*, August, 1999.

企业解决了融资难的问题,成为促进金融经济发展的良方,然而"双创债"的推广落实度不高。究其原因,一方面是发债公司要求较高,许多公司没有发债资格;另一方面,则是缺乏科学的、高标准的评级体系和信用体系。自贸试验区改革不是区内单一部门的事情,涉及多部门,需要各部门共同努力、相互配合才能保障改革措施稳定协调并得到落实。①从过程和组织的角度看,跨部门协同通过建设性、跨边界地吸纳公众、公共部门、不同级别政府和不同社会阶层的主体等,来实现共同参与公共政策决策和公共事务管理。②

二、上海自贸试验区政策梳理

本书采纳广义公共政策的概念,主要包括法律、法规、行政规定或命令等。政策级别参照《中华人民共和国立法法》的有关规定分为五级,从高到低依次为:全国人大及其常委会颁布的政策法规(5级);国务院颁布的行政法规(4级);地方人大颁布的地方性法规(3级);国务院各部门及地方政府规章(2级)和规范性文件(1级)。

政策文本的采集以上海市人民政府网站、自贸试验区网站、相关职能部门网站(如海关总署、原国家工商行政管理总局等)等为政策文本采集来源,搜集整理了自2013年8月至2018年3月31日颁布的所有政策文本,剔除上海自贸试验区成立以前颁布的政策、重复及不相关的政策文本,获得初始政策文本360余项。③上海自贸试验区政策创新首先以政策突破、政策支持为保障,已推出的政策涉及全国人大、国务院、上海市人民政府及相关部委等多个决策主体,政策范围涉及司法、海关、税务、外汇管理、工商等领域,政策目标覆盖政府职能转变、监管方式创新、加强法制和政策保障、金融开放创新等领域。

按政策级别,涉及全国人大及其常务委员会、国务院、地方人大、国务院各部门及地方政府规章、规范性文件五个层级。其中,全国人大、国务院、上海市

---

① 吴刚、郭茜:《从自由贸易试验区到自由贸易港——内陆自由贸易港发展战略研究》,西南交通大学出版社2020年版,第48页。

② 薛泽林、胡洁人:《政府购买公共服务跨部门协同实现机制——复合型调适框架及其应用》,《北京行政学院学报》2018年第5期。

③ 本研究政策文本的统计时间截至2018年3月31日。

人大和上海市政府四部门出台政策共计45条,占政策总数的25%,各职能部门出台的具体政策72条,占政策总数的75%(见表4.1)。

表4.1　统领类政策统计

部门	数量	百分比
全国人大	2	4.44
国务院	17	37.78
上海市人大	2	4.44
上海市人民政府	24	53.33
总计	45	100

注:比例数据保留小数点后两位,下同。

参与上海自贸试验区创新政策制定的主体部门众多,从全国人大、国务院及其部委到自贸试验区所在的地方政府。上海自贸试验区成立以来已出台政策涉及10个职能部门,其中,海关出台政策37条,数量最多,占比51.39%,税务、商务委和发展改革委等政策出台数量各仅为1条(参见表4.2)。各职能部门出台的政策数量差异较大,海关出台政策数量最多,政策调控范围较广。其次是质检部门在事中事后监管方面出台的政策较多,工商部门在行政审批、信息共享和信息公开领域出台政策较多。税务、商务委和发展改革委等部门出台政策数量较少,这与中国自贸试验区的功能定位直接相关。自贸试验区是为政府职能转变及国际投资贸易新规则的探索进行试验,而非通过税收优惠等边境后措施进行招商引资。截至2019年12月,在国务院部署在全国复制推广的五批改革试点经验中,海关监管创新制度(含原质检总局)共计52项,占全国试点经验总数(101项)的一半以上,其中,上海自贸试验区达到31项,占比过半,福建、浙江自贸试验区分别为8项、5项,另有4个自贸试验区尚未被全国复制推广的改革试点经验。

表4.2　各职能部门政策统计

部门	数量	百分比
海关	37	51.39
工商	7	9.72
质监	14	19.44

续表

部门	数量	百分比
保监	3	4.17
税务	1	1.39
交通运输部门	2	2.78
商务委	1	1.39
法院	2	2.78
发展改革委	1	1.39
管委会	4	5.56
总计	72	100

三、自贸试验区的跨部门政策协同问题

实现公共政策的目标关键是在不消除组织本身边界的条件下进行协同活动与联合工作,从根本上解决新公共管理所带来的目标和手段相互冲突、部门碎片化、功能割裂化和公共责任模糊化等缺陷,构建整体性协调的政府组织新模式。[1]自贸试验区政策体系处在高度复杂、动态变化的治理环境中,面对复合性强、跨界模糊的公共问题,政策涵盖多个领域、指向多层主体、涉及多个主管部门,容易衍生自贸试验区政府治理的跨部门协同困境和政策协同难题。一般而言,狭义的政策协同是指一种协同状态,是"政策实现最轻冗余、最少缺失、最低不一致的有序状态"[2];广义的政策协同是指政策要素相互匹配的动态过程,不仅包括协同状态,也包括"多层级的政策体系利用现有规则或创建新规则,以应对政策环境的动态过程"[3]。政策内容的多层次性与社会需求的复杂性,要求任何一项政策的执行都需要多个部门进行沟通与协作,发挥各自作用。[4]由于自贸试验区的创新政策是一个包含了金融政策、贸易监管政策、产业政策、财政政策、科技政策等的政策体系,而不是单一领域的政策,因此单一

---

① 蔡立辉、龚鸣:《整体政府:分割模式的一场管理革命》,《学术研究》2010年第5期。

② B. Peters, "Managing Horizontal Government: The Politics of Coordination", *Public Administration*, Vol.76, No.2, 1998, pp. 295–311.

③ C. Mulford, D. Roger, *Definitions and Models*, Lowa State Univeristy Press, 1982, pp. 9–31.

④ Perry 6, "Joined-up Government in the Western World in Comparative Perspective: A Preliminary Literature Review and Exploration", *Journal of Public Administration Research and Theory*, Vol. 14, No. 1, 2004, pp. 103–138.

部门制定和实施自贸试验区创新政策面临着以下跨部门协同问题：

第一，跨部门政策协同问题首先表现在政策产出上，各项政策、法规、规则、标准之间相互矛盾，政策目标之间相互冲突，不同部门出台的政策之间由于政策目标相同而导致资源的重复使用。有学者将多元政策之间存在"互相交叠和彼此矛盾的复合政策目标"[①]现象称之为"政策协同失灵"。[②]上海自贸试验区挂牌后，各级政府和职能部门纷纷出台推动自贸试验区制度创新和经济发展的政策，种类和名目繁多，缺乏政策的系统集成。

目前，适用于自贸试验区的政策规范性文件主要有以下五类：一是国家权力机关授权国务院的决定，二是有关自贸试验区的总体方案，三是国务院相关部门出台的管理办法，四是自贸试验区所在地的条例、管理办法，五是自贸试验区管委会的管理文件。在这些规范中，有关自贸试验区的总体方案算不上法律规范，至多只能算指导性文件，属于政策范畴，且由于总体方案内容的宏观性，难以作为具体规则进行适用；自贸试验区管委会的管理文件只能算作一种规范性文件，而非真正意义上的法律规范；国务院相关部门出台的管理办法，如果是以国务院部门名义做出的，且与上位法规范不一致，则存在合法性问题（这种管理办法大多没有上位法的依据）；至于自贸试验区所在地的条例、管理办法等，其立法权的来源也存在疑问，因为许多自贸试验区所在地的条例中的创新性规定并没有国家立法机关的明确授权。可见，国家虽然赋予了自贸试验区先行先试的权力，给予了许多优惠政策，但对自贸试验区的法治建设问题并没有解决到位，这是自贸试验区发展中的瓶颈问题。值得注意的是，2021年6月10日第十三届全国人民代表大会常务委员会第二十九次会议通过了《中华人民共和国海南自由贸易港法》，这是国家权力机关首次为一个省级行政区单独立法。然而，这部立法站位高、先行先试力度大的法律仅适用于海南境内，而不能适用于其他自贸试验区，其他自贸试验区仍存在法律规范匮乏

---

① [英] H.K. 科尔巴奇：《政策》，张毅译，吉林人民出版社2005年版，第67页。

② 蒋敏娟：《中国政府跨部门协同机制研究》，北京大学出版社2016年版，第115页。

的问题。①

上海自贸试验区担负着落实国家战略的使命,这项战略具体由上海负责实施,落地在浦东新区,因此,需要中央政府、上海市政府和浦东新区政府之间的纵向协同。以金融改革为例,在国务院《总体方案》出台后,实际上金融业的开放根本无法落地,必须有"一行三会"的具体细则来支持。从自贸试验区出台的108项创新举措的构成看,在层级上,全国人大的法律仅占1%,国务院及各部委的有34项,占比31%,上海市出台的地方性制度有73项,占比68%;从类型看,法律法规占5%,行政规章9%,其他包括方案、意见、通知、公告、细则等占比86%。②很多改革创新所涉及的法律法规变更,必须在中央部委和地方层面之间进行协调。此外,由于不同部委职能交叉、管理重叠,很多工作需要部门间协同,这不仅体现在中央层面,也表现在地方层面。

以上海自贸试验区服务业开放政策为例。第一批、第二批服务业开放措施与2015年全国版自贸试验区负面清单存在冲突和适用性问题,政策的透明度和可预见性交叉,政策不协调问题凸显。从时间先后看,上海自贸试验区服务业开放措施早于全国版负面清单;从法律层级看,上海自贸试验区第一批服务业开放措施写入了国务院《总体方案》,因此与全国版负面清单的法律层级一样。由于全国版负面清单在某些服务业特别管理措施中的开放程度,与上海自贸试验区服务业开放措施相比明显有所收紧。而国家层面并没有发文明确两者之间的关系和适用性问题,这必然导致在政策执行过程中的无所适从。例如,在信息服务业开放方面,工信部同意在保税区片区28.78平方公里继续适用,但不适用于上海自贸试验区其他三个片区。还有,负面清单允许外商设立独资的医疗机构,但由于受到原卫生部1992年9月通过的《外国医师来华短期行医暂行管理办法》规定的外籍医师在华只能从事不超过一年期限的临床医疗诊断和治疗业务活动的限制而难以在实际中运作。《外国医师来华短期行

---

① 王敬文、王春业:《我国自由贸易试验区扩容背景下授权地方立方制度构建》,《浙江大学学报(人文社会科学版)》2022年第9期。

② 沈桂龙:《中国(上海)自由贸易试验区:改革创新与瓶颈制约》,《沪港发展联合研究所研究专论》第三十三号,2014年10月。

医暂行管理办法》还规定"外国医师来华短期行医必须经过注册,取得《外国医师短期行医许可证》。《外国医师短期行医许可证》由原国家卫生计生委统一印制"①。在外商独资设立医院方面,原国家卫计委认为要根据2015版负面清单,即仅允许合资、合作,这与上海自贸试验区第一批服务业开放措施明显相悖。从企业来看,德国阿特蒙集团在2014年初就开始筹备在上海自贸试验区设立外商独资医院,但由于两部法规之间的适用问题导致项目无法落地。因此,为确保服务业开放政策的落地,需要尽快与国务院各部委协调,并以法规形式明确第一批服务业开放措施试点的适用性及适用范围。为避免政策制定环节的冲突,可以在政策制定环节广泛征求相关部门的意见或是在政策公布之前实行会签制度。从政策制定层面看,自贸试验区跨部门政策协同问题主要体现在法律法规不一致导致选择性执法、政策冲突导致无所适从。

第二,从政策执行层面看,单个部门的创新政策如果不能获得其他部门的协同支持,就会降低自贸试验区创新政策的实施效果。这是因为在实现政策目标的过程中,政策方案的影响仅占10%,90%取决于有效的政策执行。②目前,学界对政策执行问题的分析主要集中于中央与地方政府的关系上,忽视了部门间关系的矛盾与冲突对政策执行的负面影响。实际上,部门间的冲突不仅是制定整体性政策的阻碍,也是政策执行过程中的跨部门协调与合作的最大障碍。正如希克斯所言"有效解决一些政策问题的整体性方式可能因为在政策方案执行阶段缺乏整合而受到阻碍"③。

从政策环境来看,政策协同的效果不仅取决于自上而下的政策压力,也取决于地方治理场域的特征和各行动者之间的互动。④对自贸试验区政策协同而言,它不仅受到外在政策环境的影响,同时也受制于内在的群体结构,它是

---

① 参见《外国医师来华短期行医暂行管理办法》。

② 参见陈振明:《政策科学——公共政策分析导论》,中国人民大学出版社2004年版。

③ Perri 6, "Joined-up Government in the Western World in Comparative Perspective: A Preliminary Literature Review and Exploration", *Journal of Public Administration Research and Theory*, Vol. 14, No. 1, 2014, p. 106.

④ 蔡长昆、杨哲盈:《嵌入、吸纳和脱耦:地方政府环境政策采纳的多重模式》,《公共行政评论》2022年第2期。

政府或相关行动者实施的一系列积极和持续性的地方性意义建构。①因政策的协调性差,政策不配套,福建自贸试验区的许多改革探索没有收到预期效果。比如港口国际船舶登记中心需要相应的税收优惠配套,国际旅游岛需要免税购物政策配套。此外,对台政策受法律法规和立法权限的限制,福建自贸试验区诸多对台交流合作的事项,体制机制的创新,涉及法律、行政法规的规定而无法突破,也遇到一些与现行法律法规相冲突的情形,比如教育、医疗卫生制度尚未接轨,对台定向招标与现行公开招标法规冲突,束缚了福建对台先行先试的步伐。②

为解决上述现实问题,一个可行的途径是各个部门在政策制定环节联合制定和执行自贸试验区政策,通过部门间的充分交流和协调,以联合发文的形式,切实提升自贸试验区各项创新政策的协同效应。在中国现行的自贸试验区管理体制下,局部或某一个环节的政策创新,如果没有其他部门的协同配合,往往存在政策衔接问题,致使政策创新的协同效应无法实现。如上海自贸试验区实行工商登记"先照后证"改革后,企业取得营业执照的便利效应得到了体现,但与之相衔接的行业资质许可等前置审批仍沿用原有做法,使得"先照后证"形成的政策红利效应无法发挥。因此,在自贸试验区政策执行中如何加强有关部门对相关政策的配套协调,提升政策制定的系统性和政策执行的整体性,是自贸试验区政策创新试验过程中的新问题和新诉求。

以商贸服务业的开放为例,尽管自贸试验区放开了"游戏机、游艺机销售及服务",国务院取消了原新闻出版广电总局对"电子出版物出版单位与境外机构合作出版电子出版物"的审批,但新闻出版总署对网络游戏前置审批和进口网络游戏审批管理却没有取消,部门之间因为缺乏类似网络化协同的沟通机制,导致无法真正实现服务贸易对外开放。

再如,以"出境游"为例,业务审批仍需上报主管部门。第一批23项扩大开放措施第13项明确"允许试验区内注册的符合条件的中外合资旅行社,从事除

---

① 黄科:《动态视域下的区域政策协同:理论建构与实践路径》,《学海》2022年第6期。
② 陈春玲、全毅:《福建自由贸易试验区转型升级与高质量发展研究》,《亚太经济》2021年第6期。

台湾地区以外的出境旅游业务"。但实际上，国家严格控制出境旅游业务试点。根据原国家旅游局和商务部2010年联合发布的《中外合资经营旅行社试点出境旅游业务监管暂行办法》，申请试点经营出境旅游业务应向国务院旅行行政主管部门提出申请，本市并无审批权限。根据调研，上海自贸试验区内只有地中海邮轮旅行社、上海佳途国际旅行社、兴乐东岳国际旅行社3家中外合资旅行社完成工商注册登记，其中只有地中海邮轮旅行社1家的出境游申请得到主管部门批准。出境游这一国家政策发布在上海自贸试验区扩大开放措施之前，开放措施面临着与国家政策的冲突与不协调。

第三，跨部门政策协同问题还表现为公共决策的碎片化。决策碎片化在现实中的一个最突出的表现就是相关政策规划缺乏融合，使得政策目标无法顺利实现。[1]每个部门也有自身的利益诉求，由此，跨部门决策并不是一个"择优"过程，而被视为各个部门之间讨价还价、折中平衡的结果。[2]自2013年上海自贸试验区建立以来，各部委先后出台了多项政策文件，以支持自贸试验区建设，但这些文件大都是各个部门从各自主管工作层面提出，没有形成系统化、全局化、战略化的和成体系的举措。

自贸试验区的政策试验和制度创新由"条块"分工负责，可能会造成某种程度的政策衔接问题。以航运产业为例，"外籍船舶沿海捎带业务"制度在2013年的《总体方案》中就明确提出，但由于关系到国务院各部门间的利益冲突，在上海自贸试验区成立后，这项制度创新并没有落到实处。外籍船舶沿海捎带业务如果放开，将导致大量外籍船舶进入中国沿海运输市场，虽然捎带业务在沿海运输中的比例不高，但对国内内贸沿海运输市场的冲击极大，因此，交通运输部基于维护全国运输市场稳定的角度考虑，对该政策并不积极；上海市政府与中央部委之间的意见分歧导致"外籍船舶沿海捎带业务"政策落地困难重重。

第四，在跨部门公共服务供给层面，部门之间缺乏专门领域的整合与合

---

① Perri 6 et al., *Towards Holistic Governance: The New Reform Agenda*, Palgrave Press, 2002, p. 33.

② 陈玲、赵静、薛澜：《择优还是折衷？——转型期中国政策过程的一个解释框架和共识决策模型》，《管理世界》2010年第8期。

作,由于各部门倾向于坚持自己的事权范围,在面对棘手问题时会出现许多管理真空,难以实现高效的公共服务供给和有效的联合监管。

中国自贸试验区制度创新、政策创新主要还是从各业务条线分别推进,而从全局出发梳理问题、系统规划、协同改革还不够,无论制度创新还是业务改革,都没能完全打破条块分割的局面,导致一些政策创新难以落实。比如,海关特殊监管区域内企业的申报通道与非申报通道、加工货物的状态分类监管、选择性征税等与税收政策密切相关的业务规格问题,因涉及诸多部委,迟迟难以推进。即使在自贸试验区内,管理体制也分成了中央和地方两个层面。其中,在中央决策层面,其相关管理事务由国务院直接审批,其运行政策由海关总署牵头、国务院的有关部门共同参与制定,主要涉及海关总署、商务部、国家外汇管理局、原工商行政管理局、财政部、国家税务总局等部门进行共同监管。需要进一步研究自贸试验区各项政策之间的关联部分,即不同政策之间的协调和衔接问题。政策协同是双向建构的过程,绝不是简单地对政策的系统性、衔接性和有效性做静态检验,而是在此基础上,将政策协同视为在不同政策层级对政策设计、政策执行和政策经验的探求过程。①

第二节 纵向跨部门协同机制与跨部门政策协同

考虑到政府部门在中国自贸试验区政府管理中的核心角色,从政府部门来看,"跨部门"还可以做进一步解释,一方面指的是跨政府职能部门,如跨商务部、财政部、交通运输部等部门的职能边界和管理权限;另一方面,还可能涉及跨职能部门与不同层级地方政府之间的边界,如商务部与上海市政府、海关总署与上海市政府等情况。因此,自贸试验区跨部门协同不只是同一层级不同部门之间的横向协同,还包括不同层级政府之间的纵向协同。政策协同是政策系统应对高度复杂、冲突的政策环境而做出的调适性策略,不仅需要强调系统性,还需要注重匹配性。优化政策协同过程,推动政策协同的层级辐射路径和吸纳扩散路径的通畅运转,需要将政策协同的价值、目标、结构、工具与政

---

① 黄科:《动态视域下的区域政策协同:理论建构与实践路径》,《学海》2022年第6期。

策过程相匹配。[①]

一、纵向跨部门协同机制的概念

纵向行政层级关系是政府间关系的一种,是指从中央政府到地方各级政府纵向之间的管理权限的划分和管理职能的配置关系。[②]跨部门协同的主导模式通常表现为以权威为特征的等级制协同,也可以称为科层化协同或纵向协同。这种协同机制具有两大特征:一是对权威的高度依赖,二是信息在不同行政层级间的纵向流动。[③]因此,纵向协同机制呈现高度依赖于权威且信息纵向流动的特征。20世纪从事公共服务供给和实现公共政策目标的主要组织模式,是等级式的政府官僚体制。[④]科层化协同是将政府成员或机构分成地位、职务、权能高低互不相同的各种类型,即将政府成员和机构等级化,从管理体制上保证政府成员之间及其所属部门机构之间的从属关系。[⑤]

纵向协同的关键在于"按照自上而下的层级结构建立纵向权力线,根据各种网络关系建立横向行动线"[⑥]。基于官僚制的科层化协同以权力和权威为主导,韦伯称之为"强制型协同"。如威廉姆森所言,"在科层制内部可以用强制实施的控制手段"[⑦]。强制型协同,在中国的实践中一方面表现为强制要求下的自主协同,即中央或上级政府发布政策文件要求特定地方政府形成协同机制以解决某一公共问题,参与者在协同过程中自主协商、决策;另一方面则是强制要求下的取代协同(preempted collaboration),表现为上级政府不仅有明确的协同要求,且强力介入协同过程,甚至部分取代参与者的自主决策权,要求

① 黄科:《动态视域下的区域政策协同:理论建构与实践路径》,《学海》2022年第6期。

② 中国行政管理学会:《政府层级管理》,人民出版社2009年版,第91页。

③ 周志忍、蒋敏娟:《中国政府跨部门协同机制探析》,《公共行政评论》2013年第1期。

④ [美]斯蒂芬·戈德史密斯、威廉·D.埃格斯:《网络化治理——公共部门的新形态》,孙迎春译,北京大学出版社2008年版,第6页。

⑤ 施雪华:《中央政府内部行政协调的理论和方法》,《政治学研究》1997年第2期。

⑥ [美]斯蒂芬·戈德史密斯、威廉·D.埃格斯:《网络化治理——公共部门的新形态》,孙迎春译,北京大学出版社2008年版,第21页。

⑦ [美]奥利弗·E.威廉姆森:《反托拉斯经济学——兼并、协约和策略行为》,张群群、黄涛译,经济科学出版社2000年版,第29~30页。

地方政府按照具体的任务分配协同执行以达成最终目标。①中国政府纵向结构在权责配置与部门设置上的基本原则是"职责同构",即在纵向政府关系中,"不同层级的政府在职能、职责和机构设置上高度统一、一致"②。权力和权威是维系纵向跨部门协同机制的关键要素。权力在不同层级、不同主体的跨部门协同机制的分割及结构再造,始终伴随着自贸试验区治理过程的开展与深入,同时也会在很大程度上影响跨部门协同的效果。从整体上看,跨部门协同在很大程度上摆脱了依赖于高度分工和专业化的传统科层组织结构。在不完全取消部门边界的前提下,通过嵌入"协调"和"整合"手段作为内在运行机制,促使各部门间权力协调、资源共享、责任共担得到高度统一。需要强调的是,跨部门协同与科层组织并不能简单对立起来。在跨部门协同运行中,依然存在利用行政权威的强力控制和设置正式的操作程序等方式,保障协同行动开展的情况。③

科层化协同的核心是对碎片化的组织框架和管理形态进行层级整合和功能整合,通过减少管理层次,以扁平化的组织结构代替碎片化的组织结构。在上海自贸试验区,科层化协同主要表现为纵向协同关系,即不同行政层级的政府部门之间的协同。除中央政府外,上海市政府、浦东新区政府也是参与上海自贸试验区管理的重要主体,共同构成科层化协同机制的参与主体。纵向跨部门协同是一种常规化的跨部门协同机制,传统的跨部门协同大都是以科层化协同机制的形式实现的。

中央政府、上海市政府等纵向政府在上海自贸试验区建设中具有重要作用。在上海自贸试验区挂牌当天,上海市政府公布了《中国(上海)自由贸易试验区管理办法》(2013市政府令第7号)。2014年7月25日,上海市人大常委会十四次会议通过了《中国(上海)自由贸易试验区条例》(以下简称《条例》)。《条例》涵盖了管理体制、投资贸易、金融税收、综合监管等方面的制度,是自贸试

① 周凌一:《地方政府协同治理的逻辑:纵向干预的视角》,复旦大学出版社2022年版,第30~31页。
② 张志红:《当代中国政府纵向间关系研究》,天津人民出版社2005年版,第270页。
③ 鹿斌:《重大突发事件中领导小组的运行机制分析:基于跨部门协同视角》,《福建论坛(人文社会科学版)》2022年第7期。

验区的基本法。正是在前后两个地方性规章和法规的支持下,上海市相关部门包括浦东新区政府,按照中央的战略决策、各部委的具体安排,主动对接目标要求,建立推进机构,优化流程机制。按照将上海自贸试验区建设成为"先行者中的先行者"和"开放程度最高"的自由贸易试验区的要求,上海自贸试验区坚持以制度创新为核心,稳步推进政府管理体制机制改革和政府职能转变。

上海自贸试验区政府职能转变的重点领域集中于贸易监管制度、投资管理制度、金融创新制度和事中事后监管制度。尽管这些领域的改革举措不同,但在上海自贸试验区扩区之后,在浦东新区完整的一级政府框架下加快政府职能转变,总体要求和目标是:"放管服"协同推进,即"简政放权、放管结合、优化服务",建立一整套符合社会主义市场经济规律,与开放型经济体系相适应的,与国际化、法治化、透明化的营商环境相匹配的政府管理体制,形成一批可复制可推广的改革经验,打造一个高效政府、法治政府、服务政府。[①]

二、上海自贸试验区的多层跨部门协同推进机制

跨部门协同是一种持续的沟通互动,而并非一次性的活动。公共政策执行是一个会受到内外多方因素影响的过程,这一过程会受到参与其间的多元主体和卷入其中的各种资源的制约。[②]政策的层次性意味着,高层次政策必须经由政策决策层向政策管理层再向政策操作层的层层分解细化,才能得到最终落实。[③]为付诸实行,各国政府通常会设立新的架构和程序,以监察措施成效。在推行跨部门合作措施的国家中,这类安排会设于政治层面(如内阁小组委员会或部长横向的职责范围)和行政架构(如跨部门工作小组)。在某些情况下,相比全国层面的跨部门合作,由地方推行、由下而上的跨部门合作,往往成效更大,而且有不少可供其他同类计划借鉴之处。为加强部门间的沟通协作,中央政府在许多政策议题领域构建了跨部门协同机制,主要包括两种:

---

① 陈奇星、容志:《自贸区建设中政府职能转变的突破与创新研究》,上海人民出版社2017年版,第62页。

② [英]迈克·希尔、[荷]彼特·休普:《执行公共政策》,黄健荣等译,商务印书馆2011年版,第3页。

③ 李伟、张程、陈那波:《文件精简何以失败:基层政府文件的冗余性生产及机制研究——基于A区区镇两级政府的案例研究》,《中国行政管理》2022年第2期。

一是建立主动报告的信息沟通机制,要求地方政府主动报告自贸试验区建设中的重大问题;《总体方案》明确了中央和地方对上海自贸试验区管理的职能边界,即《总体方案》由上海市政府负责组织实施,国务院主要负责统筹领导和协调自贸试验区推进工作。国务院各部门要做好协调配合、指导评估等工作。因此,上海市政府承担自贸试验区的具体管理工作,完善工作机制,落实工作责任,先行先试,创新机制,积累经验。《总体方案》实施中的重大问题,上海市人民政府要及时向国务院请示报告。

二是建立专门的跨部门协同机构,其主要表现形式是领导小组或协调工作小组。《条例》第七条对上海市人民政府的组织实施作了具体说明:上海市人民政府在国务院领导和国家有关部门指导、支持下,根据《总体方案》明确的目标定位和先行先试任务,组织实施改革试点工作,依法制定与自贸试验区建设、管理有关的规章和政策措施。上海建立自贸试验区建设协调机制,推进改革试点工作,组织有关部门制定、落实阶段性目标和各项措施。

上海自贸试验区于2015年4月扩区之后,按照"有力推进、减少震动、强化统筹、有效衔接"的原则,对管理体制进行调整。一是在市级层面,设立自贸试验区推进工作领导小组及其办公室。二是在浦东新区层面,自贸试验区管委会与浦东新区人民政府合署办公,统一管理自贸试验区各功能区域。三是在片区层面,设置五个区域管理局。①重点加强两个结构性机制建设:强化市级层面统筹协调机制、建立区级层面整体推进机制。整体来看,在组织结构层面,上海自贸试验区跨部门协同机制主要包括三个层面:国家层面、上海市层面以及浦东新区层面(自贸试验区层面)(参见表4.3)。该表所反映的跨部门协同机制,不仅涉及纵向协同,而且涉及横向结构,构成了纵横交错的跨部门协同机制。

---

① 上海市新闻办:《上海自贸试验区扩区工作情况说明会》,http://www.scio.gov.cn/xwfbh/gssxwfbh/xwfbh/shanghai/Document/1432116/1432116.htm。

表4.3　上海自贸试验区的多层协同推进机制(结构性机制)

	主要内容	参与部门
国家层面	国务院自由贸易试验区工作部际联席会议制度	商务部、中央宣传部、中央财办、发展改革委、教育部、工业和信息化部、公安部、司法部、财政部、人力资源和社会保障部、自然资源部、住房城乡建设部、交通运输部、文化和旅游部、卫生健康委、中国人民银行、海关总署、税务总局、市场监督管理总局、广播电视总局、知识产权局、旅游局、港澳办、法制办、台办、证监会、外汇局
上海市层面	落实国家层面的协同机制	上海市发展改革委、上海市商务委、浦东新区政府
	上海市层面设立的协同推进机制	上海自贸试验区推进工作领导小组、金融协调工作小组
浦东新区层面(自贸试验区层面)	各项制度创新相关责任部门	市委编办、市口岸办、上海海关、原上海市工商局、上海市税务局、浦东新区政府

三、上海自贸试验区纵向跨部门协同机制的主要表现

以权威为基础的等级制是实现跨部门协同最为传统的机制选择。在等级体系中创建置于中央政府各部委之上的专门协调机构,以负责协调政府各部委在政策制定和执行过程中的矛盾和冲突,"协调机构的组织原则是对任何事件均有主管部门制定完整的政策,用以领导各相关部门"[1]。

从纵向看,跨部门协同机制可分为不同层次,每一层次包含不同程度的横向协同内容,只是根据不同层次的职能作用,在跨部门协同的范围、结构、形式和能力以及工具的选择上有所不同。上海自贸试验区的制度创新体现的是国家战略,因此必须强化中央管理体制,确保实现政策、定位、定性和管理监督的协调、一致、统一。国务院相关部门或者对自贸试验区进行直接监管,或者通过地方政府的相关职能部门进行管理,或者通过总体性方针、政策的制定等方式对自贸试验区发展进行宏观协调和指导,如中国人民银行2013年12月2日下发的《中国人民银行关于金融支持中国(上海)自由贸易区试验区建设的意

---

[1] [美]怀特:《行政学概论》,商务印书馆1947年版,第81页。

见》以及财政部、国家税务总局2013年12月4日下发的《财政部 国家税务总局关于中国(上海)自由贸易试验区内企业以非货币性资产对外投资等资产重组行为有关企业所得税政策问题的通知》等指导意见或通知。因此,管理自贸试验区的中央机关也可分为政策指导型的行政机关和直接监督或管理的行政机关两大类。

由于上海自贸试验区涉及加快政府职能转变、扩大投资领域开放、推进贸易发展方式转变和深化金融领域开放创新等四项任务,海关总署、商务部、国家外汇管理局及中国人民银行的职权范围涵盖了上海自贸试验区管理中多数的总体性方针、政策。因此,这些职能部门可以看作自贸试验区改革实践中最重要的政策指导性机构。另外,海关总署、国家税务总局、国家外汇管理局及中国人民银行作为垂直管理单位,它们依托其地方的下属机构行使对自贸试验区内相关范围的管理和监督权,属于纵向管理。而商务部、财政部、国家市场监管总局等部门则通过地方政府的相关职能部门对自贸试验区的相关工作进行管理和监督,属于横向管理,有学者称之为"指导性授权"[1]。自贸试验区改革中部省合作的实质是上级政府部门对下级地方政府的授权,具有自上而下进行指导的特征,是在保证中央权威基础上的有限授权。[2]

表4.4 自贸试验区政策制定中的纵向协同

部门	政策名称	发文时间
中国人民银行、商务部、原银监会、证监会、原保监会、国家外汇管理局、上海市政府	《进一步推进中国(上海)自由贸易试验区金融开放创新试点,加快上海国际金融中心建设方案》	2015年10月29日
国家外汇管理局上海分局	《进一步推进中国(上海)自由贸易试验区外汇管理改革试点实施细则》	2015年12月17日

2016年1月13日,为调整优化税收管理体制,上海自贸试验区税务分局划归浦东新区税务局管理,更名为浦东新区税务局保税区分局,浦东新区税务局对上海自贸试验区实行一体化服务和管理。这样的机构调整有助于促进上海自贸试验区各个片区的税务联动管理。2016年2月23日,经上海市人民政府

---

[1] 潘同人:《指导性授权:自由贸易试验区改革中的协同治理逻辑》,《改革与战略》2018年第11期。

[2] 潘同人:《指导性授权:自由贸易试验区改革中的协同治理逻辑》,《改革与战略》2018年第11期。

批准,将上海市工商行政管理局自贸区分局、上海市质量技术监管局自贸区分局整合为中国(上海)自由贸易试验区市场监督管理局,在浦东新区市场监督管理局挂牌。上海自贸试验区监督管理局下设保税区分局,具体负责保税区域有关行政管理和监管执法事务。通过组织机构改革,有助于进一步理顺职责关系,优化政府组织结构,完善跨部门协同的运行机制。

国务院各部委对自贸试验区政策创新改革试点的制度保障主要体现在三方面:国务院各部委在各自的职权范围内出台具体的改革措施。各部委协调合作,指导上海市及时出台改革措施。各部委及时调整并执行相关监管措施。在上海自贸试验区运行管理中,涉及国家事权部分,需要国务院各部委调整管理制度和监管制度。2016年7月,国务院发布《国务院关于在自由贸易试验区暂时调整有关行政法规、国务院文件和经国务院批准的部门规章规定的决定》,提出"国务院有关部门和天津市、上海市、福建省、广东省人民政府要根据上述调整情况,及时对本部门、本省市制定的规章和规范性文件作相应调整,建立与试点要求相适应的管理制度"[①]。

在结构性跨部门协同机制中,尤其需要重点关注纵向的政府层级体制、横向的部门间关系,它们将抽象的组织空间划分为多个不同的政策区间,影响了信息的传递和偏好。例如,在纵向层级上,国务院各部委、中央派出机构、省市各个层次的政府相对独立,形成了统一的信息传递单位;而在横向的部门间关系中,则由不同职能分属的部门,形成了比较明确的职责分工,信息孤岛现象突出。组织间的这种纵横交错联系构成了自贸试验区各项创新政策运作的空间场域,而组织之间的纵横边界会影响创新政策的执行效果。因此,跨部门政策协同失灵问题深深嵌入政治结构中,要从根本上解决跨部门政策协调问题,推动创新政策落地,不仅仅是法规制度上的权力划分,还要将政治因素纳入政策执行考虑中。

纵向的府际关系结构与行政生态将影响纵向跨部门协同机制的实现与发

---

① 《国务院关于在自由贸易试验区暂时调整有关行政法规、国务院文件和经国务院批准的部门规章规定的决定》,中国政府网,https://www.gov.cn/gongbao/content/2018/content_5257383.htm。

展。府际关系不仅重视政府之间的权限划分,也关注各级政府之间的互动行为。"除了从法规制度层面来掌握各级政府的权力外,更强调通过各层级行政人员的认知与行事风格来了解组织的意志与行为,同时也重视府际关系间官员的个人非正式互动关系,以及政府和非政府组织间所形成的政策网络。"①纵向的府际关系主要关注四个维度:"法定权力分配关系、政治权力分配关系、公共事务管理权分配关系、财权分配关系。"②在中国的中央集权体制下,重要的公共政策制定权、财税权集中于中央政府手中,而地方政府在人财物权等方面的自主权都受到很大制约。作为跨部门协同重要组成部分的上下级政府之间的纵向协同,必须处理好权力的合理下放和有效衔接,避免权力转移与权力结构的重构引起重大动荡,避免权力纵向移动而出现权力真空,从而阻碍跨部门协同的实现。③

第三节　横向跨部门协同机制与跨部门政策协同

横向协同关系是指参与主体间基于既有的伙伴关系、资源禀赋、政策目标等产生的信任互惠与相互依赖,进而自发形成跨部门协同的意愿与动机,以高效解决复杂跨界问题。④政府间横向关系主要有三种:一是相同行政级别政府之间的关系,二是同级政府内部不同部门之间的关系,三是跨行政区域、跨部门的不同政府部门之间的关系。⑤在当前的政府管理体制下,上下级政府之间的关系主要依靠行政命令或领导权威进行跨部门协同,这种纵向的跨部门协同机制成本较低而且相对高效。而平级的部门之间由于缺乏制度性协同机制,容易出现相互扯皮、推诿责任或政出多门的问题。横向跨部门协同机制可以在同级政府的不同部门之间进行目标整合和组织整合,减少政策目标冲突,避免政策效果相互抵消,提高政策整合度。

---

① 曾怡仁、黄竞涓:《府际关系研究分析:兼论水资源管理个案》,载陈文俊主编:《海峡两岸地方政府与政治》,中山大学(中国台湾)政治学研究所,1999年,第584页。

② 刘光容:《政府协同治理:机制、实施与效率分析》,华中师范大学博士学位论文,2008年。

③ 李静:《中国食品安全"多元协同"治理模式研究》,北京大学出版社2016年版,第232页。

④ 周凌一:《地方政府协同治理的逻辑:纵向干预的视角》,复旦大学出版社2022年版,第59~60页。

⑤ 张志红:《当代中国政府间纵向关系研究》,天津人民出版社2005年版,第23页。

一、跨层级协同的失灵与横向协同的兴起

以分工为基础、以各司其职和层级节制为主要特征的科层制,日益导致了行政业务之间、各部门之间、各地方政府之间、垂直部门与地方政府之间、各行政层级之间的分割,形成了"碎片化"的政府管理模式。[①]传统官僚制强调专业化分工及部门界限,以行政命令与组织管控为主要手段,突出组织内上下级之间的层级节制,注重内向且略显保守的行政文化,必然会因无法应对复杂且现代的跨域问题而被时代无情抛弃。[②]李侃如运用"破碎的威权主义"模型分析中国的中央政府决策过程。[③]这一观点也是20世纪80年代以来西方学者尤其是美国学者对包括条块关系在内的中国政治体制的权威观点,认为中国的政治体制是"一个分割的威权主义官僚制结构,其中使政策取得一致的是中央,而取得一致的过程却是一个拖拉、各行其是、增量的过程"[④]。埃莉诺·奥斯特罗姆认为中央政府主导的科层化协同机制可能招致失败是因为这一机制建立在中央政府充分掌握信息、监督能力强、制裁可靠有效及行政费用为零等这些假定的基础上。[⑤]科层制层级结构"要求组织具备自下而上传递信息的有效通道",然而"它以金字塔的形式建构起来,越是到高层越是狭窄,并且,尽管这对于分解任务和处理自上而下的指令来说也许是一种有效的结构,但在处理自下而上的信息时,却有可能造成大量的超载或阻塞问题……层级制既要承受信息短缺之苦,也遭受信息泛滥之害"[⑥]。

在中国,政策制定权被分散到了各个"政策领地",即所谓的副职"分管"体

---

① 蔡立辉、龚鸣:《整体政府:分割模式的一场管理革命》,《学术研究》2010年第5期。

② [美]斯蒂芬·戈德史密斯、威廉·D.埃格斯:《网络化治理:公共部门的新形态》,孙迎春译,北京大学出版社2008年版,第6页。

③ 这一理论将部委视为中央层面上最重要的决策主体,指出权威的分散使得没有任何部门可以在跨部门决策中占据主导地位。Kenneth Lieberthal, Introduction: The "Fragmented Authoritarianism" Model and its Limitations, in Kenneth Lieberthal, David Lampton eds., *Bureaucracy, Politics, and Decision Making in Post-Mao China*, Berkeley: University of California Press, 1992, pp. 1–30.

④ Kenneth Lieberthal and Michael Isenberg, *Policy Making in China: Leaders, Structures and Process*, Princeton: Princeton University Press, 1988, p. 22.

⑤ [美]埃莉诺·奥斯特罗姆:《公共事物的治理之道》,余逊达、陈旭东译,上海三联书店2000年版,第24页。

⑥ [英]戴维·毕瑟姆:《官僚制》,韩志明、张毅译,吉林人民出版社2005年版,第10页。

制,形成了以"职务权威"为依托的权威等级制。①以职务权威为依托的跨部门协同的结构载体是各级各部门大量的副职岗位及副职间的分口管理:跨部门事项如果发生在同一个"职能口",共同权威基本上能较快实现部门间的协调配合;如果发生在不同的"职能口",不同职能口主管领导需要以特定形式进行协调。②

多层级政府间纵向互动是中国府际关系的重要方面与重要特色。近年来,理论界分析纵向府际互动主要采用威权主义视角、理性选择视角、非正式政治视角三种不同视角。③威权主义视角强调上级政府的权威性与下级政府的服从性,纵向府际互动表现为"命令—服从"模式;理性选择视角强调下级政府的自主能动性,纵向府际互动表现为下级政府能够积极调整上级政策以适配行政环境的"调整—适配"模式;非正式政治视角是对威权主义视角和理性选择视角的调和,更多在下级政府较难通过正式政治关系获取公共资源时被采用,纵向府际互动表现为一种特殊的、隐匿的、复杂的互动模式。④

从纵向来看,中国自贸试验区行政架构相对复杂,各个自贸试验区片区的行政架构不一。广东自贸试验区的三个片区中,前海蛇口片区为深圳—前海两层管理体制;横琴片区为广东省—珠海市—横琴新区管委会三层管理体制;南沙片区为广东省—广州市—南沙区(新区、自贸试验区管委会)—镇(街道)四层管理体制。与自贸试验区相关负责人访谈发现,自贸试验区招商引资权限在自贸试验区管委会所在区一级行政单位,行政架构复杂不仅在一定程度上会影响行政效率,而且会增加纵向跨部门协同的成本,进一步增加跨层级协同失灵现象发生的概率。

自主改革权限和载体空间有限,自贸试验区运行协调成本高。制度创新

---

① 任敏:《"河长制":一个中国政府流域治理跨部门协同的样本研究》,《北京行政学院学报》2015年第3期。

② 周志忍、蒋敏娟:《中国政府跨部门协同机制探析》,《公共行政评论》2013年第1期。

③ 倪星、谢水明:《上级权威抑或下级自主:纵向政府间关系的分析视角及方向》,《学术研究》2016年第5期。

④ 陈贵梧:《地方政府创新过程中正式与非正式政治耦合研究——以公安微博为例》,《公共管理学报》2014年第2期。

要突破各种法律法规及部门规章的刚性约束。"国家（部委）事权条块分割（碎片化分配）"致使自贸试验区法治建构与制度创新成果的碎片化格局难以避免。综观自贸试验区改革创新与法治保障的具体实践，由于国家部委"条块分割、各自为政"，自贸试验区政策法规（主要是部委规章）呈现碎片化格局。①此外，由于自贸试验区改革创新涉及部门多、经验碎，制度创新成果（做法或经验）也呈现碎片化格局，缺乏总体框架性成果。目前，福建自贸试验区多项改革创新举措的事权在中央相关部委，相关部委在决定开放范围和力度时，需要进行更加全面深入的权衡。地方自主改革权限有限，导致自贸试验区在推进制度创新时协调成本过高。调查发现，目前自贸试验区大部分工作和精力都围绕各种协调工作，这些协调的层次既包括地方与中央部委的协调，还包括自贸试验区与省直机关的协调，也包括自贸片区与当地政府部门之间的协调。②

自贸试验区改革举措不仅与商务部、国家发展改革委、海关总署相关，实际上，还涉及非常多的部门。表4.5展示了自贸试验区七批次试点改革事项涉及负责部门的分布情况，可以看出，每一批自贸试验区先行先试的改革事项大都涉及多部门。这意味着，自贸试验区的改革举措需要在跨部门协同下才能够变成现实。假设在此过程中，任何几个部门，尤其是关键的决策部门存在异议，或拖延审批，那么该创新举措将很难实施。由此延伸思考，假设某一个配套的政策措施或体制机制改革的某个环节不能被特定部门所批准，那么，关于体制机制改革的系统政策措施就成为碎片，而"碎片化"的政策措施是难以实施的。在"先行先试"的过程中，各自贸试验区经常遇到如下情况：各部委、主管部门在协调上存在困难，一些大胆试、大胆闯的举措难以落地，这种情况在金融领域更加突出。③

---

①　陈利强：《中国自由贸易试验区法治建构论》，《国际贸易问题》2017年第1期。

②　陈春玲、全毅：《福建自由贸易试验区转型升级与高质量发展研究》，《亚太经济》2021年第6期。

③　佟家栋、张千、佟盟：《中国自由贸易试验区的发展、现状与思考》，《山东大学学报（哲学社会科学版）》2022年第4期。

表4.5　2014—2023年中国自贸试验区七批次改革试点经验负责部门

负责部门		第一批	第二批	第三批	第四批	第五批	第六批	第七批
海关总署		3	11(2)	0	13(1)	4(2)	4(5)	1
国家市场监督管理总局	原质检总局	11	3(2)	2	1(1)	1(1)	4	(1)
	原工商总局	1	1	1				
税务总局		4	1	0	1	4	1	(1)
交通运输部		0	0	1	10	2(2)	1(2)	3
公安部		0	0	0	2	0	(2)	0
司法部		0	0	0	1	2	1(1)	0
最高人民法院		0	0	0	(1)	0	1	1(1)
中国人民银行		1	0	0	0	(1)	3(2)	(5)
国家外汇管理局		3	0	1	0	0	0	0
商务部		4	1(1)	0	(1)	0	(4)	(1)
住房城乡建设部		0	0	0	0	0	1(1)	1
人力资源社会保障部		0	0	0	0	0	2(1)	1
工业和信息化部		0	0	0	0	0	(1)	1
中央宣传部		0	0	0	0	0	1	0
外交部		0	0	0	0	0	1(1)	0
科技部		0	0	0	0	0	(1)	0
中国国际贸易促进委员会		0	0	0	(1)	0	0	0
文化和旅游部		1	0	0	0	0	0	0
生态环境部(原环境保护部)		0	(1)	0	0	0	0	1
自然资源部		0	0	0	0	0	2(2)	0
国家医保局		0	0	0	0	0	0	1
中国民航局		0	0	0	0	0	1	0
中国国家铁路集团有限公司		0	0	0	0	1	(1)	0
国家发展和改革委员会		0	0	0	0	1(1)	0	0
国家卫生健康委		0	0	0	0	0	0	1
中国证监会		0	0	0	0	0	0	1
原银保监会		0	0	0	0	0	1(4)	0
国家药监局		0	0	0	0	0	1	0
国家林草局		0	0	0	0	0	1(1)	0
国家版权局		0	0	0	0	0	(1)	0
金融监管总局		0	0	0	0	0	0	(3)
证监会		0	0	0	0	0	(1)	0
国家知识产权局		0	0	0	0	0	0	3(3)

负责部门	第一批	第二批	第三批	第四批	第五批	第六批	第七批
移民管理局	0	0	0	0	（1）	2（1）	0
国务院港澳办	0	0	0	0	0	（1）	0
中央台办	0	0	0	0	0	（1）	0
省、市、区人民政府和行业监管部门	6	0	0	0	0	0	0
两部门负责	0	1	0	1	1	7	7
三部门负责	0	0	0	1	2	3	1
四部门负责	0	1	0	0	0	2	0
五部门负责	0	0	0	0	0	1	0

注：表中括号内数字指该负责单位参与多部门协同改革的总项数。

来源：第一批整理自《国务院关于推广中国（上海）自由贸易试验区可复制改革试点经验的通知》（国发〔2014〕65号），第二批整理自《国务院关于做好自由贸易试验区新一批改革试点经验复制推广工作的通知》（国发〔2016〕63号），第三批整理自《商务部交通运输部工商总局质检总局外汇局关于做好自由贸易试验区第三批改革试点经验复制推广工作的函》（商资函〔2017〕515号），第四批整理自《国务院关于做好自由贸易试验区第四批改革试点经验复制推广工作的通知》（国发〔2018〕12号），第五批整理自《国务院关于做好自由贸易试验区第五批改革试点经验复制推广工作的通知》（国函〔2019〕38号），第六批整理自《国务院关于做好自由贸易试验区第六批改革试点经验复制推广工作的通知》（国函〔2020〕96号），第七批整理自《国务院关于做好自由贸易试验区第七批改革试点经验复制推广工作的通知》（国函〔2023〕56号）。

变化环境和社会条件使得由对整合的垂直机构（如规制）的依赖向采取一个更加注重信任关系构建的横向安排的调整变得必要。在这种情况下，一些倡导跨部门合作的学者认为，可以在不改变主要机构设置的前提下进行跨部门合作的实践，如建立类似研究组织的矩阵式结构。[1]横向协同强调多元参与主体，促进相互交流、推动合作进程并形成共同接受的决策。[2]索伦森和托芬将这类协同和管理网络的努力总结为"元治理"（metagovernance），旨在增强协

---

[1] [新]理查德·诺曼：《新西兰行政改革研究》，孙迎春译，国家行政学院出版社2006年版，第114页。

[2] Sissel Hovik and Gro Hanssen, "The Impact of Network Management and Complexity on Multi-level Coordination", *Public Administration*, Vol. 93, No. 2, 2015, pp. 506-523.

同网络的自治能力,促进成员间的沟通交流并调解冲突,以达成共同目标。①

公共政策目标的实现既不能完全依赖相互独立的政府部门,也不能完全依赖设立新的"超级部门",较为可行的办法是围绕特定的政策目标,在不取消部门边界的前提下进行跨部门合作。从理论上看,科层制协同的主要特征之一是对等级权威的过度依赖,主要表现为权力过分集中、行政层级节制、过程导向而非结果导向的控制机制。正是因为科层制协同失灵的产生,才使得以自愿、平等、共识为特征的网络化协同成为当代跨部门协同机制发展的趋势。就主体而言,跨部门协同关系涉及两个以上的组织。不同于组织内部上下级之间的命令—服从关系,横向协同主体之间的核心特征是相互平等与相互独立,重点关注横向层面平等主体间的横向协同,而不是纵向层面上下级主体间的纵向协同,因为后者可以通过科层制实现,而水平主体之间的横向合作既是治理领域需要解决的重要问题,也是难点问题。②将当代政府结构视为"多元化组织网络"或"松散耦合式组织体系",而不是命令和控制的等级结构的观点已经被广泛接受。③正如福山所言:"高度分权组织内部的协调问题的另一种解决办法就是网络。"④横向协同是指通过召开各类会议的形式,协商制定和实施政府的政策,⑤从而确保政府成员和各部门行政行为的协调一致,如各类部际联席会议、议事协调机构等。

横向协同模式中,不同部门间的协调存在着组织领域的一致性程度较低的现象,虽然互补性较强,但是兼容性也较差,目标的共同性和问题的共识性程度较低,在一些大的原则和观点上可能出现较大的分歧。这也是横向协同机构往往止步于达成的框架,而在具体的贯彻实施方面步履维艰的重要

---

① Eva Sørensen and Jocab Torfing, "Making Governance Networks Effective and Democratic Through Metagovernance", *Public Administration*, Vol. 87, No. 2, 2009, pp. 234–258.

② 张弦:《警惕"协同"概念的泛化》,《中国社会科学报》2015年4月17日,第727期。

③ Martin Painter, *Steering the Modem State: Changes in Central Coordination in Three Australian State Governments*, University of Sydney Press, 1987, p. 9.

④ [美]弗朗西斯·福山:《大分裂——人类本性与社会秩序的重建》,刘榜离等译,中国社会科学出版社2002年版,第303页。

⑤ 施雪华:《中央政府内部行政协调的理论和方法》,《政治学研究》1997年第2期。

原因。[1]

二、自贸试验区横向跨部门协同机制的表现形式、主要类型和典型实践

(一)横向跨部门协同机制的概念与类型

同一层级不同部门之间的协同,在这些部门之间,没有层级控制,如何进行有效协同? 哪个机构对这些部门进行协同? 协同的途径和方法有哪些? 这是同一层级政府部门之间跨部门协同的研究重点,也是整体性政府理论中所指的水平化管理。横向跨部门协同是在没有任何等级权威的指挥和命令下,各个政府部门通过自愿交流、沟通甚至资源分享的形式以实现共同目标,常见的做法有定期召开部际联席会议、设立部际委员会或工作小组等。墨西哥的自贸区受国家和地区两级管理,联邦政府的管理机构有很大的管理参与权,政府设立了部际委员会,如"北部边境地区和自贸区发展部际委员会"和"发展客户工业部际委员会",负责协调各部门之间的行动,微观管理由当地政府机构承担。[2]

由于自贸试验区建设涉及加快政府职能转变、扩大投资领域开放、推进贸易发展方式转变和深化金融领域开放创新等任务,海关总署、商务部、国家外汇管理局及中国人民银行的职权范围涵盖了中国自贸试验区管理中多数的总体性方针和相关政策。因此,这些职能部门可以看作自贸试验区改革实践中政策指导性机构。另外,海关总署、国家税务总局、国家外汇管理局及中国人民银行作为垂直管理单位,它们依托其地方的下属机构行使对自贸试验区内相关范围的管理和监督权,属于纵向管理。商务部、财政部、国家市场监管总局等部门则通过地方政府的相关职能部门对自贸试验区的相关工作进行管理和监督,属于横向管理。

横向协同,又称"水平化协同",是指中央政府机构之间的跨部门协同及各个自贸试验区同级政府之间的跨部门协同。在中央政府层面,参与自贸试验

---

① 任敏:《"河长制":一个中国政府流域治理跨部门协同的样本研究》,《北京行政学院学报》2015年第3期。

② 钱震杰、胡岩:《比较视野下自由贸易区的运行机制与法律规范》,清华大学出版社2015年版,第265页。

区管理的互不隶属的部门和机构之间的协调与合作需要共同开展工作。在这些政府部门之间,没有行政层级的控制,如何才能进行有效的跨部门协同? 哪个机构负责对这些部门进行协同? 协调的方式和途径主要有哪些? 是中央政府层面推进跨部门协同机制建设的研究重点。在地方政府层面,对自贸试验区的微观管理涉及海关、边检、公安、工商、税务等职能部门,跨部门协同机制的构建需要这些部门的共同参与。表4.6列出了上海自贸试验区主要管理制度的责任部门与参与部门,相关的制度创新基本需要各个责任部门与相关参与部门进行协同,以推进各项制度创新的政策落地。这种协同是一种典型的横向跨部门协同。

表4.6　上海自贸试验区主要管理制度的责任部门与参与部门

创新制度		责任部门	参与部门
项目备案管理制度		上海市发展改革委	上海市商务委、上海市工商局、浦东新区政府
企业设立与变更备案管理制度		上海市商务委	上海市发展改革委、上海市市场监管局、浦东新区政府
工商登记制度		上海市工商局	上海市发展改革委、上海市商务委、浦东新区政府
境外投资管理制度		上海市发展改革委、上海市商务委	浦东新区政府
创新金融制度		上海市金融办	人民银行上海总部、外汇局上海分局
海关监管制度创新		上海市口岸办、上海海关	浦东新区政府
检验检疫制度		上海市口岸办、上海国检局	浦东新区政府
事中及事后监管制度	配合国家有关部委实施安全审查	上海市发展改革委、上海市商务委	
	配合国家有关部门实施反垄断审查和例外措施管理	上海市发展改革委、上海市商务委	
	加强社会诚信体系建设	市征信办	
	建立自贸试验区企业信息共享和服务平台	上海市发展改革委	上海市商务委、上海市工商局、上海市经信委、上海市金融办

(二)横向跨部门协同机制的典型实践:关检融合与口岸监管职能的整合

明确的职能范围和层级制结构是提供公共服务和处理公共事务的组织基础,然而这种组织基础却因边界清晰、职能明确而与实践中公共事务需要跨部门处置的情形形成相互龃龉的困境。[①]从根本上解决自贸试验区政府管理面临的政策协同、公共服务协同等问题,必须针对形成这些问题的深层次原因,构建推进跨部门协同治理的有效机制,提高跨部门协同治理效果。从整体上看,推进跨部门协同是一项系统性、综合性工程,主要有两种不同的宏观实施路径:一是体制改革思路,即调整政府内部机构,推进跨部门机构整合;二是机制创新思路,即调整政府内部运行规则,超越原有的议事协调机制,建立跨部门协同治理机制。[②]

关检融合是新时代针对口岸管理和关检深度融合的一次重要的机构调整,是以系统化的组织变革摆脱口岸监管多元主体协调困境,推进政府改革由机构协同向功能协同转变,有助于进一步明确职责、精简流程、提高效率,更加顺应新形势下的口岸安全把关与贸易便利化改革要求。这一改革既要充分利用政府机构改革推动关检机构重组和口岸监管职能整合,也要基于口岸管理中存在的现实问题构建跨部门协同机制。对职能部门进行职能分析后的整合与重组,会形成新的职能组织结构和不同数量的新的职能机构,一般而言,职能机构的协同整合,最终会缩减原有职能部门或者产生职能整合的新部门;这种组织职能部门的重整,构成跨部门协同能力的组织保障,是驱动长期跨部门工作事务开展的基础。[③]

关检融合是整合口岸监管职能的一种制度安排。2018年3月,《深化党和国家机构改革方案》提出"国家质量监督检验检疫总局的出入境检疫管理职责

---

① 刘锦:《地方政府跨部门协同治理机制建构——以A市发改、国土和规划部门"三规合一"工作为例》,《中国行政管理》2017年第10期。

② 赖先进:《论政府跨部门协同治理》,北京大学出版社2015年版,第185页。

③ 刘锦:《地方政府跨部门协同治理机制建构——以A市发改、国土和规划部门"三规合一"工作为例》,《中国行政管理》2017年第10期。

和队伍划入海关总署"[①],海关新增"出入境检验检疫职能",卫生检疫、动植物检疫、商品(食品)检验等执法职能纳入全国通关一体化整体框架,实现关检业务全面融合,使得海关在口岸管理领域中的职能更宽,更加凸显了海关在口岸管理中的主体地位。对正处于全面深化改革时期的中国而言,关检融合表明海关职能发生了重大变化,海关的安全准入职能更加突出,如何在履行通关监管、税收征管、保税监管、统计分析等传统职能的同时,有效履行贸易管制、商品检验、卫生检疫、动植物检疫等安全准入职能,已成为中国海关全面履职的当务之急。

关检融合是促进口岸管理政策协同的一种整合机制。如果口岸管理部门设置太多,口岸管理相关政策的决策权就会高度分散,而在各个口岸管理部门之间保持政策协同就会遇到各种现实的困难,为避免口岸管理政策执行的碎片化现象,就需要在部门管理的基础上建立高层次的政策协同机制。关检融合为在更广范围内促进口岸管理政策协同提供了一种组织整合的机制,是通过关检融合的组织协同实现了口岸执法过程的程序协同。

关检融合是降低口岸管理协调成本的一种组织结构。面对口岸管理事务日益复杂化,口岸监管范围不断扩大,机构设置也呈现扩张趋势。面对众多的口岸执法机构,为促使各机构采取统一的口岸执法行动,口岸管理必须不断地评估如何更好地进行分工、协调和控制,同时又不限制口岸监管政策执行的自由裁量权。关检融合、口岸监管机构重组,这种新的组织结构将原来的跨部门协调变成了部门内协调,不仅有利于降低行政协调成本,还有利于逐步缩小口岸执法部门的管理幅度。[②]

从跨部门协同的组织基础看,部门职能之所以需要进行跨部门重组,主要是基于工作事务的长期性需求,否则,建立临时协同小组将是成本最低的选择。而面对长期的跨部门工作事务,应当细分职能机构的各个具体职能选项,

---

①《深化党和国家机构改革方案》,中国政府网,http://www.gov.cn/zhengce/2018-03/21/content_5276191.htm#1。

② 王菲易、黄胜强:《海关、口岸安全与国家安全——关检融合后海关安全准入职能的内涵与趋势研究》,《海关与经贸研究》2019年第3期。

将相关的需要协同整合的职能重新合并,设立更为明确的机构予以承担将有效促进跨部门协同机制的形成。此外,基于职能协同考虑,适当的部门机构重组仍然是可行的选择。但是,在组织机构的重组中,不是将所有涉及的职能部门全部进行合并,而是将某些联系极为紧密的职能部门进行整合,这在一定程度上节省了组织整合成本,同时提升了组织职能运行效果。

三、自贸试验区议事协调机构:组成结构与运行机制

议事协调机构作为中国政府横向协作的基本形式之一,是跨领域、跨部门设立的行政领导及协作工作机制。作为一类特殊的嵌入性政府行政机构,议事协调结构承担着跨行政机构的重要业务工作的组织协调任务,[1]具有无独立编制、职能补充性、周期性等特征。这些特征使得议事协调机构在设置原因、程序、职能、机制特征上具备较高程度的灵活性和周期性。[2]

根据议事协调机构是否常设,可将议事协调机构分为常设型议事协调机构和临时性议事协调机构。常设型议事协调机构通常是为了满足特殊需要而设置的,如为协调口岸管理工作而设立的"国家口岸管理办公室",以及上海市层面设立的"上海市口岸服务办公室"。临时性议事协调结构通常是为了完成某一阶段的特定任务而设置的,如"中国国际贸易'单一窗口'建设工作组",由海关总署牵头,共25家成员单位。传统的部门间协调议事机构和机制,往往是"一事一协调",难以实现复杂公共问题的协同治理。

与自贸试验区相关的议事协调机构,大都以"领导小组"命名,协调自贸试验区的行政管理和执法行为的权限冲突。领导小组是在不改变职能部门的机构设置和隶属关系的情况下,通过在各相关职能部门之间成立一个议事协调机构来统一组织和部署各部门的行政活动,完成行政中心工作,达成行政总体目标。[3]一般而言,不管名称如何,领导小组通常都是人民政府设立的临时机

---

[1] 郑烨、姜蕴珊、任牡丹等:《理性选择与制度同构:省级政府"放管服"改革实施行为及诱因分析》,《北京工业大学学报(社会科学版)》2020年第6期。

[2] 张楠迪扬、刘明奇:《职责同构与地方自主性:我国议事协调机构的设置逻辑》,《北京行政学院学报》2022年第6期。

[3] 金国坤:《行政权限冲突解决机制研究:部门协调的法制化路径探寻》,北京大学出版社2010年版,第61页。

构或议事协调机构,行使的是一级政府的组织协调职能。领导小组一般由组长、副组长、组员、办公室四部分组成,在整体上呈现出"双层结构"或"矩阵式组织结构"①的特征。这种结构重点突破了专业分工和制度刚性的弊端,承担着减少制度运行中官僚主义的功能。尤其是灵活性的机构设置模式与机动化的权力运行方式,符合现代组织运行的基本逻辑。

上海市设立了上海自贸试验区推进工作领导小组和上海自贸试验区金融工作协调推进小组。上海自贸试验区推进工作领导小组通过定期召开会议,研究部署上海自贸试验区改革开放试点任务;领导小组办公室牵头与国家及上海市相关部门沟通协调,拟定相关规划、计划,负责全市范围自贸试验区复制推广工作;浦东新区政府(自贸试验区管委会)及时梳理汇总需研究协调的重大事项和重点难点问题,提请领导小组及其办公室审议决策和协调推进。其主要职能如下:

> 上海自贸试验区推进工作领导小组办公室设定的职能包括:研究制定上海自贸试验区深化改革方案和年度工作安排,争取重要政策突破,分析研究国际高标准贸易规则体系,加强与其他地方自贸试验区的跟踪分析,加强与国家部委的沟通联系,跟踪上海自贸试验区试点进展情况等。

2014年1月,上海市成立自贸试验区金融工作协调推进领导小组,成员包括人民银行上海总部、上海银监局、上海证监局、上海保监局、市发展改革委、市金融办、市商务委、市经信委、市财政局、市人力资源社会保障局、市交通委、市税务局、市工商局、市政府法制办、上海海关、浦东新区、上海自贸试验区管委会。需要指出的是,网络化协同对于部门之间的合作传统、信息沟通、信任文化、操作流程和规范程序等方面都有较高的要求。

通过成立领导小组加强管理和协调各职能部门的工作,有助于统一组织和指挥各方面的行政管理工作,协调各职能部门共同履行行政职责,减少部门

---

① 童宁:《地方政府非常设机构成因探析》,《中国行政管理》2007年第3期。

之间的矛盾和冲突,有效加强了政府的决策效能。[1]综合起来看,议事协调机构的基本组织架构分为两层:一是协调机构本身,以"领导小组""推进工作小组"等命名;二是其办事机构,也即办公室。在实际运行过程中,办事机构是议事协调机构的日常事务的具体实施者。

上海自贸试验区以领导小组为代表的议事协调机构在自贸试验区相关政府决策过程中发挥着重要作用。与其他跨部门协同机制相比,议事协调机构在协同基础、协同内容和协同方式上存在明显差异。

首先,议事协调机构的协同基础是领导权威。权威是协同的有力工具,由上级领导领衔的议事协调机构的设置,可以调动各部门的积极性。议事协调机构一般是由各个相关部门的抽调人员组成,其级别比较灵活,通常这些机构负责人的级别高低暗示了政府对该政策的重视程度。[2]与上海自贸试验区相关的议事协调机构,上海自贸试验区推进工作领导小组,由上海市市长任组长。同时,参与议事协调机构的各部门的参与人员也主要是上海市各委办局的领导,基于领导人的协调主要是领导人的职务所具有的权力,因权力而引起各部门对相关工作的重视,也为各项事务的开展提供了切实保障。与其他跨部门协同机制相比,议事协调机构的协调机制更具有强制性和权威性。

其次,议事协调机构的协同主要是基于重大决策的制定和对政策执行的监督而实现的。议事协调机构的设置是任务导向型的,[3]主要功能是参与重大政策的制定、统筹重要决策的执行、对政策执行情况进行宏观监管。议事协调机构更多是作为工作机制,以解决单一组织资源稀缺的问题,实现组织间交流及交换资源,[4]发挥既有行政机构难以承担的跨部门协同功能。议事协调机构

① 谢庆奎等:《中国政府体制分析》,中国广播出版社1995年版。转引自张翔:《中国"政府部际协调"研究:论域结构、范式转型与研究展望》,《社会主义研究》2013年第2期。

② 陈玲:《官僚体系与协商网络:中国政策过程的理论建构和案例研究》,《公共管理评论》2006年第2期。

③ 周望:《中国"小组机制"研究》,天津人民出版社2010年版,第59页。

④ 刘军强、谢延会:《非常规任务、官员注意力与中国地方议事协调小组治理机制——基于A省A市的研究(2002—2012)》,《政治学研究》2015年第4期。

主要服务于横向协同,部门设置、人员安排较为简洁灵活,但由于同时需要具备自上而下的政策执行职能,议事协调机构也具备高度的纵向职责同构性。[1]

再次,在议事协调架构中,具体负责跨部门工作事务的职能部门只负责具体操作层面的事务,实际工作的跨部门协同决策和部署全部由议事协调机构(工作领导小组)来完成,从而大大提升了自贸试验区决策的约束力和驱动力。而负责日常跨部门工作事务管理的协同机构,为议事协调机构工作领导小组下设的"办公室"。各个具体职能部门的行政领导和分管的地方政府副职领导构成办公室的主要负责人和成员,有效提高了跨部门协同决策的效率。

最后,议事协调机构的主要协同方式是会议,通过定期召开会议,制定有关政策,部署具体工作。一般情况下,议事协调机构每年召开一到两次全体会议。召开会议的次数因议事协调机构的特征而存在差异。

四、自贸试验区部际联席会议制度:组成结构与运行机制

在自贸试验区实践中运用比较普遍的横向协同机制是部际联席会议。联席会议制度是没有行政隶属关系的行政机关间为了共同完成某一方面的工作任务而采用的一种协作方式。部际联席会议是为协商办理涉及多个部门职责的事项而建立的一种工作机制,各成员单位按照共同商定的工作制度,及时沟通情况,协调不同意见,以推动各项工作任务的落实。[2]它是行政机构最高层次的联席会议制度,通过明晰部门之间的管理责任,引入直接从事跨部门协同的业务司局、科处参加联席会议,提高联席会议制度的务实性。[3]联席会议是平行的行政机关之间的一种横向协作关系,相当于一种跨部门协同的领导机制。在横向关系为基础的组织结构中,"领导"对于实现共享目标至关重要。在中国政府跨部门协同中,高位领导机制是促进跨部门协

① 张楠迪杨、刘明奇:《职责同构与地方自主性:我国议事协调机构的设置逻辑》,《北京行政学院学报》2022年第6期。

②《国务院办公厅关于部际联席会议审判程序等有关问题的通知》,中国政府网,http://www.gov.cn/gongbao/content/2003/content_62316.htm。

③ 赖先进:《论政府跨部门协同治理》,北京大学出版社2015年版,第209页。

同的首要条件。[①]

（一）部际联席会议的组成结构及特征

部际联席会议的建立均须履行报批手续，具体由牵头部门请示，明确其名称、召集人、牵头单位、成员单位、工作任务与规则等事项，经有关部门同意后，报国务院审批。国务院自贸试验区部际联席会议制度为国务院各部委支持上海自贸试验区建设提供了法律支持和问题解决机制。上海自贸试验区建设中的很多任务与问题，包括加快政府职能转变的举措和其他改革事项的复制推广等，都是通过各部委分工合作、上海市积极配合执行的方式完成的。2016 年 9 月 21 日，国务院自贸试验区工作部际联席会议办公室在商务部召开自贸试验区扩大试点工作专题会议，会议指出了当下中国自贸试验区改革创新的四大问题：一是概念上等同于开发区，即将自贸试验区等同于开发区，尤其是六大类海关特殊监管区域；二是性质上视为政策洼地，即将自贸试验区视为"优惠政策洼地"，而非"制度创新高地"；三是市场主体获得感不强，即企业对制度创新感觉不强烈；四是地方政府本位主义倾向严重，即上海、广东、天津、福建（"两省两市"）自贸试验区只顾及地方利益，不考虑国家利益。[②]

联席会议或领导小组是广泛存在于党政机构内部的协调议事机构，其主要功能是跨部门协调与整合，"通过消除组织间的问题与矛盾，从全局出发来寻求利益共同点，并以共同寻求的结果为导向，采取能够相互协同的行动步伐，推进共同治理行动"[③]。对部际联席会议与议事协调机构进行比较，可以发现这两种跨部门协同机制存在以下不同之处：

第一，从参与成员看，议事协调机构的参与成员是各部门领导，而部际联席会议的参与人员，从级别上分三种，第一种是部门决策者参与；第二种是由部门的职能司局参与，体现为由独立性、专业性较强的司局牵头处理特定领域内的部门间合作事宜；第三种是部门内执行某项任务的工作人员直接参与，主

① 周晨虹：《"联合惩戒"：违法建设的跨部门协同治理——以 J 市为例》，《中国行政管理》2019 年第 11 期。

② 陈利强：《中国自由贸易试验区法治建构论》，《国际贸易问题》2017 年第 1 期。

③ 谢延会、陈瑞莲：《中国地方政府议事协调机构设立和运作逻辑研究》，《学术研究》2014 年第 10 期。

要针对执行过程中的具体问题进行协调。

第二,从机构性质而言,议事协调机构和部际联席会议不一定设实体办公机构,主要是基于会议制度发挥协调作用。

第三,从协同机制的运行看,联席会议解决问题的主要方式是通过互动性协商,定期或者不定期地召开会议,将各个部门的成员联系在一起。在会议上,各部门代表原则上可以充分表达自身合理的利益诉求,消除利益冲突,建立部门之间的合作关系,从而达成一致的意向和采取统一的行动。菲利普斯将横向治理总结为在等级制中通过网络开展合作;通过内部相互依赖而不是权力关系进行合作;通过谈判而不是控制进行合作;通过推动而不是管理开展合作。[1]

第四,从协同机制的权威性而言,议事协调机构通过权威或领导的作用来实现跨部门间协同,权威性相对更强;部际联席会议更多通过牵头部门进行组织,各个参与主体之间的地位是平等的。与基于科层制的纵向协同不同,部际联席会议的召集人与相关成员单位是平级部门之间的关系,其目的在于及时沟通和交换信息、协调不同意见,以推进某项工作任务的落实。因此,国务院关于部际联席会议的批复文件中几乎都强调,要"互通信息、相互配合、相互支持、形成合力,充分发挥联席会议的作用"。

第五,从协同机制的灵活性而言,联席会议更尊重各职能部门的意愿,是职能部门相互间的联合,各职能部门在各自的职权范围内相互配合,共同实现行政目标。各职能部门通过召开会议达成共识,形成会议纪要或作出决议,这些会议纪要或协议相当于行政合作,对参加签字的各方当事人都有约束力,有利于各个成员方自觉遵守联席会议所形成的协议。[2]尤其是联席会议制度由于不需要成立各部门之上的机构,不需要由政府领导担任类似领导小组组长之类的职务,不增加机构编制,不加重领导的负担,也不虚置职能部门,是在实

---

[1] Susan D. Philips, "The Myth of Horizontal Governance: Is the Third Sector Really A Partner?", paper presented to the International Society for Third-Sector Research Conference, Toronto, July 2004.

[2] 但是各部门之间的协作备忘或会议决议,仅仅是一种协议,只是发文单位认可的内部规则,没有法律上的强制力和保障实施的机制。

践中被充分肯定的协同方式。从整合性而言,议事协调机构和部际联席会议由于都不涉及部门之间的组织整合,因此二者的整合程度都较弱。

(二)部际联席会议制度的运行:以国务院口岸工作部际联席会议制度为例

2014年4月,国务院第46次常务会议明确提出,要全面推进"一次申报、一次查验、一次放行"和实行国际贸易"单一窗口",提高贸易便利化水平。2014年12月26日,国务院印发了《落实"三互"推进大通关建设改革方案》的文件,文件要求推进"单一窗口"建设,建立国务院口岸工作部际联席会议,统一承担全国及各地方电子口岸建设业务指导和综合协调职责,将电子口岸建设成为共同的口岸管理共享平台,简化和统一单证格式与数据标准。

《落实"三互"推进大通关建设改革方案》明确要建立国务院口岸工作部际联席会议,实现申报人通过"单一窗口"一次性申报,口岸管理相关部门通过平台共享信息数据、实施职能管理,执法结果通过"单一窗口"进行反馈,提出落实"推动内陆同沿海沿边通关协作,实现口岸管理相关部门信息互换、监管互认、执法互助"三互。2015年6月5日,为加强对口岸工作的组织领导,强化部门间协作配合,进一步提升口岸工作效率,促进口岸通行安全便利,国务院2015年印发《国务院口岸工作部际联席会议制度》,建立由国务院领导同志牵头负责的国务院口岸工作部际联席会议制度,国家电子口岸建设协调指导委员会同时撤销。国务院副总理任召集人。

国务院口岸工作部际联席会议由中央编办、外交部、发展改革委、农业农村部、商务部、中国人民银行、海关总署等21个部门和单位组成。联席会议办公室设在海关总署,由国口办承担联席会议日常工作。[1]2018年机构改革后,国务院口岸部际联席会议成员单位增至25家,参见图4.1。

---

[1]《国务院口岸工作部际联席会议制度》,中国政府网,http://www.gov.cn/zhengce/content/2015-06/15/content_9847.htm。

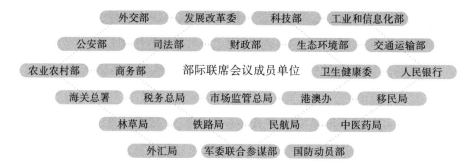

图4.1 国务院口岸工作部际联席会议成员单位

《国务院口岸工作部际联席会议制度》第三条、第四条就部际联席会议的工作规则和工作要求做了明确规定：

> 三、工作规则 联席会议根据工作需要定期或不定期召开会议,由召集人或召集人委托的副召集人主持。成员单位根据工作需要可以提出召开会议的建议。在全体会议之前,召开联络员会议,研究讨论联席会议议题和需提交联席会议议定的事项及其他事项。联席会议以纪要形式明确会议议定事项,印发有关方面并抄报国务院,重大事项按程序报批。
>
> 四、工作要求 各成员单位要按照职责分工,主动研究口岸工作中的重大问题,积极开展工作;按要求参加联席会议和联络员会议,认真落实联席会议确定的工作任务和议定事项;互通信息,密切配合,相互支持,形成合力,共同推进口岸工作。联席会议办公室要及时向各成员单位通报有关情况。[①]

(三)推动横向协同机制发展的关键:以国家安全审查联席会议为例

以国家安全审查联席会议为例,推动横向跨部门协同机制的进一步发展需要明确以下四个问题:

第一,明确联席会议地位。中国现行的联席会议制度实际上对其定位为

---

① 《国务院口岸工作部际联席会议制度》,中国政府网,http://www.gov.cn/zhengce/content/2015-06/15/content_9847.htm。

临时性机构,并非常设机构。临时性机构的好处在于,首先,在需要进行审查时临时组建,不会导致冗余机构的设置问题。其次,安全审查制度作为一项比较特殊的审查机制,平时处理的案件数量有限,因此,单独设立一个常设性的机构进行审查活动有资源的不合理配置之嫌。然而,反过来说,常设性机构的好处在于可以建立一个持续的监管机制,即专门机构、专门审查、专门监管。实际上,除了监管是一个长期问题外,联席会议并没有设立永久性机构的必要。然而,监管问题实际上也无法赋予联席会议,具体到操作时,联席会议很难对全国的每一个案件进行持续的监管。此外,关于联席会议的席位问题,中国《安审办法》中仅仅表述为相关部门。事实上,安全审查涉及诸多部门,除了商务部和发展改革委外,还有可能涉及公安部、交通运输部、安全部等多个部门。

第二,确定联席会议的组织结构。中国现行的联席会议为双牵头制。这种机制的优点在于两部门在重大案件中可沟通协商,缺点在于权责分工不明确,容易导致相互推诿。商务部和发展改革委之间相互推诿的情形事实上几乎难以想象会发生,但是权责不明确必然会在实际操作中出问题。因此,法律法规中应当进一步明确说明什么情形下由商务部牵头,什么情形下由发展改革委牵头。可以借鉴美国的经验,其商务部部长是外资委员会的首席,具有很大的决定权力。

第三,确定联席会议的决策机制。对于联席会议来说,最重要的是有明确的决策机制。根据现行的《自由贸易试验区外商投资国家安全审查试行办法》,联席会议负责出具审查意见。在一般审查中,联席会议征询相关部门,相关部门给出意见,如果没有影响国家安全的实质因素,则不启动特殊审查程序。这样的表述很容易让人误解,联席会议给出的审查意见仅仅起到了传递意见的作用,并不具有实质决策的作用。然而,相关部门才是是否启动特殊审查,决定是否会影响到国家安全因素的决定部门。同时也让人困惑,联席会议到底是审查机构还是审查的组织机构,如果仅仅是审查的组织机构,那么商务部和发展改革委的角色定位又是什么? 因此,需要厘清联席会议的决策机制,并赋予联席会议以最终的决策权力,才能充分发挥联席会议的作用,而不仅仅是一个具有程序职能的部门。

第四,明确审查机构的组成成员及其职权,确定成员间协调合作的机制。审查机构是由发展改革委、商务部牵头,相关部门参与的部际联席会议,未明确参与联席会议的相关部门、职责及协调合作方式。应明确联席会议的其他组成部门,含财政部、国防部、商务部、国家安全部、工业和信息化部、农业农村部、国有资产监督管理委员会等,并明确各自的职责。

"牵头机构"是国内外通用的横向协同的组织模式。在中国,牵头机构安排一般存在两种情况:第一种是"部际联席会议"设立、运行和撤销过程中有明确的"牵头部门";二是部门职责分工时明确了一些牵头部门。《关于深化行政管理体制改革的意见》中提出"理顺部门职责分工,坚持一件事情原则上由一个部门负责,确需多个部门管理的事项,要明确牵头部门,分清主次责任"。然而,无论是出现在哪种情况下,牵头部门对相关机构都没有指挥命令的权力,平等协商和共识决策依旧是跨部门协同的主要特征,因此,属于横向协同的特定形式。牵头部门安排解决的只是一个简单的组织问题,平等主体共同行动需要提议或发动者,需要组织协调者。

从美国、德国、俄罗斯和日本的做法来看,审查机构的性质分为两大类,一类是单一的政府部门,如德国联邦经济和气候保护部(BMWI)与日本财务省;另一类是由多个部门组成的政府机构,如美国的外国投资委员会(CFIUS)、俄罗斯的外资审查政府委员会。与跨部门机构相比,单一部门审查机构省去了在部门间协调的时间,有利于缩短审查周期。但是,单一部门模式使得审查机构集调查权、裁判权、处罚权于一身。此外,许多审查案件涉及特定行业,如收购农副企业涉及农业部,收购电信公司涉及工信部,因此在审查过程中也需要其他部门的参与,跨部门协同使得各个部门之间可以就各自擅长的领域提供经验和建议,弥补可能的专业空白。但是,同为跨部门机构,不同国家也存在差异,如被赋予的权力大小,美国外国投资委员会仅仅具有审查权,无权擅自采取任何阻碍投资的行动。外国投资委员会职责是在审查工作结束后,将建议提交总统,由总统决定。俄罗斯的外资审查政府委员会的权力更大,拥有外资审批的最终决定权。[①]

美国《2007年外国投资与国家安全法》第三节第二款规定,外资委员会由以下成员组成或授权任一成员:财政部部长、国土安全部部长、商务部部长、国防部部长、国务卿、司法部部长、能源部部长、劳工部部长和国家情报总监。最后一个席位根据具体案件情形由总统任命。其中,劳工部部长和国家情报总监不具有表决权,财政部部长为外资委员会主席。除以上成员之外,美国还为财政部部长设立了财政部助理部长,由总统任命、参议院提名和同意。此条款下任命的财政部助理部长直接向负责国际事务的财政部副部长报告。[②]

表4.7　美国、德国、俄罗斯、日本外资(并购)国家安全审查制度的模式比较

	法律框架	工作机制	审查标准	审查程序
美国	法律+政府规章;外资法+捎带性法律	外资并购审查;外国投资委员会	关键性基础设施;实际效果	自审查阶段起90天;申报或通报—审查—调查—总统裁决
德国	法律+政府规章;捎带性法律	外资并购审查;经济与技术部(单一部门)	有投票权股份	最长5个月;初审—复审
俄罗斯	法律;外资法	外资并购审查;外资审查政府委员会	战略性行业;实际效果+有投票权股份	一般不超过3个月;投资方提出申请—全权机构初审—政府委员会裁决
日本	法律+政府规章;捎带性法律	外资审查;财务省(单一部门)	有投票权股份	最长5个月;投资方申报—财务省审查—审议会陈述意见—财务大臣做出裁决

来源:孙元欣:《2016中国自由贸易试验区发展研究报告》,格致出版社、上海人民出版社2016年版,第149页。

总体来看,这种以部际联席会议为代表的横向跨部门协同机制更多是一种工作机制,既不是一个领导岗位,也不是一个实体组织。这些横向协同机制试图通过组织间网络的方式,以建立初步的信息通报制度和一定的协作机制

①孙元欣:《2016中国自由贸易试验区发展研究报告》,格致出版社、上海人民出版社2016年版,第150页。

②资料来源:http://www.gpo.gov/fdsys/pkg/BILLS-110hr556enr/pdf'/BILLS-110hr556enr.pdf.

来加强跨部门合作。①

五、合作协议

行政缔约是世界各国普遍采用的解决跨部门、跨区域行政问题的新形式，表现为"合作框架协议""合作宣言""合作意见""合作备忘录"等合作协议。②所谓合作协议，是指在不取消政府部门职能边界的前提下，通过签署合作备忘录或合作协议等正式方式或商议并提出建议等非正式形式，整合或动用整个部门、资源和利益，固化和强化部门之间的协同合作关系，从而达到共同目标。一般认为，合作协议是带来更好的决策和结果、带来方法创新以实现跨部门协同的基本工具。因为部门和部门之间签署的合作协议，能够确保信息共享，充分考虑所有的关键问题，有助于在关键议题领域共同制定决策和采取行动。③

2014年7月，海关总署和原国家质检总局签署了《关于深化关检协作共同促进外贸稳定增长合作备忘录》，明确两个部门在各方面深化合作，将关检合作"三个一"全面推行到全国所有直属海关和检验检疫部门、所有通关现场、所有依法需要报关报检的货物和物品，加快"单一窗口"建设，推动实现信息互换、监管互认、执法互助。2014年12月1日，上海检验检疫局和上海海关签署《全面推进关检"三个一"合作协议》。

以福建自贸试验区为例，自其挂牌运行以来，联席会议、省际合作就成为一项重要的内容。例如，2015年10月20日，沪、闽、粤、津四个自贸试验区相关检验检疫部门签署了《关于建立中国自贸区检验检疫制度创新合作联动机制备忘录》，决定成立联动机制领导小组，定期召开联席会议，建立日常工作联系机制，从信息互通、问题共商、政研互助、改革创新成果共享四个方面开展合作；2016年4月6日，沪闽两省政府口岸工作办公室在福州签署了推进国际贸易"单一窗口"合作备忘录。

---

① 任敏：《"河长制"：一个中国政府流域治理跨部门协同的样本研究》，《北京行政学院学报》2015年第3期。

② 赖先进：《论政府跨部门协同治理》，北京大学出版社2015年版，第211页。

③ 李海峰：《加拿大政府跨部门协作的实践及其启示》，《"建设服务型政府的理论与实践"研讨会暨中国行政管理学会2008年年会论文集》，2008年。

2015年10月21日,上海、天津、福建、厦门、广东、深圳、珠海7个与自贸试验区有关的出入境检验检疫局——四区七局签署备忘录。四区七局建立联动机制领导小组,组长由原国家质检总局通关业务司主要负责人担任,成员由天津、上海、福建、厦门、广东、深圳、珠海等7个直属检验检疫分管局领导担任,办公室设在上海自贸试验区检验检疫政策研究所。

合作协议是指组织之间不一定通过组建实体机构的方式开展横向跨部门协同,而是通过协议形式明确职责,进行信息等资源的交换,除了发生在横向协同中,还可以发生在政府与社会组织之间的跨公私领域的内外协同中。

第四节　内外协同与跨部门公共服务供给

一、内外协同的概念

科层化协同和水平化协同都是政府部门内部之间的合作互动关系。在现代社会,政府、企业和社会组织等作为公共治理的主体将跨越各种壁垒和边界,按照信任、沟通、合作的原则,构建政府—企业—社会之间的公私合作伙伴关系。[①]自贸试验区的政府管理要逐渐适应国际上公共管理主体多元治理模式的转型,通过内外协同有效发挥非政府组织的中介作用,引导企业的自律管理。

跨部门协同中的"部门"并非专指政府内部的具体职能部门,这里的部门,不仅包括政府这个"第一部门",还包括"企业"这个"第二部门",以及非政府组织这个"第三部门"。因此,自贸试验区的跨部门协同,既包括政府部门之间的跨部门协同,也包括政府部门与企业之间的跨部门协同,还包括政府与第三部门的跨部门协同;从政府的角度来看,自贸试验区的跨部门协同,既包括各政府部门之间的横向协同,也包括各级政府部门之间的纵向协同。其中,公共部门与非政府组织、私营部门之间的跨部门协同,称之为"公私协同"或"内外协同"。内外协同,也即公私合作伙伴关系,主要是指在自贸试验区内,政府部门与非政府部门、私营部门之间构建的跨部门协同机制。

---

① 陶希东:《跨界治理:中国社会公共治理的战略选择》,《学术月刊》2011年第8期。

关于公私合作制的研究,作为治理手段的公私伙伴关系在外国高度工业化国家已经存在了很长一段时间。例如,社团组织安排就是公私合作伙伴关系的形式之一。几十年来,国际机构的研究集中在跨国制度如何解决集体行动问题和提供公共物品的问题上。如果将非国家角色考虑在内,他们或者是通过国内政治来形成国家利益的参与者,[①]或作为跨国机构(从跨国公司到国际非政府组织)游说国际谈判或者国际组织。在20世纪初非国家行为体才出现在国际关系文献中,作为国际治理结构中国际政府和国际结构的直接合作伙伴。[②]许多学者持有乐观态度,认为公私合作伙伴关系是国家治理各种问题的重要解决方案。[③]公私合作伙伴也被认为提高了民主参与和问责制方面的有效性(解决问题能力)及国际治理的合法性。

一方面,《总体方案》提出"积极鼓励社会力量参与市场监督"。借助市场和社会的充分参与,通过"外包"的方式吸收专业性机构参与质量技术监督、食品药品监管、知识产权、工商、税务等领域的监管,提高政府管理效率、管理水平和服务质量,使政府成为公共服务的提供者,而非唯一生产者。通过与社会组织构建伙伴关系,以内外协同的形式,自贸试验区政府部门职能向中介组织转移。一般而言,由政府单方面提供公共产品和公共服务,往往会耗费更多的社会资源,通过公私合作伙伴关系,能有效弥补政府资金不足、专业技能缺乏和资源整合能力较弱等缺陷。另一方面,《管理办法》第二十六条第二款规定:"自贸区有关政策措施、制度规范在制定和调整过程中,应当主动征求自贸区内企业意见。"

贸易便利化的跨部门性质要求贸易经营者和服务提供者之间及海关和各部委监管机构之间密切协调。[④]伙伴关系在公共部门背景中指的是一个政府

---

① Rober Putnam, "Diplomacy and Domestic Politics. The Logic of Two-Level Games", *International Organization*, Vol. 42, No.2, 1988, pp. 427-460.

② Wolfgang H. Reinicke, *Global Public Policy: Governing without Government?* Brookings, 1998.

③ Wolfgang H. Reinicke and Francis Deng, *Critical Choices. The United Nations, Networks, and the Future of Global Governance*, International Development Research Centre, 2000.

④ 参见联合国贸发组织研究报告, Trade Facilitation Handbook, Part I National Facilitation Bodies: Lessons from Experience, 详情参阅网站:http://unctad.org/en/Docs/sdtetlb20051_en.pdf。

组织和一个以上其他组织之间的结构安排,在这一关系中,为实现一个公共政策目标,各方在同一个协议下合作,需要共享权力和责任,共同投入资源(时间、资金和专业知识),共担风险和互惠互利。①伙伴关系的范围包括:与谁结成伙伴(其他政府、非政府组织、私营部门等),在哪些领域合作(政策开发、项目设计、服务执行等),伙伴关系的责任性质是什么(责任保留、共享还是委托)。②普莱特等人将伙伴协作关系分为四种行为类型:竞争、合作、协调和共同发展。③

以口岸管理为例,根据私营部门在公私合作制中发挥的不同作用,将参与口岸活动的私营部门分为三类,即政策制定、政策执行和提供服务三类,但此处是口岸管理中的所有私营部门参与者,因此还有第四类——口岸服务使用者,具体机构如表4.8所示。公私协同在上述不同类型的口岸管理活动中都有体现。

表4.8　不同类型口岸管理活动中私营部门的分类④

作用	举例
政策制定	大型国际或国家级行业协会、大型咨询公司
政策执行	航运公司、航空公司、渡轮服务商、货车公司、国际线路铁路公司、物流服务代理商、报关公司、货代公司、银行和金融机构、保险公司
提供服务	海港城市、码头、机场、国际铁路重点站、内陆堆场、码头管理及工人、码货人员及地面代理、货仓管理者、人员中转站经营者、码头社区系统提供商、信息和交流科技服务提供商及开发商、其他服务供应者
服务使用者	中小型企业、大型和跨国企业、外国企业及投资者、单一行业进出口商、跨行业进出口商、经销商和零售商、买卖方代理、国外进口企业

二、上海自贸试验区内外协同的主要实践

上海自贸试验区政府管理要逐渐适应国际上公共管理主体多元治理模式

① 孙迎春:《发达国家整体政府跨部门协同机制研究》,国家行政学院出版社2014年版,第5页。

② Tom Fitzpatrick, The Treasury Board of Canada, Secretariat for CCMD's Action-Research Roundtable on the Management of Horizontal Issues, 2000.

③ Pratt, J. Gordon, P. and Plampling, D. "Working Whole Systems: Putting Theory Into Practice", *Primary Health Care Research and Development*, 2001, 2. pp. 139-148.

④ 部分案例选自 Andrew, G., *The role of the private sector in border management reform Border Management Modernization*. The World Bank 158.

的转型,通过内外协同有效发挥社会组织的中介作用,如上海自贸试验区建立了社会力量参与市场监督制度:会计师事务所、审计师事务所承担企业年报审计工作;第三方检验机构为上海自贸试验区进出口商品检验出具鉴定报告;上海国际仲裁中心设立了上海自贸试验区仲裁院,制定发布了上海自贸试验区仲裁规则。上海自贸试验区的政府管理初步实现跨政府、市场和社会组织之间的协同治理(参见表4.9)。

表4.9　上海自贸试验区内外协同的主要案例

制度	责任部门	第三方
市场监督制度	上海市浦东新区市场监督管理局	行业协会、专业服务机构
检验检疫制度	上海国检局	第三方检验结果采信制度
海关监管制度	上海海关	引入社会中介机构辅助开展海关保税监管和企业稽查;企业自律管理;社会化预归类制度

第一,"健全社会力量参与市场监督机制"政策。《总体方案》中提到,在质量技术监督、食品药品监管、知识产权、工商、税务等管理领域,实现高效监管,积极鼓励社会力量参与市场监管。2015年4月公布的《深化方案》提出:"健全社会力量参与市场监督制度。通过扶持引导、购买服务、制定标准等制度安排,支持行业协会和专业服务机构参与市场监督。探索引入第三方专业机构参与企业信息审查等事项,建立社会组织与企业、行业之间的服务对接机制。"①表4.10梳理了上海市出台的"健全社会力量参与市场监督机制"政策数量,政策内容覆盖搭建公私合作平台、扶持培育/购买外包、委托行业组织、鼓励公众监督等领域。

---

① 《国务院关于印发进一步深化中国(上海)自由贸易试验区改革开放方案的通知》,中国政府网,https://www.gov.cn/gongbao/content/2015/content_2856603.htm。

表4.10　"健全社会力量参与市场监督机制"政策数量统计

部门	政策名称	搭建平台	扶持培育/购买外包	委托/要求行业组织	鼓励公众监督	总计
上海市人大	《中国(上海)自由贸易试验区条例》	1	1	1	1	4
自贸区管委会	《关于〈中国(上海)自由贸易试验区促进社会力量参与市场监督的指导意见(征求意见稿)〉公开征求意见的公告》	1	1	1	1	4
上海市人民政府	《中国(上海)自由贸易试验区相对集中行政复议权实施办法》	0	0	0	1	1
上海出入境检验检疫局	《关于在中国(上海)自由贸易试验区进口法检商品(重量)鉴定工作中采信第三方检验鉴定结果的通知》	0	1	0	0	1
总计		2	3	2	3	10

　　上海自贸试验区在加强社会力量参与市场监督方面的工作重点是通过扶持引导、购买服务、制定标准等制度安排,发挥行业协会和专业服务机构在行业准入、认证鉴定、评审评估、标准制定、竞争秩序维护等方面的作用。目前,自贸试验区出台了《促进社会力量参与市场监督的若干意见》。2014年9月29日,由自贸试验区内各类企业、驻区相关社会力量(包括行业协会、商会、基金会、民办非企业单位、专业服务机构等),依照《中国(上海)自由贸易试验区条例》的有关规定自行发起组成的"社会参与委员会"正式揭牌。这个自治组织也是企业和社会多种力量共同参与自贸试验区建设、参与市场监督的交流平台。[1]

　　第二,在出入境检验检疫领域,从国际通行规则看,进出口商品检验及原产地签发基本是由商会、贸易促进会等中介组织来完成,如澳大利亚、韩国、英国等很多国家和地区的政府都是授权商会组织承担,政府承认第三方检验鉴

---

[1] 胥会云:《自贸区成立社会参与委员会,强化事中事后监管》,参见 http://www.yicai.com/。

定机构检测结果的采信机制。①在上海国检局支持上海自贸试验区发展24条意见中,其中一条为"深化第三方检验结果采信制度",扩大进出口工业产品第三方检验结果采信的产品范围,根据进出口商品风险预警情况,建立第三方采信项目动态调整机制。②将试点商品范围扩展至进口机械加工设备及其零部件与部分进口医疗器械等产品;启动木材等产品检验的第三方结果采信试点工作;在自贸试验区实施第三方检验结果被采信机构的企业信息公示制度。

第三,在上海自贸试验区海关监管制度创新中,有一项"引入社会中介机构辅助开展海关保税监管和企业稽查",将中介机构引入海关保税监管和企业稽查工作中,拓宽中介机构参与海关监管的业务领域、作业环节和工作范围。③将海关监管、企业自管、中介协管和社会共管统一起来,引导企业自律,形成第三方社会中介机构对关企之间公平公正关系的有效保障。在保税监管和企业稽查工作中引入社会中介机构,推进了参与自贸试验区政府治理主体的多元化。

实际上,从2010年开始,全国海关范围内已开展引入中介机构参与海关稽查核查工作,并逐步从试点开始形成一种日常工作机制,由海关总署财装司提供专项经费作为支持。海关与各类第三方机构的合作,逐渐形成常态化、规模化、扩大化的特点。《中华人民共和国海关稽查条例》第十六条明确规定:海关可以委托社会中介机构参与海关稽查,被稽查人不得拒绝。2008年3月31日《中华人民共和国海关保税核查办法》对外公布,并于2008年6月1日起施行。该《办法》第十九条规定:被核查人提供经海关认可的中介机构出具的审计报告,并经海关审核认定的,海关可以对被核查人免于实施保税核查;海关认为必要时,可以委托中介机构参与保税核查。这为海关引入第三方机构参与海关监管提供了一定的法律基础。2014年1月1日起海关总署开始实施《海关引

---

① 洪俊杰、赵晓雷:《中国(上海)自由贸易试验区发展机制与配套政策研究》,科学出版社2016年版,第33页。

②《沪国检局出台24条意见支持自贸区新一轮发展》,《新民晚报》2015年6月19日。

③ 参见《上海海关关于引入社会中介机构辅助开展中国(上海)自由贸易试验区保税监管和企业稽查工作的公告》,2014年第38号。

入社会中介机构协助稽查工作操作规范（试行）》。与此同时，海关总署加贸司下发《加贸司关于引入中介机构协助海关加贸及保税监管相关事项的通知》，明确了中介机构协助海关保税监管的主要环节等事项。"引入中介机构辅助开展保税监管和企业稽查工作"，是指具备相关资质的中介机构接受自贸试验区内企业（以下简称企业）或海关委托，在企业开展自律管理和认证申请，以及海关实施保税监管和企业稽查等过程中，通过审计、评估、鉴定、认证等活动，提供相关辅助依据的工作。[①]

上述"中介机构"是指经批准依法通过专业知识和技术服务为海关或企业提供相关审计、评估、鉴定、认证等服务的社会组织或团体。引入中介机构辅助开展自贸试验区保税监管和企业稽查，分为企业委托和海关委托两种模式。公共服务外包过程中，自贸试验区海关委托的主要形式是海关在实施保税监管或企业稽查过程中，根据工作需要，委托中介机构开展辅助工作的模式。采用海关委托模式的，海关设立辅助开展保税监管和企业稽查工作中介机构备选库，并采取招标、综合排名、随机抽取等方式从备选库中选定中介机构（参见表4.11）。采用海关委托模式开展相关工作的，海关设立评审管理小组，负责相关事项的管理工作。

表4.11　中介机构协助海关开展保税监管和企业稽查、认证工作备选库名单

序号	中介机构名称	协助海关开展工作范围		
		保税监管	企业稽查	企业认证
1	上海毕马威税务师事务所有限公司		√	
2	上海华申会计师事务所有限公司		√	
3	上海司法会计中心有限公司	√		√
4	上海兆信会计师事务所有限公司			√
5	尤尼泰（上海）税务师事务所有限公司			√
6	中准会计师事务所上海分所			√

2014年7月4日起，上海海关在上海自贸试验区内实行企业自律管理制度。自律管理指进出口货物放行后，经海关注册登记的试验区内企业在其自

[①]《上海海关关于引入社会中介机构辅助开展中国（上海）自由贸易试验区保税监管和企业稽查工作的公告》，上海海关网，http://shanghai.customs.gov.cn/publish/portal27/tab64055/info718574.htm。

主或者委托中介机构开展相关进出口行为合法性审查过程中,发现可能存在涉嫌违法或者其他情况的,主动书面报告海关,海关依法予以相应处置的管理行为。①企业自律管理实际上是政府部门与企业之间的跨部门合作。截至2016年9月,上海海关已引导自贸试验区内815家企业开展自律工作、主动补税1.31亿元;在90项企业稽查、12项保税核查作业中引入49家中介机构协助工作,实现补税1.6亿元。

跨部门协同服务运作的本质是协同主体利用现代信息技术,通过在业务企业、服务企业和监管部门之间共享信息和数据等措施,实现协同服务运作,达到资源的优化配置,提高整个服务过程的运行效率,实现业务企业和服务企业的效用最大化。在协同环境下,协同服务将会提供全面的信息和能力的共享,将生产、采购、运输、监管的全过程融为一体,实现全过程服务的一体化。自贸试验区核心跨部门协同服务结构如图4.2所示。②

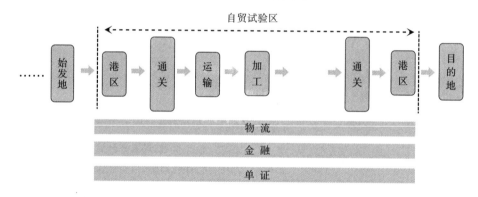

图4.2 自贸试验区核心跨部门协同服务结构图示

来源:王贵斌、王芳杰、何伟:《自贸试验区协同服务运作模式创新研究——以浙江自贸试验区为例》,同济大学出版社2019年版,第40页。

三、内外协同与上海自贸试验区政府职能转变的内在关联

当前,国际上公共服务供给模式已从中央集权的层级化模式朝向多主体

---

① 参见《上海海关关于在中国(上海)自由贸易试验区实施区内企业自律管理的公告》,2014年第32号。

② 王贵斌、王芳杰、何伟:《自贸试验区协同服务运作模式创新研究——以浙江自贸试验区为例》,同济大学出版社2019年版,第40页。

参与的网络化模式转型。因此，上海自贸试验区建设与社会组织协同发展在制度上要形成将伙伴关系存在于治理结构中的一种制度安排，改变上海以往的政府与社会组织合作所建立的管家关系基础，即政府与社会组织之间的准行政关系，进一步规范"六分开"（即主体、机构、职能、人员、资产、依据）。有学者提出，上海自贸试验区政府职能转变使得社会组织可以在特别监管、咨询服务、法治建设等方面承接政府转移的部分职能。[①]

作为政府职能转移的承接主体之一，社会组织不可或缺。理论上，社会组织与政府是一种平等的合作关系。但在实际中，社会组织处于弱势地位，无法与政府博弈。社会组织要围绕自身宗旨和业务范围，积极回应社会需求，主动参与政府购买公共服务事项，并以此为依据制定发展规划和年度工作计划。要关注公共服务供给中的热点、难点、焦点问题，善于发现自贸试验区建设中政府创新与政府改革的机会，协调服务社会公众、促进行业发展及本组织与政府部门之间的关系，切实解决现实问题，维护服务对象的合法权益。

社会治理能有效支撑政府治理，依托包括各种社会组织和经济组织的力量，形成多中心协同的治理模式，一定程度上弥补政府减弱对市场控制下的管理和法律真空，在政府渐退的过程中维持良好的市场秩序。[②]《条例》提出"充分激发市场主体活力，法律、法规、规章未禁止的事项，鼓励公民、法人和其他组织在自贸试验区积极开展改革创新活动"。《条例》所规定的管委会职能涉及行政管理、信息管理、行业监管、推进项目建设等，包括可以厘清哪些职责通过购买服务、职能转移等方式，交由社会组织来完成等内容。具体来说：

第一，社会组织参与行业监管。《条例》规定，自贸试验区进行行政管理方式创新，由原来注重事先审批转为注重事中事后监管，提高监管参与度，推动形成行业监管、行业自律、社会监督、公众参与的综合监管体系。以上海石材行业协会为例，虽然上海市商务委是其主管部门，但二者业务联系较少，上海石材行业协会属于完全社会化的行业协会，日常经费来自会员单位每年的会

---

① 唐德龙、杨君、高翔：《自贸区建设与社会组织承接政府转移的职能》，《现代经济探索》2015年第3期。

② 王玉婷：《政府治理社会模式的转型与创新探析》，《湖北社会科学》2011年第5期。

费及为石材行业企业提供服务、咨询等费用。在石材这样一个狭小、竞争性强的行业中,行业协会可以参与制定行业规范和标准,为相关企业提供信息及咨询服务。在上海自贸试验区建设中,相关行业可以仿效这种方式,引入社会组织,进行行业监管,提供更加专业的服务,尽量避免"政府失灵"现象,提高行政效率,节约行政成本。目前,上海自贸试验区已与上海现代服务业联合会、普华永道等中介机构在行业监管和第三方评估方面达成意向。①图4.3为社会力量参与市场监督机制的政策执行框架。

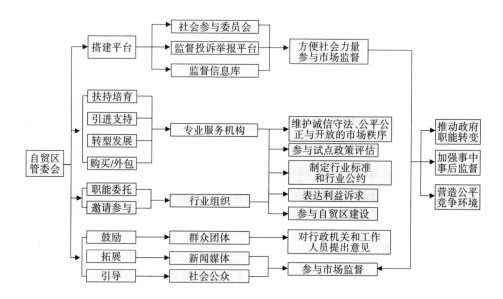

图4.3 "健全社会力量参与市场监督机制"政策执行框架

海关监管方面,上海海关提出在自贸试验区实行海关保税监管公共服务外包。根据《中华人民共和国海关法》和《国务院关于印发中国(上海)自由贸易试验区总体方案的通知》,就试验区内引入社会中介机构辅助开展海关保税监管和企业稽查工作,接受试验区内海关委托,在企业开展自律管理和认证申请,以及海关实施保税监管和企业稽查等过程中,通过审计、评估、鉴定、认证等活动,提供相关辅助依据的工作。

---

①《自贸试验区综合监管现雏形》,参见网址 http://money.163.com/13/1211/08/9FQ4076M00253B0H.html。

表4.12　上海自贸试验区海关保税监管区域公共服务外包公告

发布时间	公告名称
2014年9月	《上海海关关于引入社会中介机构辅助开展中国(上海)自由贸易试验区保税监管和企业稽查工作的公告》
2014年11月	《上海海关关于发布〈申请进入协助海关开展中国(上海)自由贸易试验区保税监管和企业稽查中介机构备选库工作指引〉的通知》
2014年12月	《上海海关关于对申请进入协助海关开展中国(上海)自由贸易试验区保税监管和企业稽查中介机构备选库的相关中介机构从业人员开展培训的通知》
2015年1月	《上海海关关于公布列入协助海关中国(上海)自由贸易试验区开展保税监管和企业稽查工作中介机构备选库名单的通知》
2015年12月	《上海海关关于对相关中介机构从业人员开展书面评估的通知》
2016年1月	《申请进入协助海关开展中国(上海)自由贸易试验区保税监管和企业稽查中介机构备选库工作指引》
2016年12月	《上海海关加工贸易监管处、稽查处、企业管理处关于公布列入协助开展保税监管和企业稽查、认证工作中介机构备选库名单的通知》
2018年10月	《上海海关关于2018年社会中介机构申请加入具有协助海关开展保税监管、企业稽查和企业认证工作资质的中介机构备选库相关事项的通知》
2017年12月	《上海海关加工贸易监管处、稽查处、企业管理处关于对中介机构相关人员开展书面评估的通知》
2017年12月	《上海海关加工贸易监管处、稽查处、企业管理处关于公布列入协助开展保税监管和企业稽查、认证工作中介机构备选库名单的通知》
2018年12月	《上海海关关于公布列入协助海关保税监管和企业稽查中介机构备选库名单的通知》
2019年12月	《上海海关稽查处关于对中介机构相关人员开展书面评估的通知》
2020年10月	《上海海关稽查处关于开展2020年度中介机构备选库人员书面评估的通知》
2021年3月	《上海海关稽查处关于公布协助开展保税监管和企业稽查中介机构备选库名单的通知》
2021年10月	《上海海关稽查处关于开展2021年度中介机构海关项目从业人员书面评估的通知》
2022年12月	《上海海关稽查处关于公布可向海关稽查提供服务的中介机构名单的通知》

公共服务外包过程中,自贸试验区海关委托的主要形式是海关在实施保税监管或企业稽查过程中,根据工作需要,委托中介机构开展辅助工作的模式。采用海关委托模式的,海关设立辅助开展保税监管和企业稽查工作中介机构备选库,并采取招标、综合排名、随机抽取等方式从备选库中选定中介机

构。采用海关委托模式开展相关工作的,海关设立评审管理小组,负责相关事项的管理工作。海关引入社会中介机构协助稽核查工作,是指海关在开展稽核查工作中,根据工作需要,由海关委托具备国家认可相关资质的会计师事务所、税务师事务所、专业信用评估机构和专业检验、检测、鉴定、认证机构及其他对被委托事项具备相关资质和能力且可以对外出具报告、证书和相关资料的中介机构,对行政相对人进行审计、评估、核实、检验、检测、鉴定、认证等服务,并为海关提供处理依据的工作。委托中介机构是双向的,《中华人民共和国海关稽查条例》第二十一条规定:"海关进行稽查时,可以委托会计、税务等方面的专业机构就相关问题作出专业结论。被稽查人委托会计、税务等方面的专业机构作出的专业结论,可以作为海关稽查的参考依据。"[1]海关稽核查引入社会中介机构提供服务业务改革是进一步落实国务院"简政放权、放管结合、优化服务"要求的重要举措,随着海关全面深化改革的推进,稽核查部门承担的职责任务越来越繁重,同时受专业水平的限制,仅靠海关自身管理资源难以拓展更大空间。《中华人民共和国海关稽查条例》为海关稽核查引入社会中介机构工作提供了法律依据,通过吸纳外部有实力的社会中介机构共同参与海关稽核查监管工作,弥补稽核查部门人力资源短缺问题,也有利于提升海关稽核查的专业水平和查发能力。

第二,社会组织提供行业资讯与直接提供服务。《条例》鼓励将自贸试验区适合专业机构办理的事项交由专业机构承担,或引入竞争机制和社会参与机制,通过购买服务等方式,引导和培育专业机构发展。以上海市海外经济技术促进会为例,该组织为海内外投资与贸易提供咨询、信息沟通等服务;开展科技咨询、人才交流、工业加工、商务考察、物资流通和企业人员培训;同时受托为国内外企业在沪开展业务联络及项目招商。这类社会组织可以为自贸试验区的人力资源开发与管理、贸易信息共享、业务培训等提供专业服务。《条例》规定,加强自贸试验区环境保护工作,探索开展环境影响评价分类管理,提高

---

[1]《中华人民共和国海关稽查条例》,中国司法部网,http://www.moj.gov.cn/pub/sfbgw/zcjd/201607/t20160706_390124.html。

环境保护效率。环保社会组织往往拥有专业的团队和专家、实践经验及灵敏的反应能力,可以参与到上海自贸试验区环境保护工作中去。

第三,社会组织参与法治建设。《条例》规定,对于地方性法规规章不适应自贸试验区发展的,可以提请上海市人大、市人民政府就其在自贸试验区的适用作出规定。自贸试验区法律环境有其特殊性,需要借助社会力量,特别是法律专业机构进入自贸试验区"量身定制"合理稳妥的法律体系。此外,《条例》规定,实行知识产权进出境保护和境内保护的协同管理和执法配合,探索建立自贸试验区知识产权统一管理和执法的体制机制。在行政复议方面,自贸试验区的具体行政行为可能引起行政相对人的不服,要建立一整套完善的行政复议制度。在劳资关系上,自贸试验区推行企业与劳动者的集体协商机制和劳动争议处理机制。图4.4表明,在推动权益保护制度创新政策执行中,在纠纷调解中除了法院的司法调解、国家知识产权局的行政调解,还可以充分利用各类行业协会、调解中心、知识产权中介服务机构,也可以利用社会组织和第三方提供法律援助。以上这些,都急需各种专业社会组织,都需要推动行业性、专业性社会组织参与自贸试验区法治建设,促进政府实现职能转移。

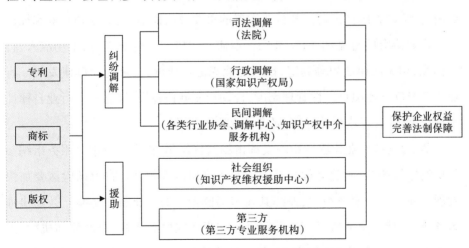

图4.4 "推动权益保护制度创新"政策执行框架

四、推进社会组织承接部分政府职能,构建跨部门公私合作伙伴关系

应以多元主体和协同治理作为上海自贸试验区创新社会管理体制的突破

口。其中,多元主体不仅包括不同层级的政府、不同的政府部门,还包括市场、非政府组织、行业组织等。政府部门是协同治理的中心,但不是唯一主体。就目前情况来看,社会组织参与上海自贸试验区治理的程度不高,社会组织参与上海自贸试验区治理还有许多薄弱之处。现有政策偏向于宏观层面的顶层设计,而与之配套的实施机制相对缺乏。对于如何划分政府、企业和社会之间的权责关系,如何推动企业、商会、行业协会、第三方机构参与自贸试验区治理还缺乏具体的合作机制。伙伴关系是治理主体为处理公共问题、实现公共利益而建立的一种正式的、长期的和稳定的合作关系。①

第一,加快落实行业协会承接政府的市场监管职能。自贸试验区各个监管部门应尽可能把适合行业组织行使的职能委托或转移给行业协会、商会,形成行业协会、商会等社会组织承接市场监管职能清单。行业组织、中介组织作为主要的市场准入监管的社会组织,可通过制定行业规范、行业标准和技术标准、行业准入等形式,发布行业规范、进行行业协调与行业惩戒等活动进行监管。②

建立常态化的沟通协调、决策征询、专业会商、信息共享、协同指导等工作机制,自贸试验区在出台涉及行业发展的重要政策措施前,应主动听取和征求有关行业协会的意见和建议,鼓励行业协会积极参与行业规划、市场准入、行业标准、相关法律法规等制定,推进行业规范化建设,促进行业健康发展。行业协会要健全各项自律性管理制度,推动行业诚信建设,建立完善行业自律性管理约束机制,规范会员行为,促进行业整体发展。

第二,支持专业化服务组织发挥市场监督作用,扩大专业中介服务组织参与市场监管的范围,建立健全专业化服务机构监管制度。自贸试验区要加快发展专业性中介服务组织,发挥其在市场监管中的专业服务功能。鼓励律师事务所、会计师事务所、税务师事务所、知识产权服务机构、资产评估机构、报关报检机构、检验检测鉴定机构、认证机构等专业化服务组织在上海自贸试验

---

① 丁煌、叶汉雄:《论跨域治理多元主体间伙伴关系的构建》,《南京社会科学》2013年第1期。

② 蒋硕亮、刘凯:《上海自贸试验区事中事后监管制度创新:构建"四位一体"大监管格局》,《外国经济与管理》2015年第8期。

区提供专业服务。

第三,完善政府购买社会服务机制,对社会组织监管绩效进行考核评估并给予经济支持。尤其是在上海自贸试验区进出口商品检验采信、食品安全检验检测等技术领域加大政府购买服务力度,发挥专业服务机构的优势,建立健全市场专业化服务机构监管制度。

上海自贸试验区积极向行业协会、商会等社会组织购买服务,通过购买服务将市场监管中的一些技术性、行业性、服务性的职能转移给社会组织,以绩效评估引导社会组织良性发展。《条例》第四十三条规定,自贸试验区建立企业和相关组织代表等组成的社会参与机制,引导企业和相关组织等表达利益诉求、参与试点政策评估和市场监督。支持行业协会、商会等参与自贸试验区建设,推动行业协会、商会等制定行业管理标准和行业公约,加强行业自律。这一条款意味着上海自贸试验区将逐步形成政府监管、自律管理与社会监督相结合的混合型监管模式。混合型监管模式的基本内容是:在强调发挥政府在市场监管中主导作用的同时,强化行业自律和企业自律,主动培育和积极运用社会监督力量,在政府主导、行业自律、企业自律、社会监督之间形成相互联系、相互衔接关系,构建层次清晰、功能齐全、分工明确的市场监管体系。

第四,拓宽利益相关者群体介入市场监管的渠道。自贸试验区要完善消费者维权组织,如消费者协会,强化其专业性、服务性,通过受理消费者投诉,组织和参与有关部门对市场商品和服务的监督和检查,开展专题调研、产品比较试验、评议商品和服务、向企业反馈产品和服务质量信息、揭露批评损害消费者权益的行为等方式,加强对商品和服务的社会监督。

第五章　程序性机制与自贸试验区
跨部门政务协同

　　程序性机制是指在自贸试验区政府管理过程中,选择各种协调规则、程序和方法进行合理安排,实现参与自贸试验区政府管理的各个部门行政行为的协同。与结构性机制相比,程序性机制侧重实现跨部门协同的程序性安排和流程机制。各种程序性协同机制的建立和有效运作,不仅提高了自贸试验区各个政策领域制度创新的协调性,而且形成了不同部门之间有效联动的制度创新机制。本章以上海自贸试验区相关政策文本和实践为例,对程序性机制进行类型研究,从中总结归纳"一口受理"工作机制、跨部门联办机制、跨部门联合监管机制、跨部门公共服务供给机制等。

第一节　程序性机制的概念与分类

一、程序性机制的概念

　　程序性协同机制指的是在政府管理过程中,选择不同的协调方法和技术进行合理安排,实现政府各组成部门行政行为的协同。[1]程序性机制主要包括常设性专门协调机构的运作管理程序,以及非常设性机构如部际联席会议设立的门槛条件、启动程序、运作程序、终止程序等。实际上,无论是纵向跨部门协同,还是横向跨部门协同,都涉及议程设定程序、决策程序及政策执行过程中的程序性安排。

　　在传统的科层组织结构中,管理和服务流程都遵循专业化原则,符合既定的权责关系和惯例,并在相当一段时间内保持稳定。跨部门协同不仅是临时性、应急性的,也可能是一种程序性、制度性的变化,因为后者往往能从整体上

---

　　① 蒋敏娟:《中国政府跨部门协同机制研究》,北京大学出版社 2016 年版,第 91 页。

提升政府运行效率和效能。①在程序性协同机制中,领导职务或政府职能的重新调整可能存在不同类型的协商过程、运行程序和阶段要素。发达国家针对跨部门协同的过程研究相对比较成熟、系统,相关文献视角多样、领域宽泛、内容丰富,既包含不同的过程类型,也有对过程内容、变化效应及影响要素的详尽分析。虽然在不同层次上所强调的内容、方法和重点各有千秋,但总体上都认为,跨部门协同过程并不是各发展阶段的线性组合,而是一个循环往复的动态过程,需要各阶段要素之间按照环境变化灵活互动,在不断建设和持续学习过程中予以完善。

《总体方案》提出"建立一口受理、综合审批和高效运作的服务模式,完善信息网络平台,实现不同部门的协同管理机制。建立行业信息跟踪、监管和归集的综合性评估机制,加强对试验区内企业在区外经营活动全过程的跟踪、管理和监督。建立集中统一的市场监管综合执法体系,在质量技术监督、食品药品监管、知识产权、工商、税务等管理领域,实现高效监管,积极鼓励社会力量参与市场监督。"这些要求都对程序性机制建设提出了要求,自贸试验区建设需要关注程序性机制和运作中细节的完善,以实现跨部门政务协同。

二、程序性机制在中国自贸试验区政府管理中的表现形式

程序性机制的关键在于以细节规定提高制度的可操作性和政策的可执行性。制度界定并限制了人们的政策选择,降低了人们在互动过程中的不确定性。制度内容的详细程度影响其约束力。因此,制度的细化对减少行动中的不确定性与随意性尤为重要。这种制度的细化在中国自贸试验区政府管理中就表现为各种程序性机制建设,如"一口受理"工作机制、健全国家安全审查和反垄断审查协助工作机制、跨部门执法联动机制等。从审批程序看,"一口受理"、多证联办、"综合审批"以及其他简化措施都体现了简政放权和自贸试验区政府管理体制改革的总体思路。

---

① 容志、李婕:《"一网"能够"统管"吗?——数字治理界面助推跨部门协同的效能与限度》,《探索与争鸣》2023年第4期。

（一）"一口受理"工作机制

所谓"一口受理"，就是"一表申请，一口受理"，由"一口受理"窗口"统一接收申请材料，统一向申请人送达有关文书"。福建自贸试验区最早实施"一照一码"，平潭片区率先实施"综合审批"，对投资项目的每一个阶段都实行"一表申报、一口受理、一照一码、一章审批、一日办结"的综合审批，所有的审批部门成为一个整体面向市场主体。这一改革精简了行政审批申请材料、优化了投资项目，整合了中介服务资源。目前，上海自贸试验区实行"一口受理"机制的事项包括外商投资项目核准（备案）、企业设立（变更）及企业境外投资备案。由"多个部门多头受理"改为"一个部门、一个窗口集中受理"，并推行线上线下结合和流程优化，实现跨部门数据共享和部门事务网上办理。企业可在4个工作日内一并领取相关证照，比原来的29个工作日大幅缩减。[①]

上海自贸试验区内的企业准入由"多个部门多头受理"改为"一个部门、一个窗口集中受理"，推行"单一窗口"制度和"多证联办"制度。这就极大地压缩了证照获批的时间成本。从某种意义上说，"一口受理"和"综合审批"是改变纵向层级制和横向部门化的行政体制对行政许可申请人可能造成的困扰，是将行政思维和流程再造转向以行政相对人为中心和申请项目为中心的尝试。在上海自贸试验区制度创新中，内资企业登记"单一窗口"从企业设立向变更环节延伸。"综合审批"也可以被理解为行政审批事项的多证联办、并联办理，或相对集中行政许可。上海自贸试验区的外商投资企业登记从"五证联办"向"七证联办"拓展。

实现"一口受理"和综合审批的审批流程简化需要其他制度的配套。其中，信息技术为实现审批流程的简化提供了重要的技术支撑。如，审批流程简化工程伴随线上线下结合和流程优化的推进，质监部门实现组织机构代码实时赋码，税务部门实现税务登记号码网上自动赋码。按照《国务院关于规范国

---

① 沈开艳、徐琳：《中国（上海）自由贸易试验区的发展现状与思考》，载上海市经济学会编：《新发展理念与全面深化改革：理论研究和政策选择》，格致出版社、上海人民出版社2017年版，第94页。

务院部门行政审批行为改进行政审批有关工作的通知》①和《国务院办公厅关于印发精简审批事项规范中介服务实行企业投资项目网上并联核准制度工作方案的通知》②要求，精简前置审批，实现审批流程优化、程序规范、公开透明、权责清晰。加强建立"统一规范、并联运行，信息共享、高效便捷，阳光操作、全程监督"的网上联合审批监管平台，实现所有审批事项"一网告知、一网受理、一网办结、一网监管"。福建自贸试验区在探索建设项目审批"一站式"审批机制方面，出台了《中国（福建）自由贸易试验区福州片区建设项目审批"一口受理"实施方案》，从整合审批流程、简化审批环节、改进审批方式、强化保障机制等方面，探索福州片区建设项目审批"一站式"审批机制，建立"一表申请、一口受理、并联审查、一章审批"的审批制度。③

（二）国家安全审查和反垄断审查协助工作机制

从协同主体看，国家安全审查与反垄断审查领域的跨部门协同主要表现为中央部委、上海市委办局、自贸试验区管委会三级政府之间的纵向协同。根据《中国(上海)自由贸易试验区条例》，上海自贸试验区管委会依法履行国家安全审查和反垄断审查有关职责。④在国家发展改革委、商务部的指导下，制定《中国(上海)自由贸易试验区外商投资安全审查管理办法》，明确外资安全审查的范围、内容、工作机制和程序。

通过对"健全国家安全审查和反垄断审查协助工作机制"政策的梳理，可以发现参与联席会议机制受到了较高的政策关注度，该举措的6项政策中，有5项提及联席会议（参见表5.1）。自贸试验区在国家安全审查及反垄断审查中承担协助角色，政策执行效果取决于联席会议或部门间协同的高效与否，目前部门联席会议机制已建立，就是实践经验、市场信息的互通有无、部门监管能力

①《国务院关于规范国务院部门行政审批行为改进行政审批有关工作的通知》，中国政府网，http://www.gov.cn/zhengce/content/2015-02/04/content_9454.htm。

②《国务院办公厅关于印发精简审批事项规范中介服务实行企业投资项目网上并联核准制度工作方案的通知》，中国政府网，http://www.gov.cn/zhengce/content/2014-12/29/content_9369.htm。

③ 胡加祥等：《上海自贸试验区成立三周年回眸（制度篇）》，上海交通大学出版社2016年版，第97页。

④ 王志彦：《国家发改委：在简政放权同时完善事中事后监管，自贸区将建外资安全审查机制》，《解放日报》2014年8月31日。

等方面仍有改进空间。国家安全审查和反垄断审查协助工作机制要真正发挥作用,需要部门间的信息互通,确保对市场动态的即时掌握,提前预警。

表5.1 "健全国家安全审查和反垄断审查协助工作机制"政策覆盖

部门	政策名称	安全审查	经营者集中反垄断	价格垄断	反垄断协议行政垄断等	联席会议	总计
国务院	《国务院办公厅关于印发自由贸易区外商投资国家安全审查试行办法的通知》	1	0	0	0	0	1
上海市人大	《中国(上海)自由贸易试验区条例》	1	1	1	1	1	5
市商务委	《中国(上海)自由贸易试验区经营者集中反垄断审查工作办法》	0	1	0	0	1	2
市发展改革委	《中国(上海)自由贸易试验区反价格垄断工作办法》	0	1	1	0	1	2
市工商局	《中国(上海)自由贸易试验区反垄断工作联席会议制度方案》	0	0	0	1	1	2
自贸区管委会	《中国(上海)自由贸易试验区反垄断工作联席会议制度方案》	0	0	0	0	1	1
总计		2	3	2	2	5	14

上海自贸试验区关键技术安全审查工作应与国家安全审查制度相协调。上海自贸试验区管委会作为地方层面推动该项工作的具体执行机构,应主动承担关键技术控制发现识别、协助企业报送材料、协助国家相关部门开展调查等职责。[1]2015年4月,国务院下发《自由贸易试验区外商投资国家安全审查试行办法》[2],对安全审查工作机制和程序进行了如下描述:

---

① 蒋硕亮:《中国(上海)自贸试验区制度创新与政府职能转变》,经济科学出版社2014年版,第58页。

② 《国务院办公厅关于印发自由贸易试验区外商投资国家安全审查试行办法的通知》,中国政府网,https://www.gov.cn/gongbao/content/2015/content_2856652.htm。

（一）自贸试验区外商投资安全审查工作，由外国投资者并购境内企业安全审查部际联席会议（以下简称联席会议）具体承担。在联席会议机制下，国家发展改革委、商务部根据外商投资涉及的领域，会同相关部门开展安全审查。

（二）自贸试验区安全审查程序依照《国务院办公厅关于建立外国投资者并购境内企业安全审查制度的通知》（国办发〔2011〕6号）第四条办理。

（三）对影响或可能影响国家安全，但通过附加条件能够消除影响的投资，联席会议可要求外国投资者出具修改投资方案的书面承诺。外国投资者出具书面承诺后，联席会议可作出附加条件的审查意见。

（四）自贸试验区管理机构在办理职能范围内外商投资备案、核准或审核手续时，对属于安全审查范围的外商投资，应及时告知外国投资者提出安全审查申请，并暂停办理相关手续。

（五）商务部将联席会议审查意见书面通知外国投资者的同时，通知自贸试验区管理机构。对不影响国家安全或附加条件后不影响国家安全的外商投资，自贸试验区管理机构继续办理相关手续。

（六）自贸试验区管理机构应做好外商投资监管工作。如发现外国投资者提供虚假信息、遗漏实质信息、通过安全审查后变更投资活动或违背附加条件，对国家安全造成或可能造成重大影响的，即使外商投资安全审查已结束或投资已实施，自贸试验区管理机构应向国家发展改革委和商务部报告。

（七）国家发展改革委、商务部与自贸试验区管理机构通过信息化手段，在信息共享、实时监测、动态管理和定期核查等方面形成联动机制。

2011年3月3日《国务院办公厅关于建立外国投资者并购境内企业安全审查制度的通知》的实施，标志着中国正式建立外资并购的国家安全审查机制，该《通知》第三部分规定了外资并购安全审查工作机制，内容包括：外资安全审查的机构为部际联席会议,牵头部门为发展改革委、商务部,具体职责包括"安全审查并做出决定的实质性权力"。《中国(上海)自由贸易试验区管理办法》第三十条授权自贸试验区管委会及时提请、开展相关安全审查。

反垄断审查包括经营者集中反垄断审查、价格垄断执法工作、反垄断协议和行政垄断执法工作,分别由上海市商务委、发展改革委、工商局与自贸试验区管委会联合执行,各有相关政策与之对应。同时,以上部门根据《中国(上海)自由贸易试验区反垄断工作联席会议制度方案》成立了自贸试验区反垄断工作联席会议,共同做好反垄断审查工作。目前,反垄断审查制度正在推进工商、物价、商务委和自贸试验区参与的"3+1"工作机制。①反垄断审查是上海自贸试验区强化政府事中事后监管的重要举措之一。在国家发展改革委、商务部、工商总局的支持下,制定发布了自贸试验区三个领域反垄断的工作办法,形成了自贸试验区反垄断审查联席会议制度方案。②图5.1反映了国家安全审查和反垄断审查协助工作机制政策执行框架。

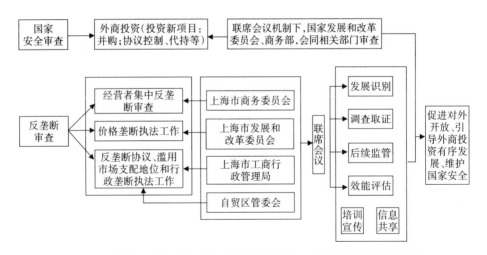

图5.1 "健全国家安全审查和反垄断审查协助工作机制"政策执行框架

---

① 肖林主编:《高标准开放与制度创新:中国自由贸易试验区智库报告2015/2016》,格致出版社、上海人民出版社2016年版,第52页。

② 上海市新闻办:《市政府新闻发布会通报自贸区运行一年以来的情况》,参见 http://www.shanghai.gov.cn/。

《中国(上海)自由贸易试验区反垄断工作联席会议制度方案》第四条对反垄断工作联席会议的工作方式进行了规定,主要包括两种形式:

(1)工作会。联席会议每年定期召开工作会议,统一研究自贸区反垄断审查及执法工作,总结形成反垄断工作可复制、可推广的经验,研究机制创新、制度突破方面重大问题。

(2)协调会。联席会议办公室可根据实际工作需要,召集成员单位及相关部门召开自贸区反垄断工作协调会,对反垄断审查及执法工作的开展情况进行评估,研究、协调执法过程中遇到的具体问题,落实联席会议确定的工作任务。

健全安全审查与反垄断的目的是配合负面清单管理模式的实施,以往对于外资进入是事前审批,现在负面清单之外的自由进入,只需备案,无疑会对国家经济安全提出挑战,同时考验政府部门的监管能力,能不能及时发现安全问题、垄断迹象,能不能及时跟进,能不能获取足够的数据来判断都是改革后政府面临的新问题。当前,上海自贸试验区在该工作中处于配合角色,主要由国家层面,具体来说由商务部和发展改革委牵头,因此,政策执行的效果取决于联席会议等横向跨部门协同机制的运行成效,自贸试验区管委会仅仅是为相关工作提供基层支持。目前看来,运行机制比较畅通,但从长远看,自贸试验区安全审查和反垄断审查中的跨部门协同监管能力有待提升。

(三)跨部门执法联动机制

在行政执法方面,针对长期性、跨界性的执法问题,需要强化多个部门的联合行动,建立健全一套高效的跨部门联动机制。在当前部门执法的体制格局下,建立跨部门联合行政执法机制,整合分散化、碎片化的执法力量,既能发挥部门分工执法的专业优势,又能体现跨部门联动执法的整体效果。所谓"联合执法",是多个领域的行政部门对于同一执法事项依据各自的行政执法权和就职权重叠交叉的特定执法事项,协商一致共同开展执法工作,是在行政执法权分散配置的前提下多部门在行动层面的协同。①《条例》规定，上海自贸试验区管委会、驻区机构和有关部门建立合作协调和联动执法工作机制，提高执法效率和管理水平。建立联合执法联席会议制度，增加了跨部门联合执法的协同性。

联合执法是为配合某一阶段的中心工作，解决突出问题，相关行政执法机关在人民政府的组织下或主要管理部门的邀请下，组成联合执法小组，共同实施行政监督检查，对违法行为由相关的职能部门作出处理决定的执法行为。②行政分工和法律法规对每一个行政执法部门的职权限制，使得任何一个职能部门想要不借助外力而单独行动都难以完全达到行政目的，而且容易造成重复交叉执法，妨碍当事人的正常生产和经营活动。联合执法由各个部门共同参与，在各自的职权范围内相互配合，形成合力，避免了行政机关各职能部门之间的权限冲突。在行政执法实践中联合执法被广泛运用，有关规范性文件也对执法部门提出了联合执法的要求。

当前，中国行政体制改革开始发生由结构性分权、机构裁减和设立单一职能的机构向强化政府部门内部协同合作的转变。③与此同时，中国行政执法体系与执法能力建设也正在经历由以依靠规模扩张为主的粗放式发展模式向以优化执法资源配置、提高执法效能为主的集约化发展模式转变。④2016年8月，上海市人民政府发布《进一步深化中国（上海）自由贸易试验区和浦东新区事中事后监管体系建设总体方案》，提出"完善综合执法体系。坚持综合执法和专业执法相结合，坚持机构设置精简高效，整合政府部门间相同相近的执法职能，归并执法机构、统一执法力量，有序推进、逐步整合，探索形成以市场监管、城市管理、治安管理三大综合领域为重点，若干专业领域（知识产权、农林牧

① 高杭：《跨部门协同视域下教育综合行政执法改革的挑战与应对》，《清华大学教育研究》2021年第6期。

② 金国坤：《行政权限冲突解决机制研究：部门协调的法制化路径探寻》，北京大学出版社2010年版，第73页。

③ 臧雷振：《国外政府再造与我国"大部制"改革刍议》，《中共南京市委党校学报》2008年第3期。

④ 高杭：《跨部门协同视域下教育综合行政执法改革的挑战与应对》，《清华大学教育研究》2021年第6期。

渔、劳动监察、卫生监督等)为补充的综合执法体系"①。2017年4月,上海海事局牵头,组织协调了上海出入境边防检查总站、上海海关、上海出入境检验检疫局等口岸查验单位,发布《上海口岸国际航行船舶联合登临检查工作机制》②,当年共开展联合登临检查21艘次,有效减少船舶检查次数,提高港口泊位周转效率。2018年3月15日,海关总署、公安部、交通运输部和质检总局联合印发《口岸查验单位一次性联合检查实施方案》③,探索多环节合一、扁平化的口岸管理新模式,深入推进口岸查验单位跨部门一次性联合检查工作,"明确口岸联合检查主体""依托跨部门信息共享和交互平台实现指令对碰功能"等任务内容。

三、部门联合发文与跨部门政策制定的协同

联合发文是对于某一方面的行政管理事务,需要多个部门联动的,由相关部门联合制定规章或其他规范性文件,规定各部门在共同管辖的行政行为中各自的职责权限和相互之间的协调配合机制。④联合发文是从政策制定层面实现跨部门协同的程序性机制。针对跨界性自贸试验区议题,多部门之间通过共同制定政策的联合发文形式,进而建立稳定的跨部门政策协同机制。从政策发文主体可以分析自贸试验区建设的主导主体和各部门的协同推进情况。部门联合发文是政策制定环节中实现跨部门政策协同的一种典型形式。从政策制定的跨部门协同情况来看,上海自贸试验区设立以来,共有31件政策文本属于多部门联合发文的情况,其中中央政府层面的有8条,地方政府层面有20条,各部委与地方政府联合发文有3条。自贸试验区政策创新是一项系

---

①《进一步深化中国(上海)自由贸易试验区和浦东新区事中事后监管体系建设总体方案》,上海市人民政府网, https://www.shanghai.gov.cn/nw39365/20200821/0001-39365_48434.html。

②《上海口岸实行联合登临检查机制》,中国政务网, http://www.gov.cn/xinwen/2017-10/16/content_5231998.htm。

③《海关总署 公安部 交通运输部 质检总局关于印发〈口岸查验单位一次性联合检查实施方案〉的通知》,乌鲁木齐海关网, http://shanghai.customs.gov.cn/urumqi_customs/jyjy123/1713512/1842865/index.html。

④ 金国坤:《行政权限冲突解决机制研究:部门协调的法制化路径探寻》,北京大学出版社2010年版,第84页。

统性工程,需要通过各个子系统之间协同合作发挥最大功效。[①]

在上海自贸试验区的政策创新中,国家并未对各自贸试验区所在的直辖市或省作出新的授权,也未因自贸试验区建设而对"条块"权限和责任进行重新划分,更没有向自贸试验区管委会进行"行政跨级赋权",而是在现有的行政权责归属框架下由各领域和行业的国家主管部门出台相关政策。[②]对于需要多个部门协调推进的改革措施,上海自贸试验区采取多部门联合制定相关政策和分头制定实施细则,表现为部门联合发文的形式。以中央政府为例,各部委之间经常以联合发文的形式,共同解决某个跨部门的自贸试验区政策议题。根据统计,从中央层面看,上海自贸试验区多部门联合发文的政策不多,只有8项,政策内容涉及税收政策、文化市场开放、行政审批、反垄断、大宗商品现货交易、金融开放、贸易监管联合查验等方面(参见表5.2)。在"加强信息共享和服务平台信用"和"建立综合执法体系"等领域还未出现部门联合发文的情况。部门联合发文是上海自贸试验区横向跨部门协同机制运行的有效工具。

表5.2　国务院各部委联合发文统计

序号	部门	政策名称	实施日期
1	财政部、海关总署、国家税务总局	《关于中国(上海)自由贸易试验区有关进口税收政策的通知》	2013年10月15日
2	财政部、国家税务总局	《关于中国(上海)自由贸易试验区内企业以非货币性资产对外投资等资产重组行为有关企业所得税政策问题的通知》	2013年11月15日
3	财政部、海关总署、国家税务总局	《关于扩大启运港退税政策试点范围的通知》	2014年7月30日
4	商务部、海关总署	《关于从中国(上海)自由贸易试验区进口的涉及自动进口许可证管理货物开展通关作业无纸化试点的公告》	2014年8月11日

① 李汉卿:《协同治理理论探析》,《理论月刊》2014年第1期。

② 实行垂直管理的部门出台的相关政策,如果需要制定实施细则,一般也是由其驻沪分支机构负责。参见吴昊、张怡:《政策环境、政策课题与政策试验方式选择——以中国自由贸易试验区为例》,《中国行政管理》2016年第10期。

序号	部门	政策名称	实施日期
5	商务部、海关总署	《关于实行自动出口许可证通关作业无纸化的公告》	2016年1月25日
6	国家发展改革委、商务部	《关于印发市场准入负面清单草案(试点版)的通知》	2016年3月2日
7	商务部、工业和信息化部、公安部、生态环境部、交通运输部、海关总署、质检总局、国家认监委	《关于促进汽车平行进口试点的若干意见》	2016年3月4日
8	海关总署、公安部、交通运输部和质检总局	《口岸查验单位一次性联合检查实施方案》	2018年3月15日

部门联合发文是针对某一特殊问题,各相关部门在意见一致的基础上联合发文,对某个问题的处理办法或者具体要求做出统一规定,从而避免因职责交叉而出现的在同一事件或问题的处理上政令不一的现象。根据《规章制定程序条例》第八条,涉及国务院两个以上部门职权范围的事项,需要制定规章的,国务院有关部门应联合制定规章;部门联合规章由联合制定的部门首长共同署名公布。国务院各部门之间、地方人民政府各部门之间也可以通过联合制定其他规范性的文件的办法,共同实施对共管行政事务的管理。[①]2015年7月,上海市口岸办、上海海关、上海出入境检验检疫局、上海海事局、上海出入境边防检查总站、上海电子口岸办联合发文《关于推动上海国际贸易单一窗口功能应用的通知》[②]。

国务院各部门之间、地方人民政府各部门之间也可以通过联合制定其他规范性文件的办法,共同实施对共管行政事务的管理(参见表5.3)。2015年10月30日,经国务院批准,中国人民银行会同商务部、原银监会、证监会、原保监会、国家外汇管理局和上海市人民政府联合印发《进一步推进中国(上海)自由贸易试验区金融开放创新试点,加快上海国际金融中心建设方案》,对深化金

[①] 蒋敏娟:《中国政府部门协同机制研究》,北京大学出版社2016年版,第97页。

[②]《关于推动上海国际贸易单一窗口功能应用的通知》,上海市口岸服务平台,https://kab.sww.sh.gov.cn/xxgk/003002/003002005/003002005001/20160302/52198bbc-e7c4-4b27-aad5-72cc78ddd653.html。

融监管制度改革和金融领域开放作出了系统安排。此后,中国人民银行、原银监会、证监会、原保监会等"一行三会"的上海分支机构相继出台落实《进一步推进中国(上海)自由贸易试验区金融开放创新试点,加快上海国际金融中心建设方案》的实施细则。尽管相关的法律、法规对各部门的职责权限已经有了明确的规定,但由于法律、法规之间缺乏衔接,各部门之间容易产生冲突和矛盾,联合发文强调了部门之间的协调配合,《方案》要求加强部门协作,具体内容如下:

> 第三十七条加强自贸区金融监管协调,探索功能监管。进一步发挥自贸区金融协调机制作用,加强跨部门、跨行业、跨市场金融业务监管协调和信息共享。研究探索中央和地方金融监管协调新机制。支持国家金融管理部门研究探索将部分贴近市场、便利产品创新的监管职能下放至在沪金融监管机构和金融市场组织机构。[①]

表5.3 国务院各部委与上海市政府联合发文统计

序号	部门	政策名称	实施日期
1	交通运输部、上海市政府	《关于落实〈中国(上海)自由贸易试验区总体方案〉加快推进上海国际航运中心建设的实施意见》	2013年9月27日
2	工业和信息化部、上海市政府	《关于中国(上海)自由贸易试验区进一步对外开放增值电信业务的意见》	2014年1月15日
3	中国人民银行、商务部、原银监会、证监会、原保监会、国家外汇管理局、上海市政府	《进一步推进中国(上海)自由贸易试验区金融开放创新试点,加快上海国际金融中心建设方案》	2015年10月29日

以各职能部门间的联合发文作为视角,对上海市各委办局联合发文情况进行统计,可以发现,上海自贸试验区管委会和市工商行政管理局的联合发文

---

① 《进一步推进中国(上海)自由贸易试验区金融开放创新试点 加快上海国际金融中心建设方案》,中国政府网,https://www.gov.cn/zhengce/2016-03/18/content_5055131.htm。

处于核心位置,各领域政策配套和落实都离不开这两个部门之间的跨部门政策协同,在地方政府联合发文的22项政策中,自贸试验区管委会出现13次,市工商行政管理局出现7次;另一方面,也表明自贸试验区管委会和市工商行政管理局在多部门政策联合发布中起着关键作用,主要通过联合发文的形式在制定政策时考虑强化政策间的协同性,减少政策执行阶段政策冲突的发生(参见表5.4)。

表5.4　上海市各委办局联合发文统计

序号	部门	政策名称	实施日期
1	自贸试验区管委会、上海市商务委、上海市经信委、上海海关、原上海出入境检验检疫局	《关于印发在中国(上海)自由贸易试验区开展全球维修业务实施意见的通知》	2013年9月28日
2	原上海市工商行政管理局、上海市卫计委、上海市商务委	《中国(上海)自由贸易试验区外商独资医疗机构管理暂行办法》	2013年10月24日
3	原上海市工商行政管理局、上海市教委、上海市商务委、上海市人力资源和社会保障局	《中国(上海)自由贸易试验区中外合作经营性培训机构管理暂行办法》	2013年10月30日
4	原上海市国家税务局、原上海市地方税务局	《中国(上海)自由贸易试验区内企业非货币性资产投资资产评估增值企业所得税政策备案事项操作规程(试行)》	2013年12月16日
5	原上海市国家税务局、原上海市地方税务局	《关于开展自贸区税务分局相关涉税事项调整工作的通知》	2014年1月26日
6	上海市人民政府、原上海市文广影视局、原上海市工商行政局、原上海市质监局、上海海关、自贸区管委会	《中国(上海)自由贸易试验区文化市场开放项目实施细则》	2014年3月31日
7	上海海关、原上海市出入境检验检疫局	《关于在中国(上海)自由贸易试验区简化进境备案申报环节货物通关单手续的公告》	2014年4月11日
8	自贸试验区管委会、上海市商务委、上海市金融服务办公室	《中国(上海)自由贸易试验区大宗商品现货市场交易管理暂行规定》(已失效)	2014年5月1日

序号	部门	政策名称	实施日期
9	自贸试验区管委会、原上海市规划和国土资源管理局	《关于印发〈中国(上海)自由贸易试验区综合用地规划和土地管理的试点意见〉的通知》	2014年8月1日
10	浦东新区政府、自贸试验区管委会	《关于印发〈信托登记试行办法〉的通知》	2014年9月3日
11	上海市商务委、上海市发展改革委、原上海市工商行政管理局、自贸区管委会	《关于印发〈中国(上海)自由贸易试验区反垄断工作联席会议制度方案〉的通知》	2014年9月15日
12	自贸试验区管委会、上海市浦东新区政府	《关于印发〈信托登记试行办法〉的通知》	2014年10月3日
13	自贸试验区管委会、原上海市工商行政管理局	《关于内资企业变更业务纳入工商"一口受理"的公告》	2014年11月12日
14	上海市财政局、自贸试验区管委会、浦东新区政府	《中国(上海)自由贸易试验区专项发展资金使用管理办法》	2014年11月12日
15	自贸试验区管委会、上海市商务委、上海市金融服务办公室	《中国(上海)自由贸易试验区大宗商品现货市场交易管理规定》	2014年11月17日
16	上海海关、上海市商务委	《关于复制推广中国(上海)自由贸易试验区海关监管服务创新制度的实施意见》	2014年12月12日
17	自贸试验区管委会、上海市商务委、上海市金融服务办公室	《中国(上海)自由贸易试验区大宗商品现货市场交易管理规则(试行)》	2014年12月17日
18	自贸试验区管委会、上海市商务委、上海海关、原上海出入境检验检疫局、原上海市工商行政管理局	《关于在中国(上海)自由贸易试验区开展平行进口汽车试点的通知》	2015年1月7日
19	原上海市工商行政管理局、上海市行政审批制度改革工作领导小组办公室、自贸试验区管委会	《在中国(上海)自由贸易试验区深化推进工商登记前置审批改为后置审批工作实施方案》	2015年1月8日
20	上海市财政局、原上海市国家税务局、原上海市地方税务局	《关于完善自贸试验区跨区迁移企业财税分配政策的通知》	2015年1月21日

序号	部门	政策名称	实施日期
21	上海市口岸办、上海海关、原上海出入境检验检疫局、上海海事局、上海出入境边防检查总站、上海电子口岸办	《关于推动上海国际贸易单一窗口功能应用的通知》	2015年7月10日
22	原上海市出入境检验检疫局、上海海关、上海市口岸办	《上海海关、上海市出入境检验检疫局、上海市口岸服务办公室公告》	2015年7月23日

部门联合发文是为了保证政策制定层面的协调统一。相对于联合执法、联席会议、牵头机构安排等方式，联合发文是从源头上理顺各部门的职责权限，而不是在执行过程中为避免部门冲突而联合。[①]上海市商务委积极向商务部申请允许部分禁止进口旧机电产品的再制造件按新品实施进口试点，商务部经商相关国家部委同意，允许部分再制造产品按新品实施进口管理，明确此次进口试点围绕特定区域、特定企业、特定产品、特定用途开展。2022年，上海市商务委会同市发展改革委、市经信委、上海海关联合发布了《市商务委、市发展改革委、市经济信息化委、上海海关关于落实商务部允许部分再制造产品按新品实施进口管理有关事项的通知》，进一步明确创新试点企业和进口产品范围、明确企业申报流程、明确管理部门的职责等，为临港新片区企业开展部分再制造产品进口提供了政策支持。

联合发文以后，由于各部门的职责权限界定清晰明确，相互之间如何进行协调配合也有了具体规定，即便不建立联席会议制度或进行联合执法，各个执法部门在政策执行阶段也可以做到有效的跨部门政策协同。但是，这种联合发文的政策的稳定性还不足，没有形成稳定的政策协同机制。虽然，针对跨界性突出的政策问题，上海自贸试验区已经建立起一些跨部门的协调机构，如上海自贸试验区推进工作领导小组和上海自贸试验区金融协调工作小组，但是这种结构性优势没有转化为期望的效果，除了行政文化原因外，程序性机制和

[①] 金国坤：《行政权限冲突解决机制研究：部门协调的法制化路径探寻》，北京大学出版社2010年版，第84页。

运作中的技术细节是其中的重要原因。这就需要建立具有技术性细节和实质意义的政策协同机制。

四、程序性机制、跨部门业务协同与无缝隙服务:以关检合作"三个一"为例

在官僚制下,部门分割、分灶吃饭的财政体制会导致政府公共服务供给的部门化和碎片化。①在缺乏一体化管理体制的情形下,理想形态下的政务服务办理诉求同政务服务部门碎片化服务供给之间存在难以弥合的鸿沟。②因此,健全完善政务服务事项整合和协调制度,构建跨部门协同顺畅的无缝隙政府,推动政府服务管理模式从部门管理范式下的专业化服务到综合管理体制下的整体性服务成为自贸试验区改革的核心议题。对于行政服务的使用者而言,无缝隙政府是感觉不到边界的政府,是对部门、人员、信息、服务与业务流程进行有效整合的虚拟政府。③

(一)关检合作"三个一"改革试点与中国国际贸易"单一窗口"

口岸是国家对外往来的门户,是对外开展经济贸易交往和合作的桥梁和窗口。中国口岸管理实行中央和地方条块结合的管理体制。在中央层面,国务院设立公安部、交通运输部、海关总署(国家口岸管理办公室)等部门,主管全国对外开放和进出境管理相关的事务,参与制定和执行口岸管理相关的法律、法规,对各口岸的所属职能机构④实行垂直和分级管理。在地方层面,口岸所在地的地方政府设立口岸运行管理部门⑤,实行属地化管理。这种口岸管理体制产生了"信息孤岛"、重复执法、行政资源浪费问题。当代口岸管理反映出国际贸易中的各种行为者之间复杂的相互作用,包括不同政府部门之间及政

---

① 蔡立辉、龚鸣:《整体政府:分割模式的一场管理革命》,《学术研究》2010年第5期。

② 宋林霖、李广文:《地方政务服务管理机构改革:从刚性嵌入到结构耦合》,《新视野》2022年第5期。

③ Richard Heeks, *Reinventing Government in the Information Age: International Practice in IT-enabled Public Sector Reform*, Routledge, 2001, p. 259.

④ 在沿海、沿边、机场等口岸,公安部设立边防机构,负责沿海、沿边国土安全和出入境人员检查等事务;交通运输部在沿海口岸设立海事部门,处理进出境船舶和海员相关事宜;海关总署在口岸设立海关,负责监管船舶和货物进出境,兼有征税、缉私和统计职能及负责商品质量、卫生检疫、动植物检疫等工作。

⑤ 如口岸的基础设施、运行维护等由地方政府负责规划、投资和建设,而中央垂直管理部门边防、海事和海关为入驻职能部门,履行法定职能。

府与私营部门之间的协同。

党的十八届三中全会明确要求"推动内陆同沿海沿边通关协作,实现口岸管理相关部门信息互换、监管互认、执法互助"①。2014年3月18日,时任国务院总理李克强提出:要创新大通关协作机制,加快跨区域、跨部门大通关建设,推进全国一体化通关,由"串联执法"转为"并联执法",积极推进国际贸易"单一窗口"。"串联式"监管流程造成货物往返转栈、倒箱,给口岸货物集疏运带来极大压力。2014年12月,国务院印发《关于印发落实"三互"推进大通关建设改革方案的通知》(简称"68号文"),给出了落实"口岸管理相关部门信息互换、监管互认、执法互助"的具体改革方案,为各职能部门进行大通关建设指明了方向。口岸大通关,在主体设计上实现了从"分兵把守"到"多元共治"的转变,在运行机制上实现了从"分段监管"到"协同监管"的转型。

2014年7月,海关总署与质检总局签署了《关于深化关检协作　共同促进外贸稳定增长合作备忘录》,为关检双方的全面合作奠定了政策基础。2014年11月6日,海关总署印发《海关全面深化改革总体方案》,把"三互"大通关建设改革纳入构建一体化通关管理格局的范畴,要求强化大通关协作机制,以电子口岸为基础推进国际贸易"单一窗口"建设,全面推进关检合作"一次申报、一次查验、一次放行"等口岸管理部门"一站式作业",加强口岸部门间信息数据、查验设施设备等资源的共享,推动构建多部门的安全防控机制。为探索矩阵式口岸管理,加强口岸管理部门之间的协作,提高货物进出口通关效率,自2012年以来,海关总署与质检总局合作启动了"一次申报、一次查验、一次放行"改革试点。这个简称"关检合作'三个一'"的改革试点与自1999年启动运行的中国电子口岸平台一起构成了中国国际贸易"单一窗口"的雏形。

上海海关和上海国检在通关单联网核查、通关无纸化作业改革、自贸试验区监管制度创新等领域开展了广泛的跨部门合作。2014年12月1日,上海

---

① 2013年11月12日中国共产党第十八届中央委员会第三次全体会议通过。推动实现口岸管理相关部门"信息互换、监管互认、执法互助"(即"三互"),是《中共中央关于全面深化改革若干重大问题的决定》中提出的明确要求,也是推进中国口岸管理体制改革的一项重大任务。

检验检疫局和上海海关签署《全面推进关检"三个一"合作协议》。"一次申报"是指一次录入、分别申报;"一次查验"是指一次开箱,关检依法查验/检验检疫;"一次放行"是指关检联网核放。关检合作"三个一"启动以来,在提高通关效率、降低通关成本、提高口岸通关服务整体效能等方面取得了实效;据统计,企业可减少约30%的关检重复申报项目,申报环节时间可节省约25%～30%,查验环节时间及费用均可节省近半。①通过通关流程再造,对口岸通关监管等具体流程进行重新安排,实现了海关和出入境检验检疫之间的横向跨部门协同。

(二)关检合作"三个一"、口岸通关业务流程再造与横向协同

"三互"大通关建设改革的根本目的在于简化口岸通关流程,实现跨部门政策协同,提高通关效率和便利化水平。"三互"大通关建设改革理论内涵丰富,其实现载体和手段之一就是"单一窗口",是实现关检合作"三个一"的第一步,因为没有"单一窗口",就不可能实现"一次申报",也不会有后续的"一次查验、一次放行",也就是说"单一窗口"是信息和数据源头以及监管和执法的开始。此外,"单一窗口"也使得"串联执法"变成"并联执法"成为现实,因为"单一窗口"是口岸职能部门执法履行职能的统一接口,有助于提高跨部门协同执法效率。

"单一窗口"是申报人提交数据的唯一通道。申报人提交申报后,"单一窗口"平台自动将申报数据根据不同需要,按要求分发给不同的口岸管理部门,实现一次申报、分步处置。各口岸管理部门收到申报后,根据各自要求和申报数据,进行审核,然后各部门通过"单一窗口"反馈处理和审核结果。如果需要各部门实施联合查验,则各部门相互协调、统一行动,实现一次登临现场、一次开箱查验,否则直接发出放行指令,由场站实施放行。

为深入推进关检合作"三个一",海关总署和质检总局发布统一版的"一次申报"系统,提出引导更多企业积极参与"三个一"。应该说,关检合作"三个

---

① 《海关总署出台支持外贸稳定增长20条措施及解读》,中国贵州国际贸易"单一窗口"网,http://www.gz-eport.gov.cn/NewsManagement/showNews/articleShow?articleID=4132。

一"的"一次申报"与"单一窗口"的"一次性提交"在理念内涵上是一致的,是关检两个主要进出境贸易监管部门在申报环节进行合作的实质性进步。此外,"一次放行"作为监管结果的信息可以通过"单一窗口"平台反馈给企业,这也符合"单一窗口""一次性反馈"监管结果的要求;而"一次查验"作为具体的监管行为可以由两个部门在后台进行处理,要求共同查验的信息可以通过"单一窗口"传递给企业。如此,企业就可以通过一个平台、一个界面、一个出入口办理所有相关的货物通关手续。

但是,关检合作"三个一"和"单一窗口"建设作为两个单独的改革项目,在管理层面、主导部门和推进时间安排上有所不同。在具体实施层面,"三个一"系统是以客户端的形式推行,而各地"单一窗口"平台采用的是浏览器模式,要实现无缝对接还需要技术上的整合。最主要的问题是以不同形式推行"一次申报"可能会给企业造成实践困难,在一定程度上也会影响两个系统/平台的推广。虽然海关总署提出下一步积极研究将"三个一"逐步向"单一窗口"转变,"在建有'单一窗口'的关检辖区,结合'单一窗口'建设工作进展情况,加快研究将关检合作'三个一'系统与'单一窗口'相融合,在功能实现上逐步向'单一窗口'转变"。但2018年关检融合机构改革之前,在实际运作中,两个项目各自为战的情况还普遍存在。在实际的贸易活动中,进出口企业往往分别委托不同的代理企业进行报关、报检(专门报关和专门报检代理企业),导致"三个一"申报系统中"关检单综合录入"的"一单两报"使用率不高,单独报关或报检情况较为普遍。为尊重用户操作习惯,一些新建立的"单一窗口"平台,其申报已经不采用以往惯用的数据集中整合的"大表"形式,反而使用"最大公约数"申报,即只需一次录入最少的相同申报要素,然后根据实际情况分别报送海关和商检监管需要的数据,不需要报检的就不录入相关数据。此外,将"三个一"公共组件嵌入"单一窗口"时,直接将海关总署开发的数据校验体系成熟的申报组件嵌入"单一窗口",用户直接使用中国电子口岸认证卡登录,在检验检疫方面只需备案,也可以暂时解决多张认证卡带来的使用不便,有利于"单一窗口"的推广应用。

无缝隙服务指的是自贸试验区政府整合所有的部门、人员和其他资源,以单一的窗口或界面,为公民、企业以及其他组织提供优质高效的服务。上海自贸试验区"一口受理"工作机制就是将工商、质监、税务等部门的服务无缝对接,关检合作"三个一"将海关和检验检疫的查验工作进行了对接,实现了不同部门之间的跨部门政务协同。

第二节　上海自贸试验区"一站式"服务与跨部门联办机制

上海自贸试验区实行"一门式"服务,推行"一口受理"原则。综合服务大厅设有工商"一口受理"、管委会其他部门对外业务、职能部门办理、贸易便利化专线4个服务功能板块,共设36个办事窗口,受理投资管理、海关、检验检疫、公安、外汇、管委会综合业务、外贸经营者备案、自动进口许可证等12项主要业务。这些都是程序性安排在上海自贸试验区政府管理中具体运用的体现。上海自贸试验区综合服务大厅实际上是一种基于"一站式"行政服务中心理念的跨部门并联审批工作机制。

一、上海自贸试验区"一站式"服务与跨部门并联审批工作机制

上海自贸试验区建立了企业准入"单一窗口"工作机制,企业只需要按规定提供一个表格,通过一个窗口提交申请材料,实现外商投资项目核准(备案)、企业设立和变更审批(备案)等行政事务的一门式办理。自贸试验区内工商注册实行"一口受理"政策,即由上海市市场监管、税务局、公安局等职能部门设立"一口受理"窗口,统一接收申请人向各职能部门提交的营业执照、组织机构代码证、税务登记证及印章等申请材料,实现了跨部门并联审批,一是在基本不改变现行政策法规的基础上,对涉及多部门办理事项的流程进行了整合。由原来没有明确规定的串联审批模式改为多线并联审批,联办事项的受理权、审核权、许可权仍在各部门。二是实现了多部门之间的全程办理。上海自贸试验区综合服务大厅通过"一站式"服务,达到了以下效果:

第一,信息资源整合。综合服务大厅的"前台"通过电子政务信息技术实现了进驻部门的信息资源共享。"电子政务并不是将传统的政府管理和运作简单地搬上互联网,而是对现有的政府组织结构、运行方式、行政流程进行重组

和再造,使其更有利于信息技术、网络技术的应用。"①这种信息交换和共享,不仅有利于统一的数据结构和信息共享的标准,实现软硬件兼容,还可以保障数据安全,提升各部门共享数据信息的积极性。

第二,政府流程再造,使办理程序、办理手续切实得到了精简。传统政府模式下的办事流程是部门独立、科室分开,当事人要办理一件申请事务,必须来回奔波于不同的部门与科室之间。这种流程设计的价值导向是方便政府,而行政服务中心的流程设计是为了方便自贸试验区内的企业客户。此流程得以顺利通畅运行,关键是要打通部门隔阂,使得碎片化变成一站式,使得部门分割变为政务协同。

第三,"一站式"服务有助于形成跨部门并联审批工作机制,使办理时限切实得到了压缩。这种压缩一方面是通过整合将原来不合理的、水分较大的时限安排进行了压缩。另一方面,并联审批机制本身自然而然带来了时限压缩,即通过各部门同时参与、同时推进。2022年,全国进口、出口货物整体通关时间分别为32.02小时和1.03小时,较2017年同比分别压缩了67.13%和91.6%。②

第四,"一站式"服务使得各部门承办条件互为前置和政策法规冲突的矛盾得到了有效缓解。自贸试验区综合服务大厅的行政审批与公共服务被整合在一个平台中,实现了一站式办公。这种机制上的连贯与衔接及上下服务联动,在一定程度上打破了部门间的隔阂。原来单线的运作方式变成了项目合作的矩阵式结构,在合作中弥补了部门间的服务缝隙,实现了跨部门信息共享与政务协同。③

二、基于流程再造的跨部门业务协同机制

布莱姆·克列温克和马金·简森从政府流程再造和组织制度研究的角度出发,对如何提供协同政府的一站式公共服务进行了具有可操作性的阐述。④流

---

① 段龙飞:《我国行政服务中心建设》,武汉大学出版社2007年版,第127页。

②《海关促进跨境贸易便利化取得实质性成效》,新华网客户端,https://app.xinhuanet.com/news/article.html?articleId=df839d1aeddbf731e9d61e593b8。

③ [美]拉塞尔·M.林登:《无缝隙政府》,中国人民大学出版社2002年版,第2~3页。

④ Bram Klievink and Marijn Janssen, "Realizing Joint-up Government-dynamic capabilities and stage models for transformation", *Government Information Quarterly*, Vol. 26, No. 2, 2009, pp. 275-284.

程再造是一种系统的、综合的提高公共部门绩效的方法,旨在运用网络信息技术重组组织结构、打破条块分割体制和部门界限,从而实现跨部门资源共享和业务协同。因此,流程再造是组织结构整合、信息资源整合和业务整合的基础;流程再造不是对既有流程的细节性修补,而是一种根本性的变革与再造。[①]

上海自贸试验区"一站式"行政服务中心的建立,实现了以跨部门业务协同为特征的流程再造。传统的职能为中心的观念把业务流程人为割裂开来,使业务流程消失在具有不同职能的部门和人员之中,导致多头指挥,影响作业效率。流程再造强调以流程为中心和打破部门界限,强调以整体流程全局最优为目标来设计和优化流程中的各项活动,强调跨部门的集成整合和网络化工作,强调将功能性的层级结构转化为跨功能的工作团队,强调运用网络信息技术打破传统层级传递信息和书面审核的工作方式,使得政府行政组织的金字塔结构变为扁平式网络结构。流程再造实现了自贸试验区跨部门组织结构和业务的协同,主要表现为:

第一,通过各个部门之间的无缝化,实现了各部门业务流程的一体化和职能重塑。所有政府部门只有一个统一的窗口对外,让企业客户感觉到各政府部门构成了一个有机整体,可以通过对互联网等技术的利用,检索自己所需要的信息和服务,不再需要专门关注这些信息与服务分别是由哪个部门提供的,而只关注自己的需求就能够方便获取和无缝享受各项服务。奥斯本认为,政府流程再造通常需要"重新设计、撤销或改变人们所从事的工作,并变革职能部门和职能单位的组织结构"[②]。实际上,很多情况下政府流程再造和部门职能重组关系密切,两者相互配合、互为前提更能促进政府高效协作。职能重组、业务流程再造两者相结合,可将原有部门间协作转化为部门内协作。只有在优化业务流程的基础上,部门内多项职能才能搭载于顺畅的行政程序,实现

---

① 姜晓萍:《政府流程再造的基础理论与现实意义》,《中国行政管理》2006年第5期。

② 姜晓萍、汪梦:《国外政府流程再造的核心问题与启示》,《社会科学研究》2009年第6期。

部门职能的高效运行。[1]

第二，实现了中央政府与地方政府之间的无缝化。中央政府部门和地方政府部门之间的手续和业务处理都在网上完成，企业在获取政府服务时完全不需要注意中央和地方政府部门之间的界限。处于层级治理体系中的上级政府通过各种方式介入地方政府合作网络之中，对府际横向合作绩效目标的实现具有重要影响。

第三，实现了政府部门与非政府部门之间的无缝化。在自贸试验区内，政府部门不是公共服务的唯一提供者，企业、社会组织也都参与公共服务的供给。[2]为提高企业获取公共服务的便捷性及公共服务的供给质量，推动政府部门、企业和社会组织之间的信息与服务对接，有助于自贸试验区公共服务供给的一体化。

三、进一步优化"一站式"审批服务，提高行政服务效率

通过"一站式"行政服务中心，实现上海自贸试验区跨部门政务协调，不仅需要对原有的政府组织结构进行重组，对政府流程进行再造，更重要的是重构政府部门关系，这是跨部门协同的关键所在。从形式上看，窗口是部门的前移，从权力内容上讲，窗口就是部门。但是，在行政服务中心的平台上，窗口与部门之间的结构关系发生了微妙的变化。其一，窗口比部门的权力关系简单，其功能的单一性，使得与其他窗口之间的协同显得更为顺畅和容易；其二，窗口比部门的流程透明，其运作的公开性，使得其与其他窗口之间的连接显得更为有效；其三，窗口比部门的姿态低调，其行为的服务性，使得与其他窗口之间的信息共享显得更为迫切。窗口之间的顺畅协同、有效连接的出发点，确保了信息共享的稳定性。此外，部门之间的关系越密切，跨部门协同的效果就越突出。从某种程度上可以说，行政服务中心的建立，初步实现了上海自贸试验区的跨部门政务协调。

---

① 张楠迪扬、张子墨、丰雷：《职能重组与业务流程再造视角下的政府部门协作》，《公共管理学报》2022年第2期。

② 詹中原等编著：《新公共管理——政府再造的理论与实务》，五南图书出版股份有限公司2002年版，第20～40页。

自贸试验区"一站式"服务大厅,服务窗口只是负责接收材料,业务的后台办理仍属于条块分割的各个职能部门。上海自贸试验区通过整合跨部门的政府业务流程,建立协调配合机制,进一步优化"一站式"服务大厅的后台服务流程。在未来的发展中,可以进一步考虑以下因素:

首先,进驻行政服务中心的各职能部门应从多角度对部门内部服务流程进行合理再造,并以此为基础对相关职能进行调整。在此基础上建立跨部门协同配合机制,从整体上加强信息公开、合作与共享,进一步提高"一站式"服务的效率。流程再造不仅包括对部门业务和工作流程的重塑,更包括通过制定、修订、调整相关规范性文件,统一业务流程的制度性依据,使得重塑的业务流程获得一致的运行基础。①通过职能重组打破既有组织边界和结构;业务流程确立新的组织行为规则,破立并举,才能更好实现跨部门协同。

其次,建立基于大数据分析基础上的"一站式"服务的数据分析与统计系统,及时发现问题,及时干预。2014年3月,"大数据"被写入《政府工作报告》,要推动政府信息开放、共享,消除信息"孤岛",进一步深化行政管理体制改革。《总体方案》中没有明确提到加强社会信用体系。《深化方案》直接提出"要加强社会信用体系应用,完善公共信用信息目录和公共信用信息应用清单,在市场监管、城市管理、社会治理、公共服务、产业促进等方面,扩大信用信息和信用产品应用,强化政府信用信息公开,探索建立采信第三方信用产品和服务的制度安排"。自贸试验区管委会就自贸试验区公共信息的管理做了具体规定,覆盖了信用查询、信息公示、监管惩戒、企业信用等级评定、采信第三方信用产品和服务子模块。上海自贸试验区通过公共信用信息平台建设,基本实现了信用信息的跨部门互联共享和整合。

最后,开展形式多样的外部监督。在自贸试验区官网上开通"网上投诉""窗口评议"等栏目听取企业和群众对行政审批服务的意见和建议,密切追踪投诉处理,及时回复、整改。通过全方位的监督转变工作作风、改进工作流程、

---

① 张楠迪扬、张子墨、丰雷:《职能重组与业务流程再造视角下的政府部门协作》,《公共管理学报》2022年第2期。

提高服务质量和客户满意度,有效提高行政服务中心工作效率。

第三节　综合执法体系与跨部门联合监管机制

中国自贸试验区改革的核心任务是加快政府职能转变,重点处理好政府与市场之间的关系,形成与负面清单管理相适应的事中事后监管制度。在监管方式上,实现从行政监管为主向以法治监管为主、行政监管为辅的转型;在监管重点上,从以事前监管为主向事中事后的过程监管为主转型;在监管理念上,从部门监管向综合监管、协同监管及多元主体参与的社会共同监管转型;在监管内容上,实现从对企业微观活动的监管向宏观监管(规范市场主体行为、维护公共安全等)转型。①作为中国与国际投资贸易体系规则接轨的重要体现,自贸试验区必须根据国际贸易运行的通行规则和要求,在市场监管方面积极推行制度创新,探索构建包括跨部门协同监管机制、跨部门综合执法体系、社会组织参与市场监管制度、国家安全审查和反垄断协助审查制度、综合评估制度等内容在内的监管体系。

一、"健全综合执法体系"政策与加强事中事后监管

根据上海自贸试验区《总体方案》和《深化方案》,总目标"建设具有国际水准的投资贸易便利、监管高效便捷、法治环境规范的自由贸易试验区,建立符合国际化和法治化要求的跨境投资和贸易规则体系",可进一步分解为"加快政府职能转变、扩大投资领域开放、推进贸易发展方式转变、深化金融领域开放创新、完善法制领域制度保障、创新监管服务模式、探索与试验区相配套的税收政策"七大关键任务模块。近年来,上海自贸试验区出台《促进社会力量参与市场监督的若干意见》,明确要探索形成社会力量参与市场监督模式构架,努力建立完善的参与制度,为监管领域改革提供支撑。②在上海自贸试验区建设方案中,"政府职能转变"起着支撑、保障其他相关目标实现的作用。各个职能部门在事前审批环节放权后,监管的职能凸显,如何创新监管模式、提

---

① 肖林主编:《高标准开放与制度创新:中国自由贸易试验区智库报告2015/2016》,格致出版社、上海人民出版社2016年版,第139页。

② 陈奇星主编:《创新地方政府市场监管机制与监管方式研究》,上海人民出版社2020年版,第187页。

升事中事后监管能力成为保障上海自贸试验区建设目标实现的另一个重要目标。从自贸试验区政府事中事后监管实践看，主要存在以下特点：

第一，综合执法体系覆盖广，涉及不同层级的不同部门。以上海自贸试验区政府事中事后监管为例，涉及六个子系统，包括国家安全审查制度、反垄断协助审查制度、社会信用体系建设、企业年度信息公布制度、建立政府间各部门信息共享平台和统一监管执法体系、社会力量参与综合监管制度等。有学者将这六个子系统，以央地事权界分为标准分成三部分：一是中央相关部门的事权，如国家安全审查和反垄断审查；二是地方政府的功能，如社会信用体系建设、企业年度信息公布等；三是需要中央部门进行协同的，如政府各部门信息共享平台建设，建议要全面整合法律制定、执行、识别、监管、授权等职责，协调不同部门间的职责，如垂直管理部门（条）与地方政府的职能部门（块）之间如何配合。[①]

第二，自贸试验区监管政策主体多元化。高层级的政策对低层级的政策起到指导作用，其制定和发布主体的级别越高、权威越大，则"政策力度"就越大，从而确保政策目标的下达和低层级主体配合的程度，即对整个体系的政策协同情况有正向影响。"政策力度"通过政策的纵向传导机制影响体系的协同状况，政策所涉及的主体部门越多，彼此间的沟通、协作要求就越高，协同效果就越难实现。事中事后监管覆盖面广，但部门分立，缺乏联系，如果相关政策之间存在不一致性，就会导致企业和机构在业务操作上的困惑，尤其是当企业的某项业务涉及多个监管部门之时，企业就需要面对多个彼此独立的监管者，这种政策冲突的困扰就更加突出。

第三，政府监管部门之间信息不对称。信息不对称现象广泛存在于信用监管过程中，不仅会造成被动监管，甚至可能出现监管缺失现象。加强信用监管，不仅要广泛征集企业信用信息，建立科学的信用评价体系，还需要对失信企业进行联合惩戒，通过影响企业名誉或限制企业相关行为来督促企业自觉守信，营造良好的信用环境。互联网和大数据技术为事中事后监管相关的跨

---

① 周汉民：《我国四大自贸区的共性分析、战略定位和政策建议》，《国际商务研究》2015年第7期。

部门政策协同提供了数据基础和技术支撑。目前,由于许多部门仍然遵循原有的工作流程和方法,收集和应用公共信用信息的意识不强,造成信用监管落地很难,影响了事中事后监管制度的政策效果。

第四,关于信用监管实践,上海自贸试验区虽然出台了相关政策,开通了信用平台,取得显著成效,但由于目前使用的公共信用信息缺乏统一的政策标准,这也导致许多政府部门"不想用、不会用、不敢用"公共信用信息。部门监管政策虽然涉及相关内容,但缺乏明确的操作细则和标准,这也增加了政策执行落实的难度。例如,经营异常名录是运用市场化的方式对企业进行监管的举措,与注册资本认缴制等工商登记制度改革相配套,但创新政策落实过程中如何与关联的其他管理政策相配套衔接,仍然是当前信用监管面临的一大问题。由于各部门工作所关注的重点不同,按照自身部门工作的侧重,以本部门制定的规则为准来衡量企业,对异常名录企业缺乏明确的执行标准。如商务部门在给予企业扶持政策时,重点考虑企业有没有恶意抽逃资金、空壳经营及是否符合加分条件等本部门制定的标准,并无参考异常名录的相关规定,异常名录应发挥的跨部门协同性不够,其警示、惩戒效应相应地也就无法发挥,也就无法实现"一处失信、处处受限"的设计初衷。此外,在实际操作中,由于跨部门政策协同失灵,税务部门难以及时掌握环保部门对企业处罚的具体规定,难免会出现违法企业继续享受税收优惠政策的现象,无法形成监管合力。其中,企业年度报告公示和经营异常制度目前主要由工商部门推进,其他部门的使用率并不高,原因在于各部门对异常名录的认识还不一致、使用还不到位,异常名录反映的企业"失信"情形并未与各部门对企业的评判标准相衔接。

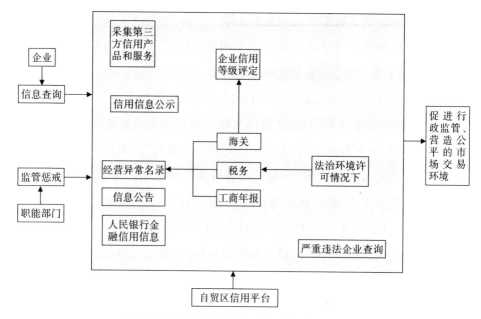

图5.2 "加强社会信用体系应用"政策执行框架

"健全社会力量参与市场监督制度"与"加强社会信用体系应用"都是依托市场与社会力量来加强对企业的事中事后监管;"完善负面清单管理模式""加强信息共享与服务平台应用""建立综合执法体系"与"健全国家安全审查和反垄断审查协助工作机制"着重政府职能部门监管服务模式的转变与监管效率的提升。①大监管格局既包括执法部门的监管引导、行业自律,也包括社会力量的监督参与。随着市场主体的快速发展,新业态不断出现,政府相对有限的执法资源难以实现管理全覆盖的要求,自成体系、封闭运行的管理模式已无法适应政府公共治理的要求。"社会力量参与市场监督"作为上海自贸试验区事中事后监管创新制度之一,旨在构建一个完整的市场监督体系。因此,在事中事后监管过程中,政策执行可以借助第三方机构对企业的资金流、人流、物流等情况进行分析判断。企业如果没有异常行为,就无须政府出面监管;一旦出现异常行为,相关监管部门就能及时提醒、警告企业,或是采取相应的监管行为。这实际上是把第三方监管力量推到一线,使事中事后监管

①蒋硕亮:《多元共治解决监管难题》,《解放日报》2016年2月4日。

政策能够有效执行。

综合执法是通过机构整合的方式,将行政执法权统一交由一个行政机关行使,避免多头执法,解决执法权限交叉重叠的问题。①《总体方案》强调建立集中统一的市场监管综合执法体系,在质量技术监督、食品药品监管、知识产权、工商、税务等管理领域实现高效监管。建立健全综合执法体系也是确保事中事后监管有效推进的重要保障。《深化方案》中将健全综合执法体系作为政府职能转变的一大举措,"明确执法主体以及相对统一的执法程序和文书,建立联动联勤平台,完善网上执法办案系统。健全城市管理、市场监督等综合执法体系,建立信息共享、资源整合、执法联动、措施协同的监管工作机制"。

在上海自贸试验区实践中,综合执法的重点在于建立各部门联动执法、协调合作机制,包括相对集中行使执法权、建设网上执法办案系统、建设联勤联动指挥平台,着力解决权责交叉、多头执法问题。上海自贸试验区管委会也享有市级层面在城市管理、规划建设、劳动监察、知识产权、文化建设等领域的行政执法权。2014年1月,上海浦东新区工商、质监、食药监部门"三合一"整合为浦东新区市场监督管理局,在上海市率先建立起一个覆盖生产、流通、消费全过程的监管体系,打破了以往的分段式监管。此后,浦东新区市场监督管理局在统合了原来的工商、质监、食药监三个部门后,又增加了一项执法职能,即原来归属发展改革委(物价局)的物价监督、检查职能。为提升口岸通关速度,减少货物在港区的滞留时间,天津出入境检验检疫局开展了进口食品"空检海放"、第三方检验结果采信、出入境特殊物品分类监管、进境货物预检验、检验检疫分线监管等系列检验检疫制度创新,简化了企业办事流程,提升了货物验放速度。以进口食品"空检海放"制度为例,一批海运进口的婴幼儿奶粉到港前,先行对空运同批货物实施检验,海运批次到港后不再重复检验,对照传统"海检海放"模式,验放时间由30天降至7个工作日,通关速度显著提升。②

---

① 金国坤:《行政权限冲突解决机制研究:部门协调的法制化路径探寻》,北京大学出版社2010年版,第49页。

② 天津出入境检验检疫局京津冀协同发展政策研究组:《丰富和优化口岸功能分析研究》,《中国质量与标准导报》2017年第7期。

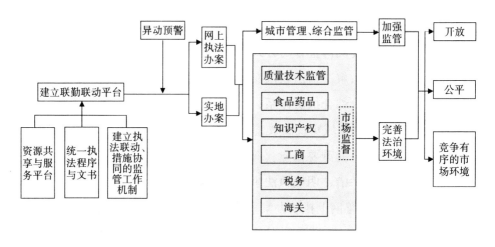

图5.3　"健全综合执法体系"政策执行框架

二、贸易监管领域的跨部门协同问题

国际贸易监管涉及海关、工商、税务、外汇等多个部门,贸易便利化水平的提升需要各部门之间的协同合作,《总体方案》中提出要强化监管协作的任务措施。《管理办法》中还规定了自贸试验区监管信息共享机制及行业信息跟踪、监管和归集的综合性评估机制。①综合性评估机制的建立,将有助于更好地搭建一个统一的信息共享平台,企业若能真正做到信息的跟踪归集,将大大提高政府的监管效率和行业的市场运作效率。然而,现行贸易监管制度的根本问题在于各部门间的信息交流不畅,导致单个部门出台的便利化措施,往往因为缺少其他部门的配合而无法最终落地,或者虽然能够落地但给企业增加了额外的、不必要的负担。例如,有些企业反映,海关实行了无纸化通关随附单证措施,但是税务部门仍然要求提交纸质单据,使得企业在通关便利化中享受到的实质便利大打折扣。②上海自贸试验区建设至今,各部门出台的贸易便利化措施之间缺乏协同,协同监管效率不高,影响了贸易便利化政策执行的效果。

①《管理办法》第三十四条:"管委会组织建立自贸区监管信息共享机制和平台,实现海关、检验检疫、海事、金融、发展改革、商务、工商、质检、财政、税务、环境保护、安全生产监管、港口航运等部门监管信息的互通、交换和共享,为优化管理流程、提供高效便捷服务、加强事中事后监管提供支撑。"

②这一问题,现在已经解决。

表5.5　上海自贸试验区贸易便利化代表性措施

贸易监管目标	代表性措施	实施部门	创新措施描述	是否具备可复制推广条件
一线放开	先入区、后报关	海关	对于一线进境货物,依托信息化系统,允许企业凭进境货物的舱单信息先提货进区;货物入区后再报关	是
二线管住	一线检疫、二线检验	商检	在出入境一线实施无豁免检疫,敏感产品外的货物免除检验;二线则实施严格检验	是
监管协作	国际贸易单一窗口	市口岸办等	一般贸易进口货物的申报与结果反馈、船舶出口岸联网核放,在单一窗口平台上试点	否

　　上海自贸试验区内的四个海关特殊监管区域不是孤立发展的,口岸及其他特殊监管区域与其关系紧密。因此,在上海自贸试验区实施"一线放开"的政策时,必须充分考虑与其他部门的政策协同性,要注重与口岸海关监管要求相互衔接与配合,实现海关系统执法统一化、监管一体化。同时,也要注重和口岸其他管理部门的政策统一性,避免出现短板效应而使政策不能落到实处。根据调研,有些企业反映,海关推出的"先入区后报关"的措施并不适用于法检商品,因为根据商检部门规定,在报关的时候必须向海关提供出入境检验检疫局的通关单,这使得从事法检商品进口的企业无法享受"先入区后报关"的便利措施。总的来说,上海自贸试验区便利化措施还存在以下不足:

　　第一,自贸试验区制度创新主要还是从各个业务条线分别推进,而从全局出发梳理问题、系统规划、协同改革还不够,无论制度创新还是业务改革都还未能完全打破条块分割的局面,导致一些创新措施难以落到实处。如,海关特殊监管区域内企业的申报通道与非申报通道、加工货物的状态分类监管、选择性征税等与税收政策密切相关的业务改革问题,由于涉及众多部委,迟迟难以推进。①

---

　　① 肖林主编:《高标准开放与制度创新:中国自由贸易试验区智库报告2015/2016》,格致出版社、上海人民出版社2016年版,第424~425页。

第二,机构协调和信息处理无纸化改革幅度较小。"统一备案清单"将自贸试验区内企业不同海关特殊监管区域的两种备案清单格式统一为三十项申报要素,促进上海自贸试验区内四个海关特殊监管区域一体化运作;"简化通关作业随附单证",对一线进出境备案清单及二线不涉税的进出口报关单取消随附单证的要求,必要时再要求企业提供,简化企业报关手续,提高通关作业自动化率。但对海关、外汇等管理部门的协同监管并未涉及,信息处理无纸化也只限于取消部分单证。

第三,贸易协同监管效率不高。国际贸易监管涉及海关、工商、税务、外汇等多个部门,贸易便利化水平的提升需要各部门协同合作,《总体方案》中提出要强化监管协作的任务措施。但是目前来看,自贸试验区监管协作实施效果并不明显,各部门出台了各自的便利化措施,但是由于信息交流不畅,缺乏部门间的配合而无法落地,或者虽然落地却给企业增加了额外的负担。

第四,数据标准格式不统一,没有与国际接轨,影响了跨部门协同监管的实施。在各部门联合监管之前,"单一窗口"的优势很难得到充分发挥;对监管的协调就是共同决定优先领域,有两个方法:一是通过一体化风险评估系统实现,即通过协调各部门的风险原则提供重点监管指令;另一种方法是各部门独立对风险进行评估,然后对重点监管的方法进行协调。[1]海关、检验检疫、外汇管理局、运输部门、银行和保险等部门执行的数据标准格式不一致,未能与国际接轨,这不仅造成跨部门合作便利化程度大打折扣,同时也增加了开展贸易便利化国际合作的难度。上海自贸试验区各管理部门需要在业务流程、数据格式等方面实现统一和兼容,从技术层面统一标准,从而推进贸易便利化的发展。

第五,就监管政策而言,政府公权力的运用通常会给予较高的外部问责压力,以避免不当或违法的行政处分侵害民众的利益。在这种情况下,跨部门监管协调与萨普夫所说的"负向协调(negative coordination)概念相似,呈现出参与协调者希望任何协调行动都能够避免抵触现有政策及不触犯其他部

---

① 国家口岸管理办公室编译:《国际贸易单一窗口》(上册),中国海关出版社2016年版,第70页。

门利益的偏好。①而正向协调（positive coordination）是指由参与机关的联合策略选择来最大化政策的所有效能。②可以简单将"负向协调"视为仅要求跨部门协同不出错就好；"正向协调"则是更积极地要求跨部门协同能够谋取最大的政策福利。

以上海海关为例，在自贸试验区创新活动的宏观管理上，尽管上海海关层面成立了推进工作领导小组和海关工作组等运作机制，但上海自贸试验区海关业务实质运作的管理机制并未从根本上进行同步整合和重塑，整体创新工作机制的日常运作时有不畅；而上海自贸试验区扩区后，海关总署也未能从更高层面建立健全专门统筹规划、推进各个自贸试验区改革创新的管理机制。目前各个自贸试验区内的不同区域由各自独立的直属海关或隶属海关负责管理，部门、业务条线和区域条块分割问题一直没有解决，各部门、各区域在创新组织活动中彼此分割、相互脱节等现象较为突出，海关改革的前瞻性、系统性规划引导有所不足。因此目前海关改革主要是从各业务条线分别推进制度创新，从全局出发梳理问题、提出方案还不够，无论是业务模式设计还是信息化系统建设都未打破原有的条块分割状态，改革还存在碎片化的问题，各环节协同性不足甚至相互牵制导致改革无法继续深化，这就造成了部分改革创新项目不能彻底放到位、改到位、执行到位。这些问题最终仍要通过顶层设计和管理体制调整来解决，完全依靠"制度创新"化解问题的难度越来越大。③

三、综合执法体系存在的主要问题：跨部门政策协同失灵

跨部门政策协同是上海自贸试验区事中事后监管面临的关键问题。事中事后监管政策规划实际上就是一个政策分析过程，包括政策目标的确定，政策方案的设计、选择及政策方案的可行性论证。这个政策分析过程不是一个单向执行系统，而是一个多向多层的反馈系统。自贸试验区事中事后监管体系

---

① Scharpf, F.W., "Coordination in Hierarchies and Networks", In F.W. Scharpfs eds., *Games in Hierarchies and Networks*, Boulder: Westview Press, 1993, pp. 125−165.

② Scharpf, F.W., "Coordination in Hierarchies and Networks", In F.W. Scharpfs eds., *Games in Hierarchies and Networks*, Boulder: Westview Press, 1993, p. 143.

③ 舒琴芳：《上海自贸试验区改革"深水区"海关监管服务创新再思考——基于"国家创新系统理论"的视角》，《海关与经贸研究》2016年第2期。

是一个复杂而紧密联系的系统,随着政策数量的增加、覆盖范围的扩大,多元的政策主题、面向特定政策目标发布政策文书的数量日益增多,构成了共同的目标、多元主体、多种手段、多种作用层次的政策体系,跨部门政策协同因而成为自贸试验区事中事后监管面临的关键问题和挑战。从实践来看,目前自贸试验区改革主要是通过政策创新加以推进,各个部门的政策解释相对独立,存在政策碎片化和政策不同步现象。比如,海关、工商、税务等部门先后推出了若干创新政策,但由于缺乏政策执行阶段的跨部门协同,导致"先进区、后报关"等政策效应滞后。还有,自贸试验区金融政策由中国人民银行、证监会、国家金融监管总局共同制定,由于缺乏政策制定阶段跨部门协同,监管部门配套政策出台步调不一致,而且部分文件使用"符合条件"等笼统表述,影响了金融创新政策的政策效果。上海自贸试验区建设涵盖投资、贸易、金融、法制等领域,涉及多个职能部门的综合管理事务,使得综合执法面临宏观层面的跨部门政策协同问题。

首先,在有关综合执法程序的政策制定上,目前的政策仅涉及政策共享与服务平台、执法联动措施协同和网上执法办案三个环节,尚未覆盖统一执法程序文书和建立联勤联动平台两大环节,而且上述环节的政策数量有限,政策密度较低。上海市人大常委会颁布的《自贸试验区条例》是支持健全综合执法体系的统领性文件,原国家工商行政管理总局、海关总署、原国家质检总局和上海市人民政府都出台了相关政策支持综合执法体系建设(参见表5.6),覆盖政策共享与服务平台、执法联动措施协同、网上执法办案等环节,尚未覆盖统一执法程序文书和建立联勤联动平台两大环节。

表5.6 "健全综合执法体系"政策归类统计

部门	政策名称	政策共享与服务平台	执法联动措施协同	网上执法办案	总计
原国家工商行政管理总局	《国家工商行政管理总局关于支持中国(上海)自由贸易试验区建设的若干意见》	1	0	0	1

部门	政策名称	政策共享与服务平台	执法联动措施协同	网上执法办案	总计
上海市人民代表大会常务委员会	《中国(上海)自由贸易试验区条例》	0	1	0	1
上海市人民政府	《上海自贸试验区监管信息共享管理试行办法》	1	0	0	1
	《进一步深化中国(上海)自由贸易试验区和浦东新区事中事后监管体系建设总体方案》	0	1	0	1
海关总署	《海关总署关于安全有效监管支持和促进中国(上海)自由贸易试验区建设的若干措施》	0	0	1	1
	《中国(上海)自由贸易试验区海关监管服务模式改革方案》	0	0	1	1
原国家质检总局	《关于支持中国(上海)自由贸易试验区建设的意见》	1	0	0	1
	《关于深化检验检疫监管模式改革支持自贸区发展的意见》	0	1	0	1
总　计		3	3	2	8

其次,由于自贸试验区内各部门的职能目标和机构定位的差别,往往倾向于从部门自身利益出发制定相关政策,导致这些政策在宏观层面与国家战略之间缺乏有效衔接,而且在综合执法过程中还容易引起不同部门间的管理权限和管理职责冲突。在推进职能部门联合监管方面,职能部门联合发文涉及的领域主要是文化市场开放、工商审批改革、反垄断调查和大宗商品现货市场交易。在"加强信息共享和服务平台应用"和"建立综合执法体系"等领域尚在探索中,还没有出现联合发文的情况。从对自贸试验区职能部门的访谈中了解到,没有一个职能部门主动和其他职能部门进行执法协调,综合执法和监管局的角色更多的是推广政策,但协调能力不强。

再次,跨部门协同机制的缺失,削弱了跨部门联合监管的效果。事中事后监管是政府相关部门为维护有序的市场秩序采取的执法行为,对市场主体违规行为进行纠正,甚至取消其申请的审批事项,以实现市场环境的公平竞争秩序。但是,不畅通的沟通机制造成政府各部门间协作困境,致使监管工作难以深入推进。虽然相关部门已经采取综合执法形式,联动执法也在积极落实,但仍然存在不容忽视的难题。如成立了区市场监督管理局,在机构组成上包括工商、质检、食药监,已经成为单一机构且职能明确,但在具体操作上仍然存在三个条线的垂直管理、各自为政指导原下级单位业务的现象,形式上统一但业务上仍单打独斗。如此割裂的工作模式造成综合执法困难重重,各条线仍按照原有系统的工作模式进行,部门间沟通协调较少,阻碍了跨部门执法工作的展开。[1]如果没有真正意义上实现跨部门协同,那么理论上的综合执法仅仅是形式叠加,而非功能互补,难以真正实现跨部门联合监管。

最后,上海自贸试验区依旧存在职能条块分割的管理体制问题,这是因为各职能部门的协同执法活动由于得不到相关部门的政策支持,无法有效实施。关于"联合监管与协调服务",一方面表现在各个职能部门联合发布政策文本为零;另一方面,各个监管部门仍旧习惯于传统的执法方式,对利用共享信息和数据进行高效监管表现得较为滞后。仅仅停留于突击式、运动式跨部门执法,没有形成长期性的跨部门综合执法协同治理格局。因此,各职能部门依然是内部系统管理的改革,相互之间的协调力度不够,自贸试验区综合执法体系建设还需要进一步加强。由于已建立综合执法"联勤联动机制",自贸试验区管委会在进行综合执法过程中就会出现多个条线的"联勤联动"。但是,由于部门业务类别不同,监管目标和监管手段各异,各个职能部门的专业监管仍然在继续展开。此外,上海自贸试验区综合执法"动态预警机制"在逐步建设和完善中,目前主要体现在前端的行政审批产生的数据在后端行政执法可以采用,对存在问题比较多的企业会多关注。

深化"一线放开、二线安全高效管住"改革,推进上海自贸试验区综合执法体系建设需要建立跨部门协同机制,强化综合执法,推进协同治理,协调各个监管部门之间的工作,使得其既各司其职,又能实行联动,统一监管标准、程

---

① 陈奇星主编:《创新地方政府市场监管机制与监管方式研究》,上海人民出版社2020年版,第186页。

序、原则和目标等,推进政府各监管部门信息的有效归集和应用。

第四节　跨部门公共服务供给机制:以海关企业协调员和预归类社会化服务为例

在自贸试验区管理中,政府要不断创新公共产品与公共服务,最大限度提供透明、高效、便捷的一站式、全程、自助服务。跨部门协同主要是通过横向协同和纵向协同机制建设,有效利用各个政府部门的资源和优势,为公众提供无缝隙服务。跨部门协同是解决公共服务多元主体供给所导致的碎片化的一种机制选择。上海海关通过设立企业协调员,在内部控制和设计环节引入社会管理资源来适应客户需求,协调包括不同政府部门、贸易参与方及政府与企业之间的关系,更好地为自贸试验区内的企业提供公共服务。此外,预归类社会化作为备受各地海关和企业关注的关企合作项目,在自贸试验区内逐步推广。

一、海关企业协调员制度

(一)海关企业协调员制度的由来

2014年以来,上海海关推出一系列海关企业管理创新制度,包括:进行企业注册登记改革,取消报关企业和双重身份企业注册登记行政许可;放开报关企业异地申报限制;下放A类企业评审事权;实施企业协调员制度,建立海关与企业联系平台,一点进入、多部门联动,解决企业通关问题,服务区内所有B类及以上企业;推进AEO(经认证的经营者)互认,将海关开展国际合作的成果转化为提升高资信企业国际竞争力的红利。

实际上,早在2005年,深圳海关就首先在国内建立了类似的"客户协调员"制度,由海关委派客户协调员,对大型守法企业提供专门服务、实行驻厂式管理。海关通过客户协调员实行"一个窗口对外"的"一站式"服务,降低海关与企业沟通的成本。[1]2012年12月11日,上海海关公布了《上海海关总部企业协

---

[1] 马成玉:《客户导向在我国海关监管中的运用分析——以"客户协调员"制度为例》,对外经济贸易大学硕士学位论文,2010年。

调员试点工作制度（试行）》，上海海关设立总部企业海关协调员，归口受理注册于浦东海关总部企业的各种海关事务，并协调海关相关部门办理后统一对外回复，切实提高总部企业办理海关事务的效率。其主要内容包括：

第一，总部企业海关协调员设立于浦东海关办公室，其主要职责是：与总部企业建立长期固定的联系渠道和机制，并保持联系渠道和机制时刻畅通有效；确定海关和总部企业中长期合作的战略目标，并适时签订合作备忘录；定期组织面向总部企业的各类政策宣讲活动，并及时解答总部企业的政策咨询；实时听取、归口受理总部企业及其下属企业涉及海关工作的各种需求和急需解决的疑难问题，及时协调海关相关部门办理，并将办理结果统一对外回复；及时跟踪了解国家重大政策变化和海关重大改革对总部企业的影响，及时上报总部企业反馈的问题，并提出建议。

第二，总部企业海关协调员在工作中应坚持以下工作原则：一口对外、首问负责，归口受理特定总部企业的各种海关事务，并统一对外回复；集中管理、注重效能，科学分析不同类型总部企业在集约化管理的经营特点下对海关工作的共性需求，采取针对性措施，突出重点，以最小投入争取最大效益；协调配合、服务企业，加强与海关各层级相关部门的联系配合，把"服务企业"的理念落实到"协调"的全过程，加强问题分析和对策研究，不断推出适应总部企业健康发展的政策措施。

第三，建立总部企业信息档案，主动加强与浦东新区商务部门的联系，建立总部企业及其下属企业的信息档案，建立总部企业联络员名单，定期统计总部企业经营动态及相关进出口数据。

第四，建立重大事项报告制度，对总部企业提出的重大业务事项，总部企业协调员应及时上报上级部门。重大业务事项包括：总部企业提出的业务问题涉及海关2个以上部门的，无论经协商是否达成一致；国家相关政策、法规调整以及海关出台的规定对总部企业合法经营产生重大影响的；总部企业经营发生重大变化的。

（二）海关企业协调员制度与跨部门公共服务供给

在上海自贸试验区揭牌后，上海海关于2014年6月底发布了《关于在中国

（上海）自由贸易试验区开展企业协调员试点工作》的公告，将企业管理类别为B类及以上的经海关注册登记的试验区内企业纳入试点范围。2014年9月16日，"企业协调员制度"作为第二批试验区海关监管服务创新制度在上海关区符合条件的企业推广实行。[1]

上海海关所实行的企业协调员制度主要由以下要素构成：实施主体：自贸试验区的主管海关。设计目的：为促进企业的贸易便利、提升海关的执法效率和维系企业与海关之间的合作伙伴关系。运作人员：通过选拔与培训的专职海关关员。作用对象：具备相应资格的企业。业务内容：由协调员向企业提供法规宣传、业务指导和信息反馈等服务。

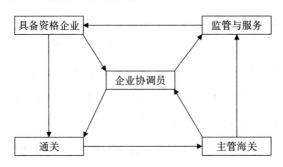

图5.4 企业与海关之间合作关系流程图

试点企业应指定负责企业海关事务的高层管理人员作为联系人，归口负责与海关企业协调员的日常联系，沟通协调与海关的合作事宜。试验区主管海关指定专人担任企业协调员，定期组织面向试点企业的各类政策法规和业务宣讲活动，及时解答企业咨询，密切与企业的日常沟通，听取和反映企业诉求，并提出合理化建议，协助企业提升管理水平。一系列以贸易便利化为重点的贸易监管制度的有效运行，使自贸试验区内企业进口平均通关时间比区外减少41.3%。出口平均通关时间比区外减少36.8%。[2]

---

①《上海海关关于复制推广第二批中国（上海）自由贸易试验区海关监管服务创新制度的公告》，上海口岸服务平台，https://kab.sww.sh.gov.cn/gzzt/002002/002002001/20160302/e8992f34-2090-4cff-8501-74271f69eff3.html。

②参见《上海海关关于在中国（上海）自由贸易试验区开展企业协调员试点工作的公告》，2014年第26号。

企业协调员制度作为世界海关组织评定现代化海关服务质量的重要指标之一,是推进海关与企业建立伙伴关系,引导企业守法自律,规范企业进出口行为的一项重要制度创新。企业协调员制度的主要特点包括:一是制度设计的出发点是支持企业的发展,但上海自贸试验区特别规定了能够参与企业协调员制度的企业资格限定;二是相关制度最终是由海关关员来落实;三是制度的具体内容只限于提供咨询指导服务而不会对企业具体的通关业务产生影响。这说明企业协调员制度实际上是海关向企业提供的一项公共服务,由海关委派的人员为企业提供通关方面的建议和指导。"企业协调员制度"是通过程序性安排,实现了公共部门和私营部门之间的内外协同。

二、预归类社会化服务

随着进出口贸易的快速发展与社会需求的多元化转变,为更好地适应市场环境和实现有效的公共服务,海关正通过发展关企合作关系逐步调整其管理路径,引入市场管理与社会资源发展协同治理模式。近年来,预归类社会化作为备受各地海关和企业关注的关企合作项目,在自贸试验区内得到了推广,在中国自贸试验区海关监管机制创新中发挥着重要作用,但如何实现社会管理资源的高效配置与全面优化仍面临困境。海关通过积极推进社会化预归类服务,不仅实现了海关与企业之间的内外协同,而且依托"进出口商品预归类服务操作系统"等技术性平台实现了跨部门业务流程再造和跨部门公共服务供给,对切实降低自贸试验区企业通关成本、缩短通关时间、为进出口企业提供更便捷的通关环境具有重要意义。

进出口贸易市场的快速发展与企业对海关通关业务前置化的高涨呼声催生了中国预归类社会化制度的产生。预归类社会化是指依据《中华人民共和国海关法》《关税条例》和《归类管理规定》,经培训、考核,确认该单位及所属报关员的专业胜任能力后,容许其所在的报关企业提供面向社会的预归类操作和咨询服务,并使之制度化。简言之,即海关对报关企业进行考核,将原本由海关进行的进出口商品编码归类的操作和咨询工作交给考核通过的优秀报关企业,海关自身仅仅履行程序性审查职能。预归类社会化的实质是海关与社会中介机构建立互利共赢的合作关系,以提高进出口货物、物品在通关环节的海关监管与税收效率。

中国商品预归类的发展大致可分为两个阶段:第一阶段,自2000年海关总署令第80号发布起至2007年,以天津海关与天津报关协会为试点地区,形成最初的海关预归类流程及最早的海关预归类工作管理办法;第二阶段,2008年1月1日海关总署正式启动以上海关区为主的11个关区预归类社会化试点,引入市场资源和社会力量参与商品预归类服务。

预归类社会化的实施对促进贸易便利化具有深远意义。对海关而言,社会化预归类对提高归类准确性、保证通关时效性、完善进出口执法流程合理性等具有积极意义;对外贸企业而言,社会化预归类制度与成本-风险可控性、进出口物流连贯性等息息相关;对社会中介机构而言,社会化预归类的发展则是其实现企业业务拓展、促进转型升级的发展方向。然而,外贸企业的多元需求决定了预归类社会化服务的多元供给方式,这不仅给海关对中介机构的管理工作增加了难度,而且也给外贸企业如何寻找合适的中介伙伴造成了挑战。

日益增长的贸易量与有限的海关人力资源之间的矛盾日益突出,关企合作成为海关加强公共服务供给效率与质量的有力手段。对中国海关而言,将公私伙伴模式的运行理念由传统的基础设施建设领域转移至公共服务供给领域,不仅有助于海关降低行政风险和财政支出,同时也能够拓宽中介企业的收入来源,满足外贸企业的多元化需求,对构建服务型海关具有积极意义和重要价值。

为进一步促进在预归类社会化领域公私部门间的跨部门协同治理,中介机构对目标客户群的定位标准亟待完善。从社会化预归类业务执行主体的角度对其目标客户群体进行有效定位划分,不仅有助于进出口企业根据自身的外贸服务需求选择合适的中介服务机构,同时也能够进一步促进社会化预归类市场的规范整合,使社会预归类资源充分发挥其市场效用。

跨部门协同对于社会化预归类服务的影响,主要体现于构建海关-企业之间的合作关系、优化配置商品预归类资源、再造预归类业务流程等方面。社会化预归类是一项有助于加快海关实现职能转变、提升企业通关效率、开拓新兴产业的进出口改革措施。面对影响社会化预归类发展进程的各种体制机制问题，跨部门协同理论不仅有助于明确该项关企合作业务的发展方向，也是解决中国海关公共服务供需矛盾的必然选择。为实现商品预归类层面的供给侧改革，在将跨部门协同理论运用于海关进出口服务的过程中，需要明确各主体的社会角色和业务模式，对公私资源进行合理配置，发展各方之间的业务渠道和沟通平台，通过充分完善和推进"中介服务、海关监管、社会共治"的多元服务体系，实现社会化预归类业务的跨部门协同治理。

第六章 技术性机制与自贸试验区
跨部门信息共享

条块分割难以实现跨部门协同是长期困扰公共管理的实践难题。解决此问题的既有思路多着眼于行政体制改革和业务流程再造。近年来,随着数据资源、数据技术与行政实务的深度融合,在不改变部门职能分工与权责边界的前提下,通过数据赋能构建技术性机制、提升跨部门协同治理能力成为值得关注的现象;因此,从理论上深入挖掘和凝练数据赋能跨部门协同的运行机制就显得尤为必要。[①]

技术性跨部门协同机制主要包括两方面内容:依托信息共享平台建设的跨部门信息共享机制和跨部门业务流程再造。跨部门信息共享机制是实现自贸试验区政府治理的重要内容,也是跨部门协同机制的重要组成部分之一。无论是信息共享平台建设,还是跨部门业务流程再造,都是通过技术性协同机制建设来预防、诊断、发现和解决自贸试验区管理中的各种跨部门协同问题。本章以中国国际贸易"单一窗口"为例,探讨信息技术应用和工作流程改造如何优化跨部门业务流程并实现跨部门信息共享。

第一节 技术性机制的概念与分类

信息不仅是组织运行的重要资源,也是组织决策的关键要素。信息资源深植于政府的所有职能中,在政府管理中无处不在。在公共管理实践中,信息管理和服务平台建设一直是整体性政府推进跨部门改革的重点。政府部门间信息资源难以共享,形成"外孤岛化",而政府网站内部信息资源的碎片化被称为"内孤岛化"。[②]如何打破政府部门藩篱,搭建信息、技术和工作流程的互通

---

① 颜海娜、张雪帆、王露寒:《数据何以赋能水环境跨部门协同治理》,《华南师范大学学报(社会科学版)》2021年第4期。

② 赵慧、刘军:《以用户为中心的信息构建与网络治理》,《公共管理学报》2013年第1期。

平台,最大限度实现跨界共享信息,不断提高政府信息治理能力,是提高自贸试验区跨部门协同能力的有效途径。

一、技术性机制的概念

帕特里克·邓利维认为:"信息系统几十年来一直是形成公共行政变革的重要因素,信息技术成了当代公共服务系统理性和现代化变革的中心。"①在政府管理领域,打破碎片化模式下的组织壁垒和自我封闭的状态,强化部门之间的合作和协调,促进政府信息资源共享,加强政府服务方式和渠道整合,构建无缝隙、一体化的"整体性政府"已成为当前国际公共行政改革的一种新趋势。为了能够提供更加整体性和协同化的政务服务,英国在2017年颁布了《政府转型战略(2017—2020)》,强化了"数字政府即平台"理念,极大促进了跨政府部门间的业务协同性和组织间的数据共享。扩大跨部门业务协同有利于政府数字化转型,英国政府建立跨政府部门的合作机制,形成了语言、工具和技术的协同体系。②"整合"(integration)是指组织功能上的协调与合作,是整体性政府改革中组织创新基本内涵的集中体现。③构建整体性政府需要从机构、信息资源、业务流程、服务与沟通渠道等方面加以整合。信息技术、电子政务对于自贸试验区跨部门协同机制的构建具有重要意义。

结构性协同机制尤其是纵向的跨部门协同机制不能完全满足自贸试验区发展的现实需求,尤其不能有效处理那些需要超越组织边界的棘手问题。基于等级制管理的官僚制时代正面临着终结,取而代之的是网络化治理。④信息技术的发展和电子政务的演进为自贸试验区横向跨部门协同机制的发展提供了必要的基础性条件。自贸试验区跨部门协同的"技术性机制"主要是指信息交流平台和交流的程序规则。信息技术的运用有助于突破组织之间的壁垒,

---

① Patrick Dunleavy, "New Public Management is Dead- Long Live the Digital Era Governance", *Journal of Public Administration Research and Theory*, Vol. 16, No. 3, 2006, pp. 467–494.

② 刘红波:《一站式政府研究:以公共服务为视角》,华南理工大学出版社2021年版,第133页。

③ 谭海波、蔡立辉:《"碎片化"政府管理模式及其改革——基于"整体型政府"的理论视角》,《学术论坛》2010年第6期。

④ [美]斯蒂芬·戈德史密斯、威廉·D.埃格斯:《网络化治理——公共部门的新形态》,孙迎春译,北京大学出版社2008年版,第21页。

赋予政府及其合作伙伴各种技术工具,以跨越组织边界进行合作。[①]因此,技术性协同机制对于增强相关部门间数据的共享与整合,理顺职责权限,打破部门壁垒,推动流程再造,实现跨部门政务协同具有重要价值。信息和沟通技术巩固了政府各个部门之间的信息共享,促进了信息管理水平的提升。

技术性机制通过信息资源共享作用于跨部门协同机制,实现跨部门政务协同和跨部门信息共享。有效的信息共享是整体性政府建设的关键,而信息沟通技术的进步是实现有效信息共享的前提条件。这是因为信息沟通技术的进步使得信息共享的技术障碍持续减少。自贸试验区建设中,跨部门信息共享平台的搭建离不开信息技术的应用。没有高度发展的电子政务,就无法跨越政府的层级鸿沟。[②]电子政务的实质是以服务为核心,消除由于部门职能信息割据而造成的低质量社会服务和管理,使得上下级政府之间、不同政府部门之间能够在信息资源按需共享的条件下实现跨部门政务协同和跨部门信息共享。[③]跨部门信息共享即政府数据资源等信息在纵向部门和横向部门之间的流动,其实质是实现政府信息资源战略开发、高效使用和合理配置。由于政府信息在存储方式、应用平台与基础设施配置方面不统一,因此,如何实现跨部门协作和跨部门服务协同成为实现政府信息跨部门共享的关键。[④]

二、信息技术的运用、技术性机制的生成与跨部门政务信息资源整合

进入21世纪以来,以大数据、云计算和人工智能为代表的新一代信息技术迅速发展,推动人类社会迈向数字化、网络化和智能化时代。信息通信技术的快速发展赋予了政府再造整体性政府的可能性。[⑤]物联网技术、云计算技术、移动互联网技术、大数据技术、空间信息技术和人工智能技术是智慧政府的六大关键技术;传统的口岸管理无法有效应对自贸试验区发展面临的新问题与

---

① [美]斯蒂芬·戈德史密斯、威廉·D.埃格斯:《网络化治理:公共部门的新形态》,孙迎春译,北京大学出版社2008年版,第103页。

② 彭锦鹏:《全观型治理:理论与制度化策略》,《政治科学论丛》2005年。

③ 樊博、李锦红:《联动型应急情报系统的规划方法研究》,《情报杂志》2011年第7期。

④ 徐晓日、李思聪:《大数据背景下政府信息资源共享问题研究》,《长白学刊》2015年第6期。

⑤ Richard Heeks, *Reinventing Government in the Information Age: International Practice in IT-Enabled Public Sector Reform*, Routledge, 1999, pp. 9–21.

新挑战,大数据、云计算、物联网、区块链等技术为智慧口岸治理的实现和技术性机制的生成提供了支撑(参见表6.1)。美国海关对新技术的运用贯穿整个业务流程,从货物与旅客入境前的筛选、审查,到入境后相关信息的维护、监控,再到出境时的审查。2021年,第四届进博会期间,上海海关首次运用AR(增强现实技术)眼镜、数字标签等新技术开展展品监管。①

表6.1　新一代信息技术及其在口岸管理中的运用

技术	含义	角色	使用领域举例
物联网	物与物的通信网络	采集数据	自动监测、监控
云计算	由可伸缩的"池"统一提供计算资源	处理数据,提供应用服务	数据中心、信息服务平台
地理信息系统	对整个或部分地球表层(包括大气层)空间中的有关地理分布数据进行采集、储存、管理、运算、分析、显示和描述的技术系统	采集、存储、管理、运算、分析、显示和描述地理分布数据	追踪非法移民的路线
移动互联网	无线通信网络	传输数据,提供移动应用服务	移动应用,如移动办公、移动执法等
大数据	数据量超大,结构不同,可以从中发掘有价值信息的数据	数据挖掘,数据可视化,风险治理	智慧口岸,口岸安全风险治理
区块链	将区块以链的方式组合在一起的数据结构,其实质是一种基于加密算法生成的集体维护可靠数据的分布式账簿系统	记录、传递、存储与呈现数据	口岸物流可视化
人工智能	模仿人脑构建的计算机系统,可自我学习	风险识别、自动化处置	口岸查验智能化、智能审图、智能机检

第一,物联网。简言之,就是"物物相连的互联网"。物联网涉及智能感知、识别技术与普适计算、泛在网络的融合应用,被称为世界信息产业发展的第三次浪潮。物联网因其网络化、精细化和智能化的工作特性,有助于创新监管模式,改进业务流程,推动海关实现集约式发展。物联网在海关的应用主要表现为:一是实现单货的"关联化",确保信息流对实际物流形成有效的牵制作用,提升海关监管效率;二是实现监管的"实时化",当货物或集装箱的电子标签和无线网络传

_____

①《保障更精细、品牌更响亮》,《人民日报》2021年11月9日。

输结合后,海关可以随时掌握货物的实时状态,一旦出现集装箱被非法打开等情况,系统会自动报警,运输途中的违法行为将不再可能发生。[①]

在口岸监管中,对于海关,物联网技术可以应用于车辆通关自动核放、电子关锁、电子围网、海关物流监控等方面。2002年,深圳海关建立公路口岸车辆自动核放系统,该系统主要应用射频识别技术,集成电子车牌、司机识别卡、电子地磅、电子栏杆、地感线圈、红绿信号灯、声音报警、LED(发光二极管)显示、防闯关路障、红外感应、GPS全球定位系统和电子关锁通信设备多项数据采集传感器和末端设备,该系统把以前每辆车的通关时间由2分钟缩减到了5—6秒,避免了堵车现象。2009年6月,深圳海关辖下的盐田港与黄埔海关辖下的车检场在广东省内率先启用电子关锁卡口联网,两地卡口联网试点车辆逐步推广使用电子关锁。深圳海关还通过综合运用电子关锁、GPS全球定位系统等技术手段实现了区域间的物流严密监控,建立起电子围网。[②]对于出入境检验检疫,物联网技术可以运用于进出口食品安全溯源等方面。对于边检,物联网技术可以用于出入境管理,如公安部推出的"电子护照"。

第二,云计算是网格计算、网络储存、负载均衡等技术发展融合的产物。"云"其实就是将资源进行整合后提供给用户的网络。云计算在海关领域的运用有助于实现布局的"虚拟化",海关的物理布局将不再受到地域限制。云时代的理念就是把产品直接变成一种服务,集中储存信息资源,让每个人都可以分享使用,实现海量信息存储共享、海量数据的运算应用、海关管理资源的整合集成,进而实现应急指挥、业务监控、风险防控的目标。[③]

第三,地理信息系统是在计算机硬、软件系统支持下,对整个或部分地球表层(包括大气层)空间中的有关地理分布数据进行采集、储存、管理、运算、分析、显示和描述的技术系统。美国海关将地理信息系统应用于美国西南边境,

---

① 参见朱孔嘉:《海关业务工作的八对主要矛盾及基础建设方向》,《上海海关学院学报》2010年第4期;吴非:《应用物联网技术加强海关出口公自用物品监管的可行性研究》,《上海海关学院学报》2012年第4期。

② 金江军编著:《电子政务理论与方法(第四版)》,中国人民大学出版社2017年版,第305页。

③ 吴非:《"云存储"助力构建海关报关单证电子档案库》,《上海海关学院学报》2013年第1期。

用来追踪非法移民的路线,以使有限的人力和物质资源得到更好的配置。

第四,大数据技术的应用为推动自贸试验区管理改革提供了技术支撑,各个口岸监管部门以数据共享为支撑、新技术运用为手段,着力打造智慧口岸。以大数据为基础的机器学习、人工智能、物联网、区块链及第五代移动信息通信(5G)等新一代信息技术正以前所未有的速度和规模急剧影响、颠覆并重塑人类生产生活的各个领域。① 随着网络社会和信息社会的兴起,自贸试验区安全风险的复杂性使得治理的难度日益加大。大数据的海量数据来源和多元分析技术有助于实现风险的精准识别、准确评估、实时预警和有效防控。从总体上看,大数据技术驱动自贸试验区管理改革还处于起步探索阶段。深圳口岸着力用先进技术打造智检模式,将云计算、大数据分析、移动互联、感知识别、快速检测、智能装备等科技和信息化手段大量应用于智慧口岸建设。2016年4月25日,杭州海关对外通报了一起海关与电商平台联手查获的互联网跨境电子商务出口侵权案件,这是全国首起应用大数据分析查获的互联网跨境渠道出口侵权案件。②2020年,上海海关推广应用大数据平台供应链安全评估模块,运用大数据对货物从发货到收货的全过程、全链条实施安全风险评估,将海关风险分析处置从进出口环节向供应链全程延伸,给予安全供应链货物最大程度通关便利。③

第五,人工智能是一种模仿人脑构建的计算机系统,可自我学习。在智慧海关中人工智能技术主要用于扩大对各类风险目标的识别范围、增强识别精度及自动化处置能力、提高智慧海关的执法作业的生产率。通过智能审图技术,将集装箱图像的识别能力从分钟级提升至秒级,帮助海关对监管目标物更为精准、快速地智能识别,减少一线监管强度。智能审图系统是利用人工智能技术对海量机检图像及图像对应货物物品信息的学习,形成对大型集装箱检查设备(H986)、CT机等机检图像的自动识别系统。海关采用远程集中判图、

---

① P. K. Agarwal, "Public Administration Challenges in the World of AI and Bots", *Public Administration Review*, Vol. 78, No. 6, 2018, pp. 917–921.

②《杭州海关运用大数据查获互联网跨境侵权案》,海关总署网,http://www.customs.gov.cn/customs/xwfb34/302425/367313/index.html。

③《大数据分析无干预通关守法企业最便利》,《科技日报》2020年8月19日。

智能辅助审图算法等技术和海关智能查验台建设,对入境托运行李远程检查、自动布控、智能拦截,实现绝大多数守法旅客的无感通关。2020年,青岛海关集中审像中心完成机检审图超10万幅,"智能审图"覆盖率超过98%,通过"先期机检+智能审图"移交风险线索1000多条,接连查获走私固体废物、夹藏化妆品等案件。①2021年,黄埔海关通过"智能审图+人工查验"方式查验进出口集装箱8.6万标箱,同比增长四成以上,拦截固体废物267吨,同比增长近45倍。②截至2021年6月,智能审图系统已覆盖主要大型集装箱/车辆检查设备和CT设备,累计实现有效识别商品1868种,提高了海关查验作业效率。③

第六,区块链技术作为现阶段比较前沿的信息通信技术,正在为自贸试验区跨部门信息共享带来新一轮革新。区块链技术引起的行政体制改革被称为第四次工业革命中的重要改革领域之一。2017年以来,国内外电子政务领域开始探讨区块链在电子政务中的应用前景,提出了如权限明晰性、合约可靠性、数据安全性等潜在风险。④2019年10月24日,习近平在主持中央政治局集体学习时指出:"要探索利用区块链数据共享模式,实现政务数据跨部门、跨区域共同维护和利用,促进业务协同办理。"⑤凭借去中心化、不可篡改、可追溯性、公开透明等特征,区块链技术成为具备颠覆式计算范式创新特征的普适性技术框架。

2018年世界海关组织发布《揭示海关区块链应用前景》研究报告,指出海关应用区块链技术将有助于提高贸易合规性、跨境便利化、打击走私犯罪,提

---

①《青岛海关进出口货物查验进入智能模式,"智能审图"覆盖率超过98%》,中华网,https://tech.china.com/article/20210201/20210201707613.html。

②《既要管得住、又要通得块——黄埔海关深化"智慧海关"建设提升监管效能》,海关总署网,http://www.customs.gov.cn//customs/ztzl86/302414/302415/gmfc40/2813466/4270075/index.html。

③《智能审图,大大提高海关查验作业效率》,中华网,https://tech.china.com/article/20210629/20210629814709.html。

④ Svein Ølnes and Jolien Ubacht Marijn Janssen, "Blockchain in Government: Benefits and Implications of Distributed Ledger Technology for Information Sharing", *Government Information Quarterly*, Vol.34, No.3, 2017, pp. 355-364.

⑤《把区块链作为核心技术自主创新重要突破口 加快推动区块链技术和产业创新发展》,中国共产党新闻网,http://cpc.people.com.cn/n1/2019/1026/c64094-31421707.html。.

升海关监管效能。韩国海关与物流公司韩国中心合作开发了旨在简化货物清关流程的区块链平台;2018年3月,韩国海关表示计划使用区块链技术来防止走私和贸易融资欺诈,并通过实时信息共享增加沟通及提升透明度。

智能合约自动执行的口岸生态中,需要口岸监管部门对开源生态进行监管。所谓开源监管是指政府监管部门参与到区块链的开源生态中,对被监管对象公开的、完整的、难以篡改的、可溯源的分布式账册进行实时监管,使得被监管对象能够合法合规开展经济活动。[1]开源监管的本质是利用信息技术实现政府监管。2019年,上海国际贸易"单一窗口"推出多项融合区块链技术的跨境人民币融资、医药供应链追溯、辅助海关智慧监管、融合第三方贸易服务等应用成果。[2]2021年,天津海关出台全面推动区块链验证试点工作十三条配套业务措施,提出建立上链企业海关联络员制度、实施采信便利化等措施,简化海关对数据、单证的审查手续。[3]当区块链技术变得完全规模化时,通过相互共享信息及自动生成报告将简化通过海关清关的过程……预计海关服务将变得更加透明。在互联网监管中运用大数据和区块链技术,海关和企业、物流方共同入链,有助于相互共享各环节真实信息,降低验核式管理的成本。[4]

2021年2月9日,习近平主席在中国-中东欧国家领导人峰会上提出"深化海关贸易安全和通关便利化合作……开展'智慧海关、智能边境、智享联通'合作试点"[5],为跨部门技术性协同机制的生成与跨部门政务信息资源共享提供了中国范式的有效范例。从主体维度看,"三智"强调多主体协同,旨在实现海关、社会组织与公众之间的整体治理和智慧治理;从治理手段看,"三智"通过搭建数字化的治理界面,打通不同的政府部门之间、不同层级的政府之间数据

① 李晶:《"区块链+通证经济"的风险管控与对策建议》,《电子政务》2019年第11期。
② 沈文敏:《上海国际贸易单一窗口兼具"监管+服务"十大功能 上海电子口岸区块链联盟成立》,《人民日报(海外版)》2019年11月14日。
③ 马晓东:《天津海关13条举措推进区块链技术应用,上链企业可享便捷通关》,《天津日报》2021年1月4日。
④ 郭永泉:《我国口岸营商环境及贸易便利化研究》,《中国口岸科学技术》2020年第1期。
⑤《习近平主持中国—中东欧国家领导人峰会并发表主旨讲话》,中国政府网,http://www.gov.cn/xinwen/2021-02/09/content_5586387.htm。

信息流通闭环,避免数据信息应用的"巴别塔"效应;从治理过程看,"三智"倡导通过信息技术的运用来保持治理韧性,实现不同治理主体间信息的融通与共享。数字技术能助推政府管理体制扁平化、开放性,疏通条块矛盾、提升政府治理绩效,[①]促进跨部门、跨层级与跨主体的高效便捷协同等。[②]

三、跨部门信息共享的基本内容与主要特征

信息作为一种有限的资源及政府部门权威象征,往往会被政府部门垄断,同时由于以往政府部门信息系统的建设更多是基于内部业务流转的需要而设计,较少考虑到跨部门业务联动的需要,因此传统部门间业务的流转更多是以公文为载体,流转的效率较低,耗时较长。[③]政府信息跨部门共享即政府数据资源等信息在内部纵向部门和横向部门之间的流动,提供和获取相关政务信息,其实质是实现政府信息资源战略开发、高效使用和合理配置。由于政府信息在数据存储方式、应用平台与基础设施配置方面不统一,因此,如何实现跨组织系统、跨部门协作和跨部门服务协同成为实现政府信息跨部门共享的关键。[④]在跨部门协同机制下,信息、资源将突破传统职能(条条)和层级(块块)分割的权力壁垒,实现相互流动、交叉流动,并且通过资源整合与共享实现资源配置最优,形成随需应变的业务流程和跨部门协同工作环境。

当跨部门的信息系统进入实际应用阶段,信息共享就表现为信息交换。信息交换的效率实质上决定了跨部门协同流程的效率。条块分割和部门利益是阻碍信息交换的核心障碍,跨政府部门信息交换一直是电子政府建设的难点。[⑤]按照信息来源机构的行政级别,政府信息跨部门共享可以分为三种情况:一是上级部门与下级部门之间的信息共享,如各类行政信息的上传下达。

① 陈振明:《政府治理变革的技术基础——大数据与智能化时代的政府改革述评》,《行政论坛》2015年第6期。

② 黄璜、谢思娴、姚清晨、曾渝、张权、云美丽、张唯一:《数字化赋能治理协同:数字政府建设的"下一步行动"》,《电子政务》2022年第4期。

③ 颜海娜、刘泽森:《从"九龙治水"到"一龙治水"——水环境跨部门协同治理的审视与反思》,《吉首大学学报(社会科学版)》2022年第1期。

④ 徐晓日、李思聪:《大数据背景下政府信息资源共享问题研究》,《长白学刊》2015年第6期。

⑤ 樊博、呼家财:《G2G信息交换过程中的行为博弈分析——以城市应急联动系统为实证案例》,《上海行政学院学报》2013年第3期。

二是同级部门之间的信息共享,大量的信息沟通与协调是组织工作顺利开展的必要前提,因为其地位平等,而使得同级部门之间的信息共享成为政府信息跨部门共享的主体。三是互不隶属的部门间交叉共享,主要是出于业务需要,而非直接隶属关系部门间的相互查询、使用对方数据库中的信息。[①]政府信息的跨部门共享具有如下特征:

第一,信息交换的利益性。政府信息跨部门共享是基于部门利益的,是为了更好地实现部门工作的高效,政府部门间的相互依赖则为信息共享提供了内部动力。通过各部门之间的数据信息交换,实际上也是进行了部门利益的交换。如何实现政府内部各部门之间的利益最大化同样是跨部门信息共享需要考虑的问题。

第二,跨部门信息共享的有限性。政府行政职能划分严格,各部门掌握的信息存在较大差异,不同部门组织目标的冲突、动机的不同和政治因素等构成了政府部门信息共享的体制障碍,知识、资金和技术的缺乏则形成了跨部门信息共享的外部障碍。

第三,政府信息跨部门共享存在较大的安全风险。政府机构作为大量权威统计信息和国家机密数据资源的掌握者,其原始数据状态是需要保密的,只有经过审核的数据才能对社会公布并产生其应有的价值。跨部门信息共享需要依据部门性质,在保密的前提下实现信息共享。

四、技术性机制对于自贸试验区跨部门信息共享和协同的意义

信息技术和制度安排互相关联,相得益彰,既是自变量也是因变量,彼此之间互存着因果关系。[②]信息技术"存在一种潜质,可以影响组织内或者跨组织的协调、生产和决策过程……信息技术通过对协调和信息施加影响,可以使广泛层面的效率变得可行"[③],因此信息技术推动着电子政务的发展,进而对增

---

① 徐晓日、李思聪:《大数据背景下政府信息资源共享问题研究》,《长白学刊》2015年第6期。

② [美]简·芳汀:《构建虚拟政府:信息技术与制度创新》,邵国松译,中国人民大学出版社2010年版,第79~83页。

③ [美]简·芳汀:《构建虚拟政府:信息技术与制度创新》,邵国松译,中国人民大学出版社2010年版,第40页。

进政府部门间信任和协调大有裨益。在自贸试验区政府管理中,信息扮演着重要角色,它不仅是政府决策的依据,也是推动政策创新的动力来源,还是公众评估政府治理绩效和保障民主监管的知识基础。[1]就跨部门协同而言,如果相关部门间信息畅通,就可以通过相互了解,互通有无,优势互补;但由于信息不对称,部门间难以形成有效互动。信息技术为整体性治理提供了重要工具,使得政府转变为纵向贯通、横向协同的数字政府,减少了交易成本,为部门职能及关系的重构提供了技术支撑。[2]

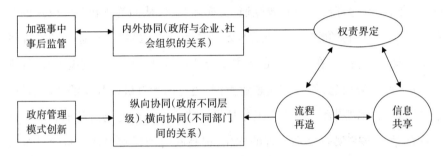

图6.1 跨部门信息共享、跨部门业务流程再造与政府职能转变示意图

只有将新技术应用与自贸试验区政府管理改革有机结合起来,才能实现从各部门、各行业根据不同需求的、各自为政的分散式应用向跨部门、跨行业领域、跨应用系统的整合式应用转型,才能实现政府组织结构、业务流程、信息资源和公共服务供给的跨部门协同。信息共享在产生更好的决策和方案中扮演着关键角色。机构收集、分析和储存的信息可以通过更多结构化的信息管理和信息共享集群的建立将各个政府部门连接起来。信息技术应用后的跨部门协同任务相当多元,包括对于信息系统的共同维护、能力培训等诸多内容。[3]杜威特和琼斯将信息效率和信息协同效应的结果分为五类,分别是提高联接和赋能员工的能力、提高构建组织知识库的能力、提高跨界能力、提高信

① 蒋敏娟:《中国政府跨部门协同机制研究》,北京大学出版社2016年版,第176页。

② 刘淑春:《数字政府战略意蕴、技术构架与路径设计——基于浙江改革的实践与探索》,《中国行政管理》2018年第9期。

③ 邓理、王中原:《嵌入式协同:"互联网+政务服务"改革中的跨部门协同及其困境》,《公共管理学报》2020年第4期。

息处理效率和改进促进创新的协作和协调。①

在信息共享方面,重点是建设上海自贸试验区信息共享和服务平台。目前,该平台已汇集税务、口岸、金融等34个部门超过700多万条信息数据。同时,出台了《共享平台信息共享管理办法》。上海自贸试验区信息共享与服务平台应用有助于促进自贸试验区政府管理的流程优化,为企业和公众提供高效便捷服务,并对事中事后监管提供支撑。上海自贸试验区正在建立自贸试验区监管信息共享机制和平台,通过网络信息平台的建设实现海关、边检、金融、商务、税务等部门信息资源互通、交换和共享,从而为优化政府管理的流程和提升联合执法效能提供必要的技术载体和支撑,最终为企业和公众提供更高效便捷的服务。②在这一平台上主动公开自贸试验区相关政策内容、管理规定、办事程序等信息,不仅方便企业查询,还有助于打破碎片化的政府监管,加强政府监管的协同性。网络信息共享平台建立的基础是通过政府各职能部门之间的信息共享实现管理流程的优化,提高政府的行政效率。自贸试验区政府职能转变中的综合监管、安全审查与反垄断审查、信息公开等举措的实现也有赖于网络信息共享平台的建立。

在横向的政府数据共治共享中,跨部门的政府数据共享面临着巨大挑战,部门间数据相互隔离,数据共享进展缓慢;政府组织内各部门子界面不同的职能设计和任务规划,阻碍了跨部门信息共享。一方面,不同部门间的数据以不同的标准形式存储;另一方面,跨部门的各政府数据系统间缺少有效的数据共享与集成平台,不同部门子界面间的政务平台的兼容性和交互性交叉,所使用的数据名称、编码格式等可能存在不一致,部门源数据库与平台数据库的数据颗粒度也粗细不一,导致数据壁垒问题突出。③

通过技术性机制推动自贸试验区跨部门信息共享机制建设,需要在三个

---

① Todd Dewettand Gareth R. Jones, "The Role of Information Technology in the Organization: A Review, Model, and Assessment", *Journal of Management*, Vol. 27, No. 3, 2001, pp. 313-346.

② 蒋硕亮:《中国(上海)自贸试验区制度创新与政府职能实现方式转变》,《哈尔滨工业大学学报(社会科学版)》2015年第4期。

③ 胡峰、王秉、张思芊:《从边界分野到跨界共轭:政府数据协同治理交互困境扫描与纾困路径探赜》,《电子政务》2023年第4期。

层次上再造业务流程:一是整合数据资源,明确政务流程的边界,划清每个职能部门的职责范围,使其各司其职;二是清除不必要的政务流程,合并同类职能,减少因分工过细导致的信息传递成本,重新整合若干个管理环节、流程作业线,推动串联流程作业转变为并联流程作业;三是补位政务流程,通过信息技术识别部门"错位""缺位"的政府职责,优化政府公共服务供给方式。自贸试验区政府管理充分利用互联网和电子技术等信息技术手段,广泛采用电子政务服务模式,有效提升了企业和个人的办事效率,节约了商事登记及后续的缴费时间和成本,实现了跨部门公共服务供给的优化。政务服务一体化为纵向干预推动地方协同、实现跨部门协同提供技术支持。广东自贸试验区南沙片区先后推出了商事主体电子证照卡和提示清单,"微信警察""市民之窗"等自助服务平台。①表6.2统计了截至2017年12月底,中国自贸试验区各个片区利用智能化工具提供公共服务情况,其中南沙片区在利用信息技术提供跨部门公共服务方面处于领先地位。

表6.2 政府优化公共服务供给方式(单位:个)

领域	南沙片区	前海片区	横琴片区	天津滨海新区	福州片区	平潭片区	厦门片区	上海浦东
智能化工具数	10	1	1	1	5	2	7	5

来源:相关统计数据截至2017年12月31日,参见陆剑宝:《中国自由贸易试验区制度创新体系理论与实践》,中山大学出版社2018年版,第33页。

第二节 自贸试验区跨部门信息共享政策与政府数据协同治理

2019年,党的十九届四中全会提出"推进数字政府建设",要求加强数据有序共享;2021年发布的《中华人民共和国国民经济和社会发展第十四个五年规划和2035年远景目标纲要》明确提出加快数字化发展、提高数字政府建设水平。政府数据协同治理既是数据治理的一个重要维度,也是建设数字政府的

① 陆剑宝:《中国自由贸易试验区制度创新体系理论与实践》,中山大学出版社2018年版,第33页。

关键举措。2022年6月23日发布的《国务院关于加强数字政府建设的指导意见》中,将数据整体协同作为建设数字政府的基本原则之一。自贸试验区加强跨部门信息共享的政策与举措是实现政府数据协同治理的基础和关键。

一、上海自贸试验区加强跨部门信息共享政策梳理

在跨部门信息共享方面,《总体方案》提出,建立一口受理、综合审批和高效运作的服务模式,完善信息网络平台,实现不同部门的协同管理机制。《深化方案》进一步明确跨部门信息共享的政策目标为:"加快以大数据中心和信息交换枢纽为主要功能的信息共享和服务平台建设,扩大部门间信息交换和应用领域,逐步统一信息标准,加强信息安全保障,推进部门协同管理,为加强事中事后监管提供支撑。"迄今为止,上海自贸试验区已出台"加强信息共享与服务平台应用"政策合计11项,内容覆盖信息共享平台建设、监管资源信息共享、监管信息动态预警、全程动态监管、联合监管与协同等五个方面(参见表6.3)。

表6.3 "加强信息共享与服务平台应用"政策统计

部门	政策名称	信息共享平台建设	监管资源信息共享	监管信息动态预警	全程动态监管	联合监管与协同	总计
上海市人大常委会	《中国(上海)自由贸易试验区条例》	1	1	1	1	1	5
上海市人民政府	《上海自贸试验区监管信息共享管理试行办法》	0	1	0	0	0	1
	《进一步深化中国(上海)自由贸易试验区和浦东新区事中事后监管体系建设总体方案》	0	1	0	0	1	2
原国家质检总局	《国家质检总局关于支持中国(上海)自由贸易试验区建设的意见》	1	0	0	0	0	1

续表

部门	政策名称	信息共享平台建设	监管资源信息共享	监管信息动态预警	全程动态监管	联合监管与协同	总计
	《关于深化检验检疫监管模式改革支持自贸区发展的意见》	0	0	0	0	1	1
海关总署	《海关总署关于安全有效监管支持和促进中国（上海）自由贸易试验区建设的若干措施》《中国（上海）自由贸易试验区海关监管服务模式改革方案》	0	0	0	0	1	1
总计		2	3	1	1	4	11

2014年9月17日，《中国（上海）自由贸易试验区监管信息共享管理试行办法》公布，提出要推动自贸试验区监管信息共享平台建设来加快政府职能转变，加强事中事后监管，提高自贸试验区的公共管理和公共服务水平；建成汇集口岸和金融等中央在沪单位、市级机构的信息共享和服务平台，实现各管理部门监管信息的归集、共享和应用。根据该办法，上海自贸试验区管委会作为共享平台的管理主体，负责信息共享的统筹、协调和管理。

上海自贸试验区监管信息共享和服务平台是由上海自贸试验区管委会自建区伊始就开展建设的综合性信息数据平台，旨在提升自贸试验区公共管理服务水平，逐步实现自贸试验区相关政府部门信息互换、监管互认、执法互助，优化业务审批流程、强化事中事后监管。目前，该平台共有34个部门（26家市级部门和8家中央直属部门）超过840项数据信息。共享信息原则上按照基础信息、管理信息、运营信息、综合统计信息等进行分类。自贸试验区管委会应与信息共享单位签订《监管信息共享协议》和《共享信息表》。管委会会同信息共享单位探索建立监管信息动态预警机制。

此外，上海自贸试验区成立信息共享工作联络组，管委会为联络组牵头单位,相关信息共享单位为联络组成员单位,共同推进落实信息共享相关事宜。共享平台实行用户认证和分级授权管理机制。[1] 2015 年 10 月,上海海事局签订《自贸区监管信息共享协议》,上海海事局与上海自贸试验区监管信息共享和服务平台的对接工作取得实质进展。[2]

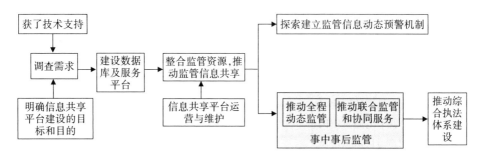

图6.2 "加强信息共享与服务平台应用"政策执行框架

跨部门信息共享机制建设是进行外商投资管理体制改革的前提条件。上海自贸试验区建设的主要任务之一就是建立高效的信息共享平台。上海自贸试验区监管信息共享平台,其管理主体为上海自贸试验区管委会,负责信息共享的统筹、协调和管理。《总体方案》中提出要"推进企业运营信息与监管系统对接,加强海关、质检、工商、税务、外汇等管理部门的协作,加快一体化监管方式。"外商投资由审批制改为备案制后,不仅需要从事前审批向事中事后监管转型,还需要中国人民银行、国家金融监督管理总局、中国证监会、交通运输部、海关总署、商务部等相关政府部门之间的政策协同和信息共享。这不仅需要通过跨部门信息共享加强中央政府各部委之间和地方政府各委办局之间的横向协同,还需要中央政府与上海市政府之间的纵向跨层级协同。这些具体

---

① 共享平台以每个信息共享单位为主体,设立一个单位用户。管委会负责设置各单位用户的信息共享权限和管理权限,信息共享单位对本单位的单位账户实行专人管理。管委会负责共享平台的日常运行维护,各信息共享单位负责本单位信息交互系统的日常运行维护。根据规定,各信息共享单位应严格执行国家计算机信息系统安全保护工作的规定,并制定安全管理规范,确保信息安全;妥善管理信息,建立完善的信息管理制度、制定内部管理规程,保障系统安全运行,防止信息泄露。参见《中国(上海)自由贸易试验区监管信息共享管理试行办法》。

② 《上海口岸海事部门签订〈自贸区监管信息共享协议〉》,上海口岸服务平台,https://kab.sww.sh. gov.cn/gzzt/002002/002002002/20151015/b9f74c3b-3ffd-45ec-a2d8-ead21c9950d2.html。

的技术性安排可以为结构性和程序性跨部门协同机制提供现实的技术支撑。

二、政府信息共享支持下的跨部门业务流程再造

各个部门在跨部门信息系统上开展并联审批许可业务,按照统一的电子政务业务流程操作规范进行协同工作。这些政府职能部门的业务平台突破了传统信息孤岛模式,实现跨部门信息的实时传递与处理。研究表明,信息系统中的信息交换程度直接决定了业务协同流程的效率,信息交换的效率是在业务流程的联动中体现的。[①]

《总体方案》强调提高行政透明度,完善体现投资者参与、符合国际规则的信息公开机制,《深化方案》更是将推动信息公开制度创新单独作为加快政府职能转变的一个具体措施,要求主动公开自贸试验区相关政策内容、管理规定、办事程序等信息,主动公开涉及自贸试验区的地方政府规章和规范性文件。

表6.4　"推动信息公开制度创新"政策归类统计

部门	政策名称	政策公开	方便企业查询	接受社会监督	提请审查	总计
上海市人大常委会	《中国(上海)自由贸易试验区条例》	1	1	0	0	2
上海市人民政府	《中国上海自贸试验区管委会行政规范性文件法律审查规则》	0	0	0	1	1
原上海市工商行政管理局	《中国(上海)自由贸易试验区企业年度报告公示办法(试行)》	0	1	1	0	2
	《中国(上海)自由贸易试验区企业经营异常名录管理办法(试行)》	0	1	1	0	2
海关总署	《中国(上海)自由贸易试验区海关监管服务模式改革方案》	0	1	0	0	1
上海海关	《上海海关关于中国(上海)自贸区内企业信用信息公开的公告》	0	1	0	0	1

---

① 樊博、呼家财:《G2G信息交换过程中的行为博弈分析——以城市应急联动系统为实证案例》,《上海行政学院学报》2013年第3期。

续表

部门	政策名称	政策公开	方便企业查询	接受社会监督	提请审查	总计
	《上海海关关于在中国(上海)自由贸易试验区内企业办理联网监管手续的公告》	0	1	0	0	1
	《上海海关关于在中国(上海)自由贸易试验区实施仓储企业联网监管模式的公告》	0	1	0	0	1
总计		1	7	2	1	11

三、跨部门信息共享与健全综合执法体系

针对每条政策是否涉及"政府职能转变"和"创新监管服务模式"8个模块中任意2个及以上模块进行梳理和统计后发现,海关出台政策条目最多,有8条政策涉及不同模块的政策协同,如信息公开、信息共享、综合执法等(参见表6.5)。以上海海关为例,截至2016年9月,上海海关主动累计公布区内海关注册企业信用信息20万余条。上海海关协同地方政府建成自贸试验区信息共享和服务平台,主动开放海关数据31.53万条,占口岸单位81.6%,同步实现1000万余条外部信息共享,增强了对区内产业监测预警、风险防控的能力。

表6.5　上海自贸试验区跨议题领域政策统计

部门		政策名称	对应举措	数量
工商	原国家工商行政管理总局	《国家工商行政管理总局关于支持中国(上海)自由贸易试验区建设的若干意见》	负面清单管理模式、健全综合执法体系、加强社会信用体系应用	3
	原上海市工商行政管理局	《中国(上海)自由贸易试验区企业年度报告公示办法(试行)》	负面清单管理模式、健全综合执法体系、加强社会信用体系应用	
	原上海市工商行政管理局	《中国(上海)自由贸易试验区企业经营异常名录管理办法(试行)》	负面清单管理模式、健全综合执法体系、加强社会信用体系应用	
质检	原国家质量监督检验检疫总局	《国家质检总局关于监督中国(上海)自由贸易试验区建设的意见》	负面清单管理模式、信息共享、加强社会信用体系应用	2
	原上海市质量技术监督局	《上海市质量技术监督局自由贸易试验区质量技监工作改革措施》	负面清单管理模式、加强社会信用体系应用	

部门		政策名称	对应举措	数量
海关	海关总署	《海关总署关于安全有效监管支持和促进中国(上海)自由贸易试验区建设的若干意见》	负面清单、综合执法	8
	海关总署	《中国(上海)自由贸易试验区海关监管服务模式改革方案》	负面清单、信息共享、综合执法	
	海关总署	《海关总署关于安全有效监督支持和促进中国(上海)自由贸易试验区建设的若干措施》	信息共享、信息公开	
	上海海关	《上海海关关于中国(上海)自由贸易试验区内企业信用信息公开的公告》	负面清单、信息公开、社会信用	
	上海海关	《上海海关关于在中国(上海)自由贸易试验区内企业办理联网监管手续的公告》	负面清单、信息公开、社会信用	
	上海海关	《上海海关关于在中国(上海)自由贸易试验区实施仓储企业联网监管模式的公告》	负面清单、信息公开	
	上海海关	《上海海关关于在中国(上海)自由贸易试验区实施区内企业自律管理的公告》	负面清单、社会信用体系	
	上海海关	《上海海关关于在中国(上海)自由贸易试验区内推进海关AEO互认工作的公告》	负面清单、社会信用体系	
总　计				13

对于上海自贸试验区而言,各部门共享信息最重要的一个目的是建立综合执法体系,提高行政服务效率。虽然自贸试验区综合执法和监管局已经搭建了信息共享和服务平台,但共享信息缺乏高质量使用。根据调研,相关企业反映执法状况没有太大变化,还没有遇到多部门联合执法的情况。根据对上海自贸试验区政策的梳理,发现职能部门联合发文的情况也很少。另外,在对自贸试验区职能部门的访谈中了解到,没有一个职能部门主动和其他职能部门进行执法协调,综合执法和监管局的角色更多是推广政策,实际协调能力不强。

四、跨部门信息共享机制建设存在的主要问题

整体而言,虽然自贸试验区信息共享和服务平台建设取得不少成绩,但在实际运作中还存在问题,如信息共享不到位,数据共享不完整,跨部门信息共享面临部门条块分割、缺乏统一管理部门、数据标准不统一等诸多障碍。自贸试验区面临着跨条块资源集成难、跨部门信息共享难、跨领域业务协同难等困境。

第一,自贸试验区需要建立涵盖区内相关政策、各职能部门的日常业务流程、行政执法信息为基础的数据库系统,打破不合理的条块分割,避免公开的信息渠道多样、分散零碎的状态,改变企业耗费大量的时间和精力才能查找到相关信息的现状。在信息共享与服务平台建设方面,政府部门间信息共享不到位。部门信息共享是事中事后监管的核心支撑,以信息共享和综合执法制度为例,其政策目标是通过部门间信息共享,做到事中事后监管联动执法、协同合作。

第二,数据共享不完整。在信息的"前台"建设方面,虽然建设了上海自贸试验区官方网站,但是该网站仅仅提供基本的信息查询功能,并没有将海关、安全检查、工商、税务等多部门的信息整合到该共享平台上,也无法查询企业的基本运营信息和信用信息。在信息"后台"建设方面,自贸试验区的各个主管部门仍是各自为政,相互之间处于信息隔绝的状态,不愿打破自身的信息垄断,并且由于收集、加工和整合众多企业和各职能部门的信用信息和监管信息需要涉及多个环节、多个部门,加剧了自贸试验区跨部门信息共享和整合的难度。此外,在信息查询和使用上,静态数据导入困难,动态数据的共享难度更大,无法实现数据的定期更新。各部门在定义自身数据的"共享属性"时,出于多方面考虑往往"协议共享"比例高,"主动共享"比例低,需要在制度机制建设上加以完善。

表6.6 上海自贸试验区政府信息的分类共享表

类别	强制共享	依申请共享	不予共享
政府信息属性	基础信息(依法保密的信息除外)	行政规制信息(依法保密的信息除外);行政给付信息(依法保密的信息除外)	内部政务信息
信息共享目的	促进科学研究、增强决策能力	加强行政监管、完善公共服务	维持政府运作、加强内部管理
共享运行模式	分散收集、集中储存、强制共享	分散收集、分布储存、依申请共享	其他行政部门不得共享
信息共享对象	所有与基础科学信息相关的行政机关	有业务往来,需要行政协助的行政机关	仅内部流转

来源:沈开艳、周奇:《自贸区建设与中国经济创新转型发展》,上海社会科学院出版社2016年版,第108页。

第三,数据标准格式不统一。海关、外汇管理局、运输部门、银行和保险等部门执行的数据标准格式不同,不仅造成跨部门协同便利化程度大打折扣,也增加了开展跨境贸易便利化国际合作的难度。

第四,社会信用体系缺乏配套的信息管理机制。社会信用体系建设有两个主体,即企业和职能部门。对企业而言,信用查询可帮助企业有效规避风险;对政府职能部门而言,可利用信用体系进行信用监管和约束惩戒。国务院颁布的《国务院关于进一步促进资本市场健康发展的若干意见》和上海市人大常委会颁布的《中国(上海)自由贸易试验区条例》有关于自贸试验区社会信用建设的统领性规定。上海自贸试验区出台了《中国(上海)自由贸易试验区监管信息共享管理试行办法》《中国(上海)自由贸易试验区信用信息查询服务规程》等文件,并建立了上海自贸试验区信用平台,为跨部门协同监管实行提供了基本的信息资源和实施平台。自贸试验区信用体系建设处于探索期,目前仅仅限于提供信用信息查询、企业经营异常等服务;还有一些问题需要进一步明确,如信用信息如何管理,哪些信息是可以公开的等。

第三节　中国国际贸易"单一窗口"的建设与发展：口岸数字化转型、技术赋能与跨部门业务协同

赋能（empowerment）主要是指行动主体通过内部授权，促使权力由高度集中向"去中心化"嬗变，进而提升组织韧性的一种方式。①随着数字技术的兴起与发展，以国际贸易"单一窗口"建设为重点的口岸数字化转型建设为提升政府部门协同水平提供了可行途径。跨部门业务协同需要层级（垂直）部门和职能（横向）部门之间的相互配合才能够实现。国际贸易"单一窗口"建设不仅是落实国务院"放管服"改革，提高口岸效率和管理水平的需要，也是优化口岸营商环境，促进贸易便利化的需要。国际贸易"单一窗口"是一种典型的程序性协同机制，旨在通过构建政府管理部门统一对外的国际贸易服务窗口，推进口岸综合执法，实现多元协同治理。以"单一窗口"机制优化通关作业流程，是实现无纸化、信息化电子政务的可行操作模式。

一、口岸数字化转型与国际贸易"单一窗口"概念的提出

（一）"单一窗口"理念的产生与发展

20世纪后期，随着信息时代的到来，各国都在寻求与信息化发展相适应的更加有效的行政管理模式和服务方式。21世纪以来，随着全球经济一体化进程加快和国际物流业快速发展，促进贸易便利化呼声日益强烈，对建设现代化、信息化、智能化口岸通关模式以提高贸易便利化水平提出了更高要求，依托信息化手段建设"单一窗口"的理念和做法便应运而生。"单一窗口"设想在商界和政府之间构建一个看得见的接口，不同的政府部门通过这个公共接口扮演一个服务供应商的角色。②

一般来说，一项贸易活动大约要进行60多项程序（参见表6.7）。据国际商会统计，国际贸易中平均一票货物通关需要60多种单证，其中80%单证的主要内容都是相同的，复杂贸易手续引起的费用占交易货物价值的2.5%～15%之

---

① Thomas K.W and Velthouse B.A, "Cognitive elements of empowerment: an 'imperative' model of intrinsic task motivation", *Academy of Management Review*, Vol. 15, No. 4, 1990, pp. 666–681.

② 国家口岸管理办公室编译：《国际贸易单一窗口》（上册），中国海关出版社2016年版，第47页。

间,尤其对中小企业而言,行政手续成本占总交易成本的比重有时甚至超过 30%。"单一窗口"作为国际口岸管理的先进理念和通行规则,是世界各国促进贸易便利化、优化营商环境的重要手段。各国都将"单一窗口"作为提高国家竞争力的一种有效途径。世界银行报告显示,目前全球已有70多个经济体实施了"单一窗口"。比如,泰国海关使用无纸化通关便利出口申报,将出口流程所需时间从24天减少到14天,每个出口集装箱的成本减少了213美元,每年节约成本7.5亿美元。[①]

表6.7 贸易程序类别及活动列举

类别	活动
税费征收	征收关税、进口增值税、其他税费及一些担保
安全问题	打击走私、危险货物管理、运输工具及移民检查
环境与健康	动植物卫生检疫、濒危物种管制、垃圾管理、药品管理
消费者保护	商品检验、标签管理、标准测试(如水果和蔬菜)
贸易政策管理	进出口经营权、许可证、配额、指定口岸管理

来源:Andrew Grainger, "Customs and Trade Facilitation: from Concepts to Implementation", *World Customs Journal*, Vol. 2, No. 1, 2008, p. 18.

2017年2月,随着世界贸易组织《贸易便利化协定》正式生效,"单一窗口"已成为许多国家政府促进贸易便利化、简化手续和实施电子商务的重要政策工具。"单一窗口"建设涉及不同的利益相关方,包括贸易商、生产商、物流商、供应商、口岸监管机构等。"单一窗口"建设的核心是改革口岸管理运行机制,统一口岸输入输出机制,使得跨国贸易的利益方只需向一个窗口(海关)提交事先公布并标准化的单证即可完成大部分通关手续,避免跨国贸易利益方的一单多递和行政机关的行政管理行为的重复。[②]近年来,"单一窗口"已成为诸多国际组织(如联合国、世界贸易组织、世界海关组织、亚太经合组织等)和国家优化口岸通关模式、提升贸易便利化水平的重要实践。2019年8月,中国向世界贸易组织通报《贸易便利化协定》B类措施补充情况,将原先承诺的"单一

---

① 国家口岸管理办公室编译:《国际贸易单一窗口》(下册),中国海关出版社2016年版,第13页。

② 曾文革、江莉:《〈贸易便利化协定〉视域下我国海关贸易便利化制度的完善》,《海关与经贸研究》2016年第1期。

窗口"条款实施日期由2020年2月22日改为2019年7月19日,即中国已提前完成实施"单一窗口"有关条款,《贸易便利化协定》实施比率提高至96.2%。

(二)口岸数字化转型与"单一窗口"的形成和发展

口岸数字化转型不是一个简单的技术过程,而是口岸监管制度创新与口岸营商环境优化过程的有机整合。口岸治理数字化转型本质上是一个技术嵌入口岸治理的政治过程,受到技术应用环境尤其制度环境的深刻影响。技术应用的微观过程实际上就是口岸治理议题转化为数字并通过技术平台进行治理的过程。因此,口岸治理数字化转型既可以实现自上而下的"数字限权",从而提升口岸治理的规范性和绩效可识别度,也可以摆脱口岸监管部门之间职能交叉、职责不清的困境。

依托"单一窗口",企业可以通过单一的平台接受政府的服务;"单一窗口"属于协调型口岸管理中,国内政府部门之间的协调,在这个层面上,大多数国家都形成了以海关为主导的协调管理机制。

2011年,联合国提议将不同时期的"单一窗口"依据其功能和覆盖面,分为有限的"单一窗口"、国家"单一窗口"和区域"单一窗口"三种形式,并将"单一窗口"的发展分为五个阶段(参见表6.8)。

表6.8 "单一窗口"的发展阶段

发展阶段	主要特征
海关自动化	1960—1970年,海关首先开始使用海关数据自动处理系统(ASYCUDA)来实现其功能的自动化。
贸易门户	开发国家贸易门户,作为贸易相关信息的来源,为贸易商提供商务和市场机会方面的数据,国家贸易点在全球电子网络中实现互联。
电子数据交换/增值网	"单一窗口"发展成为电子数据交换(EDI)/增值网(VAN),其中EDI用于贸易交换,增值网供应商运营。许多国家都采用EDI的方式来交换贸易单证,例如新加坡的贸易网(1989),毛里求斯贸易网(1994),日本的贸易结算EDI系统(1998)

续表

发展阶段	主要特征
有限的"单一窗口"	有限的"单一窗口"在贸易团体和海关/港口当局之间提供单一接口,通常不完全涉及所有其他政府机构的许可和授权。如:澳大利亚海关和边境保护服务集成货物系统,另一种类型的有限"单一窗口"系统,它允许本地贸易团体和管理机构在贸易团体"单一窗口"系统中在市级或省级组合在一起,例如中国的上海 Easypass 平台。
国家"单一窗口"	国家"单一窗口"是全国性的设施,供所有的参与方(管理机构和贸易团体)使用,允许在单入口点一次性地递交标准化的信息,满足所有与进口、出口和转口相关的管理机构要求。扩展的国家"单一窗口"形式包括企业对企业电子商务交易。
区域"单一窗口"	东南亚国家联盟(ASEAN)是最早构思区域"单一窗口"项目的组织之一。欧洲共同市场也有两个主要的"单一窗口"方案。欧盟税务和海关联盟总局的"单一窗口"方案的目标是建立社区级"单一窗口"。"单一窗口"演变的下一阶段是:在能够促进跨境贸易的全球网络中实现国家"单一窗口"的连接,以及在国际供应链上实现信息共享。

在中央和地方条块结合的口岸管理体制下,运输工具和货物的进出境,都要向口岸多个部门分别独立申报、查验和放行。独立申报意味着使用不同的申报系统,将重复的字段信息多次提交给不同的口岸部门,形成"信息孤岛",然后重复查验、装卸等过程。这种独立申报、查验和放行的通关模式的结果就是通关效率低下、通关成本较高,企业负担较重,不利于外贸平稳增长。"单一窗口"正是用来解决这一问题。通过"单一窗口",只需要申报人在一个窗口或平台上一次提交申报即可,这将从源头上简化通关工作量和流程,为提高便利化水平奠定基础。在没有"单一窗口"的环境下,贸易商必须分别向海关、税务、港口、外管等各个职能部门进行相关申报,这些监管部门之间的信息交流不畅,导致通关效率低下;在实行"单一窗口"的环境下,政府监管机构可以在"单一窗口"平台上交换信息,实现信息即时共享,有效提高货物通关效率。

中国(厦门)国际贸易"单一窗口"是厦门自贸片区首批创新试验项目,于2015年4月厦门自贸片区成立之时同步上线运行。该平台由厦门市政府主导建设,厦门自贸委组织实施,市口岸办、海关、边检、海事共建,发改、商务、工信、财政、交通、港口、税务、外管、金融等11个政府部门参与,银行、货站、堆场、码头、机场等20多个服务企业协同,为企业提供口岸通关、跨境贸易、物流、金融等"一站式"公共服务。厦门"单一窗口"平台从1.0版实现作业电子化,到2.0版实现服务整合流程再造,再到3.0版口岸公共数字服务生态圈格局基本建成,形成通关服务、物流服务、贸易政务、金融服务、互联协作、特殊区域、跨境电商、数据服务、第三方服务等九大功能板块;业务覆盖整个厦门口岸,实现口岸业务办理的"一个窗口、一次申报、一次办结"。

二、中国国际贸易"单一窗口"建设的模式与功能分析

中国政府高度重视国际贸易"单一窗口"建设,"单一窗口"工作于2016、2017、2018年连续三年被写入《政府工作报告》。中央政府先后出台了18个重要的决策部署文件,都提及立足中国电子口岸平台全面建设和推广应用国际贸易"单一窗口",促进跨境贸易便利化。国家"十三五"规划(2016—2020年)提出全面推进国际贸易"单一窗口"和一体化通关。①"单一窗口"具有如下特点:以中央和地方电子口岸为依托,建立统一申报入口;通过一个界面或窗口,一次登录申报,无须重复登录、填表申报;提交统一的标准化的数据字段。简言之,"单一窗口"就是依托电子口岸,建立单一申报窗口,一次提交统一标准化的数据,即可完成申报。

(一)中国国际贸易"单一窗口"的发展概况

中国国际贸易"单一窗口"建设总体目标为:实现贸易和运输企业(或其代理人)通过电子口岸公共平台一点接入、一次性递交满足口岸管理和国际贸易相关部门要求的格式化单证和电子信息,处理状态(结果)统一通过"单一窗口"平台反馈给申报人,并通过"单一窗口"实现综合服务。口岸管理和国际贸易相关部门按照确定的规则,共享数据和信息资源,协调各自的监管行为,进一步优化业务流程,实现信息互换、监管互认和执法互助。

中国国际贸易"单一窗口"建设采取的是由地方政府主导的公共平台模式,建设步骤是先试点再复制推广、分步发展。2014年6月18日,上海国际贸

---

① 参见《中华人民共和国国民经济和社会发展第十三个五年(2016—2020年)规划纲要》,共产党员网,https://www.12371.cn/special/sswgh/wen/#5。

易"单一窗口"在洋山保税港区启动运行,2015年6月,上海国际贸易"单一窗口"1.0版全面上线运行,试点范围从洋山保税港区扩展到整个上海港区。2016年,除上海外,天津、福建等地区国际贸易"单一窗口"均相继上线运行,广东省在广州港口岸南沙港区和深圳港口岸大铲湾港区启动了国际贸易"单一窗口"建设试点。江苏省在部分水运口岸开展了国际贸易"单一窗口"船舶联网申报及核放功能试点。辽宁、山东、浙江等其他沿海地区口岸也开展了不同程度的"单一窗口"建设工作,总体进展顺利。2017年,中国国际贸易"单一窗口"标准版上线,意味着在全国范围内所有口岸建成"单一窗口"。

国际贸易"单一窗口"政策传导过程中涉及不同类型的参与主体,包含地方和基层业务部门、协调部门,政策研究机构,国家部委等,也包括专家智囊、法务顾问、管理咨询组织等第三方主体。在政策创新建构方面,基层海关和企业提出需求,形成管理机制调整和创新的建议。基层协调部门获取需求和建议后,开展平台建设、管理机制调整和政策创新,并协助基层业务部门总结调整和创新经验,邀请专家智囊和法务顾问进行理论指导和风险评估,上报地方协调部门。在建设中遇到最突出的困难是需要国家部委授权开放数据通道和接口。国家部委向地方和基层业务部门开放数据通道和接口,意味着对部门权力做减法,同时还面临数据信息安全风险。[1]中国国际贸易"单一窗口"总体架构是依托中央和地方两个层面的电子口岸公共平台,通过互联互通、消除信息孤岛,共同打造一体化"单一窗口"平台。

国际贸易"单一窗口"自2016年建设以来,截至2023年12月,已对接了口岸和外贸领域30个部委系统,上线23大类875项对外服务,累计注册用户815余万家,日申报业务量多达2600万票,主要申报业务(货物、舱单和船舶申报)应用率达100%,[2]成为企业面对口岸管理相关部门的主要接入服务平台。它的主要功能是"三大":大通关、大物流、大外贸;它的主要特点是"三跨":跨地

---

① 苗丰涛、叶勇:《建构与对话:由下而上的政策传导机制分析——以国际贸易"单一窗口"为例》,《中国行政管理》2021年第2期。

② 《2023年国际贸易"单一窗口"新增服务功能77项 经营主体获得感不断增强》,中国政府网,https://www.gov.cn/lianbo/bumen/202402/content_6934599.htm。

区、跨行业、跨部门。企业足不出户,就可向海关、外汇、税务等部门一次性提交相关申请资料,一窗通办相关部门业务。实现了口岸各部门间的信息共享和业务协同,进出口环节38种监管证件全部通过"单一窗口"实现联网核查、无纸通关。①

(二)中央和地方两级的建设模式

2016年,国务院口岸工作部际联席会议办公室印发《关于国际贸易"单一窗口"建设的框架意见》的通知,明确了"单一窗口"建设的指导思想、建设目标、基本原则、总体布局、建设内容和保障措施等。中国国际贸易"单一窗口"建设采取中央和地方两级模式。②一是中央模式,依托中国电子口岸平台,使用各口岸管理相关部门提供的数据接口,实现国际贸易"单一窗口"基本功能,供不具备"单一窗口"建设条件的地方使用;二是地方模式,依托地方电子口岸平台,使用各口岸管理相关部门提供的数据接口,在实现"单一窗口"基本功能的基础上,根据本地特色业务需求拓展更多服务功能。

中央层面统筹推进国际贸易"单一窗口"基本功能建设,旨在实现口岸执法与基本服务功能、跨部门信息共享和联网应用及与境外的信息交换功能。其中,口岸执法与基本服务功能主要包括货物申报、运输工具申报、税费支付、贸易许可和原产地证书申领、企业资质办理、出口退税申报、查询统计等全流程服务功能,方便企业一次申报和业务办理,满足口岸管理相关部门的要求。跨部门信息共享和联网应用是为了加强口岸管理相关部门数据的联网共享与综合利用,进一步提高口岸管理相关部门的联合执法和科学决策能力。与境外信息交换功能的目的在于服务国家"一带一路"倡议,支持跨境联网合作,开展与共建"一带一路"国家和地区及世界主要贸易伙伴国之间的信息互换与服务共享。

---

① 《27项措施提升跨境贸易便利化》,《光明日报》2021年7月30日。
② 国务院口岸工作部际联席会议办公室印发《关于国际贸易"单一窗口"建设的框架意见》,http://www.singlewindow.cn/tzgg/1652.jhtml。

表6.9 中国国际贸易"单一窗口"建设和运维职责分工

机构	主要职责
国务院口岸工作部际联席会议	统筹推进全国"单一窗口"建设,负责审议口岸发展和"单一窗口"建设重大事项
国家口岸管理办公室	会同口岸相关部门组建"单一窗口"建设工作组,负责"单一窗口"建设的统筹规划
中国电子口岸数据中心	负责技术承办及"单一窗口"中央层面运维工作
地方领导小组	牵头形成"单一窗口"建设领导体制和协调推进机制,由分管省领导任领导小组组长
地方口岸办	日常办事机构设在地方口岸办,并成立"单一窗口"运维实体
地方电子口岸	"单一窗口"地方层面运维服务实体

地方层面拓展实施国际贸易"单一窗口"特色服务功能主要包括:第一,口岸政务服务功能。推广应用国际贸易"单一窗口"标准版,结合各地区口岸的通关业务特色及需求,不断拓展和延伸标准版的功能应用,因地制宜建设本地区口岸的政务服务功能,例如广东国际贸易"单一窗口"平台推出的游艇自由行和小船系统功能、上海推出的自贸专区功能。上海针对浦东自贸区外贸企业的专项服务板块,为自贸区的企业提供了数字化工具,进一步提高了贸易便利化水平。自贸专区板块以"区港一体、一线放开、二线安全高效管住"为核心进行规划建设。目前,自贸专区为区内近5000家企业提供一线进出境、二线进出口、先入区后申报、批次进出集中申报、货物状态分类监管、平行进口汽车等具有自贸试验区特色的业务服务。云南建设了"云南边民互市管理系统、跨境自驾游管理系统、口岸突发事件应急协调处置中心、数据交换中心和互联网+边境贸易"5个地方特色应用项目。

第二,口岸物流服务功能。自贸试验区结合本地口岸业务特点与需求,打通港口、机场、铁路、公路等物流信息节点,促进运输、仓储、场站、代理等各类物流企业与外贸企业的信息共享和业务协同,支持水、陆、空、铁及多式联运等多种物流服务方式,积极开展与地方物流信息平台的互联合作,如四川国际贸易"单一窗口"的物流申报和物流服务功能。

第三,口岸数据服务功能。以口岸管理相关部门的通关物流状态信息为基础,整合运输工具动态信息、集装箱信息、货物进出港和装卸等作业信息,形成完整的通关物流状态综合信息库,实时跟踪货物状态,通过数据化服务为企业提供便利,如吉林国际贸易"单一窗口"推出的口岸全景数据展示、大数据决策分析等功能。

第四,口岸特色应用功能。发挥国际贸易"单一窗口"信息资源、用户资源集聚优势,与金融、保险、电商、通信、信息技术等相关行业对接,为国际贸易供应链各参与方提供特色服务,有效支持地方口岸新型贸易业态发展。如上海国际贸易"单一窗口"信用保险专区,由中国唯一的政策性信用保险机构——中国出口信用保险公司负责搭建,集"资信+保险+融资+风控"为一体的一站式外贸综合服务平台。为保障中欧班列有序运行,2021年,在上海市商务委(市口岸办)牵头推动下,"单一窗口"搭建上线了中欧班列一站式服务平台。平台采用线上协同作业模式替代原有的线下手工操作,自动生成报关单、运单等,优化了企业用户的操作体验,提高了单证流转的效率,大大提升了贸易便利化水平。[①]

(三)国家标准版国际贸易"单一窗口"功能分析

当前国家标准版国际贸易"单一窗口"的基本功能覆盖九个方面:

(1)企业资质。实现贸易经营、报关、报检等资质登记备案,包括对外贸易经营者、海关企业、报检企业、外汇收支名录。

(2)许可证件。包括相关政府机构颁发的许可证书、通知单等,包括农药进出口登记管理放行通知单、野生动植物进出口证书申请、有毒化学品环境管理放行通知单、机电产品自动进口许可证、非机电产品自动进口许可证、黄金及其制品进出口许可证(上述许可未全部开通,各地口岸情况不同)。

(3)原产地证。实现贸促会产地证的办理和结果信息反馈,包括国检和国际商会申请,其中国际商会申请还未开通。

(4)运输工具。包括船舶申报、航空器、公路、列车信息共享等功能(目前

---

①《上海国际贸易"单一窗口"新服务、新功能悉数亮相进博会》,上海市人民政府网,https://www.shanghai.gov.cn/nw31406/20231110/e676d4708eaa49a0b66e504568d6f719.html。

航空器、公路与列车功能未开通）。船舶动态申报实现船公司或其代理人通过录入一张大表，分别向海关、检验检疫、海事、边检申报的功能。

（5）舱单申报。包括海运、空运、公路、铁路舱单申报，目前中国口岸或只开通了海运舱单申报或开通海运及空运舱单申报。

（6）货物申报。主要包括报关单、报检单和危险品申报等功能。口岸报关单和报检单申报已实现一般贸易进出口货物的一表录入（或导入）。同时提供报关单修撤单功能，实现企业修撤单的网上操作。危险品申报：实现企业一次性录入危险品信息，通过一张大表分别向交通委和海事监管部门申报。

（7）税费办理。提供税费支付和增值税抵扣功能（除上海等少数口岸其余均还未开通），提供关税支付、港建费支付网站的导航链接。

（8）出口退税。实现了与国税总局出口退税申报、审核、数据传输系统对接，实现了报关单确认、制单、上报的一体化操作，无需再登录多个网站、多个系统操作。

（9）公共查询。包括面向公众的各类信息咨询与服务。

三、上海国际贸易"单一窗口"：信息化与技术化的跨部门协同机制

数据赋能政府协同治理并非仅仅是技术问题，还涉及组织结构与协作制度的变迁，其治理的逻辑应该适用于人工科学而非简单的自然科学。[1]跨部门协同的赋能效用，可以理解为政府通过协调和推动激发自身内在动力，[2]提升意识水平和行动能力，使其在协同治理中产生效果和影响的一种作用机制。从国际贸易"单一窗口"的基本内涵及其运作情况看，"单一窗口"依托技术平台，侧重申报方式和服务方式创新，涉及制度重构、流程再造甚至机构重组。信息共享、部门协作是"单一窗口"建设的关键。《开放方案》[3]对上海提出"建成国际先进水平的国际贸易'单一窗口'"的要求。2018年10月24日，韩正在上

---

① 颜海娜、张雪帆、王露寒：《数据何以赋能水环境跨部门协同治理》，《华南师范大学学报（社会科学版）》2021年第4期。

② 邹昀瑾、牛建华、张锐：《政府跨部门协同机制在应急管理中的赋能效用——以奥运危机应对为例》，《苏州大学学报（哲学社会科学版）》2022年第2期。

③ 参见《全面深化中国（上海）自由贸易试验区改革开放方案》，中国政府网，https://www.gov.cn/gongbao/content/2017/content_5186975.htm。

海自贸试验区建设五周年座谈会上提出,国际贸易"单一窗口"基本形成了与国际通行规则接轨的贸易监管体系(参见表6.10)。作为上海自贸试验区监管制度创新试点经验,上海国际贸易"单一窗口"于2016年初步建成后向全国复制推广,2019年获世界银行向全球推荐。

表6.10　上海国际贸易"单一窗口"建设中的跨部门协同机制

构成要素	类型	体现
参与主体	横向协同	上海国际贸易"单一窗口"建设工作组、国家口岸工作部际联席会议、上海口岸工作领导小组中各部门之间的合作
	纵向协同	上海国际贸易"单一窗口"建设中央工作组与地方工作组、国家口岸办与上海口岸办之间的合作
	内外协同	负责上海国际贸易"单一窗口"运营维护的企业与政府的合作
管理客体	跨界管理事务	上海国际贸易"单一窗口"中货物进出口监管、运输工具监管、进出口许可管理及企业资质管理等需要跨界管理的事务
	跨域管理事务	区域性国际贸易"单一窗口"
实现机制	结构性机制	上海国际贸易"单一窗口"建设工作组,国家口岸工作部际联席会议制度,上海口岸工作领导小组,《上海国际贸易"单一窗口"建设方案》,《上海国际贸易单一窗口(2017—2020年)深化建设方案》
	程序性机制	《关于国际贸易"单一窗口"建设的框架意见》

第一,从参与部门看,目前,中国国际贸易"单一窗口"标准版的参与部门有30个,作为跨部门统一协同的公共服务平台,既实现了相关贸易监管部门之间的网络化协同,也实现了政府部门与私营部门之间的内外协同。

上海国际贸易"单一窗口"参与部门从最初的4家发展到22家,由中央和地方各政府部门协同推进,跨部门协同的范围不断扩大。在中央层面,由国家口岸办、海关总署等部门组成试点工作组,负责"单一窗口"的顶层设计和统筹协调;在地方层面,由市口岸办、电子口岸办、在沪查验单位、相关政府部门和相关企业组成试点推进组,推进"单一窗口"建设。通过模式创新、业务创新、技术创新,上海"单一窗口"大幅提升贸易便利化水平,支撑全国超过1/4贸易量和上海4000万/年集装箱吞吐量的数据处理,成为全球数据处理规模最大的地方"单一窗口"。

表6.11　上海国际贸易"单一窗口"建设组织构架

层级	机构	机构成员	职能
中央层面	试点工作组	国家口岸办	组织协调口岸通关中各有关部门的工作关系,指导和协调地方政府口岸工作,组织开展口岸国际合作
		中国海关	监管进出境运输工具、货物、物品,征收关税和其他税费。在口岸环节,参照标准开展旅客行李物品、寄递物品以及运输工具的查验监管
		中国海事局	对进出境船舶的管理,以及规定港口、路线;管理或负责航行船舶的船舶登记,以及船舶法定配备的操作性手册与文书审核签发工作;负责口岸的海事管理工作
		中国边检	对出境、入境的人员及其携带的行李物品,交通运输工具及其载运的货物实施边防检查;对出境、入境的交通运输工具进行监护;对口岸的限定区域进行警戒,维护出境、入境秩序
地方层面	试点推进组	市口岸办	负责本市口岸大通关协调服务工作,协调推进口岸查验单位联运协作,创新监管模式;协调解决口岸查验单位需要地方政府解决的问题;负责协调口岸工作中各有关单位之间的关系和协作配合方面的矛盾,遇有紧急情况作出裁定。
		在沪查验单位	上海海关、原上海出入境检验检疫局、上海海事局、上海出入境边防检查总站依据各自法定职权履行相关职能并提供相应的政府服务
		相关政府部门	以上海税务部门为例,上海税务在单一窗口中实现可替代税务部门现行出口退税网上办税系统的处理功能。此外,上海市发展改革委、上海市经济信息化委、上海市商务委、上海市交通委、自贸试验区管委会等相关部门参与建设
		相关企业	以亿通公司为代表的企业单位为"单一窗口"提供平台服务、货物报关、船舶申报、海关税费支付等功能运维服务。

　　国际贸易"单一窗口"能够促进进出口企业和政府部门之间、政府部门内部国际贸易相关信息的交换,目的是更便捷地进行授权和必需的审批。"单一窗口"的日常运行依靠各个参与部门协同合作来进行。这种网络化协同优化了业务流程,推进口岸管理部门实现"三互",节约监管资源,实现了执法流程

由串联改为并联。数字赋能政府部门协同的本质是利用数字技术重塑政府部门的主体结构、互动关系、行动空间、制度权责与业务流程边界,使各部门能根据业务开展情况在数字空间中及时有效进行信息互动,实现决策协同、管理协同、绩效协同和行动协同。[1]技术赋能政府治理是通过整合技术与治理实践的方法,改善传统治理过程中信息流较长和混乱的问题,优化治理主体与客体间的互动关系,进而形成权威高效的治理机制。[2]

第二,从程序性机制看,中国国际贸易"单一窗口"建设基本上没有涉及业务流程的变化,主要原因是可能触及深层次的行政体制的问题。但国家"十三五"规划已经发出"形成对外开放新体制"的信号,要"完善法治化、国际化、便利化的营商环境,健全有利于合作共赢并与国际贸易投资规则相适应的体制机制"。参与"单一窗口"的每个政府部门都应该进行业务流程分析,组织专门的富有实践经验的专家小组来收集相关规定、程序和单证要求的信息,以便于理解和发现与跨境贸易相关的监管程序中哪些是瓶颈,并提出改善程序的建议。从表6.11可看出,参与上海国际贸易"单一窗口"建设的部门主体职能差异大,主要体现在监管重点、通关顺序节点和申报要求等三方面。

第三,从技术性机制看,"单一窗口"通过流程优化和数据整合简化,让企业可以"一站式"办理业务。各项通关申报作业实现"一点接入、一表录入、一次提交",避免登录多个系统,报检报关数据减到103项,其中32个相同数据项,只需录入一次,改善了企业申报操作体验,减少了录入工作量,降低了差错率,节约近30%的人力成本。目前,上海国际贸易"单一窗口"已开展3.0版建设,形成"监管+服务"的16大功能板块,66项地方应用,对接22个部门,服务企业超过54万家。上海口岸货物申报、船舶申报和出口退税业务均已通过"单一窗口"办理,覆盖通关作业全流程和贸易监管主要环节。

---

① 吴克昌、唐煜金:《边界重塑:数字赋能政府部门协同的内在机理》,《电子政务》2023年第2期。
② 关婷、薛澜、赵静:《技术赋能的治理创新:基于中国环境领域的实践案例》,《中国行政管理》2019年第4期。

表6.12　上海国际贸易"单一窗口"实施前后对比

业务	实施前		实施后	
	手续	耗时	手续	耗时
货物申报	面对多套应用系统	一天	一套系统	半小时
	两组团队		一组团队	
	重复录入数据超过1/3		自动导入	
船舶离港办理	跑现场	一天	串联变并联	以秒计

在国际船舶联网核放方面,按原有方式,企业凭各类纸质材料,分别到各监管部门办理,需排队、交单、盖章、打印许可证。现在,企业通过"单一窗口"进行船舶申报,各口岸监管部门办结手续后,将电子放行指令反馈到"单一窗口",海事部门凭各部门电子放行指令,办理船舶出口岸手续,船舶代理可以在平台上自主打印船舶出口岸许可证,有效节省了人力和时间成本。

上海国际贸易"单一窗口"出口退税服务自2017年启动研究建设,在浦东新区开始试点,成为全国第一个可办理出口退税的"单一窗口"。"单一窗口"出口退税功能将企业财务部门从烦琐的录入匹配工作中释放出来,间接减轻了企业财务负担;充分考虑了纳税人的办税需求,整合上海市出口退税管理服务平台提供申报数据,让数据多跑路,让企业少奔波。目前,上海国际贸易"单一窗口"已成为上海市出口退税业务办理主渠道,实现货物贸易领域出口退税业务办理全覆盖。2021年全年有超3.7万家企业通过"单一窗口"申报渠道申报办理出口退(免)税,进一步提升了便利化退(免)税服务体验。

但是,上海国际贸易"单一窗口"数据元未能接轨国际标准。2017年上海结合亚太示范电子口岸建设,探索"单一窗口"跨境试点项目应用,研究推进上海"单一窗口"与"一带一路"沿线口岸的信息互换和服务共享。"单一窗口"跨境试点项目主要是指将国内的窗口如何对接国外(如新加坡、日本、韩国等)窗口,通过电子平台实现平台间对接或数据资料共享,实现数据互认。

表6.13 上海国际贸易"单一窗口"建设方向及国际比较

	新加坡	美国	瑞典	上海自贸试验区建设方向
建设模式	单一资料自动处理系统	单一自动系统	单一机构	单一自动系统(接口系统模式)
参与部门	海关等30多个部门	与贸易监管有关的各个部门	与贸易监管有关的各个部门	分阶段纳入
内容模块	进口、出口、转口	进口、出口、转口	进口、出口、转口	一般贸易、加工贸易、转口贸易、保税区贸易
法律保障	证据法(1996年)、电子贸易法(1998年)	海关与边境保护局成立专门小组负责法规审核	制定了关于电子签名等方面的新法规	提前进行法律法规制定和修订
数据元标准	世界海关组织数据元,有专门分部门负责数据元标准化	世界海关组织数据元,有专门分部门负责数据元标准化	世界海关组织数据元,有专门分部门负责数据元标准化	指定专门机构负责数据元标准化工作

来源:UN/CEFACT, Recommendation No.33; Recommendation and Guidelines on establishing a Single Window, 2005; UNECE, Recommendation 35: Establishing a Legal Framework for an International Trade Single Window, 2013.

中国国际贸易"单一窗口"申报数据只进行了初步整合,形成了所谓的"数据申报大表"。从上海试点情况看,企业按"单一窗口"模式一次性申报的数据经整合后还有113项,基本上是将海关、检验检疫的信息需求罗列在一起,对其中含义相同的进行合并,并没有进行进一步简化。主要原因是各口岸管理相关部门要求申报的项目繁复且数据标准化程度低,因此,建立"单一窗口"标准化和简化数据元集刻不容缓。其目的在于规范和统一数据的采集与应用,使数据的拥有者和使用者对数据有着共同、一致和无歧义的理解,而且跨境贸易监管服务的特征决定了"单一窗口"数据元集的建立必须采用国际标准。当然,理想的数据协调和整合可以通过一个系统来实现,通过对货物进口和出口过程中监管部门所要求的贸易数据及文件的电子采集、加工、共享及反馈的便利化、自动化并增强国际贸易伙伴、各监管部门之间的互动。如美国政府于2016年底建成的国际贸易数据系统就是致力于将多个电子通关系统整合,实现真正意义上的"单一窗口"。对中国国际贸易"单一窗口"来说,这可以作为一个长期的建设目标。数字技术一定程度上重构了政府的治理机制,[①]有效驱动了政府组织结构向现代信息化"数字空间"的变革,在政府自身治理及政府经济与社会治理等方面起到积极的赋能作用,[②]有助于推动业务流程再造、实现数据共享、降低协调成本、提高行政效率,政府以公民为中心、以服务为导向的治理思路与治理逻辑充分彰显。[③]

依托技术性机制,上海国际贸易"单一窗口"以信息共享为基础,深化长三角国际贸易"单一窗口"合作共建,服务长三角贸易通关一体化,实现了区域协同。汇聚长三角"单一窗口"特色应用,推进长三角"通关、物流"一网通查,与浙江、江苏"单一窗口"试点工单信息互转,探索"单一窗口"长三角运维一体化新模式。"单一窗口"推动跨境贸易异地申报,为长三角区域船舶进出港和货物进出口提供贸易便利服务。"单一窗口"推动集装箱放箱电子化,覆盖长三角码头近100家堆场和900家货代企业及车队。[④]以货物出口为例,企业如需要向船公司租借集装箱装货,之前先要找船公司拿到纸质交接单,再去堆场提箱。通过电子放箱系统,纸质交接单变为电子二维码,放箱情况在网上自动分配,提箱及通关效率大大提升。

第四,跨公共领域和私人领域的内外协同对于国际贸易"单一窗口"的运营有着特殊意义。在"单一窗口"建设中,经常发生公私合作行为,如公共部门与私营部门共同出资与技术合作,往往采取合作备忘录或政府合同的形式。[⑤]"单一窗口"的规划、建设与运行需要各种资源,运用内外协同机制推进上海国际贸易"单一窗口"建设,是指在系统构建、平台运行等方面引入私营部门的参

---

① 孟天广:《政府数字化转型的要素、机制与路径——兼论"技术赋能"与"技术赋权"的双向驱动》,《治理研究》2021年第1期。

② 姜宝、曹太鑫、康伟:《数字政府驱动的基层政府组织结构变革研究——基于佛山市南海区政府的案例》,《公共管理学报》2022年第2期。

③ 樊博、贺春华、白晋宇:《突发公共事件背景下的数字治理平台因何失灵:"技术应用–韧性赋能"的分析框架》,《公共管理学报》2023年第2期。

④《自贸区十周年形成16大功能模块、66项特色应用!上海国际贸易"单一窗口"成为支持全球最大口岸营商环境优化的"数字底座"》,《新民晚报》2023年10月11日。

⑤ 国家口岸管理办公室编译:《国际贸易单一窗口》(下册),中国海关出版社2016年版,第24页。

与,借用民间资源的导入适度转移风险并提高财政支出价值。这既能够弥补公共资金的不足,又能充分发挥私营部门高效、低成本的优势。实际上,"单一窗口"从建设初期就需要与商界进行深入探讨与合作。公私合作关系还表现在,"单一窗口"的设计应具有对使用者(主要是贸易商、中介组织与物流企业)友善的界面,具有实时的帮助、咨询服务功能,使得用户可以通过政府的支持服务及方便使用的系统界面充分利用"单一窗口"。截至2023年底,中国国际贸易"单一窗口",对接大型金融机构22家,开发建设跨境结算、授信融资贷款、出口信用保险等50余项服务。①

根据世界银行《2019年营商环境报告》显示,中国跨境贸易指标排名大幅跃升了32位。报告特别提到,过去一年中国通过实施"单一窗口",取消行政性收费,增强透明度并鼓励竞争,压缩了跨境贸易的时间和成本,是跨境贸易指标的重要加分项。世界贸易组织对中国第七次贸易政策审议会,对中国实施"单一窗口",履行对世贸组织的承诺给予高度赞赏。上海美国商会《2018贸易环境满意度调查报告》显示,国际贸易"单一窗口"建设获得了企业好评。报告数据显示,85.8%的受访企业对"单一窗口"提高本企业通关效率表示认同,是该报告满意度指标排名最高的一项,其中35.7%的企业将"单一窗口"作为对自身业务产生最积极影响的改革措施。②2019年8月7日,世界贸易组织根据《贸易便利化协定》规定,正式公布中国"单一窗口"措施已于2019年7月19日提前实施。国际贸易"单一窗口"建设表明,自贸试验区政府管理过程的优化是建立在没有对行政体制进行变动的基础上实现的,是一种行政体系内的信息技术整合和跨部门业务流程再造。

信息共享是跨部门协同的基础,然而,囿于传统的条块分割管理体系,自贸试验区政府管理的各类信息都依靠专业部门独立收集、加工、整理、储存和使用,分散化、碎片化现象严重,这无疑极大提升了跨部门协同的难度。在以

---

①《盘点2023 | 国际贸易"单一窗口"这一年》,上观新闻网,https://sghexport.shobserver.com/html/baijiahao/2024/02/09/1253145.html。

②《国际贸易"单一窗口"建设》,国家口岸办网,http://gkb.customs.gov.cn/gkb/2691150/2691155/2691959/index.html。

"条条"为中心的组织结构中,信息的分布和流动一般都在特定的专业化的"条线"部门中发生,这就是所谓的"烟囱原理"。[1]国际贸易"单一窗口"、信息共享平台等技术性机制的建设和使用,成功地将条块结构转型为界面结构,实现界面式互动,在未颠覆传统科层组织结构的情况下推动跨部门信息共享、打破"信息孤岛",重塑管理流程,进而实现对职能部门工作的综合协调,取得了较为明显的效果,不仅减少了跨部门信息流转可能出现的信息歪曲现象,而且有助于化解权力"垂直化"与治理"扁平化"之间的矛盾。

---

① 容志:《结构分离与组织创新:"城市大脑"中技术赋能的微观机制分析》,《行政论坛》2020年第4期。

第七章　中国自贸试验区跨部门协同机制的优化路径研究

　　自贸试验区治理涉及多方面的改革创新,包括政府结构、组织功能、运行机制及法律法规、制度政策等,需要加以系统研究。设计科学的政府管理体制和运行机制,明确界定各个政府部门的职能和权限、避免部门职能的重复设置,是解决机构重叠、职能冲突等跨部门议题的首要选择。从理论上而言,自贸试验区政府管理对象的跨界性越强,参与政府管理主体的多元性就越突出,部门分工也就越细,进行跨部门协同的必要性和难度也就越大。因此,要突破自贸试验区政府管理的跨界难题,必须探索建立并优化多层次、网络化、无缝隙的跨部门协同机制,通过部门间的组织协同、功能协同和数据协同,借由组织结构的重新排序、组织形态的转变,实现对治理主体角色和功能的再定位,[①]推动跨部门协同职能的专业化和常态化发展,从而减少因自贸试验区管理边界模糊和职责交叉重叠而带来的管理成本。

第一节　自贸试验区跨部门协同机制的主要特点与问题分析

一、自贸试验区跨部门协同机制的构建

　　从全国22个自贸试验区政府管理体制调整来看,优化政府管理体制体现在三个方面:建立健全综合性协调议事机构、推动人事任职常态化及实施法定机构试点。为提高自贸试验区建设跨层级、跨部门协同效能,各地不断强化跨层级协同机制推进自贸试验区建设工作。在国务院层面,成立自贸试验区工作部际联席会议,统筹协调各部委与地方政府改革试点和制度创新工作;在自

---

① 王龙、王娜、李辉、王娟:《内部横向视角下政府数据跨部门协同治理的过程分析》,《电子政务》2023年第5期。

贸试验区所在省市,设立地方行政首长任组长的自贸试验区工作推进领导小组,承担组织领导、综合协调和督查评估职能。各级地方政府设立自贸试验区(片区)工作联席会议制度,统筹区内政府部门、中央垂直驻区单位协同推进各项改革工作。①

自贸试验区跨部门协同机制是多主体联合行动、追求协作与互补、以推进自贸试验区有序运行的系统行为,它贯穿于自贸试验区发展的各个阶段,其参与主体包括政府(包括不同级别和职能层面的)、企业与社会组织等。自贸试验区政府管理中的跨部门协同机制不是简单地靠行政命令或资金投入就能实现,而是内嵌于自贸试验区组织结构、运行程序和技术创新的变迁过程,与自贸试验区政府治理模式变革处于共同演化格局之中。跨部门协同机制的构建,一方面需要通过部门间的协调互动对各部门的管辖范围及职责达成协议,确立相互间的边界;另一方面,可以考虑通过设立专门的协调委员会等方式进行协调,克服因权力碎片化导致的协调成本高和办事效率低的问题。但是,无论何种方式,跨部门协同机制都是针对中国自贸试验区发展建设过程中出现的公共问题而建立,是对跨部门公共事务进行管理的组织体制和运行机制。

第一,在组织结构层面,中国自贸试验区政府管理体制机制创新体现在通过对政府组织结构的设置和调整,使得政府各个组成部门在自贸试验区政策制定和执行环节实现跨部门政策协同。从组织结构入手探讨各个层面的中国自贸试验区跨部门协同机制建设状况,可以更直观地观察组织结构对于跨部门协同的影响。结构性机制在中国自贸试验区政府管理中具体表现为科层化协同(等级式协同、纵向协同)、网络化协同(水平化协同、横向协同)和跨公私领域协同(公私合作伙伴关系、内外协同)三种类型。结构性机制重点关注体制性要素,即一国政府间一系列纵向管理权限的划分,构成政府间纵向关系运行的通道,包括政府层级体制、人事管理体制、职责配置体制、财政体制、纵向

① 高恩新:《跨层级事权约束下自贸区政府管理体制调适逻辑——以21个自贸区为例》,《苏州大学学报》2021年第6期。

监督制约体制。①

从上海自贸试验区的情况看,在结构性机制方面,上海市层面成立了由市长任组长、各委办局参与的自贸试验区推进工作领导小组,以及由主管金融副市长任组长,包括自贸试验区管委会、央行上海总部、上海证监局、原上海银监局、原上海保监局、市金融办、市商务委等十多个部门作为成员的金融工作协调推进小组。国家层面并没有成立一个由国务院副总理牵头的自贸试验区领导小组,自贸试验区各项推进工作由上海具体负责,国务院支持上海自贸试验区相关工作并起到协调作用。

2015年2月7日,国务院发文同意建立国务院自由贸易试验区工作部际联席会议制度,由分管自贸试验区工作的国务院副总理担任联席会议召集人,联席会议办公室设在商务部,由中央30个部(委、办、局)的正(副)部级官员担任联席会议副召集人或成员。②近年来,国务院新成立的部际联席会议包括国务院自贸试验区工作部际联席会议、国务院标准化协调推进联席会议、国务院口岸工作联席会议,都是由国务院召集的联席会议。国务院通过部际联席会议制度这种横向跨部门协同机制应对自贸试验区政府管理复杂问题的倾向日益明显。

第二,在管理运作层面,自贸试验区政府管理体制机制创新表现为程序性跨部门协同机制建设,即各级政府在政府决策和执行过程中,为实现跨部门协同而实施的一系列功能性活动,体现了各个维度跨部门协同机制的现实形态和运作过程。程序性跨部门协同机制在中国自贸试验区的具体实践包括“一口受理”工作机制、国家安全审查和反垄断审查协助工作机制、跨部门执法联动机制、“一站式”行政服务中心、部门联合发文等。政策执行过程中的跨部门

① 薛立强:《政府间纵向关系视角下的省直管县改革思路探析》,载赵永茂、朱光磊、江大树、徐斯勤主编:《府际关系:新兴研究议题与治理策略》,社会科学文献出版社2012年版,第74页。
② 联席会议由商务部、中宣部、中央财办、发展改革委、教育部、工业和信息化部、公安部、司法部、财政部、人力资源和社会保障部、原国土资源部、住房和城乡建设部、交通运输部、原文化部、卫生计生委、中国人民银行、海关总署、税务总局、原工商总局、原质检总局、原新闻出版广电总局、知识产权局、原旅游局、港澳办、法制办、台办、原银监会、证监会、原保监会、外汇管理局等30个部门和单位组成,商务部为牵头单位。

协同是一种持续的、灵活的动态过程,[①]不是一次性或偶然行为,也不是仅仅由正式制度规范的程序化行为,而是一种以正式制度和非正式制度同时并存的持续不断、变化多样的复杂互动关系。网络是政府间合作协同的元机制之一,网络主导的政府合作模式由于缺乏制度约束,具有协作惰性,不可持续。[②]非正式制度促进网络的形成,由于非正式制度和正式制度之间既可能互补,也可能互替,[③]非正式制度构成正式制度的形成基础,最终会转化为正式制度。

综合执法体系与跨部门联合监管机制、跨部门公共服务供给机制等程序性跨部门协同实践有效诠释了各个相关政府部门之间的跨部门协同状态和跨部门协同流程。各种程序性协同机制的建立和有效运作,不仅提高了自贸试验区各个政策领域制度创新的协调性,而且形成了部门间有效联动的制度创新机制,实现了自贸试验区的跨部门政务协同和流程再造。2022年,商务部和有关部门推动出台了支持自贸试验区建设的文件56份,赋予了自贸试验区更多先行先试的改革任务。截至2022年底,各省、自治区、直辖市已经累计向自贸试验区下放了超过5400项的省级管理权限,大幅减少了审批层级;山东、广西等地还创新开展了"负面清单"式的放权。[④]

第三,在技术支撑层面,中国自贸试验区政府管理体制机制创新主要体现为以信息共享平台为主体的跨部门信息共享机制和跨部门业务流程再造。科学技术的发展对组织形态产生重大影响,使得减少管理层次、加强组织结构的扁平化成为可能。以计算机技术和网络技术为核心的现代信息技术是构建整体性政府的重要保障和技术支撑。[⑤]技术赋能理论视角下,技术工具在强化政府部门间协同行动和治理绩效的同时,会催生新的组织关系,构成政府变革的

---

① 汪霞:《嵌入与协同:公共政策执行动力源研究》,中国社会科学出版社2015年版,第164页。

② 范永茂、殷玉敏:《跨界环境问题的合作治理模式选择——理论讨论和三个案例》,《公共管理学报》2016年第2期。

③ 陆铭、李爽:《社会资本、非正式制度与经济发展》,《管理世界》2008年第9期。

④《国务院新闻办发布会介绍2022年商务工作及运行情况》,中国政府网,http://www.gov.cn/xinwen/2023-02/03/content_5739888.htm。

⑤ 俞可平:《科学发展观与政府创新》,社会科学出版社2009年版,第241页。

核心动力。①利用科学技术,不仅可以提高行政效率、提升服务质量,还可以在不同政府部门间建立信息交换渠道和共享平台,为政府部门间的协调合作提供技术保障,这种技术保障也成为构建中国自贸试验区跨部门协同机制的重要前提。

跨部门政策制定协同机制、跨部门政策执行协同机制、跨部门公共服务供给协同机制贯穿于结构性机制、程序性机制和技术性机制建设之中。具体而言,政府管理职能、组织结构、部门关系和府际关系的确立涉及政策的制定和执行及公共服务的供给,即结构性协同机制涉及决策职能、执行职能和公共服务供给职能;程序性协同机制和技术性协同机制贯穿于中国自贸试验区公共政策的制定、政策执行和公共服务的供给等职能实现的过程之中,以更好地服务于跨部门政策制定、政策执行和公共服务的供给。

二、自贸试验区跨部门协同机制的主要特点

自贸试验区政府管理体制机制是一个内容庞杂的研究领域,不仅涉及多元行动主体,而且体现在空间、时间、议题领域等维度上;跨部门协同机制的组成包括结构性机制、程序性机制和技术性机制等多种类型。中国自贸试验区跨部门协同机制是以业务协同和信息共享为主要特征,以组织结构、规则程序、信息资源、管理执法等要素的整合为内容,以信息技术为支撑。

第一,尽管中国自贸试验区建设主要是在省级政府层面主导推进,但在具体建设过程中,还涉及中央政府、地方政府、自贸试验区内的社会组织和企业等三类主体之间的合作与互动。第一类是中央政府层面的部委机构,第二类是省级政府或地市级政府,第三类是社会组织和企业。上述三类主体共同参与自贸试验区政府管理,根据其在政府管理体制中的地位,分别形成了垂直、水平、公私三个不同维度的合作互动关系。跨公私合作伙伴关系重点考察的是政府作为一个整体与外部系统的协同关系,具体表现为两种形式:一是政府部门与私营部门之间的合作;二是政府部门与社会组织之间的合作。

---

① 邓理、王中原:《嵌入式协同:"互联网+政务服务"改革中的跨部门协同及其困境》,《公共管理学报》2020年第4期。

第二,自贸试验区的跨部门协同机制是一种纵横交错的跨部门协同机制,通过"领导小组+科层化"体制常态化实现了纵向赋权与横向协同。2013年以来,上海自贸试验区相继推出负面清单、自由贸易账户、"单一窗口"、事中事后监管、综合执法新体制及社会信用体系建设等创新性制度,不仅反映了浦东新区政府与中央驻区单位的横向协同成效,也是国务院、国务院各部委与上海市区两级政府纵向高效赋权的成果。借助于议事小组,跨层级协同突破传统政府体制事权配置的碎片化、同构化约束,为改革试点和制度创新提供政治权威支持和创新空间。从自贸试验区政府管理体制调整来看,专门性管理体制普遍转向"领导小组+科层化"体制:一方面,通过构建多层级纵向贯通的领导小组,可以实现决策—执行—协调有机整合,提高纵向赋权效能;另一方面,专门化管理体制回归传统科层化政府体制,强化了区域内经济社会事务统筹管理能力,有利于实现改革创新系统集成。"领导小组+科层化"体制成为自贸试验区管理体制转型的常态逻辑,降低了制度创新的沟通成本。[1]

在宏观决策层面,着眼于国家发展战略的顶层设计,强调中央政府对自贸试验区全面或重点改革领域的集权控制,将宏观设计、战略决策、整体运行和全面监督过程进行有机整合。中国地方政府间的协同治理需要上级部门的干预与介入,以此消除自发跨部门协同的不确定性及弥补监督与问责机制的缺失。[2]上海自贸试验区定位于进一步深化开放与改革需求的国家战略,打造与国际投资贸易新规则体系相适应的政府管理体制机制。从这个意义上说,自贸试验区首先是国家建立在上海的试验区,其次才是上海进行制度创新、政策创新的试验区。在中观政策层面,面向同一政策领域跨部门协同的决策、执行和监督全过程,制定各方协调一致的政策制定计划及翔实的政策执行规划、计划和实施阶段,重视发挥中央政府的核心作用,同时在政策执行和推广过程中注重发挥地方政府和非政府组织的作用。在微观政策执行或服务供给层面,面向同一部委不同职能和政策之间的协调合作,强调改革具体的服务手段,创

---

① 高恩新:《跨层级事权约束下自贸区政府管理体制调适逻辑——以21个自贸区为例》,《苏州大学学报》2021年第6期。

② 周凌一:《地方政府协同治理的逻辑:纵向干预的视角》,复旦大学出版社2022年版,第140页。

新各种服务工具,加大与社会组织建立伙伴关系的力度,提高社会服务的协作效能。

但是,"领导小组+科层化"体制仍然面临纵向赋权约束。涉及金融创新、海关监管、投资自由化等压力测试敏感区,自贸试验区改革力度、限度和效度有所弱化。全国自贸试验区建设更多要求省级人民政府、所在地市级人民政府不断下放经济社会管理权限,通过授权或者委托的方式对自贸试验区管理主体赋权增能。省市两级人民政府围绕优化营商环境、加快行政审批、提高贸易便利化等内容下放经济社会事务管理权力,提高区域行政管理效能,但与全面深化改革、对标国际通行规则、推动政府职能转变的要求相比还存在一定的差距,表现在授权放权力度不足,关键领域试点改革遇到法律障碍。整体上看,纵向赋权对自贸试验区金融开放、投资自由化等关键领域制度创新支撑不够,仅依靠自贸试验区管理主体的横向协同难以对冲跨层级"上大下小"的事权配置约束,亟待中央政府更大的"政策红利"支撑。[①]

第三,自贸试验区跨部门协同机制主要由结构性机制、程序性机制和技术性机制共同构成。结构性机制侧重对政府体制、组织关系等较为稳定的、静态的结构性因素的应用,主要表现为横向协同、纵向协同和内外协同;程序性机制更加注重部门结构、组织关系所具有的协调功能的实现,而不是静态的结构关系;技术性机制侧重推动跨部门协同的各种技术手段,主要是指信息技术。程序性机制和技术性机制的建设为跨部门协同行为的常态化提供了制度保障和技术支撑。

中央政府层面的结构性跨部门协同机制在整个自贸试验区跨部门协同机制建设中占有非常重要的地位,纵向跨部门协同机制无论是数量、级别还是规模都具有非常大的优势,[②]具有其他类型的跨部门协同机制难以替代的作用。以部际联席会议为代表的横向跨部门协同机制,主要的立足基础在于各部门主动的合作意愿。然而,这种部门间的自我协同能否成功取决于合作各方存

---

① 高恩新:《跨层级事权约束下自贸区政府管理体制调适逻辑——以21个自贸区为例》,《苏州大学学报》2021年第6期。

② 孙迎春:《发达国家整体政府跨部门协同机制研究》,国家行政学院出版社2014年版,第237页。

在互利共赢的可能。如果参与合作的各部门之间是平等的,若想达成解决方案,就必须得到各成员部门的一致同意;联席会议就是这种参与地位基本平等的合作方式,因此制定的各类政策方案能否得到执行,全视各部门利益而定,但由于这种跨部门协同方式的门槛低,因而在现实实践中被大量采用。[1]需要强调的是,程序性机制和结构性机制的分类不是泾渭分明的,在实际的自贸试验区政府管理运作过程中常常呈现为组合使用的情况。所有的程序和结构协同方法可以同时使用,而且它们之间也有大量重叠。如国务院口岸工作部际联席会议制度作为一种结构性跨部门协同机制,有助于推动口岸管理工作的横向跨部门协同的实现,但是联席会议制度的相关规定也可以视为程序性跨部门协同机制,旨在应对自贸试验区政府管理过程中涌现的各类具体的口岸管理议题。

第四,现有的自贸试验区跨部门协同机制主要是以结构性机制为主导,程序性机制和技术性机制为辅助,程序性机制和技术性机制的建设是为了推进结构性机制的实现和完善,各项具体的程序性安排和技术性安排对于结构性协调机制的推进和落实产生了积极的推动作用。[2]程序性机制是嵌入科层制权威结构中的跨部门协同运行机制。上下级政府之间的纵向协同、同级政府部门之间的横向协同和跨公共领域与私人领域之间的内外协同是目前自贸试验区普遍采用的跨部门协同机制。中央层面成立了自贸试验区工作部际联席会议制度。部际联席会议属于部门间的网络化协同,强调部门相互平等、相互协作,但是缺乏稳定性和权威性。尤其是在各个部门之间出现重大意见分歧时,不易达成妥协,导致出现跨部门协同成本过高、协同效率低下等弊端。[3]在自贸试验区已经建立的结构性跨部门协同机制中,存在过分依赖纵向跨部门协同机制的问题,致使议事协调机构、部际联席会议、联合发文、合作备忘录或合作协议等横向跨部门协同机制受到部门权力化和利益化的影响。

①[美]詹姆斯·W.费斯勒、唐纳德·F.凯特尔:《行政过程的政治——公共行政学新论》,陈振明、朱芳芳译校,中国人民大学出版社2002年版,第133~135页。

②王菲易:《上海自贸区跨部门协调机制研究:一个分析框架》,《国际商务研究》2016年第1期。

③李积万:《我国政府部门间协调机制的探讨》,《汕头大学学报(人文社会科学版)》2008年第6期。

中央政府层面的结构性跨部门协同机制可以分为直线-职能式结构和矩阵式结构,其中以议事协调机构为典型的矩阵式结构因为缺乏组织法上的明确规定,存在实体化、等级化发展的趋势,体现出直线-职能式结构的明显特征。与科层化协同对政府首脑及其机构权威的强调不同,以议事协调机构为典型的矩阵式结构强调的不是各个部门之间存在命令与服从上下级关系,而是基于相互依赖、信任和责任清晰认识的关系,各个部门之间自愿进行的信息共享和协调沟通。不同的部门通过共用员工,可以汇聚知识、经验和资源,更容易达成跨部门合作才能实现的目标。无论是议事协调机构为典型的中央政府部际协调的矩阵式结构,还是以部际联席会议为典型的虚拟结构,都是跨部门协同机制多样化发展的结果,实现了中国自贸试验区政府管理体制机制的创新。

第五,跨部门协同机制是一种结果导向的工作机制。跨部门协同的需求源于自贸试验区政府管理实践,因此如何应对实践的需要是跨部门协同机制良好与否的重要评判标准。跨部门协同机制所要实现的跨部门协同效果,组织架构、决策体系、政策执行、公共服务等都以协同结果为导向。[1]通过正式或非正式制度安排,面对快速变化的问题和环境,从维护公共价值的角度,决策公共政策制定过程和公共行为实施过程。[2]在中国自贸试验区的政府治理实践中,无论是否进行跨部门工作的联合,科层制的威权管理模式都将贯穿始终,而无法形成扁平化的组织管理结构。因此,可以断定的是跨部门工作事务中的协同治理机制,一定是从属于整体组织架构中的科层制"层级治理"机制。只有承认并利用好这一背景机制,跨部门协同机制才能稳步建立并发挥其应有效用。自贸试验区跨部门协同治理能否形成良好的治理效果及是否可以持续嵌入在以部门分工为特征的官僚制组织中,主要取决于协同治理能力的大小和基于此种能力而构建的跨部门协同机制。

---

① 刘锦:《地方政府跨部门协同治理机制建构——以A市发改、国土和规划部门"三规合一"工作为例》,《中国行政管理》2017年第10期。

② [澳]欧文·休斯:《公共管理导论》(第四版),张成福译,中国人民大学出版社2014年版,第15页。

三、自贸试验区跨部门协同机制存在的问题

跨部门协同是实现自贸试验区复杂公共事务治理的有效路径。一方面，通过政府机构整合的大部制改革无法完全有效解决跨部门政策协同失灵问题；另一方面，传统的部门间协调议事机构和机制，往往是"一事一协调"，无法实现自贸试验区的长效治理。[①]自贸试验区的授权不足，对接协调过程艰难、周期长，部分领域的改革创新缺乏配套政策支持，难以实施，导致自贸试验区改革呈现碎片化现象。中国其他自贸试验区需要在借鉴上海自贸试验区已有改革经验的基础上进一步加强政府职能的转变，选择适应系统集成、提升改革创新的整体性、协同性要求的政府管理机制。

第一，从结构性机制来看，中国自贸试验区的政府管理具有条块分割、多头管理的体制性弊端，过分依赖层级协同，致使部际联席会议等横向跨部门协同机制受到部门权力化和利益化的限制和约束。[②]从纵向看，上海自贸试验区管委会作为上海市人民政府的派出机构，除直接受上海市政府管理外，还受制于中央政府各个职能部门。各职能部门往往政出多门、规章不一，极易引发管理冲突，影响自贸试验区的监管效率。从横向看，上海自贸试验区易受到不同管理部门、地方利益等因素的影响。对于自贸试验区的相关工作，国务院要求有关部门"大力支持，做好协调配合、指导评估等工作"[③]。因此，在上海自贸试验区事务上，国务院各部委不能强制、只能指导评估上海市政府的行为，而且必须主动支持、配合后者。按照国务院的要求，部分部委颁布了一些支持上海自贸试验区发展的政策和举措；对于这类规范性文件在今后执行和细化过程中可能产生的争议，国务院应进行审查或者协调，责令相关部门纠正不当做法，或要求其对规则本身进行修改；对于国务院职能部门的监督行为在自贸试验区内引发争议的，国务院也应进行协调或者裁决。

跨界性问题的解决需要多个不同部门的共同参与，这是自贸试验区政策

---

① 赖先进：《论政府跨部门协同治理》，北京大学出版社2015年版，第90页。

② 孙迎春：《发达国家整体政府跨部门协同机制研究》，国家行政学院出版社2014年版，第237页。

③ 参见《国务院关于印发中国（上海）自贸区总体方案的通知》，人民网，http://politics.people.com.cn/n/2013/0927/c70731-23060123.html。

执行复杂性的主要来源之一。正如葛德塞尔所言,"如果执行过程只涉及一个机构并且只由这个机构来对行动独自负责,那么执行过程非常简单",而执行失败的原因涉及在众多机构和政治力量之间协调的复杂性,每一个执行者都可以减缓工程的进展甚至让其停工。①由于结构性机制不够健全,自贸试验区存在跨部门政策不协调现象,主要表现在:在政策制定层面,不同部门的政策目标存在相互冲突的现象;在政策执行过程中,由于部门之间缺乏有效的协调,导致政策中断及政策执行缺乏延续性;在公共服务供给层面,社会组织参与自贸试验区公共服务供给的实践还比较少,还需要通过内部协同机制建设实现自贸试验区社会组织的体制机制创新。其中,自贸试验区政策创新在政策制定环节的跨部门协同不足问题较为突出。从2018年4月至2019年3月,在海南自贸试验区政策创新中,相关政策创新文本多以单部门为主,达到146条,多部门联合发文数量只有5条(其中中央层面2条,地方层面3条),单部门发文数量远高于多部门联合发文数量,单部门发文占比高达96.69%,联合发文的政策文本仅占政策文本总量的3.31%,这也说明在自贸试验区的政策创新中,在政策制定环节呈现跨部门政策协同整体偏弱的情况。②只有构建不同部门在政策制定环节的跨部门协同政策网络,形成跨部门、跨层次的政策协同,才能扎实推进自贸试验区政策体系的建设与完善。

由于现阶段跨部门协同机制缺乏相关的制度保障和操作规范,使得具体的协调工作缺乏运作管理的政策依据。"在组织召集相关部门协调时,除涉及自身利益外,如果缺乏相应的行政强制手段,行政协调困难则较多。对所要协调的问题,不愿参与协调者有之,参与协调但不积极配合者有之,或协调达成一致意见后,不积极执行。"③长期以来,中国都没有建立部门间协同合作的长效机制,没有将部门间合作常态化,跨部门协同的实施主要依据问题的大小及

---

① [美]查尔斯·T.葛德塞尔:《为官僚制正名——一场公共行政的辩论》,张怡译,复旦大学出版社2007年版,第104页。

② 李宜钊、叶熙:《海南自由贸易试验区政策发展评价——基于151件政策文本的量化分析》,《海南大学学报(人文社会科学版)》2020年第1期。

③ 金国坤:《行政权限冲突解决机制研究:跨部门协调的法制化路径探寻》,北京大学出版社2010年版,第96~97页。

领导的重视程度来定,缺乏规范化的制度保障,对于跨部门协同中各部门的职责权限规定也较少,更缺乏专门的法律依据,不同政府部门之间的协调与合作只能依靠行政手段,约束力和强制力都不足。同时,也缺乏对跨部门协同的绩效考核及相应的问责机制,这也降低了跨部门合作的积极性和主动性。[1]

　　第二,程序性机制有待完善,自贸试验区政府管理的精细化不足,结构性跨部门协同机制和技术性跨部门协同机制运行不畅。在管理运作方面跨部门协同机制规范化不足,导致纵向跨部门协同费时费力、效率不高,跨部门政策协同失灵现象时有发生,政策零碎化程度比较严重,定期例会式的横向跨部门协同周期较长、反应较慢,不能及时回应自贸试验区的发展变化。自贸试验区扩大开放措施"有政无策",缺乏与之配套的操作规范;自贸试验区内企业的多项审批权限集中于不同层面的部委或委办中,企业审批流程复杂。[2]与跨部门协同相关的政策、制度模糊、抽象,多为原则性规定,可操作性不强,"考虑问题多停留在'应该如此'的层面上,大都着眼于大方向、大原则,而不大关注'怎样才能如此'的细节层面、操作层面或中观、微观的执行层面"[3]。

　　以联席会议制度为例,无论是国务院自贸试验区工作部际联席会议制度,还是国务院口岸工作部际联席会议制度,其工作安排中都明确说明是"根据工作需要定期或不定期召开会议"[4]。类似笼统、模糊的原则性的表述,既缺乏现实可行性,也没有可操作性。这也导致在自贸试验区政府管理的实际过程中,联席会议的召开具有随机性;对于各部门以各种理由推脱、不参加会议的情况,联席会议缺乏强制约束手段;即便会上签署共同协议,也容易出现"会下各打各的算盘"的情况,联席会议的作用有待检验。联席会议这种松散的协商机制由于缺乏强力的组织结构和制度化的运行机制,在实际跨部门协同过程中

　　① 姜佳莹:《跨部门协同的困境及其破解——基于美国海事机构协同机制的研究》,《中共浙江省委党校学报》2017年第1期。

　　② 王丹:《上海自贸试验区建设及制度创新研究》,《城市观察》2015年第4期。

　　③ 张星久:《母权与帝制中国的后妃政治》,《武汉大学学报》2003年第1期。

　　④ 参见《国务院自由贸易试验区工作部际联席会议制度》,中国政府网,https://www.gov.cn/zhengce/content/2015−02/16/content_9486.htm;《国务院口岸工作部际联席会议制度》,中国政府网,https://www.gov.cn/gongbao/content/2015/content_2883234.htm。

的作用大打折扣。

《国务院自由贸易试验区工作部际联席会议制度》第三条规定：联席会议根据工作需要定期或不定期召开会议；第四条规定：加强沟通，密切配合，相互支持，形成合力，充分发挥联席会议作用。①可以看出，政策的总体要求是明确的，但是有关操作细节却被简单带过，如第三条中要求"联席会议根据工作需要定期或不定期召开会议"，问题是对"工作需要"的界定是什么？"定期召开会议"具体怎么安排？第四条提及"加强沟通、密切配合、相互支持、形成合力，充分发挥联席会议作用"。这涉及实施跨部门协同机制的具体要求，关键问题是如何加强沟通，怎样才能形成合力？这些问题虽然琐碎，但是却直接关系到该制度能否有效落实。类似的情况在相关的制度及规范性文件中普遍存在，管理细节化和精致化不足，导致跨部门协同机制运行不畅，产生部门割裂、政策冲突和管理空白，②增加了公众和企业获取公共服务的难度，影响了自贸试验区的整体治理绩效。

第三，从技术性机制来看，对辅助性工具的应用不足，跨部门信息共享和沟通机制建设有待加强。"技术性机制"主要包括信息交流平台和交流的程序规则，还涉及"辅助性工具"，主要指跨部门协同文化的培育和跨部门协同能力的提升，以及促进协调的激励（如财政激励）和问责工具等。从中国自贸试验区的相关实践看，对跨部门协同的辅助性工具的运用明显不足，这与中国政府管理中长期存在的重结构、轻程序和技术的惯性思维有关。这一点在中国标准版国际贸易"单一窗口"功能建设过程中表现得较为明显。

第四，跨区域协同机构缺失，制度政策创新协同性不强，自贸试验区各片区发展存在同质化倾向。不同于上海自贸试验区，广东、福建等自贸试验区由于不同片区分散在不同城市，增加了自贸试验区政府管理的难度，跨区域协调难度增大，在这些自贸试验区，不仅涉及各部门之间的协同，还包括各个片区之间的协同。比如广东自贸试验区的三个片区的协调机构设在省级层面，但

---

① 《国务院口岸工作部际联席会议制度》，中国政府网，https://www.gov.cn/gongbao/content/2015/content_2883234.htm。

② 孙迎春：《发达国家整体政府跨部门协同机制研究》，国家行政学院出版社2014年版，第5页。

由于各个片区的地理位置和发展基础的差异及省级政府的统筹考虑,从调研情况看,跨区域协同机构的缺失和各片区之间在政策执行阶段缺乏沟通协商,使得三大片区的发展目标存在趋同化倾向。

第二节　完善自贸试验区跨部门协同机制的主要路径与具体举措

为提高行政权力的运行效率,更好做好监管和服务,自贸试验区需要打造协同政府。协同政府的核心目的是整合相互独立的各种组织以实现政府所追求的共同目标,它既不能靠相互隔离的政府部门,也不能仅靠设立新的"超级部门",唯一可行的办法是围绕特定的政策目标,在不取消部门边界的前提下实行跨部门合作。[①]构建有效的跨部门协同机制需要综合运用结构性机制、程序性机制和技术性机制,既需要外在的组织结构保障,搭建一个整体的行动平台,也需要内部程序和技术的支持,制定统一的规则和行动依据,并明确各自的职责权限。

一、自贸试验区跨部门协同机制的优化路径

协同机制是主体或元素通过互动(冲突和合作)和共同努力,以实现既定目标或协定目标的过程、作用方式和程序。[②]跨部门协同机制的优化有助于改变政策制定和完善以政府供给为导向的自贸试验区发展逻辑,变为以企业的体验和需求为导向的逻辑,打破跨部门制度、政策、政务的"梗阻点",督促自贸试验区创新政策的有效落地。在自贸试验区的政府管理中,实现政府部门间的有效协调,需要在完善法律体系的基础上,构建高规格、跨部门的自贸试验区管理协调机构,并采用多种形式的协调手段构建跨部门协同机制;同时加强各部门间的合作和交流,建立起法治化、规范化的行政协助制度,并通过资源整合机制,充分发挥各种社会力量的作用,推进跨部门公共服务供给机制的发展。自贸试验区跨部门协同机制的优化可以从组织结构、管理过程和信息技

---

① 解亚红:《"协同政府":新公共管理改革的新阶段》,《中国行政管理》2004年第5期。

② 曹堂哲:《公共行政执行协同机制研究的协同学途径——理论合理性和多学科基础》,《中共浙江省委党校学报》2009年第1期。

术等三条路径进行阐述。

(一)组织结构的路径:厘清自贸试验区管理体制,推进跨部门政策协同

组织结构整合实质上是把工业化模型的大政府,即集中管理、分层结构在管理领域中运行的传统政府,通过现代科学技术手段转变为以扁平化和网络化管理模式为特征的新型管理体制,以适应虚拟的、以知识为基础的网络经济和信息社会发展的现实需求。要实现政府组织结构的整合,关键是要面向任务目标,构建网络层次组织结构。因为,在官僚制模式下,政府组织结构是条块分割的金字塔式层级结构,政府部门是以职能为基础设置的,各个部门相互隔离,跨部门业务协调几乎不可能,信息资源难以实现在部门之间的共享。组织结构整合,一方面从纵向层次上减少政府部门的数量和政府层级,推动实现政府部门之间的政策协同;另一方面从横向上减少传统体制下的条块分割状况,消除职责同构带来的政策协同困难。①

第一,需要建立全国性的自贸试验区专门管理机构,强化中央管理体制,实现国家层面管理的协调一致。这个机构既要有能力协同相关部门共同制定自贸试验区的政策和制度,也要有能力与地方政府共同协调、组织实施自贸试验区的政策。这主要是因为:(1)现有的行政区划体制不足以满足自贸试验区所带来的一系列社会与经济发展的新需求,以往过度强调由地方行政区划主导地区经济功能的法律制度基础应做出适当改变,而这类法律制度的改变就必须有全国人大及其常委会的立法依据,全国人大常委会对部分法律在自贸试验区适用的调整就是典型的例子。(2)自贸试验区被明确赋予了促进政府职能转变、推动体制改革并推广全国的任务,这就决定了自贸试验区与行政区划相比,必须在更高程度上接受国家从全局出发的制度安排和政策设计。(3)以上海为例,上海自贸试验区在行政区划上跨越了上海、浙江两省的行政区划,虽然地方政府已经采取了行政协议制度、磋商沟通制度并合作设立行政机构,如洋山保税港区管委会等机制解决这些问题,但这类机制运行过程中可能会出现的跨行政区域的利益冲突,不可能完全交由地方政府自行协商解决。(4)

---

① 汪霞:《嵌入与协同:公共政策执行动力源研究》,中国社会科学出版社2015年版,第205页。

国务院的一些职能部门也会直接越过行政区划的边界,对自贸试验区的规则制定和管理创新等活动进行监督,由此产生了跨部门协同的需求。

上海自贸试验区跨部门协同机制建设需要中央政府发挥正确的职能作用。中央政府在推动跨部门协同战略中具有关键作用,但在跨部门协同机制的具体运行中,中央政府要明确说明共同的战略目标和跨部门协同的具体任务,保障跨部门协同招收到所需要的来自政府部门和服务供应方面的人员,保障绩效管理和信息系统到位,以便有效监控共同目标和跨部门协同任务的完成进度和效力情况,查找跨部门协同重要节点的缺失或没有被传播的最佳实践并及时解决存在的问题和不足,列出影响实施共同目标和跨部门协同任务的各项工作冲突,制定预算并将组织资源整体划拨给实现共同目标和推进工作任务的正确活动。[①]

第二,建立有利于跨部门协同的组织结构,可以尝试建立专门的部际合作机构,构建高层次的协调机制,并使这种部际协商机制常态化。打破传统组织界限,由政府首脑建立新的组织机构以加强政府部门的合作,如成立府际委员会、联合小组、高层网络组织、特别工作小组、跨部门计划或项目等。[②]这种形式作为一种民主与权威共存的形式可以运用于政策制定和执行过程中,在政策执行阶段可以有效避免增设更多的具有专门人员编制的实体机构,从而提高行政效率。

第三,组建上海自贸试验区领导小组。党的十八届三中全会通过的《中共中央关于全面深化改革若干重大问题的决定》中,明确中央将成立全面深化改革领导小组,建立更高层面的领导机制。因此,建议在全面深化改革领导小组下,组建上海自贸试验区领导小组(或指导委员会),由国务院副总理牵头,国家发展改革委、商务部、财政部、国税总局、自然资源部、市场监管总局、海关总署、外汇管理局、中国人民银行、证监会、金融监管总局等部委参与,负责对自贸试验区的宏观决策、宏观调控、重大事务决策、运行监督,建立起更高层次的

---

① 孙迎春:《国外政府跨部门合作机制的探索与研究》,《中国行政管理》2010年第7期。

② 张成福、李昊城、李丹婷:《政府横向协调机制的国际经验与优化策略》,《中国机构改革与管理》2012年第5期。

自贸试验区改革领导机制。同时,下设上海自贸试验区协调推进小组(执行委员会),由商务部和上海市政府主要领导牵头,商务部国际司、条法司、外资司、服务贸易司等相关司局,上海市发展改革委、商务委等相关政府部门,上海海关等相关监管部门参与,负责落实领导小组(指导委员会)决策,协调推进在试验区开展的投资、贸易、金融等领域的扩大开放、改革措施及试点事项。

第四,明确跨部门协同的领导机构,对其职能和权限进行清晰界定。跨部门协同的基础是协作,但核心领导的作用不容忽视。尤其是在多元化的社会,政策制定者往往面临着竞争性的、常常是互相矛盾的需求,需要一个机构去甄别和处理各种信息,在部门利益发生冲突时做出有公信力的决策。[①]跨部门协同的领导机构往往以"委员会"的形式出现,其实质就是由政府牵头组成的,囊括各个部门的协调议事机构。在自贸试验区的运行中,自贸试验区管委会通常担负了这种领导核心的职能。

无论采用何种形式的跨部门协同机制,必须明确牵头部门和领导者,领导者可以由涉及协调议题的核心部门领导担任,也可以由共同的上级领导担任。可以在恰当的领域,探索决策职能和执行职能适度分离的改革,整体性的战略决策由各部门共同决定,或由综合性跨部门机构,如议事协调机构来完成,各执行部门在规定的运作框架内,履行各自的职责,规避部门利益直接发生冲突。[②]

第五,对现有的自贸试验区议事协调机构进行审慎梳理,通过撤销、合并等方式,精简协调机构,并规范现有协调机构的职能和权限,使其切实发挥作用。长期以来,中国习惯于单独设立协调机构,这些领导小组或委员会本为临时机构,在实际中变为常设机构或取代职能部门的情况很多。这不但没有起到协调作用,反而削弱了职能部门的积极性,增大了跨部门协同的难度。国家要加强对自贸试验区的管理,提高国家层面自贸试验区管理部门的权威性,发挥中央管理部门协调相关部门与重大改革事项的权威作用。在地方层面,加强地方政府与中央主管部门之间、主管部门与相关部门之间、相关部门与地方

---

① 姜庆志、方堃:《日本公共危机治理中跨部门合作机制研究——以"东日本大地震"为个案》,《日本研究》2011年第4期。

② 竺乾威、朱春奎:《综合配套改革中的公共服务创新》,中国社会科学出版社2016年版,第312页。

执行机构之间、地方政府与各执行机构之间的信息交流与沟通协调,以建构协调一致的自贸试验区政府管理体制;还需要明确自贸试验区地方领导小组的职责与权限,充分发挥领导小组在执行过程中的整合与协调作用。

协同治理是一种公共政策方法,让跨部门的和不同规模的参与者参与治理,以影响规划、管理和决策过程的结果。[1]与中央层面的跨部门协同机制相比照和对接,扩区后的上海自贸试验区应建立更有力的自贸试验区事务协调机构。而且需要做实上海自贸试验区事务协调机构,以独立和足够的权限、人员和机构,整体推进上海自贸试验区的制度创新和先行先试的组织、落实、协调及督促工作。[2]上海自贸试验区推进工作领导小组和金融协调工作小组应完善定期联席会议机制,提高联席会议频率,现有两个小组的对接机构急需进一步加强前瞻研究、横向和纵向协调、后续督办的工作。

(二)管理过程的路径:依托管理业务流程再造,推进跨部门政务协同

科学界定综合监管的职责,建立协同监管与服务体系,加强事中事后监管,[3]提升跨部门协同效能。上海自贸试验区综合监管的实现需要各个职能部门之间的协调,这就要求构建职责明确、协调良好的综合监管机制。首先是根据综合监管的业务流程分工,科学界定自贸试验区各职能部门的职权、职责关系,优化综合监管执法队伍建设,避免多头管理和权责交叉。其次,依靠共享信息平台整合监管资源,并建立跨区域、跨部门的协调联动平台和机制,梳理好各监管部门的业务流程,提升监管部门之间的协同执法能力和水平,使之既能各司其职,又能协调联动,从而增强综合监管的协同效能。从过程和组织的角度看,跨部门协同通过建设性、跨边界吸纳公众、公共部门、不同级别政府和不同社会阶层的参与主体等,来实现共同参与公共政策决策和公共事务管理

---

① Chris Ansell and Alison Gash, "Collaborative Governance in Theory and Practice", *Journal of Public Administration Research and Theory*, Vol. 18, No. 4, 2008, pp. 543-571.

② 尹晨:《用持续的制度创新助力上海自贸试验区》,《文汇报》2015年3月19日。

③ 江若尘、陆煊:《中国(上海)自由贸易试验区的制度创新及其评估——基于全球比较的视角》,《外国经济与管理》2014年第10期。

的目标。①

2018年机构改革前,海关和原出入境检验检疫局(以下简称原检)按照各自分工履行职责,两套监管体系独立运作。海关实行"中心—现场"的运行架构和"业务分段、流程管控"的管理模式,风控、监管通关、关税等部门分别负责风险甄别、通关管理、审单查验、税收征管等业务职能管理,根据各自职责一体推进制度规范制定和现场执行监督;现场执行则根据业务节点划分,由相应科室"分段"承担物流管控、接单、查验、放行等业务,通过岗位分离制约,实现有效的流程管理和过程控制。原检实行"条线一体"的运行架构和"业务分类、专业分工"的管理模式。卫检、动植检、食安、商检等部门按照监管对象分类,对企业商品准入、实货检查、处置等实行全链条管理,各部门一体推进制度规范制定和现场执行监督;现场执行则根据专业条线划分,由对口业务科室一体完成单证审核、检验检疫、合格评定等全链条作业,保障专业化监管水平。机构改革后,新海关吸收了关检体系各自优势特点,对监管体系进行了优化整合。整体延续了"中心—现场""业务分段"的运行架构,由风控、综合、监管、稽查等部门分别牵头风险布控、单证审核、现场检查、后续监管等业务执行管理,将原海关、原检相关监管要求融入各业务节点,检验检疫职能部门根据职责承担相关业务领域的政策制定和专业指导。初步形成统一风险布控、统一单证审核、统一现场检查、统一异常处置、统一后续监管的业务模式,并通过统一执法要求、统一信息化系统和统一音视频存证等措施初步实现程序规范化管理。

关检融合后,口岸监管业务运行协同性有待进一步加强。"条线"管理模式与"分段"运行机制尚不够协调,直接反映在"三应"机制运行不畅顺。总体来讲:下对上的响应基本顺畅,但存在"执行困境";左右间的呼应较为流畅,但存在职责交叉、管理真空;上对下的反映问题较为关注,但存在多头管理、回应不及时的问题,具体表现为四方面:一是政策制定与执行管理脱节。业务事项涉及多个部门,职能管理各自为政,导致现场无法准确"响应"指令或要求;缺少

---

① 薛泽林、胡洁人:《政府购买公共服务跨部门协同实现机制——复合型调适框架及其应用》,《北京行政学院学报》2018年第5期。

跨部门业务运行管控机构实施监督和指导,未能及时发现执法偏差、解决实际问题,无法做出及时反应。二是职能管理和现场执行不够匹配。业务运行时面临规则不够精细、指令不够精准、方式不够科学等问题,现场需同时执行指令要求、作业指导书、行业标准等,存在作业要求分散、指令难以操作等"执行困境","指令下达—执行反馈"衔接互动不够紧密。三是多部门同向发力存在"梗阻"。信息系统分散,缺少信息共享和风险共防的协同监管机制,跨关区、跨部门、跨环节等业务结合部运行不够顺畅,口岸与属地之间的"错位分工、一体监管"的跨部门协同机制尚未建立,与外部联检单位的协作配合仍需加强。四是信息化建设及其联动性有待加强。因职能细分等原因造成的"烟囱林立""数据孤岛",是当前海关信息化建设所面临的普遍现状,进而导致信息之间缺乏验证,风险不能及时发现。而目前在用的信息化系统和监管装备主要基于第三代、第四代移动通信技术进行研发和配备,运行异常、联通不畅等情况时有发生。

深化"放管服"改革,以关检融合为契机,推动贸易便利化升级,通过业务流程再造、压缩通关时间,推进程序性跨部门协同机制建设,推动贸易便利化措施从货物贸易向服务贸易、技术贸易拓展,实现海关跨部门政务协同。在跨部门协同运行中,组织行动不再依托传统官僚权威的强制贯彻执行,也不再基于官僚制度中的层级结构和专业分工,而是在明确各部门或各主体间关系的基础上,以尊重差异化为前提,以平等合作为基础,以互动对话为形式作为内在运行机理,从而促使各主体在共同行动中分享权力、共担责任、共享成果。[①]要实现上述目标,需要从以下方面入手:一是基于整体性治理理念,思考关检业务全面融合的实现途径。尽快实现关检管理职责的有机融合,达到"1+1>2"的效果,使海关全面深化改革的系统性、整体性和协同性更强。二是以协同监管为取向,优化现场海关新事权。继续深化隶属关功能化改革,赋予属地管理和口岸管理的不同职责。三是优化再造新海关业务流程。根据新海关的职责

---

① 刘培功:《社会治理共同体何以可能:跨部门协同机制的意义与建构》,《河南社会科学》2020年第9期。

事权和管理模式,综合考虑关检原有业务流程的优劣,建立适应性更强、智能化程度更高的海关业务流程。对于海关而言,跨部门协同机制的优化有助于改变政策制定、执行和完善以公共服务供给为导向的自贸试验区发展逻辑,变为以企业需求为导向的逻辑,打破跨部门、跨区域的制度、政策、政务的"梗阻点",确保自贸试验区海关监管创新政策的落地,深化自贸试验区改革创新,不断优化投资贸易便利化水平。

加强制度的集成创新,增强改革的整体性与协调性。在贸易通关制度改革方面,要推进以贸易自由、便利化为目标的海关监管制度创新。借鉴《全面与进步跨太平洋伙伴关系协定》规则,加强成员国海关间的执法与联络、估价、风险管理等交流与合作,逐渐取消官方签发原产地证书的做法,探索建立由企业自主申明原产地,并由政府加强事后核查的制度,简化预裁定程序等。从供应链全流程便利化角度梳理通关流程,以"程序联动+电子化系统"提高通关效率。在投资管理创新方面,继续探索以负面清单为重点的投资管理制度。简化外商投资项目、企业设立及变更管理程序,实施"非禁即入"的市场准入承诺,将前置审批转变为事中事后监管,紧密关注国际投资安全审查相关的法律及案例,建立健全中国外商投资安全审查制度,同时要求国企在海外投资活动中严格遵守竞争原则及争端解决机制的相关要求。[1]

2019年2月11日,时任上海市委书记李强强调,要全力打造营商环境的新亮点、新标识,使营商环境成为上海的金字招牌;重中之重是打响"一网通办"政务服务品牌,把"一网通办"作为深化"放管服"改革和优化营商环境的重要抓手。[2]上海市相关政府部门应针对"一网通办"基础上政务服务流程再造中存在的问题,从体制机制和制度安排层面,对部门内部职能职责、处室架构、人员配置、操作流程等进行全面、系统的整合重构;通过系统重构部门内部操作流程、跨部门跨层级跨区域协同办事流程,深入推进业务流程优化再造,实现

---

① 陈春玲、全毅:《福建自由贸易试验区转型升级与高质量发展研究》,《亚太经济》2021年第6期。
② 参见《节后上海首个全市大会释放优化营商环境强烈信号,李强作部署》,观察者网,https://www.guancha.cn/politics/2019_02_11_489769.shtml。

面向企业和市民的所有政务服务"进一网、能通办"①。

(三)信息技术的路径:通过跨部门信息共享,推进跨部门公共服务供给

20世纪90年代,世界各国特别是发达国家开始通过在政府部门运用互联网技术,全面推动和实施跨部门、跨机构的信息共享与电子政务工程。在计算机网络迅速发展和普遍应用的数字化时代,"通过清除内部障碍、组建职能交叉的团队、为顾客提供一步到位的信息和服务,以及以一种综合的而不是分散、常人的眼光评估自身的工作,我们最为优秀的组织确实正在将支离破碎的部门重新整合为一个整体"②。因此,如何通过网络信息技术的运用和行政业务流程再造的有机结合来改变传统的分散的、各自为政地提供公共服务的方式,使公众和企业能够在统一窗口实现"一次性"提交和办结,就成为优化上海自贸试验区跨部门协同机制的重要内容。

信息共享是跨部门协同的基础,应完善跨部门协同的信息沟通机制。通过定期和不定期的协调会,建立管理机构间信息共享、沟通协调的机制对实现跨部门合作至关重要。在上海自贸试验区建设过程中还需要注重利用先进的信息技术。《中国(上海)自由贸易试验区总体方案》提出的"完善信息网络平台",以及"建立行业信息跟踪、监管和归集的综合性评估机制,加强对试验区内企业在区外经营活动全过程的跟踪、管理和监督",都离不开对信息技术的充分运用。根据《中共中央关于全面深化改革若干重大问题的决定》提出的要求,今后要"建立全社会房产、信用等基础数据统一平台,推进部门信息共享",这对上海自贸试验区建设信用数据统一平台提出了更高的要求。建立有效的各政府组织及其他部门的信息共享机制是开展跨部门协同所必需的,构建多视角的信息共享体系有助于解决跨部门协同中的信息碎片化现象。

党的十九届三中全会审议通过的《中共中央关于深化党和国家机构改革的决定》提出,强化事中事后监管。改变重审批轻监管的行政管理方式,把更

---

① 陈奇星主编:《创新地方政府市场监管机制与监管方式研究》,上海人民出版社2020年版,第59~60页。

② [美]拉塞尔·M.林登:《无缝隙政府——公共部门再造指南》,汪大海译,中国人民大学出版社2002年版,第5页。

多行政资源从事前审批转到加强事中事后监管上来。[①]信息互通共享是加强事中事后监管能力的关键。以公共服务网络平台为基础,构建综合监管平台,整合信息资源,破除信息"孤岛",实现政府数据信息协同治理。按照深化"互联网+政务服务"的要求,自贸试验区可借助公共服务网络平台优势,及时有效进行信息发布、预警、监督等功能开发利用,让社会公众有更加便利的在线体验,如通过平台实现业务申报、咨询等,并可以随时查询申请的办理进度、结果,实现政府与公众的信息互动,从而最大限度地促进投资、贸易活动,提升事中事后监管效率,实现透明化监管流程。[②]

科技尤其是信息通信技术和大数据计算显著改变了治理主体之间的互动关系和互动模式,赋予了跨部门协同机制运作过程更为突出的技术理性,进而在传统价值场域中增添了多元、精准、效率等新的元素。[③]自贸试验区应进一步创新事中事后监管的方式和手段,以"互联网+"和大数据技术为支撑,实施精准监管,以部门联动和信息共享为基础,实施跨部门协同监管。通过跨部门信息共享,依托国际贸易"单一窗口",推进技术性跨部门协同机制建设,充分利用大数据、云计算、人工智能和物联网等新兴技术,扩大海关智能化改革试点范围,加强对海关在贸易国别和结构、关税、产品质量、疫病疫情等大数据上的挖掘和分析。

在完善现有"单一窗口"功能的基础上,推动各条线"单一窗口"的对接融合,实现口岸监管通关环节全覆盖;进一步完善互联网+信用管理模式,依托信息联通、流程共享、服务整合和信用管理,构建信用评价体系,完善信用分类监管模式;通过定期和不定期的协调会建立口岸执法机构间信息共享、沟通协调的机制对实现跨部门协同至关重要。信息共享是跨部门协同的基础,应建立并完善海关与其他部门之间的跨部门协同沟通机制;在全面推广应用"金关工

---

① 参见《中共中央关于深化党和国家机构改革的决定》,中国政府网,https://www.gov.cn/zhengce/2018-03/04/content_5270704.htm
② 陈奇星主编:《创新地方政府市场监管机制与监管方式研究》,上海人民出版社2020年版,第191页。
③ 关婷、薛澜:《技术赋能的治理创新:基于中国环境领域的实践案例》,《中国行政管理》2019年第4期。

程"二期建设成果基础上,推进智慧海关建设。探索实施顺势智能检查场景应用,加大先期机检的推广力度,顺势嵌入码头作业流程。深化智能审图应用,构建"即时智能审图+人工重点判图"作业模式和"先期机检+智能审图"联动应用,以科技力量解放现场人力、提高监管效能,探索实施可视化数据分析决策场景应用。综合运用商业智能大数据可视化工具,为基层统计分析成果运用提供轻量级的数据查询和可视化方案,持续减轻一线业务分析压力,提升统计辅助决策效能。探索实施物流信息智慧联动场景应用,采用"集中监控+物流信息平台"模式,升级完善在途硬件设备,开发应用智能电子关锁、无感卡口系统,打通海关、商务、港务及运输公司跨部门信息互联互通渠道,推动港口及监管场所间货物调拨智慧化、信息化,助力打造公开、透明、可预期的口岸营商环境。

在数字技术迅速发展与广泛应用的背景下,强化数字技术在政府部门体系的嵌入与应用,提升跨部门协同水平,实质上是通过数字基础设施建设重塑组织边界,构建纵向的组织协同压力和横向的个体协同动力,进而形成跨部门协同合力,实现"一网协同"。[1]信息技术在推进自贸试验区跨部门协同机制建设中具有双重意义,一方面,发达的信息技术为跨部门活动提供了技术保障,通过跨部门信息共享机制为推动跨部门协同机制的实现提供了现实条件;另一方面,信息技术通过影响公务员的习惯和行为,使跨部门协同走向常态化,有助于构建制度层面的跨部门协同机制。技术赋权能够重构纵横交错、条块分割的权力结构,实现对科层制政府的突围,[2]促进组织内部自治能力提升、组织形态虚拟化和边界模糊化。[3]

二、完善自贸试验区跨部门协同机制的主要举措

在组织中,协同是规避组织间陷入无序、混乱状态的重要方式,是组织提

① 吴克昌、唐煜金:《边界重塑:数字赋能政府部门协同的内在机理》,《电子政务》2023年第2期。
② 江文路、张小劲:《以数字政府突围科层制政府——比较视野下的数字政府建设与演化图景》,《经济社会体制比较》2021年第6期。
③ 孟天广:《政府数字化转型的要素、机制与路径——兼论"技术赋能"与"技术赋权"的双向驱动》,《治理研究》2021年第1期。

升竞争力与组织绩效的关键因素。跨部门协同的关键是在不消除部门组织边界的条件下实现多部门的合作与协调,充分利用和整合各部门资源以有效提升自贸试验区政府治理的整体效能。[①]从跨部门协同的过程看,公共政策制定、公共政策执行和公共服务供给是形成跨部门协同关系的主要路径,通过结构性机制和程序性机制搭建跨部门协同网络,同时辅助技术性机制拓展跨部门协同范围、强化跨部门协同效率,有效提升自贸试验区跨部门协同水平。以跨部门协同的组织环境建设、协同制度体系优化和技术应用创新等为抓手,实现任务内容、制度机制和技术工具的融合匹配,更好适应政府整体性数字治理和数字化转型的要求。[②]

(一)加强顶层设计,注重结构性协同机制建设提高政策协同度

跨部门协同所能够达到的效果与程度,关键取决于能否建立起不同主体间协商合作的长效机制。总的来看,任何领域、任何问题的协调,都应当在至少三个层面上考虑长效机制的构建:一是跨部门层面,解决同一系统内部、水平独立部门之间的关系问题,尤其重点解决政府不同部门之间的协作问题;二是跨主体层面,解决不同性质主体之间的关系问题,主要是政府与企业、社会之间的合作共治;三是跨地区、跨区域甚至跨国层面,解决不同地理范畴内、不同性质组织与个人之间的集体行动问题,以化解地区、国家间冲突,通过协同合作促进共同利益的最大化。[③]结构性跨部门协同机制的科学与否,直接影响到自贸试验区相关管理主体之间能否实现高效协调、运转配合和政策协同。从本质上讲,政策协同是一种集体行动。所有相互影响的政策设计都应产生协同效应或至少减少冲突。应从纵向和横向两个维度形成合力,降低协同过程中产生的各种成本,提高政策协同度,减少政策执行壁垒。[④]

---

① 刘纪达、张昕明、王健:《反恐跨部门协同模式研究:基于"防范—情报—处置"框架的网络分析》,《中国应急管理科学》2021年第7期。

② 王龙、王娜、李辉、王娟:《内部横向视角下政府数据跨部门协同治理的过程分析》,《电子政务》2023年第5期。

③ 张弦:《警惕"协同"概念的泛化》,《中国社会科学报》2015年4月17日。

④ 要蓉蓉、郑石明:《地方政府如何提升环境协同治理能力?——基于H市环境治理的案例研究》,《行政论坛》2023年第1期。

第一，建立国家层面统筹协调机制。2013年，中国自贸试验区建设从上海起步；2015年4月和2017年4月，广东、天津、福建和辽宁、浙江、河南、湖北、重庆、四川、陕西先后2批10个自贸试验区挂牌成立；2018年10月，海南岛全岛设立自贸试验区；2019年新增山东、江苏、广西、河北、云南、黑龙江6个自贸试验区；2020年新增北京、安徽和湖南3个自贸试验区；2023年新增新疆自贸试验区，形成了如今"1+3+7+1+6+3+1"的"雁阵"式自贸试验区发展格局和"陆海内外联动、东西双向互济"的全方位对外开放新格局。自贸试验区在政府管理体制机制建设中需要充分发挥国家最高立法机构的顶层设计作用。从国家层面出发，制定符合22个自贸试验区发展特色的引导性法律文件，并且及时对有关的行政法规和部门规章进行调整，促进自贸试验区法治改革的系统性和协调性。

目前推动自贸试验区建设的管理部门较多，应在国家层面尽快建立部门间协调机制，形成统一的综合性管理服务平台，由中央政府尽快设置独立、专业、权威的中国自贸试验区统筹建设委员会，作为综合性管理机构协调各部门工作关系，全面布局、引领、规划中国自贸试验区建设，避免全国各自贸试验区一哄而上、无效浪费，做好自贸试验区建设的整体规划，提升自贸试验区建设运行绩效。

第二，建立省级层面的统筹协调机制，通过省级统筹促进片区之间的互动是增强自贸试验区开放能力的基础。自贸试验区高质量开放发展是一项系统性工程，需要各级部门间凝聚共识，形成合力，这是自贸试验区实现高质量跨越式发展的前提。在新形势下，要进一步加强省级层面的资源支持和人才保障，建立健全自贸试验区核心任务推进机制，困难瓶颈问题共商共推平台，形成举全省之力保障自贸试验区先试先行，依托自贸试验区在省级层面构建部门协同、平台联动、区地融合、产城融合的发展模式，为自贸试验区的高质量发展提供坚强有力的省级统筹保障。[①]

第三，在拥有多个片区且片区的行政管理权归属于不同地市的自贸试验

---

① 崔庆波：《边疆地区自由贸易试验区开放发展的逻辑、成效与趋向》，《云南社会科学》2023年第1期。

区（如广东自贸试验区、福建自贸试验区等），探索建立大管委会制度，完善区域协同发展的跨区域协同机制。在纵向结构上，理顺府际关系，优化政府部门职能配置与组织架构。建立一个全省性的自贸试验区专门管理机构，由省委副书记或常务副省长担任负责人，组织协调相关部门共同制定自贸试验区的政策和制度，与地方政府共同协调、组织实施自贸试验区的各项具体政策。在自上而下的管理结构中，传统的监督和问责手段能够解决跨部门协同的困境并推进协同发展。①在自贸试验区政府治理中，地位更高的治理主体对治理目标的确定、治理过程的控制力更强、影响力更大，整个治理呈现一种"强者主导"的治理模式。②跨部门协同的动力机制不是自发建立的诱致性制度变迁，而是受行政推动的强制性制度变迁，很大程度上只是纵向府际治理的延伸。③完善区域协同发展的结构性跨部门协同机制，引导自贸试验区不同片区错位发展。④对有多个片区且各片区位于不同城市的自贸试验区，需要充分发挥省级协调机构对自贸试验区发展的总体规划和顶层设计作用，实现自贸试验区各个片区之间的跨区域协同。

第四，加强一级行政框架下的纵向结构性跨部门协同机制建设。上海自贸试验区扩区后，自贸试验区管委会与浦东新区人民政府合署办公，对跨部门协同机制的研究也需要置于完整的一级政府框架下进行常态化的探索和创新。上海自贸试验区推进工作领导小组办公室、浦东新区区委区政府和自贸试验区管委会等部门拟定的《关于以自贸试验区建设为动力，在浦东新区推进政府职能转变和先行先试改革的工作方案》提出，上海积极推进浦东新区政府与自贸试验区管委会一体化的管理体制创新，积极探索以制度创新推动全面

① Theresa Jedd and R. Patrick Bixler, "Accountability in Networked Governance: Learning from a Case of Landscape-scale Forest Conservation", *Environmental Policy and Governance*, Vol. 25, No. 3, 2015, pp. 172–187.

② 李珍:《协同治理中的"合理困境"及其破解——以京津冀大气污染协同治理实践为例》,《行政论坛》2020年第5期。

③ 李楠楠:《跨区域应急协同治理的财政进路——以对口支援为切入点》,《中国行政管理》2022年第12期。

④ 李世兰:《广东自由贸易试验区政府治理创新对策研究》,《探求》2018年第2期。

深化改革的新路径。优化产业经济部门职能配合和组织架构,理顺浦东新区区级机关、自贸试验区管委会部门,开发区和街镇之间、区级机关之间、区级机关内部的相互关系和事权配置,减少职责交叉,提高行政效率。

第五,建立完善横向结构性跨部门协同机制,如定期会商机制,建立省级层面的自贸试验区联席会议制度,定期或不定期就自贸试验区的重大问题进行协商,提高联席会议召开频率,及时实现自贸试验区政策创新的横向协同。需要指出的是,部际联席会议作为一种横向跨部门协同机制,也可以视为一种虚拟的结构性机制,但是由于参与联席会议的成员众多,平常缺乏横向联系,没有统一领导,政出多门、管理混乱的现象时有发生,难以实现信息共享,遇到重要问题时的协调指挥困难颇多,导致部际联席会议制度发挥的协调作用有限。有学者建议成立实体的领导协调机构,为跨部门协同提供有效的组织保障。[1]各个自贸试验区推进工作小组应完善定期联席会议机制,提高联席会议频率,也应与现有的其他工作小组如金融协调工作小组加强前瞻研究、横向和纵向协同、后续督办的工作。

(二)理顺横向协同和纵向协同之间的关系,实现纵向嵌入式治理

理顺横向跨部门协同机制和纵向跨部门协同机制之间的关系,构建自贸试验区纵向嵌入式治理模式。这种纵向嵌入式治理强调中央领导下的地方自主性合作,避免中央政府直接干预,以协商和指导为主要方式,在保证跨部门协同符合国家战略方向的同时为其提供制度保障,主张从国家利益和区域合作实际需要中寻找嵌入时机。纵向嵌入式治理,不是以正式权威下的刚性机制取代政府间自愿合作的柔性机制,而是要使刚性机制和柔性机制、纵向机制和横向机制有机配合,共同参与治理。[2]

借鉴国际经验,建立和完善行政协助制度,即在强调职能划分清晰准确的同时,以法律形式对机构之间的协同行为作出明确说明,使得跨部门协同的责

---

① 谢庆奎:《机构改革陷入恶性循环的五个成因——兼论机构改革的长期性》,载刘智峰主编:《第七次革命——1998—2003 年中国政府机构改革问题报告》,中国社会科学出版社 2003 年版,第 96 页。

② 李楠楠:《跨区域应急协同治理的财政进路——以对口支援为切入点》,《中国行政管理》2022 年12 期,第 131 页。

任和义务法律化。①为此,中国自贸试验区在建设跨部门协同机制的过程中可以选择纵横结合的方法:

第一,利用纵向跨部门协同机制形成政策,如磋商和建立联合管理机构,但服务的具体实施则由不同层级的政府部门完成,或者利用跨部门协同形式实施服务,如建立联合的服务平台,但由纵向不同层次的政府来形成具体政策,上海国际贸易"单一窗口"就属于这种类型。2016年,上海国际贸易"单一窗口"建设进一步与口岸监管通关流程相互融合,吸纳更多管理部门"入驻""单一窗口",开展申报数据协调与简化,进而探索建立长三角区域国际贸易"单一窗口",并结合上海亚太示范电子口岸建设,探索"单一窗口"与国外"单一窗口"的互联互通,开展跨境试点应用。随着上海国际贸易"单一窗口"全面建成,实现口岸与贸易管理及供应链各环节的全覆盖,外贸企业使用"单一窗口"成为常态,口岸管理相关部门的各作业系统之间实现横向互联和跨部门信息共享。

第二,针对跨部门公共事务问题,签订跨部门行政协议,固化和强化部门之间的协同合作关系。跨部门行政协议是两个或两个以上的政府行政管理部门,为提高管理效率,共同达成的合作行为。在中国,这种行政协议是一种政策性文本,并非法律性文本。

第三,加强自贸试验区建设中的跨部门政策协同,联合形成政策并共同承担公共服务供给工作,如上海推行的"一表登记、一口受理、并联办事"服务模式。上海自贸试验区综合服务大厅设有工商"一口受理"、管委会其他部门对外业务、职能部门办理、贸易便利化专线4个服务功能板块,共设36个办事窗口,受理投资管理、海关、公安、外汇、管委会综合业务、外贸经营者备案、自动进口许可证、进口机电产品申请等12项主要业务。在深化"放管服"改革进程中,政务服务更加强调部门间通过协同合作构建"横向到边、纵向到底"的完整政务服务体系,追求服务事项在逻辑关系、业务关系、法律关系间的一体

---

① 罗子初、曾友中:《转型期行政协调机制的重塑》,《地方政府管理》2001年第1期。

化耦合。[1]

　　由于自贸试验区建设是一项复杂的系统工程,面对不同的政策问题,涉及多个政策主体,其政策目标的实现无法仅仅依靠单一政府部门、单一政府层级。为解决这个难题,一是要通过运用政府采购、公共服务外包等政策工具,激发市场和社会的活力,构建政府、市场和社会之间的合作网络,实现多部门之间的横向协同;二是要通过行政体制改革与管理机制创新,激发地方政府的参与活力,构建跨层级的政策协同网络,实现纵向协同;三是要通过管理机制改革,改变传统的以行政区划应对跨部门协同问题的方法,[2]以程序性跨部门协同机制应对跨界性和跨部门协同问题,实现跨部门政策协同。[3]

　　(三)细化程序性机制、完善技术性机制,推进综合监管体系建设

　　协同治理不仅需要制度和机制设计,也要注重行为实现、技术支撑。[4]程序性机制和技术性机制的建设为中国自贸试验区跨部门协同行为的常态化提供了制度保障和技术支撑,因此,需要加强程序性跨部门协同机制建设,包括协同机制的启动、协同主体、协同层级、协同程序、协同方式、协同规则、权责情况等方面都应做出相应的规定,甚至还要对不同协同机制的适用范围进行严格规范,对已有的跨部门协同机制进行监督和考核,确保协同机制的规制性、高效性和权威性。在复杂网络社会背景下,通过相关制度设计以增强政府协同供给公共服务的能力是提升政府治理能力的主要途径。[5]考虑到中国自贸试验区跨部门协同机制主要以结构性机制为主的情况,需要重点关注程序性机制和技术性机制建设,细化程序性安排,完善技术性安排,推进自贸试验区综合监管体系建设。

---

①　宋林霖、李广文:《地方政务服务管理机构改革:从刚性嵌入到结构耦合》,《新视野》2022年第5期。

②　李宜钊:《论跨界性问题的公共治理》,《重庆科技学院学报(社会科学版)》2015年第9期。

③　李宜钊、叶熙:《海南自由贸易试验区政策发展评价——基于151件政策文本的量化分析》,《海南大学学报(人文社会科学版)》2020年第1期。

④　赖先进:《突发事件协同治理:价值、制度、技术与行为的视角》,中国人民大学出版社2023年版,序言第4页。

⑤　陈奇星、胡德平:《特大城市政府公共服务制度供给能力提升的路径探析》,《北京行政学院学报》2010年第4期。

在管理运作方面,现有的自贸试验区跨部门协同机制在管理运作方面呈现出规范化不足的问题,程序性协同机制有待进一步完善,尤其是那些有助于落实结构性协同机制的相关规则安排。以海关为推进海关监管制度创新在全国复制推广工作所出台的相关管理规定为例,说明如何通过细化程序性安排实现海关系统内的纵向协同及海关总署和其他部委之间的横向协同。相关程序性安排涉及实施跨部门协同机制的具体要求,关键问题是如何加强沟通,怎样才能形成合力,这些问题虽然琐碎,却直接关系到该制度能否有效落实。

海关总署在2016年发布《自贸试验区海关监管制度创新基本规范》(以下简称《基本规范》)①,对指导各自贸试验区海关在自贸试验区范围内开展创新探索起到了积极作用,涌现出"先入区、后报关"(上海)、"国际海关AEO(经认证的经营者)互认制度"(天津)、"保税混矿"(大连)、海关特殊监管区域"四自一简"(重庆)等受企业欢迎的海关监管创新制度。截至2019年12月,在国务院部署在全国复制推广的五批改革试点经验中,海关(含原质检总局)监管创新制度共计52项,占全国试点经验总数(101项)的一半以上。2019年10月,海关总署发布《自贸试验区海关监管制度创新工作规范》(以下简称《工作规范》)②,通过对工作规范的修订,使其更加具有操作性:强化上下联动,左右协调,通过"两上两下"程序,及时搜集和了解各关创新开展情况,主动协调推动署内部门和相关部委,加强对各关的指导和统筹协调,强化创新制度的集成性,提高创新制度质量,解决过去创新同质化、碎片化、重量不重质等问题。根据专家访谈情况,综合比对《基本规范》和《工作规范》的主要内容可以发现,为实现上述目标,细化程序性机制,对《基本规范》的修订遵循了两条逻辑主线:

第一条主线是通过递进式管理保障创新性。将创新制度全过程分为两个阶段,即创新举措阶段和创新制度阶段,通过"两上两下"程序进行规范。第一次"上下":直属海关提出创新举措,经可行性论证后向海关总署自贸司报送《自贸试验区海关监管创新举措备案表》,自贸司在商相关司局后复函直属海

①《自贸试验区海关监管制度创新基本规范》(署加发[2016]228号)。
②《自贸试验区海关监管制度创新工作规范》(署贸发[2019]201号)。

关组织实施。这个阶段可整体视作创新举措阶段,直到收到复函,才可视作直属海关的自主创新得到认可,成为创新举措,可以正式实施。这也是与之前的《基本规范》变化最大的地方,事实上将以前的制度评估前置到了备案环节,要求各关在创新举措推出前,就要对创新举措实施范围、创新性、安全性和预期成效进行广泛调研、充分酝酿和科学论证,并在正式实施之前向总署备案,总署可以及时进行统筹指导,从源头上把住制度创新的质量关。

第二次"上下"是指直属海关认为实施的创新举措成效达到预期,可上升为创新制度进行复制推广的,向海关总署自贸司报送《自贸试验区海关监管创新制度评审表》并提请组织评审;自贸司会同相关司局评审,对具备复制推广条件的创新举措,商相关司局制定规范性文件,形成创新制度予以复制推广。第二次"上下"完成后,创新举措才能真正上升为创新制度。从直属海关提出创新举措,到海关总署认可创新举措,再到创新制度复制推广,是一个递进式的管理,通过环环相扣、层层过滤,有助于提升海关监管制度创新的质量和层次。从海关总署与其他部委之间的跨部门协同而言,则是一个更精准、更优化、效率更高的过程。现在国务院拟复制推广的改革试点经验主要是商务部通过地方政府来征集报送,每一次流程都比较长。《工作规范》实施之后,海关总署对各直属关制度创新情况更了解,一方面可以主动向商务部提供海关监管创新制度,另一方面,对于各个直属海关通过地方政府报送的创新制度,可以更快捷地反馈意见,缩短征求意见流程,提高海关监管制度创新复制推广的效率。

第二条主线是风险防控贯穿始终。自贸试验区的发展和改革创新工作强调大胆试、大胆闯、自主改,但一定要有底线思维和风险意识,必须遵循科学态度,在有效研究和防控风险的前提下推进,尤其是要把握好合法性风险、海关有效监管的风险和安全准入风险,不断提升制度创新过程中防范风险、应对挑战的能力,防范自贸试验区改革创新和复制推广中出现注重"放"忽视"防"的安全隐患。为此,此次《工作规范》将风险防控贯穿制度创新工作全过程,要求每一个阶段都对创新性、安全性和预期成效等方面进行评估,并根据评估结果进行动态调整和优化,确保管得住才能放得开、管得好才能放得好。为了实现这个目的,《工作规范》明确:各直属关在形成创新举措的阶段,做好论证之后,如果对于研究的举措是否可行还不确定,可以根据需要开展测试,有利于把风险控制在最小的同时在自贸试验区这块试验田里大胆地试。为将上述《工作规范》落到实处,可以制定《自贸试验区海关监管制度创新工作规范》的细化配套措施。支持各自贸试验区海关因地制宜、体现特色开展监管制度创新。坚持上下联动和左右协调,加强顶层设计和系统集成,提高自贸试验区海关监管制度创新质量。加强自贸试验区海关间协作,做好国务院复制推广自贸试验区改革创新经验相关工作。

在综合监管体系建设方面,参考天津自贸试验区的经验,依托市场主体信用信息公示系统和市场主体联合监管平台,建立市场主体信用风险分类管理、市场监管随机抽查联合检查制度。具体而言就是:充分利用公私协同机制,发挥社会组织的作用,各监管部门要尽可能把适宜于行业组织行使的职能委托或转移给行业组织,并建立常态化的沟通协调、决策征询、专业会商、信息共享、协同指导等监督工作机制。在程序性安排方面,结合各部门在自贸试验区内实施的创新制度及监管经验,出台与各监管机构相适应的政府监管措施,如《上海自贸试验区海关监管条例》等,细化各领域的监管规范和细则。综合监管制度的推进是一项系统工程,既需要建设大量的配套基础设施和信息平台,也需要完善的法律框架、政策支持,更需要先进的服务意识和监管手段。

推进技术性机制建设,将数字治理工具和技术手段作为一种嵌入自贸试验区治理场景的管理与服务精细化的工具,进一步强化部门间信息共享,打破"蜂窝煤"管理模式。[1]国际贸易"单一窗口"旨在通过技术手段来打破横向部门间的壁垒,但即便技术嵌入跨部门协同为纵向层级的信息流转和业务联动提供渠道,却仍受传统科层架构的掣肘,技术执行存在边界。[2]

自塔洛克提出官僚组织信息沟通系统存在等级歪曲模式的问题以来,关

---

[1] 竺乾威主编:《公共行政理论》,复旦大学出版社2008年版,第496页。
[2] 颜海娜:《技术嵌入协同治理的执行边界——以S市"互联网+治水"为例》,《探索》2019年第4期。

于科层信息流转的层层筛选、加码、走样等问题的研究层出不穷。①自贸试验区政府治理中的跨部门协同结构仍是科层结构的形变,亦会存在信息歪曲的困境。跨部门协同信息网络平台的构建,很大程度上得益于信息技术的发展。当虚拟的跨部门联系网络找到了信息系统与数据平台作为载体,自贸试验区信息的流转便找到了反歪曲的机制。数据信息平台实质上也是跨越不同部门信息沟通的"迂回机制"②,使得自贸试验区政府治理中的某个部门或个体可以打破单向的信息传递链条,为"越级式"的上传下达提供了可能,为跨部门协同提供了更加专业化、扁平化和开放式的平台,有效减少信息不对称带来的理解歪曲与合作误解。

数字赋能顺应了新公共管理理论追求效率最大化的逻辑,③充分利用信息技术工具提高管理效能。需要说明的是,要彻底实现跨部门信息沟通和共享,必须从改革部门之间的结构性机制着手,从根本上打破碎片化治理结构,以体制机制协同促进跨部门信息共享。国际贸易"单一窗口"旨在实现跨部门信息共享和跨部门联合监管。2015年6月30日上海国际贸易"单一窗口"1.0版上线运行,初步具备了国际贸易"单一窗口"的基本架构和主要功能,同时也开辟了一条以地方政府为主导,推进"单一窗口"建设的模式。按照国务院"2015年底在沿海口岸建成'单一窗口'"的目标要求,上海试点取得的经验已陆续由沿海口岸,特别是天津、广东和福建自贸试验区根据各地的实际情况予以复制推广。这种公共平台模式和先行先试、分步发展的建设方式是由于中国幅员辽阔而造成的各地进出口贸易情况、口岸通关状况和信息化发展水平等都不甚相同。关键是国家层面尚没有一个得到各参与部门认可的强有力的实体机构去筹划并实际操作建设"单一窗口",而且口岸通关业务流程的再造可能触及口岸通关管理体制的深层次问题。政府对信息技术的应用并非对以往部门关系的简单复制,而是带来了高度不确定性,部门间边界得到重构,资源流动加

---

① 颜海娜、郭佩文、曾栋:《跨部门协同治理的"第三条道路"何以可能——基于300个治水案例的社会网络分析》,《学术研究》2021年第10期。

② [美]安东尼·唐斯:《官僚制内幕》,郭小聪等译,中国人民大学出版社2017年版,第125页。

③ 廖崇福:《数字治理体系建设:要素、特征与生产机制》,《行政管理改革》2022年第7期。

剧,协同议题日益复杂,以适应全新的公共行政情境。①

一是各部门制订信息共享工作规范,明确信息采集、加工、传递、应用、反馈等环节的工作职责,定期召开部门联席会议,研究、探讨监管信息平台的改进措施。在信息建设方面,信息共用平台的覆盖范围仍然有限,征信系统没有完全统一,跨部门协同机制未能建立,行业协会的参与也没有实质性推进。通过这个平台实现信息的集成与共享,克服不同部门、地区之间的信息沟通障碍,逐渐填补"数字鸿沟",拓展多元主体在时空上以多种方式灵活配合的可能性,从而产生跨部门协同效应。

二是鉴于信息共享是跨部门协同的基础,应完善跨部门协同的信息沟通机制。虽然技术性跨部门协同机制可以为程序性跨部门协同机制的实现提供信息平台和有效的技术支撑,但是也需要考虑跨部门协同机制建设过程中,两种机制之间的协调配合和整合效用的发挥。通过定期和不定期的协调会建立管理机构间信息共享、沟通协调的机制对实现合作也至关重要。在上海自贸试验区建设过程中还需要注重利用先进的信息技术。《中国(上海)自由贸易试验区总体方案》提出的"完善信息网络平台"及"建立行业信息跟踪、监管和归集的综合性评估机制,加强对试验区内企业在区外经营活动全过程的跟踪、管理和监督",都离不开信息技术的充分运用。

三是应继续推进"证照分离"改革,构建事中事后监管体系,以大数据、云平台等信息技术为依托,再造政务流程,加快公共服务体系建设,提高公共服务水平。②

借鉴新加坡港口网和贸易网的"单一平台"模式,在技术安排层面,实现数据格式的统一,完善中国国际贸易"单一窗口"的功能,推进自贸试验区贸易便利化改革,提升贸易监管的协同性,实现贸易数据的协同、简化和标准化。通过海港、空港和海关特殊监管区域的联动作业,通过金融机构或非银行支付机

---

① 邓理、王中原:《嵌入式协同:"互联网+政务服务"改革中的跨部门协同及其困境》,《公共管理学报》2020年第4期。

② 陈奇星:《上海自贸试验区建设中的政府治理创新:做法、经验与展望》,《中国行政管理》2016年第10期。

构建立收费账单功能,便利企业办理支付和查询。自贸试验区应充分利用"互联网+"、物联网技术和政府大数据,对接国际贸易"单一窗口",各管理部门需要在业务流程、数据格式等方面实现统一和兼容,提升贸易监管的国际化水平和对标国际标准。①

一是完善中国国际贸易"单一窗口"的横向功能与纵向功能,优化功能服务。在进行"单一窗口"功能对比时要充分考虑"单一窗口"的发展阶段。中国"单一窗口"在进行横向与纵向功能完善时也应将中国电子口岸建设基础和"单一窗口"推广、运行模式考虑其中,在功能服务设计时就对其进行科学评估,使得新功能的应用效果在投入使用之前就可被预测。

在功能横向拓展上,建议细化已有的大项功能,如在舱单申报中有序推广空运舱单、公路舱单、铁路舱单申报功能,在运输工具申报中拓展航空器、公路、列车申报功能。建议探索推出契合当下中国经济发展动向的功能服务,例如在跨境电商发展迅速的背景下探索推出快件申报等相应功能服务,在来华游、出境游人数不断增长的情况下探索建立提前乘客信息系统等功能应用,将"单一窗口"应用于维护国家经济安全与国土安全等方面。

在功能纵向延伸上,更关注质量和便利化程度。从法律层面明确各参与者的责任与义务,通过强有力的领导,优化"单一窗口"现有的功能服务,丰富其内涵。提升现有的舱单申报数据质量,科学设定模糊申报容错机制,赋予相关机构有界限的实际权力进行数据质量检测等。进一步简化"单一窗口"提交数据的手续,利用信息化技术手段,例如应用导入功能、报关报检一次提交功能,让操作者真正享受"单一窗口"带来的便利。

二是吸纳参与国际贸易"单一窗口"建设与服务社会力量,提升整体效能。提升中国国际贸易"单一窗口"的社会参与度,意味着政府机构需要通过引入行业协会及社会机构、购买市场服务等手段,来享受市场竞争所带来的技术革新红利。建议丰富中国当前的"单一窗口"参与机构类型,吸引多元的社会机构特别是运营较为成熟的行业协会、大中型检测机构、评估平台商,甚至公益

---

① 陆剑宝:《中国自由贸易试验区制度创新体系理论与实践》,中山大学出版社2018年版,第148页。

性组织的参与。同时,要加强对这类非政府部门的监管,注意"单一窗口"涉密信息及用户隐私的保护,建立严格的参与方准入标准,通过签订协议等形式,在明确其权利及义务的前提下,对其收费标准、日常行为等详细考核、监督。

三是巩固跨部门信息共享与联合执法机制,协调安全与便利。美国"单一窗口"将贸易界和相关政府机构整合作为支撑"单一窗口"的核心功能,强调美国海关和边境保护局与其他政府部门的交流与合作。由于种种原因,中国国际贸易"单一窗口"平台未将相关系统纳入功能服务中,无论其形式如何,最根本的还是要巩固与提升部门间的沟通机制及合作手段。建议"单一窗口"为中国政府机构(及未来可能将纳入的非政府机构)开拓信息对称度高、反应速度快的连接路径,也要从法律和信息安全的角度考虑,协同促进协调安全与便利。

(四)运用各种辅助性工具,充分发挥跨部门协同的效力

跨部门协同的"辅助性工具"包括协调文化的培育和协调能力的提升,以及促进协调的激励(如财政激励)和问责工具等。许多国家在政府跨部门合作政策制定与执行能力的建设中,不仅重新组建了政府部门,还非常重视各种改革的实践、工具和工程,重视各种组织结构(单元、分支、网络、协会)协调运行的重要性,重视跨部门合作的能力建设。[①]

跨部门协同过程并不是各发展阶段的线性组合,而是一个循环往复的动态发展过程,需要各阶段要素之间按照环境变化灵活互动,在不断建设和持续学习的过程中予以完善。国外文献中有大量的对各种辅助性工具的研究分析,包括能力建设、文化促进、绩效评估和责任机制等。在能力建设方面,既包括领导力、资源等能力要素,也包括相应的战略和框架建议。在文化促进方面,既包括组织文化的建设,也包括服务文化和信任文化的培养与塑造。在绩效评估方面,既包含不同种类的绩效评估框架,也包括绩效评估的具体手段和方法。在责任机制方面,不仅有对责任问题的界定,还有对责任机制内容和类型的分析。综合来看,不同的辅助性工具在跨部门协同过程中都发挥着一定的运力保障和正向激励作用,是跨部门协同机制研究不可或缺的重要组成部

---

① 孙迎春:《国外政府跨部门合作机制的探索与研究》,《中国行政管理》2010年第7期。

分。根据发达国家政府跨部门协同的实践，为充分发挥中国自贸试验区跨部门协同机制的效力，需要综合运用各种辅助性工具。

　　第一，跨部门协同需要有效的领导力，需要建立必要的跨部门协同文化，开发并实施跨部门协同的最佳实践和领导艺术。跨部门协同覆盖的业务面广，而且多涉及事务性工作，这对领导人的知识、信息、精力、能力等提出了很高的要求。此外，领导还要承担推动、指导、激励、监督和评价协调效果的多重责任，这些往往超越领导者的个体能力。上级政府的外部激励措施可以促进地方政府间实现更加持久的合作。①因此，领导能力的提升就显得至关重要。协同治理在成员范围、互动与投入程度、领导力表现等方面都呈现为动态的、不断变化的发展过程。②协同能力建设，尤其是资源的支持，是有效协同的必要条件之一，具体包括资金、技术、人力等。③

　　需要指出的是，如果高度依赖部门领导之间的"面子""人情"等柔性力量和私人交流方式，这种非正式方式避开了采取组织化方式所必须经历的复杂过程，但弊端在于缺乏稳定性，尤其是当跨部门协同不是依靠"照章办事"和"公事公办"等常规化程序和机制，而是主要依靠部门领导的"人脉""打招呼""给面子"，将会因领导注意力、行事风格、任期调动等变得不稳定和不可持续。④

　　第二，跨部门协同需要提高决策能力，建设有效的沟通和反馈渠道，拓宽跨部门协同决策的参与范围，及时解决跨部门协同中潜在的各种问题。上级的政府文件能够为地方主体间的共同决策提供合法性支持，也会通过整合配

---

① John Hoornbeek, Tegan Beechey and Thomas Pascarella, "Fostering Local Government Collaboration: An Empirical Analysis of Case Studies in Ohio", *Journal of Urban Affairs*, Vol. 38, No. 2, 2016, pp. 252-279.

② Tanya Heikkila and Andrea Gerlak, "Investigating Collaborative Processes Over Time: A 10-Year Study of The South Florida Ecosystem Restoration Task Force", *The American Review of Public Administration*, Vol. 46, No. 2, 2016, pp. 180-200.

③ Ann Thomson and James Perry, "Collaboration Processes: Inside the Black Box", *Public Administration Review*, Vol. 66, S1, 2006, pp. 20-32.

④ 伊庆山：《基层网络化治理中跨部门协同联动的菱形架构、运行困境及优化路径》，《江汉大学学报（社会科学版）》2023年第3期。

套所需的人员与资源强化地方政府的协同能力。①

第三,跨部门协同需要现代人事管理手段,通过人员录用、晋升、流动和内部调换等方式,获取跨部门协同技能及拥有这些技能的人才或具有培养潜质的人才。过度的结果导向和考核问责会产生职责同构模式下的权责失衡与高密度压力体制下的层层加码,也会挤出地方主体间的横向互动与合作。②在合作中增进共同利益、减少或消除协同的障碍和壁垒,破解"集体行动的困境"。

第四,跨部门协同需要集合预算、结盟预算、绩效预算、整体预算等先进的财政工具,赋予各部门更为灵活的预算使用自由,鼓励储备更多的跨部门协同预算。在中国自贸试验区的跨部门协同实践中,中央或上级政府发挥着重要作用,表现为政策导向、监督评估、领导协调、资金支持等介入方式。尤其是人员、资金、技术支持等资源型干预能够强化地方主体的协同能力以促进协同的发展。③资源是影响参与主体协同动机与能力的关键要素,上级政府有必要为地方提供人事及财政资源、信息与技术培训等,以促成跨部门协同机制的建构。④

第五,跨部门协同需要信息通信、网络管理等各种创新技术,搭建公开、透明、便民、利民的政府管理和服务平台。信息沟通是跨部门协同得以完善的基础,加强信息沟通可以有助于了解协同各方的需求和问题,促进协同主体之间的相互理解、达成共识,形成一致行动。⑤跨部门协同治理是针对复杂问题、基于网络结构实施的治理形态,强调政府治理过程中的多组织参与、平等合作、信息与资源流动、建立共识等。⑥

---

① Michael McGuire and Chris Silvia, "Does Leadership in Networks Matter? Examining the Effects of Leadership Behaviors on Managers' Perceptions of Network Effectiveness", *Public Performance & Management Review*, Vol. 31, No. 1, 2009, pp. 34-62.

② 赵聚军、王智睿:《职责同构视角下运动式环境治理常规化的形成与转型——以S市大气污染防治为案例》,《经济社会体制比较》2020年第1期。

③ 周凌一:《地方政府协同治理的逻辑:纵向干预的视角》,复旦大学出版社2022年版,第75页。

④ Charo Rodríguez, Ann Langley, François Béland and Jean-Louis Denis, "Governance, Power, and Mandated Collaboration in an Interorganizational Network", *Administration & Society*, Vol. 39, No. 2, 2007, pp. 150-193.

⑤ 吴克昌、唐煜金:《边界重塑:数字赋能政府部门协同的内在机理》,《电子政务》2023年第2期。

⑥ 申剑敏:《跨域治理视角下的地方政府合作:基于长三角的经验研究》,上海人民出版社2016年版,第19页。

第六，跨部门协同需要借助各种政府间协议、行政命令等法律手段，促进参与主体的协同动机和承诺，进而推动跨部门协同机制的建立与深化，为跨部门协同机制的有效运行提供运力保证。

第七，跨部门协同还需要建立共享责任机制，正确发挥中央政府的职能作用，重视审计和外部监督，审查、评估、监控和管理适度的风险，强化主体间的信任与相互依赖关系，增加跨部门协同的价值，提升各个部门对跨部门协同的关注度。作为主观因素，组织间信任是跨部门协同的一种潜在结构，却是成功的跨部门协同不可或缺的促进机制。[1]建立相互协同的信任关系，关键在于利益趋同和信息互通，从而产生协同意愿。[2]信任、信息共享及合作能够在复杂决策网络中促进、巩固与提升跨部门协同的绩效。[3]在自上而下的管理结构中，传统的监督和问责手段能够解决协同困境并促进协同发展。[4]

第八，自贸试验区相关管理部门在设计本部门的绩效评价指标时，需要综合考虑自身的目标和绩效考评体系与自贸试验区跨部门协同目标之间的联系，如设立协同类工作的量化指标体系，并纳入部门工作考核，通过跨部门协同提高部门绩效的积极性和主动性。国外发达国家在推进跨部门协同机制时，不仅颁发了指令性文件指示各相关组织努力的总体方向，为确立组织新的使命提供总的目标框架，更明确要求各个部门围绕跨部门协同的目标确立自身的指标评价体系。事实证明，当部门内部的绩效评价指标体系具有整合性和跨部门性时，就能有效推动跨部门协同机制的实现，使得部门领导不仅关心本部门的绩效，也会为了激发内在的动力为共同的目标而努力。[5]

跨部门协同是指中央政府在自贸试验区的管理过程中运用各种方法，调

---

[1] 周晨虹：《"联合惩戒"：违法建设的跨部门协同治理——以J市为例》，《中国行政管理》2019年第11期。

[2] 欧黎明、朱秦：《社会协同治理：信任关系与平台建设》，《中国行政管理》2009年第5期。

[3] Jurian Edelenbos and Erik-Hans Klijn, "Trust in Complex Decision-making Networks: A Theretical and Empirical Exploration", *Administration and Society*, Vol. 39, No. 2, 2007, pp. 25–46.

[4] Theresa Jedd and R. Patrick Bixler, "Accountability in Networked Governance: Learning from a Case of Landscape-scale Forest Conservation", *Environmental Policy and Governance*, Vol. 25, No. 3, 2015, pp. 172–187.

[5] 蒋敏娟：《法治视野下的政府跨部门协同机制探析》，《中国行政管理》2015年第8期。

整政府系统内部各部门之间、各行政环节之间的关系,目的在于将政府各级系统中的冲突或矛盾的行为整合为合作与协调的行为,实现自贸试验区政府管理的整体化与有序化。跨部门协同是为了实现一个公共目的,使不同主体建设性地参与跨公共部门边界、跨政府层次、跨行政区划和跨公共部门、私营部门和社会组织的公共政策决策制定和管理的过程和结构。[①]自贸试验区跨部门协同机制是以业务协同和信息共享为主要特征,以组织结构、规则程序、信息资源和管理执法等要素的整合为内容,以信息技术为支撑。跨部门协同机制的构建不仅加强了部门之间的沟通与协作,使得行政系统的组织结构和管理资源得到了整合,还打破了部门界限,使得相互独立、各自为政的部门转化为业务流程上的各个节点,实现了跨部门政策协同、网络化的跨部门政务协同与无缝隙的跨部门公共服务供给,进而有效提升自贸试验区的整体治理效能。

---

① Kirk Emerson, Tina Nabatchi and Stephen Balogh, "An Integrative Framework for Collaborative Governance", *Journal of Public Administration Research and Theory*, Vol. 22, No. 1, 2012, pp. 1–29.

参考文献

一、中文文献

（一）图书类

1. [美]G. 沙布尔·吉玛、丹尼斯·A. 荣迪内利编：《分权化治理：新概念与新实践》，唐贤兴、张进军等译，格致出版社、上海人民出版社2013年版。

2. [英]H. K. 科尔巴奇：《政策》，张毅译，吉林人民出版社2005年版。

3. [英]R. A. W. 罗兹：《理解治理：政策网络、治理、反思与问责》，丁煌、丁方达译，中国人民大学出版社2020年版。

4. [美]埃里克·波伊尔、约翰·弗雷尔、詹姆斯·埃德温·凯：《跨部门合作治理：跨部门合作中必备的四种关键领导技能》，甄杰译，化学工业出版社2018年版。

5. [美]艾米·R. 波蒂特、马可·A. 詹森、埃莉诺·奥斯特罗姆：《共同合作：集体行为、公共资源与实践中的多元方法》，路蒙佳译，中国人民大学出版社2011年版。

6. 操小娟等：《主体功能区配套政策协同研究》，科学出版社2020年版。

7. 曾凡军：《基于整体性治理的政府组织协调机制研究》，武汉大学出版社2013年版。

8. 陈立虎主编：《自贸区法律制度研究》，法律出版社2016年版。

9. 陈奇星、容志主编：《自贸区建设中政府职能转变的突破与创新研究》，上海人民出版社2017年版。

10. 陈奇星主编：《创新地方政府市场监管机制与监管方式研究》，上海人民出版社2020年版。

11. 成思危主编：《从保税区到自由贸易区：中国保税区的改革与发展》，

经济科学出版社2003年版。

12. 福建自贸试验区领导小组办公室、福建自贸区发展研究中心、毕马威企业咨询（中国）有限公司编:《福建自贸试验区创新实践探索（2016）》,福建人民出版社2016年版。

13. [美]盖伊·彼得斯:《政府未来的治理模式》,中国人民大学出版社2001年版。

14. 干春晖主编:《中国（上海）自由贸易试验区海关监管与制度创新发展报告》,法律出版社2016年版。

15. 高海乡:《中国保税区转型的模式》,上海财经大学出版社2006年版。

16. 高小珺、高大石编著:《自由贸易试验区的制度创新与法律保障》,法律出版社2017年版。

17. 国家口岸管理办公室编译:《国际贸易单一窗口》（上册）,中国海关出版社2016年版。

18. 国家口岸管理办公室编译:《国际贸易单一窗口》（下册）,中国海关出版社2016年版。

19. 贺平:《贸易与国际关系》,上海人民出版社2018年版。

20. 贺伟跃等编著:《中国（上海）自由贸易试验区制度解读与展望》,经济日报出版社2016年版。

21. 洪俊杰、赵晓雷:《中国（上海）自由贸易试验区发展机制与配套政策研究》,科学出版社2016年版。

22. 胡加祥、王兴鲁编著:《上海自贸区成立三周年回眸（数据篇）》,上海交通大学出版社2016年版。

23. 胡加祥等:《上海自贸区成立三周年回眸（制度篇）》,上海交通大学出版社2016年版。

24. 胡建奇:《美国反恐跨部门协同研究》,中国人民公安大学出版社2011年版。

25. 黄建忠、陈子雷、蒙英华等编著《中国自由贸易试验区研究蓝皮书2015年》,机械工业出版社2015年版。

26. 黄文平主编:《大部门制改革理论与实践问题研究》,中国人民大学出版社2014年版。

27. 简·芳汀:《构建虚拟政府:信息技术与制度创新》,邵国松译,中国人民大学出版社2010年版。

28. 蒋敏娟:《中国政府跨部门协同机制研究》,北京大学出版社2016年版。

29. 蒋硕亮:《中国(上海)自贸试验区制度创新与政府职能转变》,经济科学出版社2014年版。

30. 金国坤:《行政权限冲突解决机制研究:部门协调的法制化路径探寻》,北京大学出版社2010年版。

31. [美]凯特:《有效政府——全球公共管理革命》,张怡译,上海交通大学出版社2005年版。

32. [英]克里斯托弗·波利特:《公共管理改革:比较分析》,夏镇平译,上海译文出版社2003年版。

33. [美]拉塞尔·M.林登:《无缝隙政府》,中国人民大学出版社2002年版。

34. 赖庆晟、郭晓合:《中国自由贸易试验区渐进式扩大开放研究》,格致出版社、上海人民出版社2017年版。

35. 赖先进:《论政府跨部门协同治理》,北京大学出版社2015年版。

36. 赖先进:《突发事件协同治理:价值、制度、技术与行为的视角》,中国人民大学出版社2023年版。

37. 李维安:《网络组织:组织发展新趋势》,经济科学出版社2003年版。

38. [美]理查德·D.宾厄姆:《美国地方政府的管理:实践中的公共行政》,九洲译,北京大学出版社1997年版。

39. 林珏等:《国外自贸区投资贸易便利化创新管理体制研究》,格致出版社、上海人民出版社2018年版。

40. 林水波、李长晏:《跨域治理》,五南图书出版公司2005年版。

41. 刘波、李娜:《网络化治理——面向中国地方政府的理论与实践》,清华大学出版社2014年版。

42．刘恩专：《世界自由贸易港区发展经验与政策体系》，格致出版社、上海人民出版社2018年版。

43．刘娟、马学礼：《跨域环境治理中地方政府合作研究》，知识产权出版社2021年版。

44．刘凯：《自由贸易区综合发展评价体系研究》，经济科学出版社2016年版。

45．陆剑宝编著：《全球典型自由贸易港建设经验研究》，中山大学出版社2018年版。

46．陆剑宝：《中国自由贸易试验区制度创新体系理论与实践》，中山大学出版社2018年版。

47．骆毅：《走向协同——互联网时代社会治理的抉择》，华中科技大学出版社2017年版。

48．彭羽、唐杰英、陈陶然等：《自贸试验区货物贸易制度创新研究》，上海社会科学院出版社2016年版。

49．蒲明：《中国自由贸易试验区建设研究》，中国财政经济出版社2021年版。

50．钱震杰、胡岩：《比较视野下自由贸易区的运行机制与法律规范》，清华大学出版社2015年版。

51．全永波、方晨等：《自由贸易试验区的浙江实践》，经济管理出版社2017年版。

52．上海保税区管委会研究室：《世界自由贸易区研究》，改革出版社1996年版。

53．上海财经大学自由贸易区研究院、上海发展研究院编：《全球自贸区发展研究及借鉴》，格致出版社、上海人民出版社2015年版。

54．上海市人民政府发展研究中心、上海发展战略研究所：《上海优化全球城市营商环境研究》，格致出版社、上海人民出版社2021年版。

55．申剑敏：《跨域治理视角下的地方政府合作：基于长三角的经验研究》，上海人民出版社2016年版。

56．[美]斯蒂芬·戈德史密斯、威廉·D.埃格斯:《网络化治理——公共部门的新形态》,孙迎春译,北京大学出版社2008年版。

57．[美]苏珊·帝芬布恩:《世界及美国的自由贸易区》,胡苑等译,法律出版社2016年版。

58．孙迎春:《发达国家整体政府跨部门协同机制研究》,国家行政学院出版社2014年版。

59．孙元欣主编:《2016中国自由贸易试验区发展研究报告》,格致出版社、上海人民出版社2016年版。

60．[美]唐纳德·凯特尔:《权力共享:公共治理与私人市场》,孙迎春译,北京大学出版社2009年版。

61．陶蔚莲、李九领:《中国(上海)自由贸易区试验区建设与海关监管制度创新》,上海人民出版社2014年版。

62．万健琳:《角色厘定·关系重构·行动协同:政府主导的多方合作生态治理模式研究》,中国社会科学出版社2019年版。

63．汪霞:《嵌入与协同:公共政策执行动力源研究》,中国社会科学出版社2015年版。

64．王开、靳玉英:《区域贸易协定发展历程、形成机制及其贸易效应研究》,格致出版社、上海人民出版社2016年版。

65．王利平、廖中武:《福建自贸试验区的理论与实践》,福建人民出版社2016年版。

66．王谢勇:《自由贸易试验区与自主创新示范区发展研究》,经济科学出版社2018年版。

67．王勇、李胜:《协同政府:流域水资源的公共治理之道》,中国社会科学出版社2020年版。

68．王勇:《政府间横向协调机制研究——跨省流域治理的公共管理视界》,中国社会科学出版社2010年版。

69．吴刚、郭茜:《从自由贸易试验区到自由贸易港——内陆自由贸易港发展战略研究》,西南交通大学出版社2020年版。

70. 肖林主编:《国家试验——中国(上海)自由贸易试验区制度设计》,格致出版社2015年版。

71. 徐奇渊、毛日昇、高凌云、董维佳:《中国自贸区发展评估》,社会科学文献出版社2018年版。

72. 徐勇林等编著:《中国(上海)自由贸易试验区与长江经济带协调发展研究》,格致出版社、上海人民出版社2017年版。

73. 尤金·巴达赫:《跨部门合作:管理"巧匠"的理论与实践》,周志忍、张弦译,北京大学出版社2011年版。

74. 余敏江、黄建洪:《生态区域治理中中央与地方府际间协调研究》,广东人民出版社2011年版。

75. 袁持平、刘洋等:《港澳与珠三角建立共同市场的理论与实践——兼论广东自由贸易区的制度创新》,中山大学出版社2016年版。

76. 袁志刚主编:《中国(上海)自由贸易试验区新战略研究》,格致出版社、上海人民出版社2013年版。

77. [美]詹姆斯·W.费斯勒、唐纳德·F.凯特尔:《行政过程的政治——公共行政学新论》,陈振明、朱芳芳译,中国人民大学出版社2002年版。

78. 张紧跟:《当代中国地方政府间横向关系研究》,中国社会科学出版社2006年版。

79. 张志红:《当代中国政府纵向间关系研究》,天津人民出版社2005年版。

80. 赵晓雷:《建设中国自由贸易港研究》,格致出版社、上海人民出版社2021年版。

81. 赵永茂、朱光磊、江大树、徐斯勤主编:《府际关系:新兴研究议题与治理策略》,社会科学文献出版社2012年版。

82. 周汉华:《政府监管与行政法》,北京大学出版社2007年版。

83. 周汉民、王其明、任新建主编:《上海自贸试验区解读》,复旦大学出版社2014年版。

84. 周洪宇:《国家自主创新示范区建设政策与立法研究》,人民出版社

2014年版。

85．周凌一：《地方政府协同治理的逻辑：纵向干预的视角》，复旦大学出版社2022年版。

86．周望：《中国"小组机制"研究》，天津人民出版社2010年版。

87．周阳：《美国对外贸易区法律问题研究》，法律出版社2015年版。

（二）期刊论文

1．白浩然：《纵向政府间的分工与协作如何促进脱贫绩效生产？——基于纵时段进程的多案例研究》，《公共管理学报》2022年第2期。

2．蔡立辉、龚鸣：《整体政府：分割模式的一场管理革命》，《学术研究》2010年第5期。

3．操小娟、李佳维：《环境治理跨部门协同的演进——基于政策文献量化的分析》，《社会主义研究》2019年第3期。

4．曹堂哲：《公共行政执行协同机制研究的协同学途径——理论合理性和多学科基础》，《中共浙江省委党校学报》2009年第1期。

5．曾维和：《后新公共管理时代的跨部门协同——评希克斯的整体政府理论》《社会科学》2012年第5期。

6．陈玲、赵静、薛澜：《择优还是折衷？——转型期中国政策过程的一个解释框架和共识决策模型》，《管理世界》2010年第8期。

7．崔晶：《区域地方政府跨界公共事务整体性治理模式研究：以京津冀都市圈为例》，《政治学研究》2012年第2期。

8．单学鹏：《中国语境下的"协同治理"概念有什么不同？——基于概念史的考察》，《公共管理评论》2021年第1期。

9．单学鹏：《中国语境下的"协同治理"概念有什么不同？——基于概念史的考察》，《公共管理评论》2021年第1期。

10．邓理、王中原：《嵌入式协同："互联网+政务服务"改革中的跨部门协同及其困境》，《公共管理学报》2020年第4期。

11．丁煌、叶汉雄：《论跨域治理多元主体间伙伴关系的构建》，《南京社会科学》2013年第1期。

12．丁煌：《政策制定的科学性与政策执行的有效性》，《行政学研究》2002年第1期。

13．董岗：《美国自由贸易区的运行机制及政策研究》，《经济管理》2013年第6期。

14．樊博：《跨部门政府信息资源共享的推进体制、机制和方法》，《上海交通大学学报（哲学社会科学版）》2008年第2期。

15．范如国：《复杂网络结构范型下的社会治理协同创新》，《中国社会科学》2014年第4期。

16．费显政：《资源依赖学派指组织与环境依赖关系理论评介》，《武汉大学学报》（哲学社会科学版)2005年第4期。

17．傅永超、徐晓林：《长株潭一体化政府合作模式研究——基于府际管理和复合行政理论》，《软科学》2006年第6期.

18．韩万渠、袁高辉：《构建敏捷治理协同机制 推进政务服务"跨省通办"》，《中国行政管理》2023年第5期。

19．黄科：《动态视域下的区域政策协同：理论建构与实践路径》，《学海》2022年第6期。

20．江若尘、陆煊：《中国（上海）自由贸易试验区的制度创新及其评估——基于全球比较的视角》，《外国经济与管理》2014年第10期。

21．姜佳莹：《跨部门协同的困境及其破解——基于美国海事机构协同机制的研究》，《中共浙江省委党校学报》2017年第1期。

22．解亚红：《"协同政府"：新公共管理改革的新阶段》，《中国行政管理》2004年第5期。

23．金太军：《从行政区行政到区域公共管理——政府治理形态熵变的博弈分析》，《中国社会科学》2007年第6期。

24．李辉、徐美宵、黄雅卓：《如何推开"避害型"府际合作的门？——基于京津冀大气污染联防联控的过程追踪》，《公共管理评论》2021年第2期。

25．李积万：《我国政府部门间协调机制的探讨》，《汕头大学学报（人文社会科学版)》2008年第6期。

26. 李莉娜:《国外自由贸易区发展的经验及其启示》,《价格月刊》2014年第2期。

27. 李瑞昌:《统筹治理:国家战略和政府治理形态的契合》,《学术月刊》2009年第6期。

28. 李响、陈斌:《"聚集信任"还是"扩散桥接"?——基于长三角城际公共服务供给合作网络动态演进影响因素的实证研究》,《公共行政评论》2020年第4期。

29. 李宜钊、叶熙:《海南自由贸易试验区政策发展评价——基于151件政策文本的量化分析》,《海南大学学报(人文社会科学版)》2020年第1期。

30. 李友华:《我国保税区管理体制的成因、弊端及体制重构》,《安徽师范大学学报(人文社会科学版)》2004年第3期。

31. 刘建华、陆华东:《美国跨部门安全政策协调模式评析》,《现代国际关系》2014年第6期。

32. 刘锦:《地方政府跨部门协同治理机制建构——以A市发改、国土和规划部门"三规合一"工作为例》,《中国行政管理》2017年第10期。

33. 刘生、邓春玲:《复合行政:我国中部区域管理之模式》,《中国行政管理》2008年第1期。

34. 刘水林:《中国(上海)自由贸易区试验区的监管法律制度设计》,《法学》2013年第11期。

35. 刘重:《国外自由贸易港的运作与监管模式》,《交通企业管理》2007年第3期。

36. 龙朝双、王小增:《我国地方政府间合作动力机制研究》,《中国行政管理》2007年第6期。

37. 鹿斌:《重大突发事件中领导小组的运行机制分析:基于跨部门协同视角》,《福建论坛(人文社会科学版)》2022年第7期。

38. 罗中华、廖魁星、陈宇论:《未来的行政协调与有效治理》,《成都行政学院学报》2006年第1期。

39. 马奔:《危机管理中跨界治理的检视与改革之道:以汶川大地震为

例》，《清华大学学报（哲学社会科学版）》2009年第3期。

40．马捷、锁利铭、陈斌：《从合作区到区域合作网络：结构、路径与演进——来自"9+2"合作区191项府际协议的网络分析》，《中国软科学》2014年第12期。

41．孟庆国、魏娜、田红红：《制度环境、资源禀赋与区域政府间协同——京津冀跨界大气污染区域协同的再审视》，《中国行政管理》2019年第5期。

42．苗丰涛、叶勇：《建构与对话：由下而上的政策传导机制分析——以国际贸易"单一窗口"为例》，《中国行政管理》2021年第2期。

43．彭羽：《中国（上海）自由贸易试验区投资贸易便利化评价指标体系研究》，《国际经贸探索》2014年第10期。

44．施雪华：《中央政府内部行政协调的理论和方法》，《政治学研究》1997年第2期。

45．史瑞丽：《行政协调刍议》，《中国行政管理》2007年第6期。

46．孙峰：《跨边界合作：运作模式、影响因素与优化指向——基于中国场景的垃圾分类案例研究》，《中国行政管理》2022年第11期。

47．孙迎春：《国外政府跨部门合作机制的探索与研究》，《中国行政管理》2010年第7期。

48．孙迎春：《国外政府跨部门协同机制及其对中国的启示》，《行政管理改革》2013年第10期。

49．锁利铭：《地方政府间正式与非正式协作机制的形成与演变》，《地方治理研究》2018年第1期。

50．谭海波、蔡立辉：《"碎片化"政府管理模式及其改革——基于"整体型政府"的理论视角》，《学术论坛》2010年第6期。

51．佟家栋、张千、佟盟：《中国自由贸易试验区的发展、现状与思考》，《山东大学学报（哲学社会科学版）》2022年第4期。

52．汪伟全：《空气污染的跨域合作治理研究——以北京地区为例》，《公共管理学报》2014年第1期。

53．王健、鲍静、刘小康：《"复合行政"的提出——解决当代中国区域经济一体化与行政区划冲突的新思路》,《中国行政管理》2004年第3期。

54.王敬文、王春业:《我国自由贸易试验区扩容背景下授权地方立法制度构建》,《浙江大学学报(人文社会科学版)》2022年第9期。

55.王楠:《中国(上海)自由贸易试验区金融监管法律风险初探》,《科学发展》2015年第1期。

56.蔚超:《政策协同的纵向阻力与推进策略》,《云南行政学院学报》2016年第1期。

57.魏昌东、张涛:《促进改革与法治协同发展——〈改革试验法〉立法建议》,《中国社会科学报》2018年12月26日。

58.吴丰:《中美反恐情报跨部门协同比较研究》,《情报杂志》2017年第10期。

59.吴昊、张怡:《政策环境、政策课题与政策试验方式选择——以中国自由贸易试验区为例》,《中国行政管理》2016年第10期。

60.吴晓林、邢羿飞:《同构分责:数字政府建设中的纵向间政府职责配置——对广东"省-市-区"三级的调查研究》,《中国行政管理》2023年第4期。

61.肖克、谢琦:《跨部门协同的治理叙事、中国适用性及理论完善》,《行政论坛》2021年第6期。

62.邢华:《我国区域合作治理困境与纵向嵌入式治理机制选择》,《政治学研究》2014年第5期。

63.杨爱平:《区域合作中的府际契约:概念与分类》,《中国行政管理》2011年第6期。

64.杨龙、彭彦强:《理解中国地方政府合作——行政管辖权让渡的视角》,《政治学研究》2009年第4期。

65.杨龙:《地方政法合作的动力、过程与机制》,《中国行政管理》2008年第7期。

66.杨雪东:《压力型体制:一个概念的简明史》,《社会科学》2012年第11期。

67.鄞益奋:《网络治理:公共管理的新框架》,《公共管理学报》2007年第1期。

68．应验：《政府数据开放共享与共享社会建设：海南的举措和探索》，《电子政务》2019年第6期。

69．余敏江：《复合碎片化：环境精细化治理为何难以推进？——基于整体性治理视角的分析》，《中国行政管理》2022年第9期。

70．俞国军：《纵向府际互动与企业空间动态——以Z省Y市汽车零部件产业集群为例》，《中国行政管理》2023年第2期。

71．张成福、李昊城、边晓慧：《跨域治理：模式、机制与困境》，《中国行政管理》2012年第3期。

72．张桂蓉、雷雨、赵维：《自然灾害跨省域应急协同的生成逻辑》，《中国行政管理》2022年第3期。

73．张继亮、张敏：《横-纵向扩散何以可能：制度化视角下河长制的创新扩散过程研究》，《公共管理学报》2023年第1期。

74．张紧跟、唐玉亮：《流域治理中的政府间环境协作机制研究——以小东江治理为例》，《公共管理学报》2007年第3期。

75．张紧跟：《组织间网络理论：公共行政学的新视野》，《武汉大学学报》(社科版)2003年第4期。

76．张楠迪扬、张子墨、丰雷：《职能重组与业务流程再造视角下的政府部门协作》，《公共管理学报》2022年第2期。

77．张楠迪扬、刘明奇：《职责同构与地方自主性：我国议事协调机构的设置逻辑》，《北京行政学院学报》2022年第6期。

78．张弦：《警惕"协同"概念的泛化》，《中国社会科学报》，2015年4月17日。

79．张则行：《组织控制视角下纵向府际环境治理责任均配及其履行路径初探》，《中国行政管理》2022年第3期。

80．赵家章、丁国宁、苏二豆：《中国自由贸易试验区建设的理论逻辑与高质量发展实现路径》，《经济学家》2022年第7期。

81．赵景来：《关于治理理论若干问题讨论综述》，《世界经济与政治》2002

年第3期。

82. 赵静:《上海自贸试验区的经济溢出效应——基于系统动力学的方法》,《国际商务研究》2016第2期。

83. 赵聚军、王智睿:《职责同构视角下运动式环境治理常规化的形成与转型——以S市大气污染防治为案例》,《经济社会体制比较》2020年第1期。

84. 郑寰、燕继荣:《基层综合应急救援体系建设中的跨部门协同——以云南省文山州消防改革为例》,《中国行政管理》2011年第5期。

85. 郑寰:《跨域治理中的政策执行困境——以我国流域水资源保护为例》,《甘肃行政学院学报》2012年第3期。

86. 周晨虹:《"联合惩戒":违法建设的跨部门协同治理——以J市为例》,《中国行政管理》2019年第11期。

87. 周汉民:《我国四大自贸区的共性分析、战略定位和政策建议》,《国际商务研究》2015年第7期。

88. 周凌一:《纵向干预何以推动地方协作治理?——以长三角区域环境协作治理为例》,《公共行政评论》2020年第4期。

89. 周阳:《论美国对外贸易区的立法及其对我国的启示》,《社会科学》2014年第10期。

90. 周志忍、蒋敏娟:《整体政府下的政策协同:理论与发达国家的当代实践》,《国家行政学院学报》2010年第6期。

91. 周志忍、蒋敏娟:《中国政府跨部门协同机制探析——一个叙事与诊断框架》,《公共行政评论》2013年第1期。

92. 周志忍:《"大部制":难以承受之重》,《中国报道》2008年第3期。

93. 朱德米:《构建流域水污染防治的跨部门合作机制——以太湖流域为例》,《中国行政管理》2009年第4期。

94. 朱光喜:《政策协同:功能、类型与途径——基于文献的分析》,《广东行政学院学报》2015年第4期。

95. 朱应平:《以功能最适当原则构建和完善中国上海自由贸易试验区制度》,《行政法学研究》2015年第1期。

96．卓越：《政府交易成本的类型及其成因分析》，《中国行政管理》2008年第9期。

97．邹昀瑾、牛建华、张锐：《政府跨部门协同机制在应急管理中的赋能效用——以奥运危机应对为例》，《苏州大学学报（哲学社会科学版）》2022年第2期。

二、英文文献

1．Andrew Connell, Steve Martin and Emily Denny, "Can Meso-Governments Use Metagovernance Tools to Tackle Complex Policy Problems", *Policy & Politics*, Vol. 47, No. 3, 2019.

2．Andrew Grainger, "Customs and Trade Facilitation: from Concepts to Implementation", *World Customs Journal*, Vol. 2, No. 1, 2008.

3．Andrew Green and Ann Matthias, *Non-governmental Organisations and Health in Developing Countries.* London: Macmillan Press, 1997.

4．Anna Amirkhanyan, "Collaborative Performance Measurement: Examining and Explaining The Prevalence of Collaboration in State and Local Government Contacts", *Journal of Public Administration Research and Theory*, Vol. 19, No. 3, 2008.

5．Arto Haveri, Inga Nyholm, Asbjørn Røiseland and Irene Vabo, "Governing Collaboration: Practices of Meta-Governance in Finnish and Norwegian Local Governments", *Local Government Studies*, Vol. 35, No. 5, 2009.

6．B. Guys Peters, "Managing Horizontal Government: The Politics of Coordination", *Public Administration*, Vol. 76, No. 2, 1998.

7．Barbara Gray, *Collaborating: Finding Common Ground for Multiparty Problems*, San Francisco: Jossey-Bass, 1989.

8．Ben Jupp, *Working Together: Creating a Better Environment for Cross-Sector Partnership*, The Panton House, 2000.

9．Bodil Damgaard and Jacob Torfing, "The Impact of Metagovernment on Local Governance Networks: Lessons from Danish Employment Policy", *Local Government Studies*, Vol. 37, No. 3, 2011.

10. Charo Rodríguez, Ann Langley, François Béland and Jean-Louis Denis, "Governance, Power, and Mandated Collaboration in an Interorganizational Network", *Administration & Society*, Vol. 39, No. 2, 2007.

11. Chris Ansell and Alison Gash, "Collaborative Governance in Theory and Practice", *Journal of Public Administration Research and Theory*, Vol. 18, No. 4, 2008.

12. Chris Huxham, Siv Vangen, *Managing to Collaborate: the theory and practice of collaborative advantage*, London: Routledge, 2005.

13. Christian Koch and Martine Buser, "Emerging Metagovernance as an Institutional Framework for Public Private Partnership Networks in Denmark", *International Journal of Project Management*, Vol. 24, No. 7, 2006.

14. Christopher Ansell, Carey Doberstein, Hayley Henderson, Saba Siddiki and Paul't Hart, "Understanding Inclusion in Collaborative Governance: A Mixed Methods Approach", *Policy and Society*, Vol. 39, No. 4, 2020.

15. Christopher Pollitt, "Joined-up Government: A Survey", *Political Studies Review*, Vol. 1, 2003.

16. Cosmo Howard and Herman Bakvis, "Conceptualizing Interagency Coordination as Metagoverance: Complexity, Dynamism, and Learning in Australian and British Statistical Administration", *International Journal of Public Administration*, Vol. 39, No. 6, 2016.

17. Donald Kettl, Governing at the Millennium, In *Handbook of Public Administration*, 2nd ed., edited by James L. Perry, San Francisco: Jossey-Bass, 1996.

18. Donald Moynihan, "The Network Governance of Crisis Response: Case Studies of Incident Command Systems", *Journal of Public Administration Research and Theory*, Vol. 19, No. 4, 2009.

19. Emmeline Chuang, Rebecca Wells, "The Role of Interagency Collaboration in Facilitating Receipt of Behavioral Health Services for youth involved with child welfare and juvenile justice", *Children and Youth Services Review*, Vol.32, No.

12, 2010.

20．Eva Sørensen and Jocab Torfing, "Making Governance Networks Effective and Democratic Through Metagovernance", *Public Administration*, Vol. 87, No. 2, 2009.

21．Eva Sørensen, "Metagovernance— The Changing Role of Politicians in Processes of Democratic Governance", *American Review of Public Administration*, Vol. 36, No. 1, 2006.

22．Hiroshi Oikawa, "TNCs in Perplexity over How to Meet Local Suppliers: The Case of Philippine Export Processing Zone", *IDE Discussion Papers of Institute of Developing Economics* No. 167, 2006.

23．Hongtao Yi, Liming Suo, Ruowen Shen, Jiasheng Zhang, Anu Ramaswami and Richard Feiock, "Regional Governance and Institutional Collective Action for Environmental Sustainability", *Public Administration Review*, Vol. 78, No. 4, 2018.

24．John Bryson, Barbara Crosby and Melissa Stone, "The Design and Implementation of Cross—Sector Collaborations: Propositions from the Literature", *Public Administration Review*, Vol. 66, No. S1, 2006.

25．John Gerring, *Case Study Research: Principles and Practice*, Cambridge University Press, 2007.

26．John Hoornbeek, Tegan Beechey and Thomas Pascarella, "Fostering Local Government Collaboration: An Empirical Analysis of Case Studies in Ohio", *Journal of Urban Affairs*, Vol. 38, No. 2, 2016.

27．Julia Wondolleck and Steven Yaffee, *Making Collaboration Work: Lessons from Innovation in Natural Resoure Management*, Island Press, 2000.

28．Jurian Edelenbos and Erik—Hans Klijn, "Trust in Complex Decision—making Networks: A Theretical and Empirical Exploration", *Administration and Society*, Vol. 39, No. 2, 2007.

29．Kalim U. Shah and Jorge E. Rivera, "Export Processing Zones and Corporate Environmental Performance in Emerging Economies: The Case of the Oil, Gas and Chemical Sectors of Trinidad and Tobago", *Policy Sciences*, Vol. 40, 2007.

30. Kaz F. Miyagiwa, "A Reconsideration of the Welfare Economics of a Free Trade Zone". *Journal of International Economics*, Vol. 21, 1986.

31. Keith Baker and Gerry Stoker, "Metagovernance and Nuclear Power in Europe", *Journal of European Public Policy*, Vol. 19, No. 7, 2012.

32. Keith Provan and Patrick Kenis, "Modes of Network Goverance: Structure, Management, and Effectiveness", *Journal of Public Administration Research and Theory*, Vol. 18, No. 2, 2008.

33. Kevin O'Brien and Lianjiang Li, "Selective Policy Implementation in Rural China", *Comparative Politics*, Vol. 31, No. 2, 1999.

34. Kirk Emerson, Tina Nabatchi & Stephen Balogh, "An Integrative Framework for Collaborative Governance", *Journal of Public Administration Research and Theory*, Vol. 22, No. 1, 2012.

35. Kirk Emerson, Tina Nabatchi, *Collaborative Governance Regimes*, Illustraded edition, Washington, DC: Georgetown University Press, 2015.

36. Madani Dorsati. "A Review of the Role and Impact of Economic Processing Zones". World Bank Policy Research, Working Paper 2238, 1999.

37. Martin Lundin, "Explaining Cooperation: How Resource Interdependence, Goal Congruence, and Trust Affect Joint Actions in Policy Implementation", *Journal of Public Administration and Research Theory*, Vol. 17, No. 4, 2007.

38. Mary Brooks, "The Governance Structure of Ports", *Review of Network Economics*, Vol. 3, No. 2, 2004.

39. Michael McGuire and Chris Silvia, "Does Leadership in Networks Matter? Examining the Effects of Leadership Behaviors on Managers' Perceptions of Network Effectiveness", *Public Performance & Management Review*, Vol. 31, No. 1, 2009.

40. Michael McGuire and Chris Silvia, "The Effect of Problem Severity, Managerial and Organizational Capacity, and Agency Structure on Intergovernmental Col-

laboration: Evidence from Local Emergency Management", *Public Administration Review*, Vol. 70, No. 2, 2010.

41． Nicola Ulibarri, Kirk Emerson, Mark Imperial, Nicolas Jager, Jens Newig and Edward Weber, "How Does Collaborative Governance Evolve? Insights from a Medium－N Case Comparison", *Policy and Society*, Vol. 39, No. 4, 2020.

42． Patrick Dunleavy, "New Public Management is Dead－ Long Live the Digital Era Governance", *Journal of Public Administration Research and Theory*, Vol.16, No. 3, 2006.

43． Pauline Rosenau, *Public－Private Policy Partnerships*, Massachusetts: The MIT Press, 2000.

44． Perri 6, "Joined－Up Government in the Western World in Comparative Perspective: A Preliminary Literature Review and Exploration", *Journal of Public Administration Research and Theory*, Vol. 14, No. 1, 2004.

45． Peter L. Watson, "Export Processing Zones: Has Africa Missed the Boat? Not yet!", *Africa Region Working Paper* Series, No.17, Africa Region, World Bank, 2001.

46． Peter Ring and Andrew Van De Ven, "Development Processess of Cooperative Interorganizational Relationships", *Academy of Management Review*, Vol. 11, No. 1, 1994.

47． Richard D. Margerum, *Beyond Consensus: Improving Collaborative Planning and Management*, Cambridge, Mass: The MIT Press, 2009.

48． Robert Yin, *Case Study Research and Applications: Design and Methods*, Sage Publication Inc, 2003.

49． Rui Mu, Martin de Jong and Joop Koppenjan, "Assessing and Explaining Interagency Collaboration Performance: A Comparative Case Study of Local Governments in China", *Public Management Review*, Vol. 21, No. 4, 2019.

50. Shavin Malhotra, *Free Trade Zones: Characteristics and Tenant Behaviour*, Ottawa: Carleton University, 2008.

51. Sissel Hovik and Gro Hanssen, "The Impact of Network Management and Complexity on Multi-level Coordination", *Public Administration*, Vol. 93, No. 2, 2015.

52. Stephen Page, "Measuring Accountability for Results in Interagency Collaboratives", *Public Administration Review*, Vol. 64, No. 5, 2004.

53. Stewart Williams, "Beyond Consensus: Improving Collaborative Planning and Management", *Urban Policy and Research*, Vol. 30, No. 3, 2012.

54. Stoker Gerry, "Public Value Management: A New Narrative for Networked Governance?", *American Review of Public Administration*, Vol. 36, No. 1, 2006.

55. Takayoshi Kusago and Tzannatos Zafiris, *"Export Processing Zone: A Review in Need of Update"*, SP Discussion Paper, No. 9802, World Bank, 1998.

56. Tanya Heikkila and Andrea Gerlak, "Investigating Collaborative Processes Over Time: A 10-Year Study of The South Florida Ecosystem Restoration Task Force", *The American Review of Public Administration*, Vol. 46, No. 2, 2016.

57. Theresa Jedd and R. Patrick Bixler, "Accountability in Networked Governance: Learning from a Case of Landscape- scale Forest Conservation", *Environmental Policy and Governance*, Vol. 25, No. 3, 2015.

58. Thomas W. Malone, Kevin Crowston, "The Interdisciplinary Study of Coordination", *ACM Computing Surveys*, Vol. 26, No. 1, 1994.

59. Tom Christensen and Per Leagreid, eds., *Autonomy and Regulation Coping with Agencies in the Modern State*, Cheltenham Edward Elgar, 2006.

60. Tom Christensen and PerLagreid, "The Whole-of-Government Approach to Public Sector Reform", *Public Administration Review*, Vol. 67, No. 6, 2007.

61. Tyler Scott, "Does Collaboration Make Any Difference? Linking Collaborative Governance to Environmental Outcomes", *Journal of Policy Analysis and Management*, Vol. 34, No. 3, 2015.

62. William D. Leach, Christopher M. Weible, Scott R. Vince, Saba N. Siddiki and John C. CalanniLeach, "Fostering Learning Through Collaboration: Knowledge

Acquisition and Belief Change in Marine Aquaculture Partnership", *Journal Public Administration Research and Theory*, Vol. 24, No. 3, 2014.

63. Yvonne Darlington, Judith a. Feeney, Kylie Rixon, "Interagency Collaboration between Child Protection and Mental Health Services: Practices, Attitudes and Barriers", *Child Abuse & Neglect*, Vol. 29, 2005.

后 记

本书为国家社科基金青年项目"海关监管视角下的我国自由贸易试验区的政府管理体制研究"(批准号:14CZZ026)的研究成果。课题结项之后,我对书稿进行了修改完善,对中国自贸试验区政府管理实践的最新进展进行了补充。

在资料收集、文献整理和书稿撰写过程中,我曾获韩国高等教育财团国际交流访问学者计划资助,于2015年8月至2016年8月在韩国首尔国立大学公共行政学院进行了为期一年的"韩国经济自由区"项目研究。一年的访问学者经历,既是一段难得的学术体验,也是对过往研究的总结沉淀。

毕业之后,因工作原因,我的研究方向曾不断调整,从韩国政治、政治发展研究到国际海关、海关管理及近两年逐渐明确的口岸管理、国门安全研究,学科归属也在政治学和公共管理中不断摇摆,在自己选择或被动选择的路上一路挣扎、一路前行,渐渐有兴趣、有热情,坚持进行往返于现场与理论之间的学术研究。整体感觉是挣扎得精疲力竭之后的无能为力,犹如精神上受到打击后的挫败,或如王小波所言:"人的一切痛苦,本质上是对自己无能的愤怒。"只是,一个人在精神上受到打击,最大的伤害不是当时的悲愤,而是事后的低潮情绪难以抽离。偶尔也会埋怨自己,当初为何没有明确的学术规划,毕业多年为何没形成相对稳定的研究领域,但后又豁然,与其执着于过去、反复揣度没有结果的原因,不如想想当下该怎么做。人生本就是不断试错、不断成长的过程,亦如研究没有一条路是白走的,总要试过无数次错,才会明白自己最感兴趣的领域是什么。研究亦没有一条路是轻松的,只是为了看某一条路的风景,必须付出代价罢了。研究方向的选择,亦如人的因果,是需要自己去面对的,因为不是所有事都可以找旁人替代的。

　　"一个成熟的工匠在创造精美物品的同时,也在创造更好的自己。"①对于研究者,亦是如此,所谓专著或可定位为"作为自我的专著"。书稿修改的过程中,恰好收到学长寄过来的书,厚厚的几大包,让人感觉踏实而又安心,踏实于从书中看到了期待中学术应有的模样,安心于从书中读出了岁月静好。学术传承的路径大抵如此,师长是可爱可亲的,但对师长身上的学问和追索学问的方式,却需要心怀虔诚。毕业至今,最大的惶恐莫过于埋首于日常的汲汲营营,耽于琐碎,忘乎大道,在无边的大海遨游,不知所往、不知所终。唯一令我们不至彻底迷失的,是一回头,望见师长们确立的航标,永不沉没。师长的善意和智慧传递了最好的"师道"。才发现,原来那些阴暗荒芜的场景边上,一直都有鲜花盛开;原来在自己所站的那方阴影之外,一直都有一抹阳光试图照亮和温暖自己;原来人和人之间的缘分也包括那些突如其来的陪伴与慰藉。这个世界,不只有无边无际的隐藏和压抑,还有流淌的水和不灭的光。

　　在别人给你安排的路上走的时间久了,也可以认为这就是自己想要的。但是,就害怕你知道这不是你想要的,但也不知道你到底想要什么。叔本华说:"很多时候,我们比自己所相信的更加愚蠢,但在另一方面,则比自己认为的要聪明……我们在人生历程中所做出的重大选择和迈出的主要步伐,与其说是遵循我们对于何为对错的清楚认识,不如说是遵循某种内在的冲动——我们可以把它称为本能,它源自我们本质的最深处。"结果留给天意,过程用尽全力。

　　时间飞快,转瞬间,毕业已然十多年。吊诡的是,当你无所事事的时候,时间好像变得极为漫长,但只要有什么事情在平静的生活中激起涟漪,让你变得手忙脚乱时,光阴这个东西,就会如白驹过隙,流逝得极快。人的想法和计划,常常会因现实搁置,若没有一往直前不达目的誓不罢休的坚持,多半是无法实现的,年纪愈长愈是如此。这些年唯一没变的或许是自己秉持的职业精神:事情要像它该有的样子进行。工作多、事务杂且累,甚至说服不了自己手头工作

---

　　① Dorinne K. Kondo, *Crafting Selves: Power, Gender and Discourses of Identity in a Japanese Workplace*, University of Chicago Press, 1990, p. 241.

的意义和价值。世间的事情，多半不是适合就能做，也不是想做就做。毕竟，老天也不会因为你的脆弱就分外怜惜你。于是，只能反复告诫自己：即便没有人支持，总有人反对，你仍要按时保质地完成你的工作，因为那是你的工作。人总是不断被质疑，但也在自我怀疑中逐步成长。当职业、家庭、社会的压力迎面而来，哪怕能够保持阵脚不乱，所受的限制和约束也是毋庸讳言的。但大学里尝过自由的滋味，明白天地之大，再应对琐碎，就不会急功近利、人浮于事。所谓自由，不是逃避与任性，更不是庸碌无为，而是能在时光旅程中，找到并成为更好的自己。

这几年的研究体验，一方面是让我重新认识并承认自己的不足，尝试努力去补足，另一方面只有摆脱焦虑，静下心来去做研究，才会有更多来自心理层面的成长和独立，逐渐学会独立去做研究并对之负责，重新找到自己的节奏。以个人经历来说，人到中年的拥有与失去无数次让我置身情绪的漩涡，而研究过程中其实也特别容易陷入某些情绪困境，各种繁杂事务的叠加，又会加剧这一情绪困境和不断放大个体的无力感。但是责任感有助于跳脱出这些情绪，重新回归研究者的角色中。在大海航行，因为触礁倾覆的船只远比飓风掀翻的要多得多，有如人生的许多关头不在于抵抗风雨，而在于修补漏洞，研究的学术逻辑大抵亦是如此。

年少的时候，会质朴轻率地相信，功不唐捐、水滴石穿，但行好事、莫问前程。说的是"莫问"，其实是盲信，认定自己与众不同，成功在不远处。人在顺境里，总是乐观得可爱。年岁渐长，逐渐发现，原来生活也和宏观经济一样，也会有周期波动，也会有上行和下行之分。原来多元、和平、自由通行的世界，在人类漫长的历史中并不是自然而然的长期存在。原来人生可以完全由自己掌控，是成年以后最大的幻觉，甚至是妄想。

成年人的世界，看似都是不动声色的隐忍，实际上不过是一次又一次积压着的崩溃。几年前听李宗盛说"人生没有白走的路，每一步都算数"，当时以为这不过是逆境中的自我暗示和自我激励。现在想来，人生怎么会没有白走的路呢？只不过是因为对"算数"的定义变了，对"每一步"的执念少了，于是那些对意义和价值的锲而不舍的追求，以及那些对独一无二和出类拔萃近乎偏执的自证，逐渐溶解、松弛乃至最终消逝。当自我变得可以接受，那些白走的路，好像也不那么白走了。真正接受了自己的人，不会反复寻找一条只属于自己的路，他们只会在照镜子时一笑而过，原来这个人，没那么好，也没那么糟。毕竟，那些曾经白走的路其实也在充实人生的价值和张力，也在填补人生的意义和空间。人生也有白走的路，但是没关系，往前看，只要脚下还有路可走就好。

黄伟文给薛凯琪写过一首歌——《给十年后的我》。在我看来，歌的起点，也许就是成年、入学，然后进入社会直面人世的喜与悲，词义浅白，但一字一句，都像是平日自照的镜子，或者深夜反思时的自省。我将本书视为对过往工作和研究的阶段性总结，更是再出发的起点。这世上大多数人都不是被上天挑中的那类人，也不能保证自己天赋异禀，却偏偏又贪心想要按照自己的方式活着，于是只能在纠结彷徨中咬牙前行。也体会到，从前有多不成熟，付出的成长代价就有多惨重，承受的痛苦，也要比别人更多。这就是磨难，避无可避的磨难，它并不是人生中的金子，就算因为这些磨难而使人得到成长，它也依旧只是磨难，因为无法避免，所以乐观的人们才会把它美化成通往成功道路不可缺少的砖石。好在人生没有一条路是白走的；人总要试过一次错的人生，才会明白自己最想要的是什么。我们每时每刻都在成长，尽管有些成长你根本不想要，有些代价你根本不想承受。于是我们只能一点点抽离以前的自己，在操场看日落的自己、笨拙的自己、迷失的自己……但你要保留住一些东西，让你得以还是你自己。人的内心要种满鲜花才不会长满杂草。

前进的动力不是藏在语言和想法中，而是落在具体行动中。有时候我们并不清楚当下去做一件事的意义是什么，那也先做，做着做着，意义可能就会浮现出来；这大概是"内卷"的意义和价值所在。心理学家有一个普遍观点，人会建立各种"心理防御机制"；不能浪费生命，一定得忙起来就是很典型的一种。一年365天，主动被动地忙碌构成了生活的常态；就算有假期，我们也会珍惜来之不易的闲暇，给自己塞满计划，将时间填满。于是，一边想着推陈出新和坚持到底，一边在路上磕磕绊绊，迟迟没有更实在的行动。网上有句话："一切终将过去，但过去之后，有人依然停留在原地，有人已经迭代升级。"虽然我不喜欢这种制造另一种进步焦虑的情绪表达，但不可否认，行动总是没错的。

只是，别把弦绷得太紧，只要行动起来，不要一味躺平，时光就不会虚度。

人生当然是难的，怀疑和犹豫也在所难免，可再怎么曲折，一定先往前，少问点意义和价值，多看多走，哪怕是弯路，也有命中注定、柳暗花明的意义。真正支撑人前行的动力其实是坚定于当下的力量。我们每个人都有属于自己的深渊难以走出，但也不要放弃。若深渊没有光，也要做自己的光，去做照亮自己前行之路之光；毕竟，于深渊仰望月亮，月光终将落满深渊。

人生的路，要慢慢去发现。顺境时多做事，逆境时多读书。意志消沉的时候，习惯于去书里找答案。遇见"人生没有白走的路"，所以提醒自己每一步都不能松懈；路只能自己走，伤只能自己忍。人生就是这样，把表象揭开，剩下的很可能就是里尔克的那句"哪有什么胜利可言，挺住意味着一切"。写这些不是因为感到绝望，而是提醒自己丢掉无谓的幻想。做最坏的打算，才能迎接最好的可能；在无数个想要放弃的瞬间，只能告诫自己：往前走，别回头。

道阻且长，行则将至。岁月带伤，亦有光芒。这江湖深不可测，只希望能够遵从本心，坚持自己的选择，唯愿多年以后能活得更像我自己。

王菲易

2024年4月